임화 문학연구 2

임화문학연구회 필자

김수이 _ 경희대학교 교수
김윤태 _ 중국해양대학 교수
김응교 _ 숙명여자대학교 교수
배개화 _ 단국대학교 교수
염무웅 _ 영남대학교 명예교수
유성호 _ 한양대학교 교수
장문석 _ 서울대학교 교수
최병구 _ 성균관대학교 교수
허　정 _ 동아대학교 교수

임화문학연구 2

초판인쇄 2011년 3월 10일 **초판발행** 2011년 3월 15일
지은이 임화문학연구회 **펴낸이** 박성모 **펴낸곳** 소명출판 **출판등록** 제13-522호
주소 서울시 서초구 서초동 1621-18 란빌딩 1층
전화 02-585-7840 **팩스** 02-585-7848 **전자우편** somyong@korea.com **홈페이지** www.somyong.co.kr

값 28,000원

ISBN 978-89-5626-549-0 93810

임화 문학연구 2

임화문학연구회 편

소명출판

책머리에

시인 신경림은 어느 글에서 임화의 이름 앞에 "역사의 격랑 속에 침몰한 혁명시인"이라는 헌사를 붙이고 "임화를 찾는 일은 분단에 의해 갈기갈기 찢긴 우리 문학을 회복한다는 의미도 갖는다"고 서술한 바 있다. 우리 근대문학사에서 이룩된 임화의 업적과 위상을 실물대의 크기로 정위치에 복원하는 작업이 분단극복 과정의 빼놓을 수 없는 일부라고 할 때, 신경림의 이 발언은 임화연구의 핵심을 아주 적절하게 요약한 것이라고 생각한다.

하지만 역사의 격랑 속에서 상처입고 침몰한다는 것은 단순한 사안이 아니다. 돌이켜보면 임화를 비롯한 많은 문학인들이 격동의 시대를 통과함에 있어 때때로 '정치적으로 옳은' 길에서 벗어났을지는 모른다. 좌편향의 오류도 있었을 것이고, 우경화의 과오도 있었을 것이다. 그러나 지난 1세기의 역사에서 누군들 감히 정확한 노선만 걸었다고 자부할 수 있겠는가. 다만 이 시점에서 말할 수 있는 것은 임화의 삶의 역정이 누구 못지않게 치열했고 그의 문장들에 담긴 고뇌와 모색이 여전히 현재성을 잃지 않고 있다는 사실이다. 그런 점에서 임화의 생애는 비록 지상에 무덤의 흔적조차 남기지 못한 패배자의 그것으로 마감되었다 하더라도 결코 치욕의 오명으로 단죄되어서는 안 된다.

2008년에 탄생 100주년을 맞아 발족한 임화문학연구회는 이듬해 2009년 10월 16일 조계사 경내에 있는 불교역사문화기념관에서 '한국 근대시와 임화'라는 주제로 제2회 임화문학 심포지엄을 열었고, 2010년 10월 15일에는 한국언어문학교육학회와 공동주최로 공주대학교 본부 대회의실에서 제3회 심포지엄을 개최했다. 제2회 심포지엄에서는 신경림 시인의 기조강연에 이어 염무웅(영남대), 김윤태(서울대), 유성호(한양대), 김응교(숙명여대), 김수이(경희대)의 발제와 윤영천(인하대), 하상일(동의대), 이경수(중앙대), 최현식(경상대), 김신정(인천대)의 토론 및 박수연(충남대) 사회의 종합토론이 진행되었다. 제3회 심포지엄에서는 공주대 명예교수인 조재훈 시인의 초청강연에 이어 최병구(성균관대), 김서림(서울대), 허정(동아대), 배개화(단국대)의 발제와 임규찬(성공회대), 김민숙(공주대), 권성우(숙명여대), 김재용(원광대)의 토론이 있었으며 마지막으로 고은 시인의 특별강연이 청중을 매료시켰다. 제3회 심포지엄의 경우 (주)창비와 공주대학교의 후원에 힘입었음을 밝히며 이 자리를 빌어 감사를 표한다. 이 책은 제2회, 제3회 심포지엄의 발제문들을 모은 것이다.

임화문학연구회는 이제 겨우 걸음마연습을 끝낸 셈이다. 연구 인력도 아직은 영성하고 재정적 기초는 더욱이나 부끄러운 수준을 벗어나지 못하고 있다. 그러나 창립멤버들은 열성이 조금도 식지 않았고, 임화의 삶과 문학에 대한 일반의 관심이 우리 사회 곳곳에 잠복해 있음을 발견할 때마다 새삼 용기가 솟음을 느낀다. 『임화문학예술전집』의 발간과 임화문학예술상의 제정으로 임화 대중화에 앞장선 소명출판 박성모 사장의 노고도 우리에게는 큰 격려가 된다. 젊은 문학도들의 적극적인 동참으로 임화연구에 새로운 활력이 더해지기를 기다린다.

2010년 겨울

염무웅

차례

임화의 시비평에 나타난 시차(視差, parallax)들

'신성한 잉여'와 '창조적 비평'을 중심으로

김수이

1. 임화의 텍스트가 지닌 시차(視差, parallax)들

임화의 텍스트에는 크고 작은 시차(視差, parallax)들[1]이 존재한다.

1 예를 들어, 임화가 유물변증법과 리얼리즘에 매진하던 1933년에 쓴 비평문과, 사회주의 운동의 퇴조 속에 암중모색하던 1939년에 쓴 비평문은 선명한 입장의 차이를 보인다. 전자의 예 : "작가가 세계를 그 진실한 양상대로 인식하고 묘사한다는 문학적 진실은 현실의 객관적 진리에 의존하는 것으로, 금일의 세계에 대한 객관적인 비판의 의식성만이 이 모든 것을 가능케 하는 전제인 것이다"(임화, 「진실과 당파성-나의 문학에 대한 태도」(『동아일보』, 1933.10.13), 임화문학예술전집편찬위원회, 『임화문학예술전집 4』, 소명출판, 2009, 292면). 후자의 예 : "재래에 통용되어오던 현실 이해의 방법이나 행위의 기준 내지는 공상미래에 대한의 구도(構圖)가 일체로 통용이 정지되는 순간 (…중략…) 이러한 순간은

이 시차들은 기존의 연구에서 임화의 삶과 문학을 '변증법적 유물론'과 '사회주의'로 질서화하는 관점에 포섭되어 왔으며, 그 결과 차이 자체로 충분히 사유되지는 못하였다. 임화의 삶과 문학에 내장된 차이들은 지금까지 임화 연구자들이 임화를 복수적이며 다원적인 주체로 상정하는 경향에 투사되어 왔다. 우리 문학 연구에서, 임인식(林仁植)의 필명인 '임화(林和)'는 은연중에 '임화들'로 인식, 사용, 소통되어 온 것이다. 여기에는 두 가지 요인이 추동력이 되었다. 임화의 생애사가 방출하는 복합적인 면모(임화는 시인, 비평가, 혁명가, 영화배우, 출판인 등의 다양한 역할role과 맑시즘, 다다이즘, 미래파, 모더니즘, 민중영화 등의 다채로운 사상 · 예술을 (비)동시적으로 해냈다)와, 임화의 텍스트가 지닌 분방한 차이들과 이율배반적인 특성이 그것이다.

홍미로운 사실은 임화의 삶과 문학의 다원성을 설명하는 데 있어 근대적 사유체계와 탈근대적 사유체계가 함께 동원되어 각기 유효성을 발휘한다는 점이다. 해당 사유의 성쇠만큼 시차를 두면서 적용되어 온 두 입장은 임화의 텍스트를 각기 설득력 있게 논파하면서 화해하기 힘든 차이를 드러낸다. 전자는 임화의 삶과 텍스트에 나

현실의 발전이 재래의 여러 가지 관념보다 아주 다른 방향을 취하기 비롯한 때, 객관적으로는 사람들의 생각과 외부의 현실이 조화를 잃고 모순하는 때다. (…중략…) 여기에 이른바 역사의 커다란 희롱이란 것이 가능하게 된다."(임화, 「역사 · 문화 · 문학—혹은 시대성이란 것에의 일 각서」(『동아일보』, 1939.2.18~3.3), 『전집 3』, 575~581면) 전자는 현실과 역사의 합법칙적 발전에 대한 신뢰와 그 객관적 법칙을 발견하고 형상화하는 작가의 임무를, 후자는 현실과 역사의 돌발적이고 불합리한 변화를 강조한다.

타난 차이와 분열을 통합적으로 지양해 하나의 일관된 논리를 만드는 데 주력한다. 임화의 삶과 문학이 모순의 역동적 지양에 의한 주체의 변증법적 운동 과정이었음을 역설(力說)하는 것이다.[2] 반면, 후자는 임화 텍스트의 균열을 그 자체로 바라보고 의미화하는 데 열중한다.[3] 한 예로, "임화 자신에게 유물론(또는 반영론)은 자신의 복잡한

2 다음의 견해들이 대표적이다. "변증법적 유물론의 원칙, 단계적으로 발전해가는 것 자체 속에 온몸을 두는 삶의 방식이야말로 임화적인 삶의 특징"이다(김윤식, 『임화』, 한길사, 2008, 47면). 임화는 "이론적 거점으로서의 사회주의 내지는 맑스주의에 기반한 사유를 결코 포기하지 않으면서도, 다른 한편으로는 당시 압도적인 영향력으로 주어졌던 스탈린주의 코민테른 식의 교조적인 이해에 머무르지 않고 그를 넘어서고 갱신하기 위한 줄기찬 노력을 기울였다."(신두원, 「변증법적 사유와 실천의 한 절정－1940년을 전후한 시기의 임화」, 『민족문학사연구』 통권 38호, 민족문학사연구소, 2008.12, 45면), "그는 모든 것이 끝난 것처럼 보이는 극한적 상황에서도 '영구혁명중인 사회의 주체성'으로서의 문학의 가능성을 읽어냈고 그 스스로 '영구혁명중인 사회의 주체성'으로서의 품위를 유지해 냈던 것입니다."(김명인, 「임화 민족문학론의 현재성」, 『민족문학사연구』 통권 38호, 민족문학사연구소, 2008.12, 19면), "일제 말기 임화의 비평은 농민문학론에서 생산문학론을 거쳐 근대극복론까지 이어진다. (…중략…) 임화의 생산문학론의 핵심은 '생산의 사회적 관계'에 주목함으로써 '생산과 소비의 통일체로서의 현실'을 그려야 한다는 명제이다. 이는 한편으로는 생산 / 노동을 신비화함으로써 민중을 동원하려 한 국책문학으로서의 생산문학에 대한 급진적인 내재적 비판이자 다른 한편으로는 리얼리즘의 회복을 목표로 한 문학적 기획이었다."(하정일, 「일제 말기 임화의 생산문학론과 근대극복론」, 『민족문학사연구』 통권 31호, 민족문학사연구소, 2006, 309~301면)

3 "일제 말기에 임화가 남긴 여러 논의들은 사실상 매우 비균질적이며, 서로 다른 방향의 사유들이 동시에 혼재하는 복잡한 균열의 양상을 보인다"(김예림, 「초월과 중력, 한 근대주의자의 초상－일제 말기 임화의 인식과 언어론」, 『한국근대문학연구』 5권 1호, 한국근대문학연구회, 2004.4, 39면)라거나, "임화의 비평과 산문은 다양한 방식의 글쓰기에 나타난 상호모순과 이질성으로 채워진 복합텍스트"(권성우, 「임화의 메타비평 연구－비평적 자의식에 대한 고찰을 중심으로」, 상허학회, 『한국근대문학의 전환과 모색』, 깊은샘, 2007, 434면)라는 견해들이 여기 속한다. 또한, 임화의 '신성한 잉여'론은 작품의 생산 동력과 비평 대상을 '텍스트의 무의식'으로 확장하고 있으며(김동식, 「'리얼리즘의 승리'와 텍스트의 무의식－임화의 「의도와 작품의 낙차와 비평」에 관한 몇 개의 주석」, 『민족문학사연구』 통권 38호, 민족문학사연구소, 2008.12), 1930년대 후반의 임화 비평

지적 사유나 분방한 예술적 실천을 한꺼번에 쓸어 담는 큰 자루로 현상한 것이 아니라는"[4] 견해는 전자의 독법을 정면으로 반박하면서, 차이의 텍스트로서 임화 문학의 특수성을 강조한다. 차이를 발전적으로 지양하려는 근대적 사유와, 차이를 생산적으로 보존하려는 탈근대적 사유가 임화에게서 충돌하며 접점을 이루고 있는 형국인 것이다. 최근 부상하고 있는 후자의 흐름은 민족문학과 근대성, 윤리 등의 측면에서 임화의 현재성을 읽어내려는 기존 연구의 다른 / 새로운 방향[5]을 형성하고 있다.[6]

은 마르크시즘의 사상적 자장을 벗어나 비평이라는 장르의 고유성을 탐색하는 순간 작동 · 정립되는, 타자성, 차이성, 균열성 등이 포함된 '비평적 주체'의 산물(조은주, 「임화의 '비평적 주체'의 정립 과정과 비평의 윤리」, 『한국문화』 47집, 서울대 규장각 한국학연구원, 2009.9, 284~295면 참조)이라는 견해도 유사한 맥락을 형성한다.

4 손유경, 「임화의 유물론적 사유에 나타나는 주체의 위치(position)」, 『한국현대문학연구』 24집, 한국현대문학회, 2008.4, 216면.

5 탈식민주의 관점의 논의들이 여기 해당된다. 권성우는 임화가 근대문학사에서 식민주의 및 그 식민주의를 극복하고자 하는 문제의식(탈식민주의)을 가장 선명하게 보여주었던 문학가라고 평가하며(「임화 시에 나타난 '탈식민성' 연구」, 『횡단과 경계』, 소명출판, 2008), 박정선은 해방기 임화의 담론적 실천과 운동적 실천이 모두 탈식민을 실현하는 데에 집중되었다고 본다.(「민족국가의 시쓰기와 탈식민의 수사학」, 『민족문학사연구』 통권 38호, 민족문학사연구소, 2008.12) 이형권, 「현해탄 시편의 양가성 문제」, 『한국어문학』 49집, 한국언어문학회, 2002, 오창은, 「'자생성'과 '종속성'의 경계, 그리고 지식의 '탈식민적 가능성'」, 문학과비평연구회, 『탈식민의 텍스트, 저항과 해방의 담론』, 이회문화사, 2003 등도 이 범주에 포함되는 연구들이다. 박정선, 앞의 글, 73~75면 참조.

6 임화의 텍스트에 나타난 균열에 대한 적극적인 탐색은 임화 연구의 차원을 넘어, 프로문학을 우리 문학의 역동적인 차이의 산물로 보다 풍부하게 전유하려는 새로운 연구 경향과도 맞물려 있다. 최근 임화 연구의 진보적 지점 역시 임화의 텍스트에 내재된 균열을 바라보는 관점들의 (불)협화음 속에 생성되는 중에 있다. 이와 관련해, 손유경은 프로문학 연구의 최근 흐름을 "사회주의 / 유미주의, 민족주의 / 계급주의, 리얼리즘 / 모더니즘, 이념 / 감성 등과 같은 각종 이분법적 구도를 넘어선 지평에서 프로문학의 위상과 의

문제의 핵심은 임화의 텍스트에 내장된 차이와 균열을 '처리'하는 방법론에 있다. 임화의 텍스트에 공존하는 차이들[7]은 엄밀하게 따지면 동일한 층위에서 동일한 기준으로 다룰 수 없는 것들이다. 지젝은 이러한 차이를 '시차(視差, parallax)'라는 용어로 개념화한다.[8] 변화무쌍한 논지로 때로 혼란을 자아내는 임화의 비평은 하나로 융합될 수 없는 시차(視差, parallax)들이 혼존하며 운동하는 텍스트이다. 임화의 비평은 다양한 해석 · 평가 · 사유의 시차(視差, parallax)들이 교섭하고 충돌하면서 새로운 지형을 만들어내는 드라마틱한 장(場)이다. 임화는 현실이 파생하는 다양한 시차들에 관한 명확한 인식을 갖고 있었으며, 이에 대한 사유를 특유의 비평 이론으로 개진한 바 있다. 즉 임화는 "현실이 스스로 낳은 다른 질서"를 '신성한 잉여'라고 명명하고, 이를 (훌륭한) 문학과 비평의 동력으로 규정한다. 임

의를 재검토하는" 것으로 정리하면서, "프로문학이야말로 젠더 연구, 문화 연구, 제도사 연구 등의 새로운 학문적 실천이 요청하는 주요 연구 대상이 될 것"이라는 확신에 찬 진단을 내놓는다(손유경, 「최근 프로문학 연구의 전개 양상과 그 전망」, 상허학회, 『한국 근대문학의 전환과 모색』, 깊은샘, 2007, 304면 참조).

7 임화는 유사한 작품에 대해서도 상당히 다른 평가의 입장을 보여주기도 한다. 한 예로, 식민지 시대에 쓴 마지막 소설론인 「소설의 인상」에서 임화는 똑같이 범속한 시정 세계를 그린 이태준의 「사냥」과 김남천의 「등불」에 대해 정반대의 가치평가를 한다. 김외곤, 『임화 문학의 근대성 비판』, 새물결, 2009, 152~154면 참조.

8 지젝의 개념인 '시차(視差, parallax)'는 "두 층위 사이에 어떠한 공통 언어나 공유된 기반도 존재하지 않기 때문에 결코 고차원적인 종합을 향해 변증법적으로 '매개 / 지양'될 수 없는 근본적인 이율배반(antinomy)을 뜻"한다. 시차 이론은 층위가 다른 것들 사이의 시차적 간극을 투명하게 인식하고, 변증법의 틀을 가능하게 한 차이의 이분법적 기반의 허구성을 비판적으로 성찰함으로써 변증법을 재건하는 데 기여하고자 한다.(Slavoj Žižek, 김서영 역, 『시차적 관점』, 마티, 2009, 13~14면 참조)

화는 1930년대 후반 전후에 발표한 비평들에서 차이에 대한 논의를 심도 있게 전개하며, 차이에 대한 생산적인 시각을 '창조적 비평'론의 이론적 기반으로 채택한다. '신성한 잉여'는 임화가 경험한 현실의 균열에 대한 통찰의 산물이자 비평적 대응기제로서, 임화의 비평이 문학의 본질을 내파(內波)하는 창조적이고 생산적인 풍경을 향해 나아가는 중요한 계기가 된다.

임화가 '신성한 잉여'와 '창조적 비평'론을 전개한 것은 유물변증법과 사회주의 리얼리즘에 기초한 과학적 비평관이 현실적 응집력을 상실해 가는 시기였다. 임화는 자신이 오래 신봉해 온 이념의 '외부'로서 '신성한 잉여'를 사유하는 공간을 비평, 특히 시비평을 통해 마련한다. 작가의 무의식에 의해 포착되는 '신성한 잉여'는 본질적으로 시 장르와 더 친연성을 가지며,[9] 따라서 시비평이 더 걸맞은 논의 공간이 되는 까닭이다. '신성한 잉여'의 구체적 의미와 신성한 잉여와 '창조적 비평'의 상관관계에 초점을 맞추어, 임화의 시비평에 나타난 해석과 평가의 시차에 관해 살펴보기로 한다.

9 임화는 시가 소설보다 새 시대의 징후를 포착하는 데 민첩한 장르라고 하면서, 1930년대 중·후반의 시대의 전환을 포착하는 데도 시가 소설보다 기민했노라고 진단한다. 임화, 「시단의 신세대—교체되는 시대 조류」(『조선일보』, 1939.8.18~26), 『전집 3』, 386~387면 참조.

2. 시차 개념으로서 임화의 '신성한 잉여'의 의미와 비평적 위상

1) 임화의 '신성한 잉여'의 세 가지 의미

임화의 비평은 서로 충돌하는 주장이나 작품 해석, 가치관 등의 다양한 시차 속에서 종종 당대 비평의 시야를 뛰어넘는 수준을 성취한다. 구체적인 예로, 임화는 해석비평에 반대[10]하면서 '창조적 비평'의 필요성과 필연성을 주장한다. "오늘날 벌써 보고적 · 설명적인 평론, 해석적인 비평의 시대가 종언하고 있다는 것은 우리가 비평의 새로운 기준을 예상하고 있다는 사실에서 명백하"[11]다는 임화의 진단에는 비평의 역할이 '해석'에서 '판단'과 '창조'로 이행 · 확장되어야 한다는 확신이 각인되어 있다. 이러한 임화의 비평관에는, "예술작품의 내용이라고 하는 것이 따로 있다는 환상을 받쳐주는 것도, 예술작품을 해석하기 위해 예술작품에 접근하는 습관"[12]이라는,

10 임화에 의하면 비평의 진정한 기능은 '해석 이상'의 '판단'이다. 그런데 시대가 명확한 가치관과 전망을 갖지 아니할 때(일수록) 비평에 기대하는 최대한의 것은 '명쾌한 판단'이 아닌 '명철한 해석'이 된다. 임화는 '판단'을 비평의 고차원적 기능으로 설정하고 '해석'과 대비하면서 비평의 자율성과 생산성에 대한 사유를 전개한다. '해석'은 기존의 질서체계를 반복하는 기계적인 행위로, '판단'은 그것을 넘어서 비평가가 독창적인 안목을 제시하는 창조적인 행위로 보는 것이다. 이는 임화가 도달한 비평의 궁극적 형태인 '창조적 비평'의 근거 및 단초가 된다. 임화, 「최근 10년간 문예비평의 주조와 변천」(『비판』, 1949.5~6), 『전집 5』, 129면 참조.

11 임화, 「창조적 비평」(『인문평론』, 1940.10), 『전집 5』, 243면.

12 Susan Sontag, 이민아 역, 『해석에 반대한다』, 이후, 2002, 22면.

근대의 예술관 전체에 대한 탈근대 지향의 해석학적 투쟁을 선취하는 측면이 있다.

임화는 기존의 질서를 반복 재생산하는 '명철한 해석'의 비평에 저항하면서, 새로운 세계를 발견하고 창출하는 '창조적 비평'을 문학적 목표로 삼는다. 창조적 비평관은 임화 비평의 중대한 전환점이 된 「의도와 작품의 낙차와 비평」(1938)에서 탐구된 '신성한 잉여' 개념을 통해 예비된다. 임화의 '잉여' 개념에는 문학작품에 내장된 '시차'와 '시차적 간극'에 대한 인식이 투영되어 있다. 잉여는 작품에서 작가의 의도를 감(減)한 여분으로, "작가의 지성과 감성의 차이"에서 생성된다. 지성과 감성의 갈등은 "낡은 세계와 새 세계의 대립"을 의미하며, 새 세계의 징후인 잉여는 "작가들의 위대성의 표징(表徵)"이자 "작가가 목적할 진정한 예술적 대상"이기에 '신성한 잉여물'로 불린다.[13] '잉여'는 작가에 의해 작품에 무의도적이며 무의식적으로 등록되는 '새 세계'의 징후로서, 작품에 균열을 가하는 동시에 위대성을 불어넣는, 예술의 진정한 목적이자 대상이 된다.

임화가 '잉여'를 발견한 시점은 유물변증법 및 사회주의적 사실주의에 입각한 '과학적 비평'에서 '창조적 비평'으로 나아가는 도중에서였다. 이 문제를 치밀하게 고찰한 김동식은 '잉여'에 대해 크게 두

13 임화, 「의도와 작품의 낙차와 비평—특히 비평의 기능을 중심으로 한 감상」(『비판』, 1938.4), 『전집 3』, 560~565면.

가지 해석을 제출한다. 첫째 '잉여'는 임화가 리얼리즘의 위기에서 돌파구로 받아들인 발자크의 리얼리즘, 즉 작가적 역량을 초과하는 '리얼리즘의 승리'의 동력으로서 '텍스트의 무의식'을 가리키며, 둘째로 '잉여'는 텍스트의 경계 해체를 낳는 여백이자 글쓰기의 기원으로서 '글쓰기의 영도(零度)'를 뜻한다는 것이다.

> 의도(지성)의 차원이 만들어내는 무의식적 잉여, 이를 두고 텍스트의 무의식이라고 불러도 좋을 것이다. 작품이 현실을 반영하는 것이 아니라, 현실이 작품의 무의식적 잉여를 생산한다. 리얼리즘의 승리는 작가의 의도 바깥에 놓인 잉여의 영역, 달리 말하면 변증법적 계기를 내포하고 있는 현실에 의해 씌어지는 잉여의 영역과 관련되는 것이다. 또한 리얼리즘의 승리는 작가에 의해서 주어지는 것이 아니라 비평가가 읽어내는 것이다.[14]

> 신성한 잉여에 의해서 '비평'과 '비평 아닌 글쓰기'의 경계가 지워지며 새롭게 생겨난 여백, 이를 두고 에크리튀르(écriture)의 발견 또는 글쓰기의 영도(零度)에 도달한 자의 표정이라고 해도 좋지 않을까.[15]

---

14 김동식, 앞의 글, 125~126면.
15 위의 글, 127면.

두 해석은 모두 임화가 비평(가)의 고유한 몫으로 정립한 비평의 독자적 공간에 대한 설명으로 수렴되는 공통점을 지닌다. 첫 번째 해석에서 '잉여'는 작가의 의도나 인식에 관계없이 창작 과정에서 작품에 자동으로 기입된 현실과 세계의 흔적으로서 '텍스트의 무의식'을 의미한다. 이를 '리얼리즘의 내부로서의 외부' 혹은 '리얼리즘의 외부로서의 내부'라고 부를 수 있을 것이다. 두 번째 해석에서 '잉여'는 사회·역사적으로 형성된 글쓰기의 경계를 초월한 탈경계 혹은 경계 이전의 영역을 지칭한다. 이때 잉여는 비평의 차원을 넘어 '글쓰기의 기원'(의 공간)을 지칭하는 개념이 된다. 김동식의 '신성한 잉여' 해석은 임화 비평의 문제의식을 '리얼리즘'에서 '글쓰기의 본질'로 확대하면서, 임화의 비평을 문학비평과 글쓰기 본연의 차원이 공존하는 광범위한 범주로 재설정한다. 이렇게 재설정된 임화의 비평공간은 종래의 임화 연구에서 상정한 것보다 크게 확장되어 글쓰기의 경계들이 지워진 탈역사적인 공간과 연결된다. 김동식의 두 가지 해석은 임화의 '신성한 잉여'에 관한 가능한 해석들의 양 극단에 위치하는 것이라고 볼 수 있다. 전자는 사회주의 리얼리즘이라는 특수성의 층위에, 후자는 글쓰기의 기원이라는 보편성의 층위에 속한 것으로, 둘 사이에는 상당한 간극이 가로놓여 있다. 이 간극이 해석의 대상인 임화의 비평 자체에서 촉발된 것이라고 하여도, 두 해석 사이의 다른 층위들이나 보다 구체적인 해석에 대해 고민해 볼 필요는 있을 것이다.

(1) 유물변증법의 '외부', 문학의 예측 불가능한 운동성–과학적 비평과 변화하는 문학 현실의 시차

'잉여'는 유물변증법과 사회주의적 사실주의에 입각한 '과학적 비평'의 한계를 극복하기 위한 임화의 비평적 고뇌의 산물이다. 임화의 '잉여'론은 보다 고차원의 '변증법적 전환'을 위한 초석 다지기이거나, 문학의 '비의(秘意)와 혁신적인 운동성'을 충분히 설명하지 못하는 과학적 비평의 한계에 대한 우회적 인정 및 극복 의지의 산물이다.

임화가 '잉여'를 발견하던 때의 시대 상황, 즉 경향문학과 사회주의 운동이 급격히 퇴조한 1930년대의 현실은 지젝의 '시차적 관점'의 배경이 된 20세기 후반 마르크스주의의 현실적 위기와 중첩되는 면이 있다. 지젝은 마르크스주의가 처한 위기를 마르크스주의 운동의 사회정치적 참패가 아닌, 변증법적 유물론을 단순히 자신의 철학적 토대의 역할로 축소시킨 마르크스주의의 철학적·사상적 퇴조에서 찾는다.[16] 변증법적 유물론의 동력인 부정 변증법은 기존의 체제를 개혁하는 데는 기여할 수 있지만, 기존의 체제를 넘어선 '그 이상의 다른 (고)차원'을 상상하거나 현실화하는 일에는 한계를 지닌다는 것이다. 부정 변증법은 기존의 질서에 일정 부분 의존하지 않고서는 새로운 현상과 질서를 설명하거나 기획하지 못한다. '정(正)'의 대립항

16 Slavoj Žižek, 앞의 책, 15~17면 참조.

으로서 '반(反)'에 대해서는 높은 설득력을 갖지만, 여기에 포함되거나 포섭되지 않는 '잉여'에 대해서는 효력을 발휘하지 못하기 때문이다. 이 지점에서, 오늘의 시대에 필요한 것은 "폭발적인 부정성 및 '저항'과 '전복'에 관해 상상할 수 있는 모든 형태들과 사랑에 빠졌으나 정작 그 자신이 기존의 긍정적 질서에 기생하게 되는 일만은 극복할 수 없는 '부정 변증법'으로서는 진정 파악하기 어려운 변증법적 전환"이라는 진단은 임화와 그의 시대에도 상당히 유용한 것이 된다.[17]

이런 맥락에서, 임화의 '잉여' 개념이 "낡은 세계와 새 세계의 대립"에서 창출된 것으로, "잉여의 세계는 강력히 자기 존재를 인간의 지성과 문학에 대하여 주장하려는 새 세계의 선명한 자태"로서, "실상 작가에게 형성된 지성이 채 정복할 수 없는 새 세계의 일폭(一幅)"[18]이라는 점은 매우 시사적이다. 이에 기대어 다음과 같은 추론이 가능해진다. 임화는 유물변증법이 갖는 한계를 인식하고, 그를 안팎으로 뛰어넘을 수 있는 보다 고차원적인 '변증법적 전환'을 지향하였다. '신성한 잉여'란 과학적 비평의 한계를 변증법적으로 지양하기 위한 발판을, '그 자신 이상의 것'을 포함한 문학작품 자체에서 찾은 임화의 비평적 기획의 산물이었다. 동시에 정확히 반대의 맥락에서 '신성한 잉여'란 유물

17 덧붙여서 지젝은, "사적 유물론과 변증법적 유물론의 관계는 시차적이다. 그것들은 사실상 같은 것이며 하나로부터 다른 하나로의 전환은 전적으로 관점의 전환에 따른 것"이라고 말한다. 위의 책, 17면.

18 임화, 앞의 글, 『전집 3』, 564면.

변증법과 과학적 비평이 포착해내지 못하는 문학작품의 '모호한 비의와 운동성'에 대한 임화의 비유적 명명이자, 과학적 리얼리즘의 한계에 대한 우회적이며 소극적인 인정이었다. 임화가 변증법적 유물론에 입각한 과학적 비평 체계를 수립하기 위해 일관되게 배제(해야)했던 문학의 어떤 부분이 '잉여'의 형태로 귀환한 것이다. 역설적이게도 이 상반되는 방향은 서로 긴밀하게 이어져 있다. 동일한 것의 다른 두 측면이기 때문이다. "변증법적 유물론이 일시적으로 후퇴하는 시대인 오늘날 레닌의 전략적 통찰은 중요하다 : 군대가 퇴각할 때는 군대가 진격할 때보다 백 배 많은 규칙들이 요구된다"[19]는 논리는 1930년대의 비평가 임화에게도 유효한 것이 된다. 임화는 '잉여'야말로 비평의 진정한 대상이라고 선언하면서 '잉여의 세계'에서는 작가의 주체가 와해되는 것조차 두려워하지 말아야 한다고 주장한다. '잉여의 세계'란 "작가의 주체를 와해로 밀치면서까지" 도도히 부상하는 "새 세계의 현실적 힘"이며, 문학이 스스로를 개진해 가는, 그 작품의 작가조차도 예측하거나 제어할 수 없는 운동성이기 때문이다.

> 그러므로 현대에 있어 비평가는 부단히 이 잉여의 세계를 탐색하고 잉여세계의 의식화를 통하여 자기 자신을 개변하려는 작가의 노력을 돕는 데 커다란 의무가 있다. 비평은 적어도 잉여의 세계를 사상의 수준으로 앙

19 Slavoj Žižek, 앞의 책, 14면.

양함으로써 작품의 의도와 결과와의 대립을 격성(激成)하고, 잉여의 세계란 작가의 주체를 와해(瓦解)로 밀치면서까지 제 존재의 가치를 협위(脅威)적으로 시인해 달라는 새 세계의 현실적 힘임을 인식해야 할 것이다.[20]

"새 세계의 현실적 힘"인 잉여는 기존의 세계와 작품, 작가의 주체에 발생하는 / 가해지는 균열을 통해 가시화된다. 기존의 세계와 작품, 주체를 위협하는 균열을 통해 드러나는 잉여는 단순히 변증법 체계의 반(反)에 속하는 항목이 아닌, 변증법의 토대 자체를 위협하는 이질적인 '외부'이다. 이 외부는 언어로 규정할 수 없는 실재(the real)이자, 그 실재가 구체적인 현상으로 현현하게 될 미래형의 현실이기도 하다. 1938년경의 임화는 기존의 세계와 새 세계, 변증법과 변증법의 외부, 주체와 주체의 와해를 동시에 경험하고 인식하면서 그 사이에서 위태로운 긴장을 유지하고 있었던 것이다.

'잉여'의 비평관은 임화가 '잉여'에 대해 논하기 약 1년 전에 쓴 비평의 관점과 큰 낙차를 보인다. 임화가 프로시를 사적으로 개관하면서 작금의 위기에 관해 제시한 타개책에는 작품과 작가의 잉여 / 균열에 대한 부정과 방어의 의지가 선명하게 표출되어 있다.

그러나 길은 시야를 넓히어 현실의 대해(大海) 도처에서 제재를 발견하

20 임화, 앞의 글, 『전집 3』, 570면.

여 시화(詩化)하고 그것을 새로이 전진하고 있는 계급의 생생한 감정에서 노래하는 웅대한 서사시의 리얼리즘이고, 암흑한 제야(除夜)에 위대한 도정(道程)에서 넘어지는 비극에 찬 웅대한 낭만적 비가(悲歌), 또 모든 곤란 가운데서도 오히려 굳건히 전진하는 히로이즘, 그리고 그 가운데서 느끼는 높은 감정, 그것이 우리의 감정시(感情詩)의 최대의 내용이다.[21]

시간적으로 '잉여'의 비평관(1938)은, '현실의 대해(大海)'를 '웅대한 서사시의 리얼리즘'과 '웅대한 낭만적 비가', '굳건히 전진하는 히로이즘', '높은 감정' 등의 '최대의 내용'으로 형상화한 '감정시'를 통해 재건하고자 한 리얼리즘 문학관(1937)과, 비평 주체의 창조적이고 자율적인 판단을 중핵으로 한 '창조적 비평'(1940)의 드넓은 간극 사이에 위치한다. 그러나 임화의 '창조적 비평'론은 이후의 비평들이 다시 확고한 리얼리즘 문학관을 표방하면서 모습을 감춘다. 월북과 함께 임화의 비평과 삶이 현실적으로 중단된 까닭에 임화의 '잉여'의 비평관이 어떤 방향으로 진행되었을지는 미지수로 남아 있다. 한 가지 분명한 사실은 1930년대 말 이후의 임화가 사회주의의 쇠퇴 속에서 자신의 신념인 변증법과 사회주의 리얼리즘이 당대의 현실과 문학에 대해 노출하는 큰 시차를 견디며, 그 시차를 '비평의 논리'로 변주했다는 점이다. 그 시차로부터 임화는 변증법과 사회주의

21 임화, 「진보적 시가의 작금－프로시의 걸어온 길」(『풍림』, 1937.1), 『전집 4』, 741~742면.

리얼리즘으로는 포섭할 수 없는 '잉여'를 추출하여 '잉여의 비평관 / 사상관'을 정립했다. "비평은 적어도 잉여의 세계를 사상의 수준으로 앙양함으로써 작품의 의도와 결과와의 대립을 격성(激成)하고, 잉여의 세계란 작가의 주체를 와해(瓦解)로 밀치면서까지 제 존재의 가치를 협위(脅威)적으로 시인해 달라는 새 세계의 현실적 힘임을 인식해야 할 것이다"[22]라는 임화의 말은 잉여의 비평이 작품과 작가를 관통하는 다양한 시차(視差)들을 적극적으로 벌려놓는, 임화의 표현으로는 '격성(激成)'하는 다원적 행위임을 보여준다. 잉여의 비평관은, 비평은 "세계를 단순히 해석할 뿐 아니라 세계의 변×[혁]자가 되어야 한다"는 능동적인, 명확히 당파적인 견지에 서야 하는 것"[23]이며, "이 당파적인 비판적 태도만이 문학예술의 완성을 위한 문학적 진실의 앙양한 길을 타개하는 유일한 열쇠[鍵]"[24]라는 맑스주의 비평관과는 상당한 거리를 갖는 것이다.

(2) 현실의 내부에 있는 '외부', 위대한 문학의 원천–현실의 질서와 위대한 작품의 시차

'잉여'는 현실의 체계 및 그 속에서 생산된 예술작품에 생래적으로 포함된 균열들, 즉 현실의 의미체계(언어, 제도, 문화 등)의 모순과 결핍을 반증하는

22 임화, 각주 21)의 글, 『전집 3』, 570면.
23 임화, 「비평의 객관성의 문제」(『동아일보』, 1933.11.9~10), 『전집 4』, 298면.
24 임화, 「진실과 당파성–나의 문학에 대한 태도」(『동아일보』, 1933.10.13), 『전집 4』, 293면.

빈 구멍이다. 아이러니컬하게도 현실의 '내재적 외부'로서 현실의 균열과 결핍은 위대한 예술작품의 원천이 된다.

> 그것(잉여—인용자 주)은 먼저도 말한 바와 같이 작가의 의도와 비교되고 그것과 대립할 수 있는 새 지성의 단초란 의미에서만 아니라, 의도된 작품세계에 대하여 하나의 독립한 질서를 형성하는 데 고유한 의미가 있다. 즉 작가의 의도란 것이 작품 가운데서 현실을 구성하는 하나의 질서의 식이라면 잉여의 세계란 작품 가운데 들은 작가의 직관작용이 초래한 현실이 스스로 만들어낸 질서 자체란 의미에서이다.[25] (강조는 인용자)

임화는 '잉여'를 '의도'와의 결정적인 차이에 의해 설명한다. 임화에 의하면, 의도는 작가의 의식에 의해 '구성'되는 반면, 잉여는 작가의 직관에 의해 '포착'된다. 의도가 "창작하는 주체가 작품을 통하여 표현하려는 특종(特種)의 관념으로 어느 작품에든 작품 전체를 지배하는 최대의 힘"[26]인 반면에, 잉여는 "의도된 작품세계에 대하여 하나의 독립한 질서를 형성"함으로써 텍스트의 자율성과 개방성의 근본이 되는 것이다. 현실의 부산물인 '잉여'가 "의도된 작품세계에 대하여 하나의 독립한 질서를 형성하"고 있다는 것은 '의도된 작품세

25 임화, 각주 23)의 글, 『전집 3』, 565~566면.

26 위의 글, 561면.

계'(의 질서)가 태생적으로 결핍과 균열을 지니고 있다는 사실을 반증한다. 현실과 작품의 내부에 스스로 출현한 잉여는 현실과 작품의 내부에 있는 외부, '내재적 외부'이다. 그리하여 작가의 의도에 반하고, 기존의 세계에 편입되지 않으며, 무의식의 차원에 속한 "잉여의 세계를 가진 작품은 벨라스케스의 화면(畵面)과 같이 작품의 중핵이 작품 가운데 있는 것이 아니라 작품 밖에 있게 되는 것이다."[27] 반대로, 작품의 중핵이 작품 가운데 있는 작품, 즉 잉여가 존재하지 않는 작품은 기존의 세계와 질서를 반복 재생산할 뿐 새로운 가치를 제시하지 못한다. 이러한 작품은 오직 작가의 '의도'에 종속되어 있을 뿐 새로운 세계의 가능성을 여는 창조적인 역할과는 무관하게 된다.[28]

현실이 낳은 '잉여'는 현실의 대립물이 아니라, 기존의 현실을 (전혀) 다른 토대와 형태로 변화시키게 될 새로운 질서이다. 잉여는 새로운 현실의 기원인 동시에 새로운 작품의 기원이다. 따라서 훌륭한 문학작품이란 작가가 쓰려는 작품의 '상상적 판본'[29]과, 현실이 낳은 '잉여'로서 '새로운 세계'가 예외적이고 성공적으로 결합할 때 탄생한다. 훌륭한 작품은 애초에 작가가 기획한 '상상적 판본'과는 시차를

27 위의 글, 566면.

28 따라서 임화의 '신성한 잉여'란 모든 작품에 내장된 보편적 요소가 아닌, 특수한 요소이자 개념이라는 점에 주목할 필요가 있다. '신성한 잉여'는 '텍스트의 무의식'(김동식)임에 분명하지만, 모든 작품이 아닌 위대한 작품만이 지닌 무의식이라는 점에서 희소성과 예외성을 갖는다.

29 Slavoj Žižek, 이성민 역, 『부정적인 것과 함께 머물기』, 도서출판b, 2007, 24면.

가지며, 작품의 발생 토대인 현재의 현실과도 시차를 갖는다. 낡은 세계와 새 세계 간의 시차가 클수록 '잉여'가 더 활발한 운동성을 갖게 될 것은 자명한 이치이다. 현실의 균열에서 출현한 잉여는 위대한 문학작품의 원천이 되며, 신구의 갈등이 격렬한 과도기일수록 작품과 작가는 위대함의 가능성을 더 많이 소유한다.[30] 아이러니컬하게도 잉여는 작품의 통일성과 내적 조화에 기여함으로써가 아니라, 정반대로 그것을 위태롭게 하고 무너뜨림으로써 예술적 가치와 위대성을 추동한다. 작품의 내적 조화의 붕괴는 바로 잉여가 작품 속에서 자신을 드러내는 방식이자, 작가의 직관을 빌려 새 세계의 질서가 작품 속에 기입되는 방식이기도 하다. 잉여는 현실의 균열과 문학작품의 완성도를 매개하면서 '위대성의 표징'으로 작동하며, 예술의 진정한 대상인 '새로운 세계'의 징후로서 '신성한' 지위를 획득한다.

> 이러한(잉여로 인한 작품의 의도와 결과와의 모순—인용자 주) 특성이 좋은 의미에서 작품의 내적 조화를 어그러트렸음에 불구하고 결과로선 그 작가들의 위대성의 표징(表徵)이 된 것은 잉여의 세계 그것이 새 세계가 탄생할 입증자(立證者)가 된 때문이다.
>
> 그러므로 이것은 작가의 의도에 반하여 작품 가운데 우발(偶發)한 것

30 "발자크H. Balzac와 같은 작가, 고골리와 같은 작가, 톨스토이와 같은 작가, 즉 신·구 세계가 격렬한 상호 갈등리(葛藤裏)에 교체하려는 과도기의 예술 위에 이 특성이 가장 뚜렷한 제 낙인(烙印)을 찍었다."(임화, 앞의 글, 『전집 3』, 564~565면)

임에 불구하고 '신성한 잉여물'이라 불려지는 것이며, 사실은 작가가 목적할 진정한 예술적 대상이었을지도 모른다.[31]

현실의 의미체계가 가진 결핍과 균열은 '작품의 내적 조화'와 같은 완결된 균형의 상태를 위협하면서 보다 가치 있는 (궁극의) 세계를 상징적으로 현시한다. '신성한 잉여' 개념은 임화가 '현실의 질서'와 '작품의 내적 조화'를 붕괴시키는 균열들이 가진 생산성을 발견하고, 거기에 적극적인 의미와 가치를 부여함으로써 탄생한다. 임화의 '신성한 잉여'에는 "작가가 목적할 진정한 예술적 대상"으로서 예술의 비의적 본질에 대한 인식과, 과학적 비평이 변증법 체계의 '반(反)'의 자리에 놓은 현실 / 작품의 균열이 실은 새롭고 위대한 작품의 원천이라는 인식이 중첩되어 있다.

(3) 작품에 자동 첨부된 '새로운 세계', 비평의 창조의 몫 – 텍스트의 생산과 향유의 시차

작가의 의도와 무관하게 텍스트에 자동 첨부된 '새로운 세계'인 '잉여'는 소수의 우수한 독자 및 비평가가 발견하고 재창조해야 할 대상이다. 잉여는 비평(가)의 창조적 역할과 독자적 영역의 근거이자, 비평이 대상 작품에 종속되지 않고 하나의 자율적이고 독립적인 작품이 될 수 있는 토대이다.

31 위의 글, 565면.

> 훌륭한 비평이란 언제나 훌륭한 작품과 같이 새 세계를 발견하고 새 영역을 창조하는 것이다.
>
> (…중략…)
>
> 즉 비평의 창조적 기능은 이미 만들어진 작품 가운데서 작가의 의도나 독자의 향수(享受)가 채 알아내지 못하고 방기해 둔 미경(未耕)의 옥토를 발견하여 새 가치를 부여하는 데 있는 것이다.[32]

임화는 작품의 무의식적 / 비가시적 요소인 '잉여'를 간파하고 창조적으로 해명하는 일을 비평의 진정한 역할로 규정한다. 잉여에 대한 통찰은 작품에 대한 단순한 향수나 해석과 구별되는 비평(가)의 전문적인 능력으로, 여기에 비평(가)의 필요성과 존재 의의가 있다. 임화는 잉여가 창작의 궁극적 대상일 뿐 아니라 비평의 궁극적 대상이라는 점을 강조한다. 잉여가 차지하는 비중은 창작에 비해 비평에서 오히려 더 높다고도 할 수 있다. 창작의 몫이 잉여에 대한 무의식적 직관까지라면, 비평의 몫은 잉여에 대한 명시적인 승인과 증명, 창조 등의 의식적이며 자각적인 행위들이기 때문이다. 비평가는 "잉여의 세계, 만일 그것이 의식된다면 작가에 의하여 부정될지도 모르는 새 세계를 작품으로부터 분리하여 그것의 독립적 가치를 승인하고 나아가 그 존재와 성장의 가능성을 증명"해야 한다. 그러기 위해

32 위의 글, 567면.

서는 "새로운 세계와의 공감력을 갖지 않으면 아니 된다."[33] 비평가는 작가의 무의식이 행한(동시에 행하지 못한) 일을 의식의 차원에서 수행하여 '새로운 세계'를 감지하고, 나아가 그것을 현실 가운데 승인하고 증명하며 구체적 형상으로 (재)창조해야 하는 것이다. 이 과정에서 "작가에 있어 내적 대립에 불과하였던 것이 비평의 영역에선 외적 형식으로 전화"[34]되는 질적 전환과 도약이 발생한다. 잉여는 작품의 내적 조화를 위협하는 비가시적인 잉여물에서, 비평의 가시적인 내용과 형식으로 외화(外化)되어 현실 속에 현현한다.

잉여에 대한 승인 · 증명 · 창조를 통해 현실의 낡은 질서를 새로운 질서로 전환하는 데 선각적 역할을 함으로써 비평은 창작과 마찬가지로 "가치 있는 창조적 예술"이 된다. 잉여는 비평이 작품에 대한 단순한 '해석'의 차원을 넘어 '창조'의 행위로 나아갈 수 있는 기반이며, 작품과 비평의 동등한 위상을 보장하는 근거이다. 작품에 자동 첨부된 잉여의 존재로 인해 비평은 자율성과 독자성을 확보하며, 비평가는 "타인의 재목(材木)을 가지고 제 가옥을 짓는 독특한 창조자가 되는 것이다."[35] 임화의 '신성한 잉여론'에는 비평을 창조적이고 독자적인 글쓰기 행위이자 현실의 변혁 행위로 본 그의 비평관과 비평적 자의식이 확고하게 각인되어 있다. 임화는, 비평가가 잉여의 세

33 위의 글, 569면.
34 위의 글, 570~571면.
35 위의 글, 568면.

계를 "승인하는 기준을 또한 그 현실에서 끌어내"야 한다고 말한다.

그러므로 이곳에서 생각할 것은 창조적 원천으로서만 아니라, 비평적 원천으로서의 현실의 재음미가 아닐 수 없다.

현대와 같이 착잡(錯雜)한 시대에 작자가 의도에 반하여 잉여의 세계를 결과하고 그것의 가치를 의식함으로써 제 의도를 개변하는 것이 현실의 직관이라면, 의식되지 않았던 것을 의식화하고 직관 내용에 불과하였던 것을 지성 가운데 정착하는 비평의 직능도 실상은 이 현실 가운데 연원한다.

(…중략…)

현대는 비평의 이런 직능의 자유스런 발양을 가장 엄격히 요구하는 시대가 아닌가 한다.[36]

"창조적 원천으로서만 아니라, 비평적 원천으로서의 현실의 재음미"가 필요한 "이곳", 이 자리는 임화가 "사상의 수준으로 앙양"해야 한다고까지 주장한 '잉여'의 비평관이 현실 변혁의 리얼리즘의 세계관과 다시 접속하는 지점이다. 현실이 스스로 만들어낸 '내재적 외부'인 잉여를 현실화하기 위해 다시 '현실'을 기준으로 삼는 것은 리얼리즘에 입각한 방법론이라고 할 수 있다. 이러한 방법의 구체적

36 위의 글, 570~571면.

양상을 임화가 이후의 비평에서 선명히 보여준 것은 아니지만, '신성한 잉여'에 대한 임화의 시각과 그것을 현실화하는 방법 사이에는 시차가 존재하는 것이 확실해 보인다. 이 시차는, 단적으로 말하면, 현실의 외부=잉여를 지향하는 창조적 비평가 임화와 현실의 내부=질서를 중시하는 리얼리스트 임화 사이에서 발생한 것이다. 이에 대한 증거로 임화는 직관으로 포착된 '새로운 세계'를 현실에 정착시키는 비평의 직능이 요구되는 이유를, "현대와 같이 착잡(錯雜)한 시대"라는 시대 · 사회적 조건으로써 명기한다.

작품에 첨부된 '잉여=새로운 세계'를 비평의 독자성의 근거로 삼는 임화의 '신성한 잉여'론은 텍스트의 생산과 향유 사이의 시차가 어떻게 발생하고, 그 시차가 어떻게 텍스트에 대한 비평의 창조적 향유와 전유를 가능하게 하며, 그러한 과정을 거쳐 한 편의 문학작품과 비평이 현실을 '새로운 세계'로 재편하는 데 어떻게 기여하는지를 설명해 준다.

2) '신성한 잉여'의 비평적 위상—'창조적 비평'의 토대

낡은 세계와 새로운 세계의 시차(時差 / 視差)의 산물인 '신성한 잉여'는 현실 자체의 파생물인 동시에 독립적이고 자율적인 실재이다.[37] '잉여'는 작품의 내적 조화를 붕괴시킴에도(오히려 붕괴시킴으로써) 위대성의 표징이 되며, 비평가가 발견하고 창조해야 할 비평의 독자적 영역이 된다. 임화의 '신성한 잉여'에 내포된 시차들은 공통적으로 문학작품과 비평이 동일성의 집합체가 아닌, 운동하는 차이들의 역동적인 장(場)이라는 점을 피력한다. 작품에 첨부되어 있으나 작품의 밖에 위치하고, 현실의 파생물이지만 현실의 외부를 이루며, 작가의 무의식과 비평가의 의식의 절묘한 접점에서 가시화되는 잉여는 '모순'과 '균열'을 발생 토대이자 존재 원리로 한다. 이는 '얼룩(맹점)을 내포한 전체'로서 지젝이 간파한 유물론의 실상과 상통하는 측면이 있다.

유물론은 객관적 현실 속에 내가 포함되어 있다는 것에 대한 직접적 주장이 아니다(그러한 주장은 발화행위에서 내가 현실 전체를 꿰뚫어볼 수 있는 외부 관찰자의 위치에 있다는 것을 전제한다). 그보다 그것은 반성적 굴절에 근거하는데, 이로 인해 나 자신이 내가 구성한 그림 속에 포함된다. 바로 이러한 반성적 단락, 내가 내 그림의 안과 밖 모두에 서 있도록 만드는 나 자신의 필수적 배가에 의해 나의 '물질적(질료적) 존재'가 입증된다. 유물론은 내가 바라보는 현실이 결코 '전체'가 아니라는 것을 의미한다. 그 대부분이 나를 속이기 때문이 아니라 그것이 내가 그

37 김동식은 임화가 '신성한 잉여'에 관해 논한 비평문 「의도와 작품의 낙차와 비평」에 대해 "대단히 놀라운 글이다. 오늘날의 관점에서 보자면 비평의 자율성과 텍스트의 무의식에 대한 후기구조주의적인 시각을 미리 보여준다고 생각할 근거를 발견할 수 있는 글이기 때문이다"라고 평한다.(김동식, 「1930년대 비평과 주체의 수사학」, 『한국현대문학연구』 24집, 한국현대문학회, 2008.4, 206면)

속에 포함되어 있음을 나타내는 얼룩, 맹점을 내포하기 때문이다.[38]

유물론이 상정하는 '전체'로서의 현실과 그 현실을 응시하는 주체 '나'는 '반성적 굴절'의 관계에 있다. 이 굴절 속에서 '나'는 현실의 '일부'이자, 현실의 바깥에서 현실을 응시하는 '외부'로서 동시적 존재성을 획득한다. 유물론의 사유는 "나 자신이 내가 구성한 그림 속에 포함"되어 "내 그림의 안과 밖 모두에 서 있게 되"는 (불가능한) 모순의 구도를 본질로 한다. 이 점에서 유물론의 진정한 핵심은 "내가 바라보는 현실이 결코 '전체'가 아니"라는 사실, 현실이 "내가 그 속에 포함되어 있음을 나타내는 얼룩, 맹점(blind spot)을 내포"한 불완전한 전체라는 사실로 수렴된다. 지젝이 통찰한 유물론의 구도, 즉 '나'가 현실의 '일부'이자 '외부'로서 모순의 동시성을 지니는 것은 임화의 비평 지형도에서 '신성한 잉여' 및 작가 · 비평가가 현실 · 작품에 대해 갖는 관계와 유사하다.

우선, 잉여는 현실 · 작품의 안과 밖 모두에 위치하면서 그 비가시적인 얼룩(맹점)으로서 현실 · 작품이 결코 '전체'가 아니라는 사실을 반증한다. 잉여는 현실의 합법칙성의 자장 밖에 위치하며, 현실과 작품의 바깥에 있으면서도 안에 포함되어 있는 아이러니컬한 위상을 갖는다. 임화가 잉여를 문학(예술)의 본질 및 궁극적인 탐구 대상으로

---

38 Slavoj Žižek, 김서영 역, 『시차적 관점』, 마티, 2009, 40면.

설정하는 이유가 여기에 있다. 잉여는 현실과 작품이 '전체'가 아니며 '외부'를 갖고 있음과, 문학(예술)작품이 그 외부를 현실의 내부로 유입시키는 통로로서 현실 '바깥(혹은 이상)의 것'과 연결되어 있음을 증명한다. 혹은, 적어도 '잉여'의 개념이 설정됨으로써, 즉 잉여에 대한 인식과 상상을 통해 문학작품은 현실의 외부와 연결된다. 현실인식의 측면에서 보면, 잉여의 개념은 현실이 불완전하며 개선되어야 할 대상임을 전제한다. 잉여를 통해 문학작품은 현실의 내부와 외부에 동시에 존재하는 아이러니컬한 위상을 견지하면서, 현실과 세계가 기존의 것과는 '다른' 방식으로 전개될 수 있는(돌발적이며 획기적인) 가능성을 획득하는 것이다. 둘째로, 작가와 비평가는 잉여를 각기 무의식과 의식에 의해 간파함으로써 그 자신 현실의 일부이면서도 현실의 외부에 위치하는 관찰자로서 '모순의 이중성'을 지닌 존재임을 드러낸다. 이는 작가 · 비평가의 존재론적 위상과 연결되는 문제로, 현실에 속해 있음에도 그에 온전히 복속되거나 만족할 수 없는 작가 · 비평가의 예술가적 운명을 지칭한다. 이 지점은 임화가 문학과 예술 본연의 본질적이며 운명적인 차원을 새삼 인식하면서 자신이 신봉해 온 특정 이념에 대한 반성적 거리를 확보하는 지점이기도 하다. 실제로 이 시기에 임화는 급변하는 현실에서 변증법적으로 매개 / 지양될 수 없는 근본적인 차이들을 분명히 인식[39]하고 있었다. 더

39 위기와 차이에 대한 인식은 이 시기 임화가 쓴 비평문들에서 자주 발견된다. 예를 들면,

불어 기존의 질서에 부분적으로 기생하는 부정 변증법으로는 도달할 수 없는, 지젝의 개념을 빌자면, '(억압적) 체계로부터의 해방'이 아닌 '자유의 체계'를 향한 '변증법적 전환'을 도모하고자 했다. 임화가 '신성한 잉여'를 예술과 비평의 진정한 목적 / 대상이자 창조성의 원천으로 규정한 것은 현실의 다양한 간극에서 발생하는 시차가 현실의 변화의 동력임을 이해하고, 작품과 비평에 무한한 개방성과 창조성을 부여하고자 한 소치였다. 이는 차이를 변증법적으로 지양 · 통합하는 방향보다는, 차이의 예측 불가능한 생산성을 승인하는 방향을 향한다.

'신성한 잉여'가 기존의 체계를 개선하는 부정 변증법의 차원을 넘어 새로운 체계를 창조하는 '변증법적 전환'의 동력이 되었다는 가설은 임화가 정립한 '창조적 비평'론에 의해 지지를 받는다. 1940년에 발표된 '창조적 비평'론은 '신성한 잉여' 개념을 독립적인 비평이론으로 확장한 것으로, 비평의 창조적 역할과 독자적 영역에 대한 인식을 중핵으로 한다. '창조적 비평'론은 비평이 문학작품에 대해 독립성과 자율성을 가지며, 작가의 창작 행위와 대등한 비평가의 무

오늘날은 "재래에 통용되어오던 현실 이해의 방법이나 행위의 기준 내지는 공상미래에 대한의 구도(構圖)가 일체로 통용이 정지되는 순간"으로, "이러한 순간은 현실의 발전이 재래의 여러 가지 관념보다 아주 다른 방향을 취하기 비롯한 때, 객관적으로는 사람들의 생각과 외부의 현실이 조화를 잃고 모순하는 때다."(임화, 「역사 · 문화 · 문학—혹은 시대성이란 것에의 일 각서」(『동아일보』, 1939.2.18~3.3), 『전집 3』, 576면), "현대, 특히 새로운 시대와 시와의 사이에 있는 모순의 차가 실로 막대하다."(임화, 「시단의 신세대—교체되는 시대 조류」(『조선일보』, 1939.8.18~26), 『전집 3』, 389면) 등.

한하고 자유로운 창조 행위임을 천명한다. "훌륭한 철학처럼, 훌륭한 예술처럼, 모든 것에서 떼어놓아도 능히 독행(獨行)할 수 있는"[40] 독자적이며 창조적인 비평은 그 자체로 기존의 낡은 문학과 비평에 대해 '신성한 잉여'의 역할을 수행하는 것이다. 이런 견지에서 임화는 비평의 창조성을 당대의 "비평정신의 상실"과 "비평 기준의 결여"를 타파할 수 있는 "새로운 기준"[41]으로 제시한다. 임화가 단언한 바에 따르면, 창조적 비평은 "시대정신 혹은 사회의식이라는 것을 넘어서 보다 본질적인 어떤 것을 생각하"는 비평이다. 창조적 비평이 '본질'에 대한 사유여야 하는 것은, "현대문학에서 시대적인 것, 사회적인 것과 문학과의 잉여물(剩餘物)을 처리하는" "유일한 길"이 "상대적인 것, 일시적인 형식을 통하여 자기를 표현하는 절대적인 것, 본질적인 것의 존재를 생각하"[42]는 데 있기 때문이다. 즉 창조성의 핵심은 시대와 사회의 틀을 초월하는 '본질'에 대한 사유이다. 이 구절에서 임화는 '잉여물'이라는 말을 명시적으로 사용하거니와, 임화의 창조적 비평론이 추구하는 예술과 비평의 '본질적인 것', '근원적인 것',[43] '고차의 진실'[44] 등은 '신성한 잉여'의 구체적인 내용물에 해당

40 임화, 「창조적 비평」(『인문평론』, 1940.10), 『전집 5』, 248~249면.

41 위의 글, 243면.

42 위의 글, 245면.

43 문학의 목적을 '근원적인 것'에서 찾는 임화의 지향성은 실제 비평에서도 나타난다. 「창조적 비평」과 같은 해에 쓴 작가론에서 임화는 이기영, 송영, 엄흥섭 등 구(舊) 카프 작가들이 "경향성의 상실만이 아니라 문학정신의 상실"에 이르렀다고 비판하면서, "문학정신이

한다. 이는 임화가 "시대정신 혹은 사회의식이라는 것을 넘어서 보다 본질적인 어떤 것"을 말하며 시사한, 유물변증법과 사회주의 리얼리즘을 벗어나거나 극복한 차원을 의미한다.

현실이 파생시킨 잉여는 현실에 포함된 얼룩이자 현실의 외부로서 현실의 불완전성을 입증한다. 즉 '신성한 잉여'는 현실을 더 나은 곳으로 만드는 데 기여할 혁명의 가능성을 내포한다. 그러나 '신성한 잉여'는 삶·세계·예술의 본질을 끊임없이 (재)획득함으로써 현실의 합법칙성을 신뢰하는 유물변증법의 사유와는 다른 지향성을 갖는다. 1930년대 후반 이후 임화의 비평은 이 두 방향성이 빚어내는 복잡한 균열 속에서 전개된다.[45] 임화의 '창조적 비평'론은 위대한 작가(의 무의식)만이 포착할 수 있는 새로운 세계의 징후와 독자적인 비평가의 창조적 가능성을 역설(力說)하면서, 예술과 비평(만)이 선취할 수 있는 미지의 현실 공간을 우리 비평사에 등록한다. 한마디로 말하면, 임화의 '창조적 비평'론은 불완전한 현실의 균열이 위대한 문학작품과 비평의 창조성의 원천임을 주장하는 아이러니와

란" "상식의 외피(外皮)를 찢고 들어가 현실이 만들어내는 근원적인 것을 탐구하는 정신"이라고 정의한다.(임화, 「중견 작가 13인론」(『문장』, 1939.12), 『전집 3』, 261~262면)

44 임화, 각주 43)의 글, 247면.

45 임화가 "정치적 사회적 근대성 — 유물론적 사회주의나 객관적 리얼리즘 같은 — 과 문학적 예술적 근대성 — 그 자체로 근대에 반대하는 근대성, 낭만적 정신이나 예술적 모더니티 같은 — 을 동시에 욕망했기에 스스로 감지하지 않을 수 없었던 근대성 자체의 역설"에 부딪힌 것이 하나의 예가 된다.(백지은, 「역설의 일관성—임화의 언어론 연구」, 『동양학』 46집, 단국대 동양학연구소, 2009.8, 19면 참조)

역설의 비평이론이다.[46] 현실의 모순과 균열은 지양하고 통합해야 할 대상이 아니라, 그 자체로 문학작품의 창조적 · 생산적 에너지가 된다. 아이러니와 역설의 '창조적 비평'론이 구체적으로 개진되는 지면은 임화의 소설비평보다는 시비평들에서이다.

3. 임화의 시비평에 나타난 해석과 평가의 시차(視差, parallax)

임화는 현실과 작가의 무의식의 영역에서 작동하는 '신성한 잉여'를 발견해 현실의 질서로 만드는 역할을 비평에 부여함으로써, 현실과 문학을 새로운 질서로 재편하는 최종 심급의 자리에 비평을 옹립한다. 더불어, 그 역시 한 사람의 비평가로서 기존의 질서에 대한 저항과 전복의 공간이자 에너지인 '잉여'를 예리하게 발견하고, 투명하게 보존하며, 생산적으로 현실화할 임무를 자임한다. 임화의 '신성한 잉여'는 그 자체가 '낡은 세계와 새로운 세계의 시차'의 산물인 바, 이 시차들을 충분히 고려하지 않고 임화의 비평과 문학의 진면

46 아이러니와 역설은 모순의 현상 / 존재 / 논리를 각각의 차이를 보존하면서 동시에 끌어안는 사유 방식이라는 점에서, 모순을 상위 단계로 지양 · 통합하는 변증법적 사유와 비견되는 면이 있다. 임화가 그 자신을 포함해 당대 사회에서 통용된 유물변증법적 사유의 경화된 틀을 문학(예술)의 본질적이며 원론적인 사유체계로 돌파하고자 한 것이라고 볼 수 있는데, 이 점에 대해서는 보다 면밀한 고찰이 수행되어야 할 것으로 보인다.

목을 통찰하기란 용이한 일이 아닐 것이다.

임화의 시비평에 나타난 해석과 평가의 시차를 읽어내려는 시도는 임화 비평의 균열과 모순을 생산적이고 입체적으로 사유하려는 지향성을 내포한다. 한 비평가가 쓴 비평에 혼재하는 균열과 모순은 혼란의 징표인 동시에, 비평이 운동하며 진화하는 과정의 필연적인 부산물이기도 하다. 임화의 시비평에서 시차와 시차적 관점은 유물변증법적 사유와 사회주의 리얼리즘의 권역에 편입될 수 없는 시인의 시에서 '신성한 잉여'가 발견될 때 심화된다. 임화의 시비평이 그가 신봉한 유물변증법과 사회주의 리얼리즘의 문학관 / 비평관과 갖는 시차에 관해 이상, 김기림, 백석, 오장환, 서정주의 시에 대한 임화의 해석과 평가를 통해 접근해 보기로 한다.

1) 역사성의 상실, 자폐적 현실인식과 미의식—이상의 시

1930년대 중반까지 임화는 유물변증법과 리얼리즘의 세계관 및 이에 기반한 '과학적 비평'에 대한 확고한 신념을 견지한다. "작가가 세계를 그 진실한 양상대로 인식하고 묘사한다는 문학적 진실은 현실의 객관적 진리에 의존하는 것으로, 금일의 세계에 대한 객관적인 비판의 의식성만이 이 모든 것을 가능케 하는 전제"[47]라거나, "문예

47 임화, 「진실과 당파성—나의 문학에 대한 태도」(『동아일보』, 1933.10.13), 『전집 4』, 292면.

비평이나 작품의 예술적 가치란 그것이 객관적인 실재 현실을 정당히 반영하고 있는(지) 여부, 그리고 작자가 작품 가운데서 가진 바 예술적 사상적 의욕이 현실 과정의 객관적 경향과의 일치 여부가, 그 기준(이) 되는 것이다. 이곳에 작품을 내용과 형식의 통일물로서 평가하는 과학적 비평의 임무가 있는 것"[48]이라는 주장이 단적인 예들이다. 유물변증법과 리얼리즘에 입각한 임화의 시비평은 모더니즘과 전통 서정시 계열의 시인들을 대체로 부정적이고 비판적으로 평가한다. 특히 임화는 모더니즘 시인들에게 강도 높은 비판을 가하는데, 그 중에서도 이상의 시는 신랄한 비판의 대상이 된다.

> 자기 자신이 자기의 사(死)를 선고한 사람, 자기의 시(그것은 시인 전체의 심볼이다)가 장래의 감쾌(感快)하는 힘으로 말미암아 압살될 것을 두려(워하여) 미리 불사른 사람이다. 다만 현실의 고향을 떠나 그는 정신과 신비적 감정의 수포(水泡) 가운데서 사는 것이다. 이것은 둔주적(遁走的)인 한 인텔리의 자화상이다.
>
> 그리고 이 시인은 그의 시 「거울」에서 보는 것과 같이 거울 가운데 있는 자기 얼굴과 이야기하는 것으로 좌사(左事)를 이루려고 한다. 뿐만 아니라 허보나 신석정, 신백현, 편석촌(片石村) 등의 제작(諸作)에서 볼 수 있는 것 같이 그들은 이 감정의 순수한 상태의 소세계를 지극히 향락

48 임화, 「문단 논단의 분야와 동향」(『사해공론』, 1936.7), 『전집 4』, 694면.

화하려고 하고 있다.[49]

임화의 비판은 이상이 현실에 대한 대응을 포기하고 죽음 욕망과 자폐적 내면에 침잠했다는, 주로 텍스트의 가시적이며 일차원적인 층위를 겨냥한다. 이상의 시는 현실 문제를 회피하는 "둔주적인 인텔리의 자화상"으로, 이상은 현실의 모순을 타파하는 데 앞장서기보다 오히려 그러한 현실을 공고히 하는 데 일조한 비겁하고 나약한 인텔리라는 것이다. 이러한 해석에는 이상이 식민 체제와 근대문명의 폭력성이 개인에게 내면화된 양상을 독보적인 미학으로 시화했다는 류의 긍정적인 평가가 들어설 자리가 없다. 이 평문이 임화가 유물변증법과 사회주의 리얼리즘에 지속적으로 복무한 1934년 작임을 고려하지 않더라도, 임화의 입장에는 계급적 관점이 저변에 깔려 있음을 알 수 있다. 자폐적인 감정의 향락에 빠진 인텔리의 시는 현실의 개혁의지나 미래의 전망이 없는, 즉 계급적 각성이 없는 산물로, 시적 완성도나 시사적 성취와도 거리가 먼 것이 된다. 일례로 임화는 이상의 시 「거울」을 무기력한 인텔리의 자위(自慰)의 산물에 불과하다고 평가한다. 나아가 임화는 이상의 시가 "감정의 순수한 상태의 소세계를 지극히 향락화하려"는 왜곡된 미의식의 측면에서

---

49 임화, 「33년을 통하여 본 현대 조선의 시문학」(『조선중앙일보』, 1934.1.1~12), 『전집 4』, 351면.

허보, 신석정, 신백현, 김기림 등의 시와도 차별성이 없다고 판정한다. 이상에 관해 본격적으로 거론한 바 없는 임화가 1933년의 시단 합평 가운데 삽입한 단평은 이상의 시가 유물변증법과 리얼리즘의 세계관에 정면으로 위배되는 자폐적 현실인식과 향락적 미의식의 발로라는 것으로 압축된다. 임화가 지닌 변혁의 현실인식과 리얼리즘의 시선 앞에서 이상이 구축한 독보적인 현대적 미학은 현실도피적이고 퇴행적인 징후로 단정적으로 해석, 평가된다.

2) 근대문명의 피상적 이해, 소비적 심미성—김기림의 시

임화는 이상뿐 아니라 같은 모더니즘 계열의 시인인 김기림에 대해서도 여러 차례 혹독한 평가를 가한다. 김기림에 대한 임화의 혹평은 그의 시에 역사성과 자본주의의 위기에 대한 성찰이 부재하며, 근대문명에 대한 피상적인 이해와 이에 따른 소비적인 감각적 심미성이 노현(露現)되어 있다는 점으로 요약된다. 임화는 김기림을 이상과 마찬가지로 역사와 현대문명의 전망과 소임을 인식하지 못하는 자격 미달의 인텔리로 규정한다. 임화는 김기림을 부르주아의 안일하고 협소한 세계관에 매몰된 인텔리이자, 역사와 근대문명을 통찰하는 합리적 이성과 비판적 지성을 갖추지 못한 시인이라고 강력히 비판한다.

그러므로 씨(김기림—인용자 주)는 '순수화'를 시의 일면화라고 정당히 지적하면서도 정당히 이해치 못하고 있다. 이것은 시의 일면화일 뿐만 아니라 본질적으로도 역사성을 상실한 시민의 시의 퇴화된 양태의 하나이라는 것을 이해치 못하였다.

동시에 시의 상실, 시의 위기라는 것이 결코 근대시 그 전체의 위기가 아니라 이미 역사적으로 반(反)근대화한 시민의 시 그것의 위기 급(及) 상실이며, 자본주의의 세계적 지배의 위기의 반영인 것을 전연 이해하지 못하고 있다.[50]

오히려 이「기상도」에는 비판 정신 그것보다도 자연, 기물(器物), 인간 등의 대상을 인텔리겐차류(流)의 소비적 취미에 의하여 시적으로 '질서화'하고 있는 한 개 감각적인 심미성(審美性)이 보다 더 강하게 노현(露現)되어 있는 것이다.

그들은 이 문명의 사실을 본질로부터 받아들이지 않고, 마치 군함을 그 성능에서가 아니라 그 외형미에서만 찾는 퇴폐적 군인과 같이 문화의 번지르르한 외면만을 감수(感受)하고 있는 것이다. 그러므로 그의 새로운 언어는 합리성을 떠난 어감(語感) 중심(中心)의 연락(連絡)이요, 비판의 지성이란 것도 전연 명확히 찾아보기 어려운 것이다.[51]

---

50 임화, 「담천하(曇天下)의 시단 1년」(『신동아』, 1935.2), 『전집 3』, 502~503면.
51 위의 글, 505~506면.

임화가 보기에, 김기림이 이야기하는 시의 '순수화'는 이 '순수화'가 "역사적으로 반(反)근대화한 시민의 시의 위기 급 상실이며, 자본주의의 세계적 지배의 위기의 반영"임을 이해하지 못한 소치이다. 김기림은 현대세계 및 자본주의의 본질과 문제점을 파악하지 못함[52]으로써 근대화와 '시민의 시'에 역행하고 있으며, 그의 장시 『기상도』는 현대문명을 '본질'이 아닌 '번지르르한 외형미'로만 피상적으로 이해한 무지를 고스란히 노출한다. 김기림의 시에는 각성한 근대의 인텔리가 갖추어야 할 합리적 · 비판적 지성이 결여되어 있는 것이다. 현대문명의 본질을 직시하지 못한 김기림은 "인텔리겐차류(流)의 소비적 취미"를 반영한 "감각적인 심미성(審美性)"의 파편물을 빚음으로써, "시민의 시의 퇴화된 양태"를 스스로 입증하는 형국을 초래한다. 김기림은 소극적이고 표피적인 현실인식의 결과 이상과 유사하게, 역사성과 현대성을 한낱 '감각적인 심미성'으로 축소 · 퇴행시키면서 현실과 유리된 작품을 양산하고 있다는 것이다.

임화는 「담천하의 시단 1년」을 발표한 지 5년 후에 쓴 「시와 현실과의 교섭(交涉)」(『인문평론』, 1940.5)에서도 수위를 좀 낮추기는 하나 동일한 논지의 비판을 행한다. 비판의 골자는 김기림의 시가 현실

52 이와 관련해 다음의 논의를 참조할 만하다. "제국주의에서 자본주의적 모순은 독점의 지배에 따라서 더 강화된다. 또한 동시에 자본주의의 모든 새로운 단계에서는 사회적 모순을 보다 더 첨예화하는 특수하게 새로운 요소들이 등장한다. 제국주의 단계의 부르주아지에 의해서 시도된 모순의 완화와 경감을 위한 노력들은 단지 상대적이고 제한된 효과만을 얻을 뿐이다."(G. Stiehler, 양운덕 · 김재용 역, 『변증법적 모순』, 중원문화, 1985, 277면)

과 맺는 관계가 여전히 긴밀하고 창조적이지 못하다는 점에 있다. 임화는『기상도』전후부터 김기림 시에 형상화된 현실은 실제 현실과 괴리되어 있었으며, 최근작「흰 장미(薔薇)같이 잠드시다」에서 '전통'과 '동양적 세계'라는 '새로운 현실'을 발견하고 있으나 이 역시 특수성에 한정되는 한계를 갖는다고 지적한다.

> 김기림(金起林) 씨의 시가 모더니즘의 태반(胎盤)을 뜨기 시작한 것은 작금간의 일이 아니다.『기상도(氣象圖)』전후부터 그는 현실이란 것을 여러 가지 방식으로 생각해 왔다. 그러나 추상적(抽象的)으로 생각해진 현실이란 항상 체험되는 현실과는 거리가 있는 것이다. (…중략…) 우리는 우리의 현실만을 체험할 수가 있다. 그러한 의미에서「흰 장미(薔薇)같이 잠드시다」일편(一篇)은 그가 발견한 '우리의 현실'이란 것의 풍모를 어느 정도까지 규지(窺知)케 하는 작품이다. 그것은 이 시인에게는 기발할 만치 이상하고, 우리에게는 평범할 만치 단순한 전통이 뿌리를 박고 있는 세계, 즉 이른바 동양적 세계다.
>
> 그러나 문제는 '소란(騷亂)한 세계'에서 '유현(幽玄)한 세계'를 발견하는 데 있는 것이 아니다. 양자가 교섭하면서 결과하는 또 하나의 차원세계(次元世界)를 발견하는 데 있다. 이것은 전혀 기림 씨 금후(今後)의 사업일 것이다.[53]

53 임화,「시와 현실과의 교섭(交涉)」(『인문평론』, 1940.5),『전집 5』, 197~198면.

임화는 김기림에게 작품과 현실의 괴리를 극복하는 방안으로, 이전에 비해 한결 누그러진 어조로, 현대의 '소란(騷亂)한 세계'와 전통 / 동양의 '유현(幽玄)한 세계'가 교섭하면서 결과하는 "또 하나의 차원세계(次元世界)를 발견"할 것을 주문한다. 현대 / 서구적인 '소란한 세계'와 전통 / 동양적인 '유현한 세계'가 교섭하면서 결과한 "또 하나의 차원세계"란 현대 / 서구와 전통 / 동양이 변증법적으로 지양 · 통합된 제3의 세계로서, 당위적이며 이상적인 미래형의 "우리의 현실"을 의미한다. 두 세계가 교섭하여 창출된 "또 하나의 차원세계"란 임화가 소망하는 다른 / 새로운 현실로, 이 비평문의 제목인 '시와 현실과의 교섭'이 지향하는 바와도 중첩되는 것이다. 간단히 말해 1940년대의 임화는 모더니즘 계열의 시인들에게는 역사성과 현대성에 기반한 변증법적 지양 · 통합의 현실인식을 지속적으로 요구했다. 이는 백석, 오장환 등의 전통 서정이나 문학운동 전력이 있는 시인에 대한 시각과는 일정한 시차를 형성한다.

3) 생활의 부재, 감상적 회고주의와 지방주의-백석의 시

유물변증법과 사회주의 리얼리즘을 비평의 절대적 자대로 삼은 1930년대 중반의 임화의 시비평은 전통 생활세계를 평북 방언으로 재현한 백석의 시에 대해서도 부정적인 시각을 피력한다. 근대화의 합리적 세계관에 입각한 보편주의를 지향하는 임화의 입장에서는 민족주의나 지방주의는 지양해야 할 과거적·감상적 항목으로 분류된다. "일찍이 나는 어떤 논문 가운데서 복고주의를 문화상의 민족주의라고 부른 일이 있다. 그것은 민족적인 것 즉 우리 민족에만 고유한 것의 존중이 부당하고, 발전하고 성장하는 것에 관심하는 대신 이미 사멸한 것 또는 소멸하고 있는 과거적인 것에만 이끌리기 때문이다"[54]라고 공언한 바 있는 임화는 민족주의, 민족적인 것, 과거적인 것에 대해 확고하게 비판적인 입장을 취한다.

> 물론 훌륭한 조선문학이면 차등(此等) 정(正)히 소멸되고 있는 모든 고유의 것을 예술 (가)운데 형상할 의무를 갖는 것이다.
>
> 그러나 순수한 문학적 입장에서, 즉 국제적·사회적 고려 없이 소멸해가는 고유의 것을 볼 때, 그곳에는 감상적(感傷的) 회고주의의 정서와 소멸해가는 것만으로 그 작품은 충분하리라.
>
> 이러한 때 이 작품이 상당히 강한 복고주의로써 착색될 것은 아마도 면하지 못할 것이다.
>
> 조선문학의 모든 종류의 예술지상주의가 복고주의로 통하는 길의 한 가닥이 여기에 있는 것이다.
>
> 또한 이것은 불가피적으로 지방주의적 색채를 가지고 자기를 윤색한다.[55]

54 임화, 「문학상의 지방주의 문제」(『조광』, 1936.10), 『전집 4』, 718면.

"국제적 · 사회적 고려 없이 소멸해가는 고유의 것"에 애착하는 시(문학)는 '감상적 회고주의'와 '강한 복고주의'로 착색됨으로써 근대문학의 발전적 방향에 역행한다는 것이 임화의 판단이다. 이는 소멸해 가는 민족 "고유의 것"을 형상함에 있어 "국제적 · 사회적 고려"를 아울러야만 "훌륭한 조선문학"이 형성될 수 있다는 논리로 재해석될 수 있다. 이러한 문학적 신념과 기율에 의거할 때, 유년시절 고향의 삶을 현재형으로 회상하는 백석의 시집 『사슴』(1936)에는 긍정적인 평가를 받기 어려운 요소들이 산재한다.

> 월전(月前)에 간행된 백석(白石) 씨의 시집 『사슴』 가운데 나타난 향토적 서정시는 우리들에게 좋은 교훈을 준다.
>
> 『사슴』 가운데는 농촌 고유의 여러 가지 습속, 낡은 삼림, 촌의 분위기, 산길, 그윽(한) 골짝 등의 아름다운 정경이 시인의 고운 감수력을 가지고 객관적으로 노래되고 있다. 백석 씨는 분명히 아름다운 감각과 정서를 가진 시인이다. 더욱이 이 시인의 방언에 대한 고려와 그 시적 구사는 전인미답(全人未踏)의 것이라 해도 과언은 아니리라.
>
> 그러나 우리들이 냉정하게 이지(理智)로 돌아갈 때 시집 『사슴』을 일관한 시인의 정서는 그의 객관적인 태도에 불구하고 어디인지 공연히 표시되지 않은 애상(哀傷)이 흐르는 것을 느끼지 아니치는 못하리라.

55 위의 글, 719면.

> 그곳에는 생생한 생활의 노래는 없다. 오직 이제 막 소멸하려고 하는 과거적인 모든 것에 대한 끝없는 애수(哀愁) 그것에 대한 비가(悲歌)이다. 요컨대 현대화된 향토적 목가(牧歌)가 아닐까? 『사슴』의 작자가 시어상에서 일반화되지 않은 특수한 방언을 선택한 것은 결코 작자 개인의 고의(固意)나 또 단순한 취미도 아니다.
>
> 나는 이 야릇한 방언을 『사슴』 가운데 표현된 작자의 강렬한 민족적 과거에의 애착이라 생각고 있다.
>
> 이 난삽한 방언은 시집 『사슴』의 예술적 가치를 의심할 것도 없이 저하시킨 것이라 믿으며, 내용으로서도 이 시들은 보편성을 가진 전조선적인 문학과 원거리(遠距離)의 것이다.[56]

임화는 백석이 "분명히 아름다운 감각과 정서를 가진 시인"으로, "이 시인의 방언에 대한 고려와 그 시적 구사는 전인미답(全人未踏)의 것"이라고 인정한 후, 다시 '냉정한 이지(理智)'로 판단할 때 백석의 시는 "생생한 생활의 노래는 없"는, "이제 막 소멸하려고 하는 과거적인 모든 것에 대한 끝없는 애수(哀愁) 그것에 대한 비가(悲歌)"일 뿐이라고 일축한다. 임화는 백석이 채택한 방언을 "작자의 강렬한 민족적 과거에의 애착"의 징표로 해석하면서, "이 난삽한 방언"이 시집 『사슴』의 예술적 가치를 저하시켰을 뿐만 아니라 보편성을 가진 전

56 위의 글, 719~720면.

조선적인 문학과도 멀어지게 했노라고 폄하한다. 백석의 시는 과거에 대한 애상과 애수에 머무른 까닭에 "생생한 생활"의 리얼리티를 확보하지 못했고, "난삽한 방언"을 사용한 까닭에 예술적 가치도 획득하지 못했으며, "강렬한 민족적 과거에 대한 애착"에 함몰된 까닭에 전조선적인 문학의 보편성도 갖추지 못했다고 보는 임화는 백석 시의 예술성과 가치를 전면적으로 부정하기에 이른다.

> 만일 조선문학의 특성을 '조선색'이나 '지방색'에서만 발견하려는 자가 있다면 그는 조선문학을 식민지문학으로 고정화하려는 자일 것이다.
>
> 우리는 조선문학의 세계적 수준, 세계문학적 의의를 갖는 조선문학의 생산을 위하여 노력하는 자이다.[57]

임화가 백석의 시를 평가하는 기준은 근대문학이 달성해야 할 초(超)민족적이며 초(超)지역적인 보편 문학이다. 이때 '민족'은 '지방'과 등가의 특수한 범주의 개념이 된다. 임화는 "오직 지방색이란 창작상에서는 그 부분적 디테일스의 범위를 넘지 않는 것"이어야 한다고 규정하면서, 민족주의와 지방주의를 '식민지문학'을 형성하고 고착화하는 위험 요소로 간주한다. '조선색'과 '지방색'만을 담아낸 조선문학은 "세계문학적 의의를 갖는 조선문학"과 대립되는바, 백석

57 위의 글, 723면.

의 시가 '생활'이 부재하는 감상적 회고주의와 지방주의의 산물이라는 임화의 평가는 이러한 문학적 이념과 신념을 구체적인 작품론으로 개진한 것에 해당한다. 백석의 시에 대한 임화의 혹평은 백석 못지않게 '조선색'과 '지방색'을 토대로 한 서정주 시에 대한 고평과 대비되면서, 임화 시비평의 흥미로운 균열을 예각화한다.

4) 불행한 시정신, 서정시의 현대적 운명의 내면화—오장환의 시

'신성한 잉여'를 통해 임화는 사회주의 운동의 퇴조 및 식민통치의 강화 등 급변하는 현실 상황에서 현실의 변화와 미래를 간파하는 '이성'의 역할과 권위를 일정 부분 '무의식'에 이양하고, 문학(예술)의 본질과 기원을 현실의 예측과 통제 가능한 영역에서 현실 외부의 예측·통제 불가능한 미지(未知)의 영역으로 이동시킨다. 이로 인해 문학작품이 작가와 현실의 교섭과 투쟁의 결정체라고 본 임화의 종래의 관점은, 현실이 스스로 만든 새로운 질서로서 '현실의 외부'가 생착(生着)하는 열린 공간이라는 관점으로 변모하게 된다. 변화하며 운동하는 임화의 비평적 시차(視差)는 문학작품의 본질과 외연이 현실과 이성의 경계를 넘어 다른/새로운 영역으로 확장되는 결과를 낳는다. 그 다른/새로운 영역이란 변증법적 사유와 합리적 이성에 기반한 리얼리즘의 효력이 미치기 어려운 곳이며, "객관적인 현실성"에 의거하는 소설보다는 "주관적인 감정과 상념"에 의존하는 시에 의해 더 용이하게 도달할 수 있는[58] 곳이다. 이 시기 임화의 비평은 새로운 시대의 흐름을 기민하게 감지한 신진시인들의 시를 집중적으로 다루면서,[59] 서정주와 함께 오장환을 현대 서정시의 운명의 일단을 살아낸 시인으로 높이 평가한다.

아래의 인용문 ①은 임화가 "저무는 역두(驛頭)에서 너를 보냈다 / 비애야!"로 시작되는 오장환의 시 「The Last Train」의 전문을 인용한 후에 붙인 해석과 평가이며, ②는 "청춘이여! 지거라 / 자랑이여! 가거라 / 쓸쓸한 너의 고향에 (…중략…)"라는 시 「헌사(獻詞)」의 일절과 "고은 달밤에 / 상여야, 나가라 / 처량히 요령 흔들며" "상여야 고웁다 / 어두운 숲속 / 두견이 목청은 피에 적시어 (…중략…)"라는 시 「상렬(喪列)」의 일절을 인용한 후에 붙인 해석과 평가이다.

> ① 이 1편은 전권(全卷) 중의 백미(白眉)다. 뿐만 아니라 근간 시집 가운데 뛰어난 작품이다.
>
> 시의 세계의 혈족(血族)들이 모조리 떠나간 뒤, 역사(歷史)마저 병들어 도야지처럼 화차(貨車)에 실려간 뒤, 젊은 시정신은 폐허의 대합실에

58 임화는 시의 주관적인 감정과 상념이 삶과 내면의 "일반적 세계와 관계"함으로써, 소설의 객관적인 현실성에 능히 필적한다고 설명한다.(임화, 「시단의 신세대-교체되는 시대 조류」(『조선일보』, 1939.8.18~26), 『전집 3』, 395면 참조)

59 「시단의 신세대-교체되는 시대 조류」(『조선일보』, 1939.8.18~26)와 「시단(詩壇)은 이동한다」(『매일신보』, 1940.12.9~16)가 대표적인 평문들로, 이 글들에서 임화는 오장환과 서정주를 높은 비중으로 다루면서 호평한다.

탄생하여 기다릴 것이 무엇이냐.

여기는 불행한 시정신이 오열하는 한 절정이요 현대의 순결한 피가 고조(高潮)에 달한 절정이다. (…중략…)

이것은 현대에 생을 향유한 것 그 자체가 비극의 알파요 오메가인 심정, 바꿔 말하면 생이 그냥 슬픔인 현대 서정시의 중요한 측면의 표현이다.

오군은 그런 의미에서 자기의 시적 세계 가운데 일반적 가치의 일부분을 함유하고 있는 시인이다.[60]

② 먼저 나는 그가 멸(滅)하여가는 것에 아름다움을 발견한 것을 공적으로 삼는다. 멸하여가는 것은 아름다워짐으로써 다시 회귀하지 못하는 세계로 돌아가는 것이다.

(…중략…)

이것은 지나간 시대의 종언의 확인이다.

분명 멸하여 가는 나를 위로함이라 분명 나 자신을 위로함이라

— 「영탄(咏懷)」의 일절

이 시인에게서도 우리는 현대적 생의 무슨 적극적 보람의 길을 발견치 못함은 사실이다. 그런 의미에서 그는 우리와 운명을 같이하고 있는

60 임화, 각주 59의 글, 393~395면.

지도 모른다. 그러면서도 우리와 다른 것은 그가 현대 가운데 아무 관념도 가지고 들어오지 아니한 데 있다.

이 단순성이 그의 시를 순결히 만들고 아름다히 정련(精鍊)한 원천이다.

의태(凝態)와 허위를 섞지 않은 슬픔의 정을 우리는 그냥 지나칠 수는 없다. 그의 페시미즘을 또한 비난할 수 없는 이유가 여기에 있다. 또한 로맨티시즘이 부질없이 화미(華美)하지 않고 순수한 이유도 여기에 있다.

오군의 시집 가운데서 우리는 서정시의 현대적 운명의 일단(一端)을 발견할 수 있는 것이다.

이 점은 『헌사』의 제일 귀중한 공적이다.[61]

임화가 오정환 시의 귀중한 공적으로 꼽은 "현대 서정시의 중요한 측면" 혹은 "서정시의 현대적 운명의 일단(一端)"의 성취는 두 가지 요인에 근거한다. 첫째, 오장환의 시가 "현대에 생을 향유한 것 자체가 비극의 알파요 오메가"인 "불행한 젊은 시정신"의 표상이라는 것. 이 "불행한 시정신"은 현대의 모순과 부조리로부터 연원한 것이자, 그 모순과 부조리의 현대(성)의 폭력성을 고발하는 역할을 한다. 둘째는 오장환의 시가 "현대적 생의 무슨 적극적 보람의 길을 발견치 못함"에도 불구하고, "의태(凝態)와 허위를 섞지 않은" 페시미즘과 "부질없이 화미(華美)하지 않고 순수한" 로맨티시즘으로 "서정시

61 위의 글, 395~397면.

의 현대적 운명의 일단"을 살아내고 있다는 것. 이때 "지나간 시대의 종언의 확인"으로서 오장환 시에 나타난 페시미즘과 로맨티시즘은 현대 서정시의 운명을 담지하고 수행하는 긍정적인 표징으로 해석된다.

그런데 오장환 시의 의의를 현대 서정시의 불행한 운명에서 찾는 임화의 해석은, 그 의의가 오장환 시의 완성도 및 예술적 성취로 귀결되는가의 문제와는 뚜렷이 분리된다. 임화는 감정의 과잉과 직설적 토로, 감상주의적 면모, 소멸해가는 지난 시대에 대한 탄식으로 이루어진 오장환의 시를 "순결"하고 "아름다운" 작품으로 평가하지만, 위대한 작품에 편입시키지는 않는다. 오장환 시에 대한 임화의 해석과 평가는 앞 절에서 논한 이상과 김기림, 백석의 시에 대한 그것과는 상당한 시차를 갖는다. 첫째, 이상의 시에 형상화된 폭력적 현실의 음화(陰畵)로서 자폐적 내면세계를 혹독하게 비판하던 임화는 오장환 시에 그려진 '폐허'와 '불행' 의식을 현대성과 현대 서정시의 본질로 적극적으로 포용한다. 둘째, 임화는 이상과 김기림 시의 현실인식과 미적 특성을 '감각의 향락화'와 '감각적 심미화'로 혹평한 반면, 오장환 시의 현실인식과 미적 특성을 "현대 가운데 아무런 관념도 가지고 들어오지 아니한" '단순하고 순수한 아름다움'으로 호의적으로 평가한다. 김기림 시에 역사성과 현대문명에 대한 인식이 결여되어 있음을 강도 높게 비판한 것과 대조되는 양상이다. 셋째, 백석 시가 소멸해가는 전통 생활세계의 아름다움을 노래한 것을

'생활'이 부재하는 '감상적 회고주의'와 '지방주의'로 폄하한 것과 달리, 오장환이 노래한 소멸하는 시대의 아름다움을 하나의 '발견'이라 칭하면서 "서정시의 현대적 운명의 일단(一端)"을 득한 오장환의 페시미즘과 로맨티시즘을 "비난할 수 없"노라고 옹호한다.

오장환에 대한 임화의 호의적 평가는, 젊은 시인 오장환이 새로운 현실을 민첩하게 발견한 후, 그 현실이 "시와 조화할 수 없"고 "아름다운 정신과 통할 수 없"는 오직 "육체만이 활약하고 있는 현실"[62]이라는 점에 고뇌하면서도, "보이지 않는 시대의 속을 흐르는 것에 대한 모색이요 사모"를 행한 데 기인한다. 임화가 보기에 오장환은 새로운 현실과 시대의 변화를 수용하는 '최근 시단의 이동'[63]을 이끄는 젊은 시인이며, 오장환의 시에 나타난 "전통과 현실의 혼유(混有)"는 "이 시대의 정신적 특징"을 집약한, 즉 '신성한 잉여'의 맹아에 해당하는 것이다.[64]

---

62 임화, 「시단(詩壇)은 이동한다」(『매일신보』, 1940.12.9~16), 『전집 5』, 260~261면.

63 이 글에서 임화는 "닥쳐올 시대의 종자(鐘子)에 대하여 생각하는 것은 오늘날의 모든 시가 들어앉아 있을 수 있는 세계요 또한 금년의 시단이 이동하면서 발견한 첫째의 세계다."(위의 글, 262면)

64 임화는 오장환의 시 「향토망경시(鄕土望景詩)」와 「강물을 따라」의 일절을 인용한 뒤 다음과 같이 해석한다. "전통과 현실의 혼유(混有)! 이것은 분명히 이 시대의 정신적 특징이 아닌가 한다. 오히려 그들이 생각하는 앞으로의 현실의 비밀이라든가 지나간 시대라는 것은 모두 전통 가운데서 나타난다는 것이 정당할지도 모른다. 오 군의 시는 더구나 이러한 색채가 농후한 것이다. 이 가운데서 '사랑'에 대해 갈망하는 것은 인간의 행복일지도 모른다."(위의 글, 267~268면) 여기에서도 전통과 과거에 대한 임화의 가치관이 이전 시기와는 변화되어 있음을 목도할 수 있다.

(…중략…) 어느 곳에서이고 현실은 다시 발견되어야 한다. 허망 가운데서 불리워지는 실유(實有), 절망 가운데서 찾아지는 희구, 이러한 노력은 자연 눈물겨웁다.

가차움도 멀어지는 어둠이노라
깊은 속, 마음 속에서 마음으로 흐르는 — 모든 사랑이
강물이여! 아
(…중략…)

사슴 모양 슬픈 눈을 하여가지고
소년들의 가슴 속에 술이 뛰고 노는 것
끝끝내 보기만 하여왔노라
등불을 받아…… 침침한 목노의 등불을 이마로 받아……

— 오장환, 「강물을 따라」[65]의 일절(一節)

강물을 노래한 일련의 시에서 오장환 군이 금년에 들어 시험한 것은 보이지 않는 시대의 속을 흐르는 것에 대한 모색이요 사모(思慕)였다. 어두운 밤에 흐르는 강물은 시간이요 현실의 비밀일 수 있을 것이다. 그러나 시간의 신비와 현실의 비밀이라는 것은 전혀 알지 못하는 것으로

65 원문에는 '신생(新生)의 노래'로 되어 있는데, 『전집』은 이것이 '강물을 따라'의 오기임을 밝히고 있다.

그에게 주어진 것은 아니나다. 그에게는 끝끝내 보기만 하는 시간과 현실이 있었다. 여기에서 그의 신생(新生)에 대한 사모는 "끝끝내 보기만 하였던" 시간과 현실에 대한, 역(亦) "끝끝내 보기만 하였던" 자기에 대한 회한의 정과 혼합되는 것이다.[66] (강조는 인용자)

오장환의 시는 "보이지 않는 시대의 속을 흐르는 것", 즉 "신생(新生)에 대한 모색 / 사모"와 "자기에 대한 회한의 정"이 '혼합'된 '시차적 간극'을 함유하고 있다. "보이지 않는 시대의 속을 흐르는 것"이란 임화가 제기한, 작품에 무의식적으로 기입되는 "새 세계의 현실적 힘"인 '신성한 잉여'에 해당한다. 임화가 오장환의 시를 호평하는 것은 그의 시에서 현실의 균열 속에 출현하는 '신성한 잉여'를 발견했기 때문이다. 임화는 "신생"의 시간과 현실을 "끝끝내 보기만 하였던" 오장환의 소극적 태도를 비판하면서도, 오장환의 시가 발견하고 응시한 '신생'의 존재 자체를 적극 평가한다. "잉여의 세계란 작가의 주체를 와해(瓦解)로 밀치면서까지 제 존재의 가치를 협위(脅威)적으로 시인해 달라는 새 세계의 현실적 힘"[67]으로서 작가의 의도나 의식에 지배되지 않는 자율성을 갖기에, 오장환의 "끝끝내 보기만 하였던" 시적 태도는 '신성한 잉여' 앞에서 부차적인 항목으로

66 위의 글, 265~266면.
67 임화, 「의도와 작품의 낙차와 비평」(『비판』, 1938.4), 『전집 3』, 570면.

화하는 것이다.

그렇다면 문제는 시인이 포착한 '신성한 잉여'와 현실인식의 균열이 시에 등록되는 방식이 된다. 임화에 의하면, 이 균열은 '아이러니'의 형태로 표출되며, 1930년대 후반의 젊은 시인들이 행한 "시와 현대와의 아이러니컬한 교섭"은 "현대와 현실의 심부를 제법 들여다 보"는 "최량의 노선의 하나"가 된다. 오장환을 중심으로 말하면, 오장환의 시는 전통과 현실, 과거와 신생, 회한과 모색의 시차적 간극을 '혼합'과 '갈등'의 양상으로 표출하면서 "시와 현대와의 아이러니컬한 교섭"을 수행하는 중에 있다.

> 현대와의 아이러니컬한 교섭은 시를 추상성이나 비(非)현대성으로부터 구하는 최선의 길은 아니라 할지라도 가능한 최량(最良)의 노선의 하나가 되기엔 충분하였다. 그 길을 통하여 시는 현대와 현실의 심부(深部)를 제법 들여다 볼 수 있었다. 또한 시는 자기의 고고(孤高)한 자유를 향유할 수 있었기 때문이다.[68]

아이러니란 모순과 허위의 현대세계에서 순수한 정신의 소유자인 시인이 살아가는 방식이자, 위대한 문학(예술)이 탄생하는 원리 / 방식이기도 하다. 변증법적으로 지양 · 통합되기 어려운 현실의 복

---

68 임화, 앞의 글, 『전집 5』, 272면.

잡한 변화와 균열 속에서 임화가 도달한 비평적 지점은 현대(성)의 아이러니를 발견하고 승인하는 지점이었다. 이 시기 임화가 제기한 '창조적 비평'론의 궁극적 탐구 대상인, 작가의 무의식이 포착하고 비평가의 의식이 현실화하는 '신성한 잉여'란 1930년대 후반 이후의 현실에서는 시(문학)와 현대가 교섭하는 아이러니컬한 방식 혹은 현대(성)의 아이러니를 함의했다. 임화가 오장환의 시에서 목도한 것은 지난 시대의 종언을 선언하며 새로운 시대가 현시하는 현대성의 아이러니이자, 그 시대와 교섭하는 아이러니컬한 시적 방식(전통과 현실, 과거와 신생, 회한과 모색 등이 혼융된)이었다.

5) '신성한 잉여'의 아이러니컬한 현현—서정주의 시

임화는 새 시대의 징후를 날카롭게 감지한 젊은 시인들의 시를 비판적으로 독해한 「시단(詩壇)은 이동한다」(『매일신보』, 1940.12.9~16)에서 시단의 변화를 세 가지로 요약한다. 첫째는, "지난날의 시가 현실에 대한 깊은 신뢰의 염(念)에서 우러난 데 비하여 현대의 시가 그렇지 못한" "놀라운 일"이 발생한 것이다. 임화는 현실에 대한 불신과 '경이(驚異)'(속뜻은 '경악'이다)에서 출발한 신인들인 오장환, 서정주 등의 '퇴폐파'가 새로운 시현실을 형상화하고 있다고 진단한다. 둘째는, 시단이 "기교만능에 대한 훌륭한 반동에까지 성장"하여 기교주의에서 탈피한 것이다. 임화는 1930년대 내내 김기림을 중심으로 내용 없는 기교주의를 비판해 왔기에 이를 시단의 긍정적인 발전으로 평가한다. 셋째는, 시단이 기교주의에 편향되기 "이전의 질서를 회복하"고 "자기의 전통으로 회귀하"는 과정에서 "퇴폐파(頹廢派), 경향(傾向詩派), 모더니즘 등등 온갖 조류의 시인들이 반(反)기교주의에서 일치"하게 된 독특한 현상이다. 임화는 우연하(지 않)게 다양한 유파의 공통분모가 된 '전통'과 '반기교주의'를 현대성의 역설적인 단면으로 설명한다. 다시 말해, 첫째 항목은 '신성한 잉여'에 상응하는 "닥쳐올 시대의 종자(種子)"를 시단이 발견하면서 새 시대를 맞이하고 있음을, 둘째는 첫째와 관련해 신경향파 문학의 쇠퇴 과정에서 잠시 번성했던 기교주의 문학이 도태하는 역사적 · 문학사적 변화를, 셋째는 다양한 경향의 시인들이 현대의 황폐한 현실 속에서 전통 회귀와 반기교주의에서 일치하면서 "현대와의 아이러니컬한 교섭"을 행하는 문단 지형의 재편을 의미한다.

임화는 1940년의 '시단의 이동'을 "작년의 연장(延長)"[69]이라고 진단한 후, 신진 시인 중 오장환과 서정주에 각별히 주목한다.[70] 임화는, 오장환과 서정주가 공통적으로 '데카당스'를 취한바, 데카당스를 "인정할 수 없는 현실을 향하여 기피할수록 거기에 육박하"면서

69 위의 글, 258면.

70 앞서 오장환의 경우에서 논의한 것처럼, 오장환과 서정주의 시가 새로운 시대의 징후인 '신성한 잉여'를 첨부하고 있으며, 이들이 급변하는 시대 · 현실이 부과하는 모순과 균열 즉 시차를 역설과 아이러니의 현대적 삶의 방식과 언어로 변주하면서 현대 서정시의 새로운 지평을 열어 보였기 때문이다.

"일보도 옮겨서지 않는 가혹한 정신"이라고 적극적으로 해석한다. 그런데 임화는 오장환보다 서정주를 더 고평하는데, 이는 서정주의 시가 새 시대의 징후인 '신성한 잉여'를 포착함과 동시에 이를 자신의 내면과 삶 속에 육화하는 과정에서 모순과 균열을 내장한 '현대성의 아이러니'를 구현하고 있기 때문이다. 다가오는 새로운 시대의 실체를 얼마나 민감하게, 구체적으로 내면화하는가가 임화 시비평의 제1기준이 되고 있는 것이다. 임화는 「서풍부」와 「밤이 깊으면」을 예로 들어, 서정주가 "시속(時俗)에 대한 시정배와 같은 협조와 완전한 절연"을 동시에 행하면서 "퇴폐가 전하는 높은 향기"가 "늠렬(凜烈)한 정신의 상태"에 도달한 점에서 "오장환보다 좀더 앞서 있는 한 정점"이라고 상찬한다. 그 근저에 놓인 것은 '퇴폐'에 대한 임화의 긍정적인 시선이다. 임화에 따르면, 당시 시단이 행한 '퇴폐'는 "왕성한 현실에 대한 의욕과 인생에 대한 부절(不絕)한 호기심의 불가피한 결과"였다. 서정주는 퇴폐파의 일원이면서도 그 가운데 남다른 위치를 점한다. 서정주는 현실과의 동일화 및 절연의 역설적인 합일을 통해 "현실에 대한 준엄한 심판"을 행하는 가운데 "고매"하고 "늠렬한 정신"을 이룩함으로써 '현대적 퇴폐'를 완성하는 동시에 넘어섰기 때문이다.

서녘에서 불어오는 바람 속에는
오갈피 상나무와

개가죽 방구와
나의 여자의 열두발 상무상무

노루야 암노루야 홰냥루야
네 발톱에 상채기와
퉁숫소리와

서서 우는 눈먼 사람
자는 관세음

서녘에서 불어오는 바람 속에는
한바다의 정신병과
징역시간과

— 서정주(徐廷柱), 「서풍부(西風賦)」

(…중략…)

여기서 우리가 부딪칠 수 있는 것은 피할 수 없이 절박한 어떤 심정의 절정이다. (…중략…) 인정할 수 없는 현실을 향하여 기피할수록 거기에 육박하는 심정이란 참을 수 없는 것이다.

그러므로 "징역시간"! 이것이 이러한 시인들에게 있어 시간의 내용이 된다. (…중략…)

광란과 탕란(蕩亂) 가운데서 전율하는 무망(無望)이 그대로 결정(結晶)한 채 그것은 현실에 대한 하나의 준엄한 심판이 될 수 있는 동시에 또한 어떤 정신의 고매(高邁)한 상태와 방불할 수 있다. 시속(時俗)에 대한 시정배와 같은 협조와 완전한 절연에 있어 퇴폐가 전하는 높은 향기는 늠렬(凜烈)한 정신의 상태에 가까울 수 있기 때문이다. 서정주의 예술은 이런 점에선 오장환보다 좀더 앞서 있는 한 정점이나 그러나 또한 그만치 구하기 어려운 것이다. 여기에서 우리는 비로소 현대적 퇴폐에서 떠나오지 아니할 수 없다.[71] (강조는 인용자)

임화의 분석에 의하면, 서정주 시에 형상화된 '퇴폐'의 정체는 현실의 "광란과 탕란(蕩亂) 가운데서 전율하는 무망(無望)의 결정체(結晶體)." 즉 현실에 대한 전면적인 부정의식의 산물이다. 서정주의 시가 보여주는 '무망(無望)'은 현대가 촉발한 혼란의 현실을 거부할수록 거기에 육박하는 아이러니컬한 삶의 태도를 견지하면서, '정신병'과 '징역시간'의 극한 상황을 "고매(高邁)하"고 "늠렬(凜烈)한 정신"으로 변주하는 순수한 '시인'의 무한한 그러나 보상을 바라지 않는 열정에서 비롯된다. 임화는 현대와의 절연에 대한 욕망과 보상 없는 '무망(無望)'의 이중적인 삶의 방식을 발견하고 육화한 데서 서정주의 탁월성을 찾는다. 서정주는 자신의 의도와는 상관없이 현대와 현대적 삶

71 위의 글, 261~263면.

에 대한 저항기제를 창출하고 있는 형국인 셈인데, 욕망과 무망, 기피와 육박, 감금과 이탈, 속(俗)과 성(聖)의 양극단[모순, 시차]을 동시에 끌어안는 것이 그 내용이 된다. "서녘에서 불어오는 바람"을 서구적 현대의 상징으로 해석하고, "서서 우는 눈먼 사람 / 자는 관세음"을 그에 대응하는, 정신병과 징역시간의 피폐한 현실을 내면화한 '고매하고 늠렬한 정신'을 인격화한 상관물로 해석할 수 있는 근거는 이렇게 마련된다. 임화는 서정주가 발견하고 체화한, 현대가 촉발한 극단의 모순을 함께 살아내는 방식을 통해 우리 시단이 "비로소 현대적 퇴폐에서 떠나"게 되었다고 결론짓는다.

임화는 비평문 「시단(詩壇)은 이동한다」를 발표하고 한 달 후에, 독립된 작가론이나 작품론이 별로 없는 그의 시비평의 전력으로는 이례적으로 서정주의 시를 집중적으로 다룬다. 「현대의 서정정신—서정주(徐廷柱) 단편(斷片)」(『신세기』, 1941. 1)에서 임화는 시 「행진곡(行進曲)」을 분석하면서, 서정주가 "분명히 우리 젊은 시단 제일류의 시인"이며 서정주의 시는 고유한 의미의 새로움을 지닌 까닭에 "분명히 새롭다"고 거듭 강조한 후, "씨의 예술의 비밀은 오늘날에 있어선 해명을 요하는 과제"[72]라고 적극적인 탐구의 의지를 피력한다.

「행진곡」의 시인은 그러한 의미(과거에의 안주나 미래로의 질주—인

72 임화, 「현대의 서정정신—서정주(徐廷柱) 단편(斷片)」(『신세기』, 1941. 1), 『전집 5』, 291면.

용자 주)의 희망도 가질 수 없는 사람인 점에서 분명히 새롭다. 요컨대 그는 철두철미 현대의 아들이다.

시대의 체험 가운데로 들어가는 최초의 날로부터, 바꿔 말하면 정신적인 탄생의 날로부터 용기를 고무(鼓舞)할 유산의 위세도 빌지 못하고, 또한 부단히 청년들을 의기소침에서 분기(憤氣)시키는 과제의 부름도 받지 않고 땅에 떨어진 많은 사람 가운데 하나였다. 어떠한 신의 축복도 없이 세상에 나온 생명이란 존재 그 자체가 벌써 신의 의지의 거역일 것이다.

그러나 그 자신에 있어서는 아무 것에 대한 모반(謀叛)도 아니요, 오직 날마다 지상에 현란(絢爛)한 자연(自然)한 생명임에 지나지 아니한다. 그러면서도 그러한 생명이 어째서 죄없이 불의의 의식에 번뇌해야 하는가? 그러한 물음이 자기에게로밖에 향할 곳이 없을 때 고독이란 것은 분명히 비참한 것이다. 더욱이 그 물음에 대하여 자기밖에 대답할 사람이 없을 때 비참(悲慘)은 일층 가중된 것은 명백한 일이 아닌가?[73] (강조는 인용자)

이러한 지점에 이르면 그는 벌써 독자(獨自)의 시인이다. 이것은 벌써 이 시인에게 실은 거대한 또 가혹한 과제이기 때문이다. 그는 저지르지 않고 죄인이 되고 체포되지 않고 이미 영어(囹圄)의 몸이 된 것이다. 여기는 현대에 있어 순결한 정신이 뜻하지 않고 빠지는 함정이다. 이 나

73 위의 글, 293면.

락(奈落)과 심연을 알지 못하는 사람은 행복할지 모르나, 그러나 그는 정신적으론 가난한 사람들이다.[74] (강조는 인용자)

서정주 시의 '비밀'에 대한 임화의 '해명'은 서정주의 시가 현대의 질서를 교란하는 현대성, 즉 현대의 '잉여'로서의 현대성을 함유하고 있는 것으로 압축된다. 서정주는—당시 많은 시인들이 한 것처럼—과거에 대한 회상을 통해 안주의 땅을 찾는 길을 택하지 않으며, 미래의 희망을 향해 질주하는 길을 택하지도 않는다. 같은 맥락에서 현재의 삶에 만족하고 정착하는 길을 택하지도 않는다. "대체 서정주 씨의 어디가 새로우냐 하면, 먼저 그가 회상할 수 없는 사람인 점에서 새롭다"는 임화의 진술은 서정주가 과거와 미래는 물론 현재의 어느 시간 / 공간에도 정착하지 않으면서 / 못하면서, 당대의 현실과 시의 새로운 영토를 개척하고 있음을 강조한다. 임화가 파악하기에 이러한 세계관과 삶의 방식은 현대가 양산한 현대의 아이러니컬한 속성이다. 현대는 자신의 질서를 강화하는 과정에서 스스로 자신의 질서의 '외부'를 만들어내며, 이 '외부'는 '순결한 정신'으로 표상된 소수의 인간들과 시(예술)가 탄생하고 거주하는 공간이 된다. 임화는 서정주가 현대의 '잉여'를 시의 동력으로 삼으면서 "철두철미 현대의 아들"로서 새로운 시를 창출하는 장면들을 통찰한다. 이는

74 위의 글, 294면.

당대의 암울한 현실에서 실체를 드러내는 현대(성)에 대한 성찰을 의미하는바, 임화가 변증법적 사유나 리얼리즘 문학관과는 거리가 먼 서정주의 시를 고평하기에 이른 논리와 근거는 바로 '창조적 비평'의 원천인 '신성한 잉여'의 당대적 형상이 서정주의 시에 생생하게 그려져 있는 점에 있다. "요컨대 그는 철두철미 현대의 아들"이라는 임화의 결론에는 서정주의 시가 새로운 시대의 징후와, 현실의 일부이자 외부로서의 문학(예술)의 본질인 '신성한 잉여'를 철저히 당대의 현실적 차원에서 포착하고 있다는 뜻이 내포되어 있다.

과거의 훌륭한 "유산의 위세도", 시대의 막중한 "과제의 부름도", 신성한 "신의 축복도" 없이 살아가야 하는 "철두철미 현대의 아들", 서정주가 아무런 "죄없이 불의의 의식에 번뇌"하며 이 모든 것에 대한 물음을 오직 자신에게 돌려야 하는 절대 '고독'의 세계를 살아간다. 무엇에도 의지할 것이 없는 절대 고독의 실존 상황은 "현대에 있어 순결한 정신이 뜻하지 않고 빠지는 함정", 더욱이 "나락과 심연"의 이중성을 지닌 함정이다. 그리하여 이 함정에 갇힌 결백한 시인은 불행하지만(나락) 풍성한(심연) 정신세계를 지닌 "독자(獨子)의 시인"으로 성장할 가능성을 얻는다. 임화가 지향하는 시인과 "현대와의 정면교섭의 기회"는 이러한 과정에서 확보된다. 현대의 순결한 정신=시인들이 자신의 의도나 의지에 관계없이 빠진 '함정'(나락 / 심연)이란 현대가 파생시킨 '잉여'의 세계를 뜻한다. 현대는 순결한 정신, 시(예술), 시인을 '죄인 아닌 죄인'의 존재로 규정함으로써 이들을 현대의 '잉여'로 처리한다. 이러한 잉여 자체이자 그 세계의 수감자인 '순결한 정신=시=시인'들은 현대가 유일한 삶의 공간임에도 그로부터 계속 이탈하면서 현대세계와 자신의 내면의 시차=모순 가운데 "자기의 생의 지표를 세운"다. 이러한 모순은 임화가 말하는 "새 시대의 힘"이자 위대한 문학의 동력으로서 '잉여'가 발생하는 원천이다. 현대세계에서 시인이 처한 감금과 이탈의 모순, 이 모순을 껴안는 것이 새롭고 현대적인 삶의 방식이 되는 아이러니를 가리켜 임화는 "뇌옥 속에서의 질주"라고 명명한다.

> 그러므로 현대에밖에 살 곳이 없음에도 불구하고 날마다 그의 마음을 사로잡는 것은 현대로부터의 별리(別離)다. 이 모순 가운데서 그들은 자기의 생의 지표를 세우는 것이다. (…중략…) 그러므로 우리는 시인이
>
> 결국은 조금씩 취해 가지고
> 우리 모두 다 돌아가는 사람들
>
> 이라 하지만 이 말을 액면대로 믿을 수는 없다. 그가 돌아갈 곳이라는 것은 그가 출발한 곳이기 때문이다. 결국은 또 다시 조금씩 취해 가지고 떠났던 곳으로 모두 다 돌아올 사람들이다. 그것은 마치 뇌옥(牢獄) 속에서의 질주와 같은 것이다. 가는 것이 오는 것이고, 뛰는 것이 떨어지는 것이다.

이러한 것을 유폐(幽閉)의 정신이라고 할지, 절망의 도주라 할지, 좌우간 이 시인의 비밀은 우리 현대 서정시의 가장 의의 깊은 곳에 얽매어 있는 것은 사실이다. 동시에 많은 신인들의 기도(企圖)가 공허히 돌아간다 하더라도 이 시인이 현대에서 모든 안일(安逸)을 거부했다는 의의만으로도 충분히 한 가치를 이룰 것이다.[75] (강조는 인용자)

시간 / 공간의 이동이나 질적 도약을 기대할 수 없는 채로 "뇌옥 속에서의 질주"를 감행하는 서정주는 그의 시의 '비밀'이 "우리 현대 서정시의 가장 의의 깊은 곳에 얽매어 있"다는 사실을 방증한다. 서정주의 시는 유폐의식과 절망으로 내면화된 현대성의 구현으로서 현대 서정시의 본질을 관통하고 있는 것이다. 서정주가 행하는 축출과 이탈과 귀환의 행위들, 즉 출발점과 도착점이 동일한 현대 / 현재라는 "뇌옥 속에서의 질주"는 "가는 것이 오는 것이고 뛰는 것이 떨어지는 것"인 무용(無用)한 역설의 행위가 된다. 이 진전 불가능한, 질주 아닌 질주는 시(예술)와 관련된 현대성의 아이러니의 두 가지 양상으로 설명될 수 있다. 하나는 시인이 현대에 대한 이탈과 귀환의 이중적인 삶의 태도를 견지하면서 현대성을 해체하는 동시에 구현하는 아이러니이며, 다른 하나는 현대 세계 / 질서와의 운명적인 시차를 통해 현대의 시와 예술이 억압되는 동시에 탄생하는 아이러

75 위의 글, 294~295면.

니이다. 1940년의 임화는 서정주를 통해 "가는 것이 오는 것이고, 뛰는 것이 떨어지는 것"인 "뇌옥 속에서의 질주"를 체현하면서 변증법의 발전적인 삼각 체제가 무력화된 현대의 '잉여'에 도달한다. 서정주가 시화한 '잉여'는 현대의 질서와 다른 모종의 고양된 질서가 아닌, 현대의 부정적인 질서를 거부하는 자유와 용기로서의 외부, 즉 "현대에서 모든 안일(安逸)을 거부했다는 의의만으로도 충분히 한 가치를 이루"는 독자적인 내면세계와 더 나은 삶의 지향성 자체를 의미한다.[76] 더불어 세계와 일정하게 분리되어 시와 예술 및 존재의 독립적인 자율성이 보장되는 현대적인 예술관과 인간관을 내포한다. 사실 이 둘이야말로 현대의 낡은 질서의 내부에서 파생된 새로운 질서의 맹아이자, 위대한 예술작품의 원천으로서 '신성한 잉여'에 합당한 내용물이라고 할 수 있다.

76 임화가, 현실의 부조리에 맞서는 서정주의 '뇌옥 속에서의 질주'를 현대 서정시의 운명과 직결해 고평하는 데는 시인으로서 임화의 고뇌가 중첩되어 있다. "30년대 말기로 갈수록 임화의 시편은 절망적이고 비극적인 성격을 띠"며, 임화는 혼돈의 현실에서 생각과 시 쓰기의 분열을 겪으며 결국 시를 쓰지 못하게 된다.(김진희, 「반성과 거울의 양식—1930년대 후반 임화의 시」, 『한국근대문학연구』 5권 1호, 한국근대문학연구회, 2004.4, 83~84면 참조) 임화는 과거로 돌아갈 수도 미래로 나아갈 수도 없고, 이념에 투철할 수도 이념을 버릴 수도 없으며, 현실의 문제에도 문학(예술) 본연의 세계에도 투신할 수 없는 자신의 처지, 무엇보다 이러한 정황에 대한 "물음이 자기에게로밖에 향할 곳이 없"는 상황에서 서정주가 노래하는 '뇌옥 속에서의 질주'를 통해 자신과 시대의 운명을 보았다고 할 수 있다. 임화는 서정주의 시에서 자신이 쓸 수 없었거나 쓰지 않은, 이전의 질서들이 난파된 '이후(以後)'의 세계와 내면을 목도했던 것이다.

4. 결론

임화에 의하면, 1930년대 후반은 "집단 대신 개성이 생의 단위가 된 시대"(「교양과 조선문단」, 『인문평론』, 1939.12)[77]이며, "해석과 평가를 어떻게 통일해갈 것인가?"의 문제가 "현대 비평의 과제일 뿐 아니라 각 개인의 과제"[78]가 된 시대였다. 이 시기 임화는 "근원적인 정신의 깊이에 관계하지 않은 채 변화한 국면에 적응한 문학은, 변화된 국면이 아직 신선미를 정(程)하고 있을 동안에만 생명이 있는 것"[79]이라는 전제 아래, 문학의 본질과 내적 질서를 규명하는 데 집중한다. 단적으로 임화는 지난 10년간의 비평이 "문학의 세계 그것의 질서를 움직일 고유한 동력"에 의해 전개되어 왔으며, 그 동력을 규명하는 것이 향후 비평의 과제라고 공언한다. 이로써 임화가 견지해 온, 자신의 비평의 절대적 척도였던 유물변증법에 대한 시각에도 얼마간 변화가 일어나게 된다.

임화는 유물변증법을 '정치적인 입장'에서 '일반적인 철학의 세계관'으로 재전유함으로써 문학의 자율성과 독립성을 전격적으로 승인하는 방향을 택한다.[80] 현실의 격변 속에서 임화(의 텍스트)가 축적

77 임화, 「교양과 조선문단」(『인문평론』, 1939.12), 『전집 5』, 185면.

78 임화, 「비평의 시대―문예시평(文藝時評)」(『비판』, 1938.10), 『전집 5』, 95~96면.

79 임화, 「창작계의 1년」(『조광』, 1939.12), 『전집 5』, 173면.

80 "이것은 폴리티컬한 사업의 단순한 일익으로서 문학운동을 생각하지 않고 어디까지나

해 온 변화와 운동의 시차(視差)들은 이론적으로는 '신성한 잉여' 개념과 '창조적 비평'론의 정립으로 가시화되며, 실제비평에서는 '신성한 잉여'가 내장된 작품에 대한 적극적인 평가로 발현된다. '신성한 잉여' 개념과 '창조적 비평'론은 현실적 · 정치적으로는 임화가 신봉해 온 유물변증법과 사회주의 리얼리즘에 대한 '반성적 규정'의 일환이었으며, 문학적으로는 임화가 낡은 세계와 새로운 세계, 현실의 질서와 예술의 본질, 작가의 의도와 텍스트의 해석 등의 사이에 존재하는 다양한 차이들을 응시하면서 이를 문학작품의 생산적인 동력으로 인식하고 승인한 결과였다. 여기에 오면, 임화가 차이 / 균열의 변증법적 지양 · 통합과는 다른 방향에서, 차이 / 균열의 보존 및 생산성에 대한 각성에 이르렀음을 보게 된다. 차이 / 균열에 대한 임화의 새로운 각성은 현대성의 본질과 현대시(예술)의 본질 및 발생 원리에 대한 통찰로 직결된다.

실제로 임화는 차이의 개념인 '시차(視差 / 時差)'를 '신성한 잉여'와 '창조적 비평'론의 개념적 도구로 명시적이고 자각적으로 활용한다. 변증법적으로 지양 · 통합되기 어려운 현실의 복잡한 균열을, "새 세계의 새로운 자태"를 의미하는 '신성한 잉여' 개념을 통해 문학예술의

독자의 성질을 가진 것으로써 문학을 인정하고 문학 그 자체의 원리로써 문학운동의 최고원리를 삼자는 것이다. 그러므로 그 전(前) 시대와 같이 무슨 폴리티컬한 명제에 의하여 문학이 만들어지는 것이 아니라 일반적인 철학으로서의 세계관 즉 유물변증법을 가지고 창작의 방법을 삼았다."(임화, 「최근 10년간 문예비평의 주조와 변천」(『비판』, 1939.5~6), 『전집 5』, 116면)

발생학적 토대이자 본질로서 미래형의 현실 / 질서를 선취하는 지점과 연결시킨 것이다. '신성한 잉여'로 현시되는 미래형의 현실 / 질서는 기존의 현실이 스스로 만들어낸 것이라는 점에서 현실에 접속되어 있으며, 기존의 질서에 포섭되지 않는 다른 / 새로운 질서라는 점에서 현실을 초과 내지 초월한다. '신성한 잉여'는 임화가 유물변증법과 리얼리즘의 세계관을 한편으로 견지하면서도, 그것이 현실과 유리되는 예측불가의 난경을 미래의 현실 / 질서를 선취하는 방식으로 돌파하고자 했던 현실적 · 비평적 · 예술적 대응기제였으며, '창조적 비평'은 '신성한 잉여'의 비평적 실천(/ 방법론)이자 그 이론적 결정체였다.

다시 말해, '신성한 잉여'와 '창조적 비평'은 임화의 치열한 비평적 문제의식의 소산이자, 당대성을 넘어 현대세계와 문학의 근본 원리를 관통하려는 열망의 산물이었다. ① 문학의 예측 · 통제 불가능한 운동성, ② 위대한 작품의 아이러니컬한 원천으로서 현실의 모순이 지닌 생산성, ③ 비평의 창조의 몫으로서 텍스트의 개방성 등으로 해석될 수 있는 '신성한 잉여' 개념과 이에 기초한 '창조적 비평'론은 현실과 작품이 동일성의 통일된 실체가 아닌, 운동하는 차이들의 역동적이며 돌발적인 장(場)이라는 사실을 역설(力說)한다. 그 실현의 무대로서 임화의 시비평은 균열과 모순을 본질로 하는 아이러니의 텍스트이자, 다양한 시차들이 충돌하며 내적 갱신의 의미와 효과를 형성하는 장(場)이 된다. 구체적으로, 1930년대 후반 이후의 임화의 시비평은 유물변증법을 현실인식의 토대로 유지하는 한편으로, 새로운 시대의 징표로서 현대(성)의 아이러니 및 시(문학)와 현실이 교섭하는 아이러니컬한 방식을 발견하기에 이른다. 이상, 김기림, 백석 시에 대한 비평과, 서정주와 오장환의 시에 대한 비평은 그 아이러니컬한 시차적 간극의 증좌들이다. 임화의 시비평에 나타난 해석과 평가의 시차를 시인 별로 요약하면 다음과 같다.

첫째, 유물변증법과 리얼리즘으로부터 원거리에 있는 시인들, 특히 모더니즘 계열의 시인들에게 비판적이었던 임화는, 이상을 현실에서 도피해 감정의 향락에 침잠한 자폐적 인텔리로, 김기림을 현대와 자본주의의 본질을 간파하지 못한 퇴행적인 인텔리로 규정한다. 임화는 1930년대 후반 이후에도 이들에게 역사성과 현대성에 기초한 현실인식을 갖출 것을 요구하는데, 여기에는 식민지 현실과 착종된 현대 자본주의의 모순을 타파하고자 한 임화의 이념적 지향성이 지속적으로 작용하고 있다. 임화가 특히 이상 시의 현대적 공적과 시적 성취를 부정하는 이유는 이러한 지향성과 직결되어 있다.

둘째, 백석의 시에 대해 임화는 민족의 과거에 대한 감상적 회고주의와 지방주의의 산물로서, "생생한 생활"의 리얼리티도 전조선적인 문학의 보편성도 갖추지 못했다고 혹평한다. 백석 시의 민족주의(=지방주의)를 식민지문학을 고착화할 위험 요소로 간주하였으며, 백석 시의 과거 지향성을 새 시대의 징후인 '신성한 잉여'에 정면으로 위배되는 요소로 판단하였기 때문이다.

셋째, 오장환의 시에서 '신성한 잉여'의 표징을 발견한 임화는 오장환을 당대 시단의 새로운 흐름을 선도하는 시인으로 고평한다. 오장환은 전통과 현실, 과거와 신생, 회한과 모색의 시차적 간극을 '혼합'과 '갈등'의 양상으로 표출하면서, "시와 현대와의 아이러니컬한 교섭"을 수행하고 있기 때문이다. 모더니즘 계열의 시인, 특히 현대성의 아이러니를 선구적으로 형상화한 이상의 시에 대해 비판적이었던 임화는 여기에서 자기모순에 봉착하는데, 이는 운동하는 시차들의 텍스트로서 임화 비평의 드라마틱한 지점의 하나를 형성한다.

넷째, 서정주의 시는 감금과 이탈, 귀환이 구별되지 않는 현대라는 "뇌옥 속에서의 질주"를 통해 현대의 부정적인 질서를 거부하는 자유와 용기로서의 외부 즉 '신성한 잉여'를 현시한다. 임화가 서정주의 시에서 잉여를 발견하는 일은 현대성의 아이러니를 통찰하는 일과 중첩된다. 하나는 시인이 현대에 대한 이탈과 귀환의 이중적인 삶의 태도를 견지하면서 현대성을 해체하는 동시에 구현하는 아이러니이며, 다른 하나는 현대 세계 / 질서와의 운명적인 시차를 통해 현대의 시와 예술이 탄생하는 동시에 억압되는 아이러니이다. 임화 비평의 시차적 간극은 유물변증법과 리얼리즘의 권역에 편입시킬 수 없는 서정주의 경우에서 가장 두드러지게 나타난다.

다채롭게 변화하며 운동하는 임화의 시비평 텍스트에는, 시대 · 사회의 복잡다단한 변화와 싸워야 하는 현대의 비평가가 바로 그 시대 · 사회의 현실 속에서 만난 특정 이념 / 신념에 복무하면서 살아낸 '위험'과 '극복'의 여정이 생생하게 아로새겨져 있다.

참고문헌

1. 1차 자료

임화문학예술전집편찬위원회, 『임화문학예술전집』(2－문학사), 소명출판, 2009.

______________________, 『임화문학예술전집』(3－문학의 논리), 소명출판, 2009.

______________________, 『임화문학예술전집』(4－평론 1), 소명출판, 2009.

______________________, 『임화문학예술전집』(5－평론 2), 소명출판, 2009.

2. 2차 자료

권성우, 「임화의 메타비평 연구－비평적 자의식에 대한 고찰을 중심으로」, 상허학회, 『한국근대문학의 전환과 모색』, 깊은샘, 2007.

김동식, 「1930년대 비평과 주체의 수사학」, 『한국현대문학연구』 24집, 한국현대문학회, 2008.4.

______, 「'리얼리즘의 승리'와 텍스트의 무의식－임화의 「의도와 작품의 낙차와 비평」에 관한 몇 개의 주석」, 『민족문학사연구』 통권 38호, 민족문학사연구소, 2008.12.

김명인, 「임화 민족문학론의 현재성」, 『민족문학사연구』 통권 38호, 민족문학사연구소, 2008.12.

김예림, 「초월과 중력, 한 근대주의자의 초상－일제 말기 임화의 인식과 언어론」, 『한국근대문학연구』 5권 1호, 한국근대문학연구회, 2004.4.

김진희, 「반성과 거울의 양식－1930년대 후반 임화의 시」, 『한국근대문학연구』 5권 1호, 한국근대문학연구회, 2004.4.

박정선, 「민족국가의 시쓰기와 탈식민의 수사학」, 『민족문학사연구』 통권 38호, 민족문학사연구소, 2008.12.

백지은, 「역설의 일관성－임화의 언어론 연구」, 『동양학』 46집, 단국대학교 동양학연구소, 2009.8.

신두원, 「변증법적 사유와 실천의 한 절정－1940년을 전후한 시기의 임화」, 『민족문학사연구』 통권 38호, 민족문학사연구소, 2008.12.

신재기, 「임화의 창조적 비평론 연구」, 『한민족어문학』 38집, 한민족어문학회, 2001.6.
손유경, 「최근 프로문학 연구의 전개 양상과 그 전망」, 상허학회, 『한국근대문학의 전환과 모색』, 깊은샘, 2007.
______, 「임화의 유물론적 사유에 나타나는 주체의 위치(position)」, 『한국현대문학연구』 24집, 한국현대문학회, 2008.4.
이상갑, 「분열의 수사와 근대 극복－임화론」, 『한국근대문학연구』 5권 1호, 한국근대문학연구회, 2004.4.
조은주, 「임화의 '비평적 주체'의 정립 과정과 비평의 윤리」, 『한국문화』 47집, 서울대 규장각 한국학연구원, 2009.9.
하정일, 「일제 말기 임화의 생산문학론과 근대극복론」, 『민족문학사연구』 통권 31호, 민족문학사연구소, 2006.
김외곤, 『임화 문학의 근대성 비판』, 새물결, 2009.
김윤식, 『임화』, 한길사, 2008.
문학과사상연구회, 『임화 문학의 재인식』, 소명출판, 2004.
G. Stiehler, 양운덕 · 김재용 역, 『변증법적 모순』, 중원문화, 1985.
Slavoj Žižek, 김서영 역, 『시차적 관점』, 마티, 2009.
__________, 이성민 역, 『부정적인 것과 함께 머물기』, 도서출판b, 2007.
Susan Sontag, 이민아 역, 『해석에 반대한다』, 이후, 2002.

1930년대 임화와 김기림의 詩論 비교

반파시즘인민전선과 관련하여

김윤태

1. 머리말

임화와 김기림은 1930년대 한국 근대문학에서 프로문학과 모더니즘 문학을 각기 대표하는 비평가이자 이론가이다. 이들은 1908년생 동갑으로, 1950년대를 전후한 시기에 자의든 타의든 북한으로 간 이후, 40년 가까운 세월을 남과 북 양쪽으로부터 외면 받아 오랫동안 한국문학사에서 실종되었던 인물들이다. 이들은 1930년대에는 식민지의 열악한 상황 속에서도 20대의 젊은 패기로 한국 근대문학의 이론적 지평을 열어나갔으나, 해방 이후에는 남북의 이념적 갈등과 전후 세계체제의 재편 가운데 맞이한 한국전쟁의 소용돌이 속에서 희생된 비극의 주인공들이었다. 임화는 1953년 북에서 처형으로 생을 마감했고, 김기림은 현재까지도 미확인 행방불명 상태이다.

이들이 1930년대 한국 근대문학의 양축을 담당했다고 했거니와, 이들의 시론 역시 1930년대 한국 현대시론의 또 다른 한 축인 박용철의 낭만주의 시론과 더불어, 한국 현대시사상의 가장 주도적인 이론적 거점으로서 리얼리즘 시론과 모더니즘 시론을 각기 대표하였다. 근대성의 쟁취와 근대의 철폐라는 이중적인 과제를 동시에 짊어지었던 식민지 한국의 현실 가운데서, 임화와 김기림은 서로 다른 방향에서 이 과제를 수행해간 대표적인 시인이자 시이론가이다. 박용철과 그의 낭만주의 시론에 대해 비판적이었던 임화와 김기림의 논리는 묘하게 반대편에서 서로 점차 다가가는 양상을 보이게 되는 바, 비록 세계관적 기반과 예술적 방법에서 서로 상이하였지만, 위기상황에 대한 인식적 공유와 논리적 자기갱신의 과정을 통해 이들은 각기 나름의 방식으로 근대성에 직면하고자 했던 것이다.

여기에서는 두 사람이 각자의 방식대로 비판적 거리를 유지했던 낭만주의에 대한 기본 관점과 그것을 점차 수용해가는 변모과정을 살펴보는 것으로써, 그들의 시론을 비교 · 분석하는 하나의 예시적 잣대로 삼고자 한다. 그리고 그것을 통해 두 사람이 문학적 · 이념적 지향의 차이에도 불구하고 점차 문학적 연대의 가능성을 보여주는 과정을 반파시즘인민전선의 측면에서 살펴봄으로써, 해방 직후 이들이 조선문학가동맹이라는 통일전선적 문학단체를 통해 함께 활동할 수 있었던가를 추론해 볼 수 있을 것이다.

2. 낭만주의 비판과 수용과정 비교

1) 임화의 경우

카프가 해산하던 그해에 씌어진 평문 「담천하의 시단 일년」에서 임화는 낭만주의를 두 가지로 나누어서 생각하고 있다. 그것은 보수적 낭만주의와 진실한 낭만주의라는 두 개념이다. 전자에 대해서는 1920년대 이래로 잔존해오던 문학경향으로서, 복고주의로 융합되어 나타난다고 파악한다. 후자에 대해서는 당시 프롤레타리아 시가 나아가야 할 방향 모색과 더불어 제기되었던 것이다. 낭만주의에 대한 이러한 범주적 이해는 비록 양자를 직접적으로 맞세우지는 않았지만, 적어도 임화가 낭만주의 내부의 차별성에 주목하고 그것을 범주화시키려 한 점은 인정된다.

보수적 낭만주의에 대한 임화의 비판은 시조부흥운동에 대한 공격으로 포문을 여는데, 시조를 복고주의의 대표적 현상으로 파악한다. 또 김기림의 글[1]을 인용하면서, 그가 주요한 · 김동환 · 박종화 ·

김소월 등의 복고풍을 비판한 것에 동의하는 한편, 그들의 답보 내지 후퇴가 본질적인 것임을 지적치 않은 것을 비판하였다. 나아가 임화는 김안서 · 이광수 · 이병기 · 김석송 등의 문학까지를 '시의 무사상성의 주장'으로 규정하고 진보적 사상의 반대자로서 전진을 정지하였다고 비판하였다. 요컨대 그들의 "자유시형으로부터 정율시에로의 후퇴"가 바로 낭만적인 민족주의 사상의 문학적 표현이라고 보면서, 이 보수적 낭만주의는 결국 "중세적 과거에 대한 랑만적 감상과 결합한 것"이라고 규정짓는다. 그리고 이들의 "성격적 특징은 '지사(志士)'와 옛날 '음유시인'적인 생활적 무관심과 그와 가튼 초연함이며, 공연한 대언장어(大言壯語)가 그 언어적 특징이"라고 비판적으로 조망하였다.[2]

그러나 임화가 단순히 낭만주의 자체를 부정적으로 이해한 것 같지는 않다. 다만 낭만주의를 시대상황의 추이와 더불어 그 역사적 한계에 대해 정확하게 파악하려고 한 것이다. 그는 1920년대 전반기의 문학적 주류를 낭만주의로 설정하고, 그것을 극복하는 방향으로 새롭게 등장한 문학사적 적자를 경향시로 규정하였던 것이다. 가령 1920년대의 낭만파와 1930년대 기교파를 비교하는 대목을 보면 알 수 있다.

---

1 김기림, 「신춘조선시단전망」, 『조선일보』, 1935.1.1~5.
2 임화, 「담천하의 시단 일년」, 『문학의 논리』, 학예사, 1940, 611~618면.

> 相和, 懷月, 月灘은 悲嘆하고 絶望하고 現實을 否定만 한 것이 아니라, 自然主義에서까지 그들을 區別하는 最重要한 要因은 그들이 激烈한 現實에 對한 憎惡로 充滿하였고 그 一偶에는 不斷히 焦燥하면서도 暗黑 가운데서 摸索하는 精神이 숨어 있었든 때문에 그들의 詩는 활줄같이 우렁찻다.[3]

이에 반해 기교파, 그 중에서도 박용철과 같은 '보수적 기교파'를 부정적 낭만주의로 규정하고 비판적으로 공격하였던 것이다. 그같은 관점 위에서 그는 1930년대 중반의 프롤레타리아 시를 평가하면서 그 대개의 시인들이 "참담한 육체적 운명에" 처해 있고 "조직적 모체의 붕괴", 즉 카프의 해산으로 말미암아 상당히 타격을 입었음을 전제하고 있다. 그 가운데서도 이찬, 양우정, 이정구, 안용만, 그리고 임화 자신이 시대에 대한 통찰을 놓치지 않으려 고투하고 있음을 밝히고 있다.[4] 아울러 자신들에게서 발견되던 소시민적 감상주의에 대한 비판 역시 호되게 가하고 있다.[5] 그러나 임화는 개인적·내성적 자기추구와 회고적 영탄만을 꼬집어 경향시를 일방적으로 비판한 것이 아니라, 새로운 길의 모색과 그러한 노력에도 주목하고 있다. 이러한 모색과정을 안용만의 시 「강동의 품」에서 읽어내고

---

3 임화, 「기교파와 조선 시단」, 위의 책, 662면.

4 임화, 「담천하의 시단 일년」, 위의 책, 639면.

5 위의 글, 639~640면; 「진보적 시가의 작금」(1937.1), 16면에서도 역시 비슷한 논지의 주장을 펴고 있다.

있는바, 이에 대해 임화는 "진실한 시의 민족성이고, (…중략…) 그의 낭만주의야말로 참말의 '로만치카'이다"[6]라고 격찬하였다.

여기에서 그가 '진실한 낭만주의'라는 개념을 사용하고 있음에 주목할 필요가 있다. 임화가 이 개념을 사용한 것이 1935년 12월(「담천하의 시단 일년」)이고, '낭만적 정신'론이 제기된 것이 1934년 4월(「낭만적 정신의 현실적 구조」)인 것을 미루어보면, '진실한 낭만주의' 개념은 그가 낭만적인 것을 사실적인 것과의 관계 속에서 재평가한 이후에 정착된 것임을 알 수 있다. 진실한 낭만주의는 "미래에로의 용기를 가진 히로이즘"이란 임화의 지적에서 보듯이 혁명적 영웅주의와 관련된 개념이라 볼 수 있다. 즉 그것은 사회주의 리얼리즘을 구성하는 한 중요한 요소인 혁명적 낭만주의의 다른 이름인 것이다.

임화 문학론의 요체가 리얼리즘에 있음은 말할 나위 없다. 그럼에도 불구하고 그가 그동안 적잖게 비판해오던 낭만주의에 대해 상당한 의의를 부여하게 된 것은 큰 변화라 하지 않을 수 없이다, 물론 그 낭만주의론은 상황 악화의 대응물로 제창된 것이며, 정치와 예술을 분리하는 탈정치주의적인 분위기에 대한 비판으로서, 미래에 대한 신념을 강조한 것이다.[7] 낭만주의론이 제기된 것은 1934~36년 사이로, 이 시기에 카프는 내부적 동요(전향)와 맹원의 2차 검거, 해

6 임화, 앞의 글, 642면.

7 이훈, 「1930년대 임화의 문학론과 근대성」, 민족문학사연구소 편, 『민족문학과 근대성』(문학과지성사, 1995), 415면.

산으로 이어지는 조직 와해의 길을 걷고 있었다.

이러한 분위기 속에서 제출된 임화의 '낭만적 정신'은 "문학상에서 주관적인 것으로 표현되는 모든 것을 랑만적인 것이라 부르며 그것이 사실적인 것의 객관성에 대하여 주관적인 것으로 현현하는 의미에서"[8] 이름 붙여진, 예의 낭만주의 개념과는 다른 미학적 개념이다. 그는 '낭만적 정신'을 특정 시대의 특정한 문학적 경향으로 보지 않고 사실적인 것과 더불어 하나의 원리적 범주로 파악하고 있다.[9] 여기서 중요한 것은 그가 문학의 원리적 범주로서 낭만적인 것 / 사실적인 것의 관계를 통일적으로 파악하고자 한 점이다. 그리고 그는 그것들에 주관 / 객관을 대응시키고 있다. 즉 임화가 '낭만적 정신'론에서 해명하고자 한 것은 바로 주관성의 역할인데, 이를 주객변증법을 통해 이해하고 있다는 점이 중요한 것이다. 즉 그는 '낭만적 정신'론에서 창작 과정 내부에 인간의 의식성, 주관이 불가결하며, 그것과 객체의 연관 속에서 형상화가 이루어진다는 인식에 도달했던 것이다.[10]

그리고 임화에게 있어 낭만적 정신은 곧 낭만주의를 뜻하지 않는다. 그는 문학사에 나타난 여러 문학적 경향이나 조류를 바로 이 두 원리적 범주의 역사적 운동 형태로 파악하고 있기 때문이다. 이렇

8 임화, 「낭만적 정신의 현실적 구조」, 앞의 책, 7면.
9 위의 글, 8면.
10 신두원, 「임화의 현실주의론 연구」, 서울대 대학원, 1991, 20면.

게 파악하는 데에는 두 가지 점을 전제하고 있다. 그 하나는 문학이란 지배계급의 세계관의 반영이라는 것, 다른 하나는 문학이란 객관적 현실의 반영이라는 것이다. 이 전제들이 마르크스주의 문학론의 기본항임은 상식에 속한다. 전자가 문학의 계급성이란 미학적 개념과 관련되는 것이라면, 후자는 미학적 원리로서 리얼리즘의 기본적 속성에 해당하는 것이다. 임화 문학론의 핵심이 리얼리즘이라고 했거니와, 이즈음 임화가 생각하는 리얼리즘은 아래 인용에서 지적되는 바와 같이 비본질적이고 쇄말적인 일상사를 소묘하기만 하는 정태적인 트리비얼리즘(흔히 자연주의로 지칭되는 개념)이 아니라 '움직이는 본질적인 성격의 특징을 파악하'려는 역동적인 개념인 것이다. 과거의 리얼리즘이 '몰아적 객관주의(沒我的 客觀主義)'인 데 반해, 낭만적 정신이 결합된 리얼리즘은 그것을 극복하는 것임을 분명히 하였다.

> 진실한 낭만적 정신 — 역사주의적 입장에서 인류 사회를 광대한 미래로 인도하는 정신이 없이는 진정한 사실주의도 또한 불가능한 것이다.
>
> 즉 주관과 객관을 진실로 통일하고, 현실 가운데서 비본질적인 일상성의 속악한 제2의적 쇄사에만 종사하는 것이 아니라, 그것을 제거하고 혹은 그것을 뚫고 들어가 그 가운데 움직이는 본질적 성격의 제특징을 파악하는 것이, 우리들의 새로운 창작이론과 문학의 이상이다.
>
> 그렇지 않으면 일상성의 속악한 실재에 만족하고 본질을 빼어놓고 비

본질적 쇄사에만 종사하는 표면적인 공허한 리얼리즘에 트리비얼리즘에 그치고 만다.[11]

그러나 임화가 주관을 낭만성으로, 객관을 사실성으로 대체한 것은 상당한 문제점을 내포하고 있다. 그가 진실한 낭만적 정신이 없이는 진정한 사실주의도 불가능하다고 했다손 치더라도, 인식론적 범주의 개념을 예술 형상화방식과 등치시키는 것은 올바르지 않다. 형상화 방식으로서의 낭만화와 사실적 모사에는 각기 나름대로 주관과 객관의 상호연관이 어떤 형태로든 내재되어 있게 마련이다. 이러한 한계는 결국 리얼리즘에다가 낭만적 정신을 결합시키는 결과를 낳았다. 이는 아마도 사회주의 리얼리즘의 한 중요한 계기로 파악되는 혁명적 낭만주의 개념을 수용한 데서 기인한 듯하다.

또한 임화가 강조한 주관적 계기란 당파성인바, "현실적인 몽상, 현실을 위한 의지, 그것이 이 낭만적 정신의 기초이다"라고 한 구절에서 보이듯이 당파성을 객관 현실로부터 찾지 않고 단지 몽상과 의지에서 찾고 있는 것은 결국 그의 낭만주의론이 주의(主意)주의적 성격을 벗어나지 못했음을 드러낸다.[12] 이 점은 「위대한 낭만정신」(1935)이란 글에 이르면 더욱 분명해진다. "이 浪漫主義는 강하게 력

11 임화, 앞의 글, 20~21면.
12 위의 글, 22~23면 참조.

사적이고 無比하게 사회적이며 근본 성격에 있어 리얼리즘으로써 자기를 형성한다"[13]고 하는 대목에 이르면 일견 리얼리즘론과 낭만주의론이 역위(逆位)되는 듯한 인상마저 느껴진다. 이것은 '낭만적 정신'과 낭만주의를 범주적으로 혼돈하여 사용하고 있기 때문에 발생하는 것이기도 하다. 애초 낭만적 정신은 진정한 리얼리즘에 이르는 중요한 계기로 파악하다가, 나중에는 낭만주의라는 문학적 경향으로 격상시키는 개념적 혼란과 동요를 왕왕 드러내고 있는 것이다. 그는 낭만적 정신을 '창조하는 몽상'이라 규정하고, 당시 조선 문학의 특징으로 꿈의 결핍을 지적하였다. 그러면서 작가들에게 생생한 낭만주의 혹은 몽상의 낭만주의를 제안하고 있다.

이후 임화는 1937년에 이르러 다시 이를 자기비판하는 것을 확인할 수 있다.[14] 그가 '낭만적 정신'론을 제출하게 된 본래적 계기가 "시의 리얼리티를 고매한 시대적 로맨티끄 가운데서 찾으려 했던" 데 있었으나, "시적 리얼리티를 현실의 구조에서 찾는 대신 정신을 가지고 현실을 규정하려는 역도(逆倒)된 방법" 때문에 오류에 빠졌다고 반성하고 있다. 따라서 자신의 낭만주의론이 그 의도와는 무관하게 "신리얼리즘(사회주의 리얼리즘 — 인용자)으로부터의 주관주의적 일탈의 출발점이었"음을 아프게 인정하였다. 즉 "문학에 있어 주체

---

13 임화, 「위대한 낭만적 정신」, 앞의 책, 41면.

14 임화, 「사실주의의 재인식」, 위의 책, 84~99면.

성의 문제를 낭만주의적으로밖에 이해 못한" 탓이라는 것이다. 그러나 자신의 낭만주의론을 반리얼리즘으로 오해하는 데 대해, "나는 결코 리얼리즘 대신에 로맨티시즘을 주장한 것이 아니다"고 하면서, 그것은 "관조주의로부터 고차적 리얼리즘으로 발전하기 위한 한 계기로서" 제안한 것임을 분명히 하였다. 결국 임화가 말하는 혁명적 낭만주의는 "주관의 토로에서가 아니라 객관적 현실과 주체가 실천적으로 교섭하는 데서 일어나는 고매한 파토스"[15]를 의미하는 것이다. 그가 말한 '고매한 파토스'로서의 혁명적 낭만주의가 사회주의 리얼리즘에서 아주 중요한 구성적 계기임은 이미 널리 알려진 사실이거니와, 이것은 예술적 주체가 현실에서 새로운 맹아를 발견하고 그것의 전망을 예술적으로 형상화하는 능력으로 이해되고 있다.[16] 이러한 리얼리즘과 낭만주의의 결합을 통해서 임화는 전망의 형상화를 기도하였고 이를 '전형' 개념과 연관시킴으로써 리얼리즘론을 구체화시키게 된다.[17]

15 위의 글, 88면.

16 에르하르트 욘(임홍배 역), 『마르크스-레닌주의 미학입문』, 사계절, 1988, 181면.

17 이에 대해서는 신두원, 앞의 글, 1991, 21~22면. 아울러 임화의 리얼리즘론 일반에 대해서는 신두원의 앞의 글과 이훈, 「1930년대 임화의 문학론 연구」, 서울대 박사논문, 1993을 참조.

2) 김기림의 경우

잘 알려진 바와 같이 김기림 시론의 출발은 전대 문학경향에 대한 부정으로부터 시작한다. 1920년대 『백조』 등에서 나타났던 감상적 낭만주의 경향과, 카프를 중심으로 한 편내용주의적 경향에 대한 부정으로서 그는 모더니즘을 내세웠던 것이다. 그의 유명한 평문 「모더니즘의 역사적 위치」에서 밝혔듯이, 그가 표방하는 모더니즘이란 결국 시가 ① 언어의 예술이라는 것, ② 근대문명과 관련된다는 것, ③ 의식적으로 제작된다는 것으로 집약된다. 먼저 ③부터 보자면, 그는 자연발생적 시와 주지적 시를 대립적으로 파악한 것 위에, 새로운 시가 '지여지는' 것이라 하여 시의 의식적 제작을 내세웠다. 이 의식적 제작 방법이 바로 '주지적 태도'로서, 자연발생적 시가 "이미지를 통하지 않고 추상화한 주관의 감정이 직접 독자의 감정에 감염하려고 하는"[18] 경향을 지녔으므로, 이미지를 드러내는 것이 주지적 태도라고 그는 주장한다. 즉 그는 센티멘탈리즘의 대립물로서 명랑성을 제기하고 그 방법으로서 지성에의 호소를 내세웠던 것이다. 그의 시집 『太陽의 風俗』 서문[19]에서, "까닭 모르는 우름소리, 과거에의 구원할 수 없는 애착과 정돈, 그것들 음침한 밤의 미

18 김기림, 「시의 모더니티」, 『시론』, 109면.
19 김기림, 『太陽의 風俗』, 학예사, 1939, 3~4면.

혹과 현휘"로 요약되는 센티멘탈리즘을 부정하고 새로운 시가 "신선 활발 대담 명랑 건강한 태양의 풍속"을 배워야 한다고 주장하였다. 지성이란 감정의 일방적 발산에 대한 제어의 기능을 지니고 있으므로, 센티멘탈리즘의 "위험에서 시인을 구원해내는 것은 명징한 지성"[20]인 것이다. 이같은 관점은 모윤숙의 시집 『빛나는 지역』에 대한 비판[21]에서 잘 드러난다. 모윤숙이 감상적 망국적 정조 위에 단순히 기계적인 음악적 효과만을 노리고 있다고 비판하며, 동시에 모윤숙을 고평한 박용철과는 자신이 대척점에 선다[22]고 함으로써 훗날의 논쟁을 예고하였다.

시의 의식 제작이란 관점은 따라서 새로운 시의 소재 탐구와 시 창작에서의 실험정신의 강조로 이어지게 된다. 이것은 위의 ①의 문제가 아닐 수 없다. 가령 이상의 시 「운동(運動)」에서처럼 서로 다른 언어의 돌연한 결합을 꾀한 초현실주의 방법과 형태에 대한 추구, 장서언의 시 「고화병(古花甁)」에서처럼 감성과 지성의 조소성과 회화성, 정지용의 시 「귀로(歸路)」에서처럼 뛰어난 메타포와 시각적 표현, 자신의 시 「서반아의 노래」에서처럼 활자의 직선적 배열, 음향의 단속 등의 외적 방법과 이미지의 비약에 의한 내적 방법에 의하여 '聯想의 飛行' 등을 적시하면서,[23] 새로운 시의 창작방법을 구

20 김기림, 「感傷에의 叛逆」, 『시론』, 155면.
21 김기림, 「毛允淑의 리리시즘」, 『조선일보』, 1933. 10.29~31.
22 김기림, 「1933年 詩壇의 回顧」, 『시론』, 81면.

체적으로 제시하였다. 이러한 방법에 의해 시가 제작될 때, 그 시가 그려낼 세계는 응당 ②와 같이 근대문명에 대한 감수와 이해 없이 가능하기 어렵다. 따라서 그는 인간의 내면을 응시하는 센티멘탈리즘에 반대하고, 현대생활의 여러 외부적 요소들, 예를 들면 기차라든가 백화점, 호텔, 상공회의소, 서반아 내란의 뉴스 등에 주목할 것을 제안하였다. 그리고 아이러니나 역설과 같은 현대인의 지적 생활의 관습도 시에 도입할 것을 주장하였다.

그러나 1934년 말경에 이르면 그의 낭만주의 인식에도 다소의 변화가 온다. 현대 서구에서 시의 형식주의 · 반정치주의적 경향이 한계에 도달했음을 지적하고 있는데, 그것이 파시즘의 등장으로 인한 세계 질서의 위기에 대한 서구 지식인의 정세 인식과 연관된 것임은 물론이거니와, 이어 그는

> 조선에서도 편내용주의 · 공식주의의 풍미에 대하야 반발한 나머지 문학의 옹호가 그릇 형식의 옹호로 되어버린 인상을 준 때가 있었다. 이러한 경향은 또한 문명사적 근거가 있다. 근대문명은 인간에서 출발해서 이미 인간을 무시하는 경지에까지 이르렀다. (…중략…) 현대문명 자체와 지식계급의 도회집중의 경향은 이 일을 가장 밝게 설명해 준다. 현대문명의 집중지대인 도회에서는 그들의 생활은 노골하게 인간을 떠나서 기계에 가

23 김기림, 「現代詩의 發展 — 難解라는 비난에 대하여」, 『조선일보』, 1934.7.12~22.

> 까워간다. 인간에서 멀어지는 비례로 또한 그들과 민중과의 거리도 멀어지는 것이다.[24]

라고 하면서, 현대문명 속에서 인간성을 회복하자는 주장을 하기에 이른다. 즉 시에서 형식주의의 경향이 주제나 철학을 거부하고 언어의 순수한 음이나 형태의 결합에 의해 시적 효과를 노림으로써 인생으로부터 멀어지려는 경향으로 변해버렸음을 경계하였던 것이다. 또 현대문명에 대한 찬가와 시적 기교에의 몰두로 일관한 그 자신도 마찬가지로 인간성을 홀시하는 오류를 빚었다는 것을 인정하였다. 그리고 그 극복 방안으로 정치에의 관심 혹은 사회주의 신념의 수용을 통한 휴머니즘의 회복을 제시하였다.[25]

이러한 반성적 문제제기는 「시에 잇서서의 기교주의의 반성과 발전」(『조선일보』, 1935.2.10~14)이라는 글에서 더 구체화된다. 즉 기교주의의 발생은 "시단을 에워싼 소박한 어떤 종류의 원시적 상태", 다시 말해 감정이나 사고의 자연적 노출상태에 대한 반발 내지 부정으로부터 유래한다. 진정한 시적 자각은 시적인 사고와 형상에 대한 자각을 통해 이루어지는데, 구식 로맨티시즘이나 내용주의 · 관념주의의 시는 형상화의 부족 때문에 시로서는 실패라는 것이다.

24 김기림, 「새 人間性과 批評精神」, 『시론』, 124면.
25 위의 글, 125면.

이에 대해 1930년대 초기 시단에서 기교주의가 가지는 문화사적 의의는 "소박한 자연상태의 정리에 의한 고도의 문화가치의 실현을 기도"하고자 한 데 있다고 하였다. 그러나 기교주의의 의의가 인정됨에도 불구하고, 기교의 편향성으로 인해 결국 시의 순수화를 초래하고 말았음을 자기비판하고 나아가 시의 기술의 각 부분이 종합 통일된 '전체로서의 시'에 도달하여야 한다고 결론지었다.[26]

그런데 이 '전체로서의 시'론의 배경에는 반파시즘인민전선에 대한 그의 인식이 자리잡고 있다고 보인다. 1935년 4월 '지적협력국제회의'의 개최나, 같은 해 6월의 '국제작가대회'에서 내건 문화 옹호의 기치는 파시즘으로 인한 현대의 불안과 위기를 구제할 인간정신의 모색, 다시 말해 휴머니즘의 제창으로 발현되었다. 신고전주의가 문학에서 인간을 거부하는 기하학적 예술을 존중하는 태도로서 생명적인 것과는 아주 단절되어 버려 마침내 허무에 도달하고 만다는 점에서, 또 반면 낭만주의가 무제한의 인간성 신뢰에 기초하고 있어 이를 방치할 경우 시 이외의 외재적인 가치, 즉 도덕이나 교훈성 같은 것의 발호를 초래하기 쉬워 도리어 시를 소실할 우려가 있다는 점에, 김기림은 양자 모두를 비판하고서 마침내 고전주의와 낭만주의(휴머니즘)의 종합을 바람직한 형태로 파악하였다. 김기림은 반휴머니즘을 비인간성으로 간주하고, 그것이 근대문명의 본질이자 병

26 김기림, 「기교주의 비판」, 『시론』, 133~144면.

폐라고 본 것이다. 이 문명사에 대한 비판적 인식으로부터 김기림의 이른바 '전체주의' 시론의 골격이 제시되기에 이른다. 그것은 1935년에 발표된 「午前의 詩論」이라는 장문의 평론을 통해서였다.

> 이 제한 없는 인간성의 신뢰는 부정적인 육체적인 악마와 통한다. 여기에 제약을 가하야 질서를 주고 형상을 주려는 것이 고전주의의 정신이다. 다시 말하면 인간성에 대한 비인간적인 지성의 대립이다. (…중략…) 예술은 육체의 참가 ― 다시 말하면 휴머니즘의 조력에 의하야 비로소 생명성을 획득한다는 것은 어떠한 고전주의자도 부정할 수 없을 것이다. 로맨티시즘은 질서 속에 조직되므로써 고전주의에 접근해가고 고전주의는 또한 그 속에 육체의 소리를 끌어드리므로써 로맨티시즘에 가까워간다. 이 두 선이 련결되는 그 일점에서 위대한 예술은 탄생되는 것이라고 생각한다.
>
> 나는 여기에 다른 한 개의 비유를 제시하려다. 고전주의에 의하야 대표되는 지성을 시의 골격이라고 하면 육체로서 대표되는 휴매니즘은 근육이요 혈액일 것이다. 완전한 시란 결국 골격과 근육과 혈액이 한 개의 전체로 통일된 건강한 체격을 연상시킨다.[27]

27 김기림, 「오전의 시론」, 『시론』, 230~231면.

3. 반파시즘인민전선에 대한 이해 비교

이처럼 김기림이 낭만주의를 혹독하게 비판하던 관점으로부터 낭만주의를 수용하는 관점으로 전환하게 된 데에는 휴머니즘을 옹호하고 근대정신을 구출하려는 위기의식이 담겨져 있다. 김기림이 위기에 대한 진단과 처방을 어디에서 구하고 있는가는 다음의 인용에서 능히 짐작할 수 있다.

> 문학은 인간을 그리우게 될 것이었고 심오한 휴머니티(인간성) 우에 문학의 모든 분야를 새로이 건축하려는 욕구가 나타나고야 말 것을 우리는 믿었다. 그것은 광범하고 또한 전체적인 새로운 휴매니즘의 문명비판의 태도를 확립하고 그 우에 모든 문학현상을 통일한 것이었다. 구라파에 있어서는 이러한 경향이 부분적으로 대두하였다. 그것은 주로 정치에의 관심의 형태로 나타났었다.
>
> 불란서의 신진평론가 페르난데쓰의 행동주의에도 나타나 있었고 또 지드의 전향, 일부의 슈르레알리스트의 집단적 전향도 이러한 사태를 예고하였다. 영국에서는 그 엄혹한 엘리엇트의 주지주의의 온상에서 자란 오든, 스펜더, 데이 · 루이스 등이 사회주의의 신념을 들고 나왔었다.[28]

28 김기림, 「새 人間性과 批評精神」, 『시론』, 125면.

김기림이 파악한 서구 지식인들의 좌파적 전향이라는 현상은 서구 자본주의적 근대문명의 무분별한 발전에서 오는 비인간화 경향, 그에 따른 지식인의 소외와 문화의 타락 등에 대한 일종의 응전방식이었던 것이다. 특히 파시즘의 발호에 대항하기 위하여 서구 지식인들은 적극적으로 사회현실의 전면에 나서게 된다. 1933년 독일에서 나찌정권의 집권으로 말미암아 문인을 포함한 많은 지식인들은 국외로 추방당하거나 망명의 길을 선택해야 했다. 이때 부르조아 작가들도 반파시즘의 대열에 동참하게 된다. 독일의 망명문인들, 특히 프로문학자들은 당파성을 표나게 내세우지 않음으로써 중간층의 작가들을 반파시즘 전선으로 모을 수 있었다. 한편 프랑스에서도 1934년 2월 우익파쇼 단체가 정부와 의회를 공격하는 난동사건이 일어나자, 이에 반대하여 반파쇼세력의 결집과 대중적 행동의 기운이 급속히 확대되어 갔다. 그리하여 프랑스에서는 공산당은 물론 사회민주당, 부르조아 민주주의자들과의 동맹이 이루어져 1936년 마침내 반파시즘인민전선 정부를 수립하기에 이르렀다.

프랑스 문학의 경우, 1932년 8월에 이미 바르뷔스와 로맹 롤랑 등의 제창으로 암스테르담에서 국제반전대회가 열렸고, 1935년 6월 21~25일에 걸쳐 파리에서 문화옹호 국제작가회의[29]가 열렸다. 이

29 이 회의의 대표적인 의제를 살펴보면, 문화의 옹호(A. 지드), 기계와 휴머니즘(J. 프리드앙), 현실로 돌아가라(L. 아라공), 작가의 영향력의 성질과 한계(A. 헉슬리), 문화적 유산의 여명(J. 베혀), 문화에 대하여(고리키), 문화계승의 문제(루폴), 사회주의 리얼리즘에

회의에서는 우선 파시즘에 항쟁할 것을 결의하고, 인류 문화유산의 비판적 계승, 휴머니즘적이고 합리적인 광범한 민주주의를 옹호하기 위한 투쟁의 필요성과 그를 위한 문학의 임무 등도 다루어졌다. 또한 고리키와 브레히트 등에 의해 반파시즘 문학이 민중의 민주주의에 대한 갈망과 함께 민중에 기반한 휴머니즘을 추구해야 한다는 점이 제시되었다. 즉 민중성에 기초한 리얼리즘론이 정초된 것이다. 이 회의에 이어 모스크바에서 개최된 코민테른 제7차 대회에서는 프랑스 인민전선의 결성을 고평하고, 국제공산주의 운동의 과제를 반파시즘 통일전선의 형성에 둘 것을 공식적으로 채택하였다.[30] 이처럼 문학에서의 반파시즘인민전선의 핵심은 진보적 부르조아 작가의 견인과 관련된 고전 유산에 대한 비판적 계승, 민중성과 리얼리즘, 민중에 기반한 진정한 휴머니즘의 추구 등으로 요약된다.[31]

당시 한국 문단에 이 반파시즘인민전선 문학론이 소개된 것은 그러나 뜻밖에도 정인섭 같은 해외문학파에 의해서였다. 정인섭은 「최근 세계문예사조」(『신동아』, 1935.9)와 「세계문단의 당면동의」(『동아일보』, 1935.10.12~19)란 글을 통해 국제작가회의를 신자유주의 문학운동의 발아라고 주장하였는데, 이에 대해 김두용은 정인섭이 반파

대하여(판표로프) 등의 문제들이 채택되었다. 『조선일보』, 1936.1.3 참조.

30 이상 반파시즘인민전선에 대하여서는 G.M. 디미트로프, 『통일전선 연구』, 거름, 1987 및 김외곤, 「1930년대 후반 한국문학과 반파시즘 인민전선－김두용을 중심으로」, 『외국문학』, 1991 가을호, 163~167면 참조.

31 김외곤, 위의 글, 167면.

시즘인민전선의 문학적 성격을 자유주의 부르조아적 관점에서 왜곡시킨 것이라고 비판하였으며, 나아가 국제작가회의가 파시즘에 대항한 진보적 작가의 단결과 민중전선의 부활이라고 해석하였다.[32] 아울러 김두용은 반파시즘 전선으로 견인할 만한 국내의 중간파적 작가집단으로 구인회를 지목하였다. 그는 구인회가 부르조아 민족주의 문학에도 프로문학에도 참가하지 않고 혹자는 민족주의 문학에 더 많이, 혹자는 프로문학에 더 한층 접근하고 있다고 봄으로써 그들을 개인주의적 순문학 단체로 규정함과 아울러, "조선의 프로작가, 비평가는 카프가 해체된 오늘날 다시 과거를 재비판하고 다시 전진하는 동시에 무엇보다도 자기 자신의 실력을 강화시키는 동시에 그 힘에 의하여 구인회 작가와 손을 잡고 정당히 이를 지도하면서 전진하여야 될 것"[33]이라고 주장하였다. 이처럼 반파시즘인민전선에 대해서 가장 적극적이었던 프로문인은 김두용이었다. 게다가 그는 인민전선의 핵심사항인 프로문학의 독자성에도 눈길을 놓지 않으면서, 또한 인민전선의 문학적 성과가 민중에게로 돌아가야 한다는 점을 강조함으로써, 반파시즘인민전선 문학론의 핵심이 민중성에 있음을 간과하지 않았다.[34]

32 김두용, 「문학의 조직상 문제」, 『조선중앙일보』, 1935.11.30.
33 김두용, 「구인회에 대한 비판」, 『동아일보』, 1935.7.28~8.1.
34 김두용이 보여준 반파시즘인민전선에 대한 이해의 한계에 대해서는, 김외곤, 앞의 글, 174~175면 참조.

그러면 김두용이 인민전선의 파트너로 삼고자 한 구인회에서의 반응은 어떠한가? 필자의 과문 탓인지는 모르겠으나, 구인회 멤버 가운데에서 이같은 당시의 반파시즘의 동향에 대해 적극적인 관심을 보인 이는 김기림 외에는 없는 듯하다. 이미 앞서도 김기림이 반파시즘에 의한 세계질서의 위기를 진단하면서 양심적인 자유주의 부르조아 문인들과 모더니스트들이 대거 좌편향화하는 사태를 언급한 바 있듯이, 그는 특히 영국의 뉴컨트리파 시인 S. 스펜더을 주목하고 있다.[35]

스펜더에 의하면, 1930년대에 이르러 경제대공황, 파시즘의 등장, 노동계급의 실업과 총파업, 스페인 내란 등으로 서구 사회가 엄청난 위기에 빠져들자, 진지한 작가들은 정치적 주제를 불가피한 것으로 받아들이게 되고, 비평 역시 역사운동의 기능이 강조되었다는 것이다. 그는 "모든 작가들이 파괴적 요소에 직면된 듯하다. 다시 말하면 신념이 없는 세계, 이것이 만연한 현재의 경험에 직면된 듯하다"[36]고 진단하면서, 예술가가 주관적 · 개인적이 아닌, 객관적 · 사

35 김기림과 S. 스펜더와의 상관성에 대해서는, 김용직, 「1930년대 한국시의 스티븐 스펜더의 수용」, 『관악어문연구』 4집, 서울대 국어국문학과, 1979 및 진영복, 「반파시즘 운동과 모더니즘－김기림의 모더니즘관을 중심으로」, 『근대문학과 구인회』, 깊은샘, 1996, 114~115면 참조. 특히 후자의 논문은 김기림의 모더니즘을 반파시즘인민전선과의 관련성 하에서 살피고 있어 주목할 만하다.

36 S. Spender, *The Destructive Element*, London : Jonathan Cape, 1935. p. 14. 이러한 역사인식과 시대적 압력으로부터 작가와 문학을 방어하려는 비평적 태도는 스펜더에게서 『파괴적 요소』라는 저작을 이끌어냈던 것이다.

회적인 가치체계를 발견하는 것이 가능한가,라는 물음을 던지고는, 그 대답을 사회주의에서 발견하고자 했던 것이다.[37] 그래서 그는 공산당원이 되었고, 1936년 스페인 내전에도 참가하였던 것이다. 다시 말해 스펜더는 자신이 처한 현대 사회가 막다른 골목에 다다랐다고 보고, 혁명과 전쟁, 경제적 위기와 가치의식의 혼란 등이 현대문학의 주요한 징후로 나타남에 따라 작가들 역시 이 '파괴적 요소'를 정치적 숙명으로 간주하여 이를 극복하기 위해 정치적 · 도덕적 주제를 널리 취급하게 되었다는 것이다.

이러한 스펜더의 문제의식은 명시적이진 않지만 김기림의 시론에 알게 모르게 스며들어갔을 것으로 추정된다.[38] 이같이 당시 서구 지성계의 고뇌와 모색을 일찍이 감지하고 스펜더와 같은 행동파 모더니스트 시인의 영향에 힘입어, 김기림은 지성(고전주의)과 휴머니티(낭만주의)의 통일이라는 특유의 '전체주의' 시론을 탄생시켰다. 그것은 내적으로는 자신의 기왕의 모더니즘 시론에 대한 반성과도 겸하고 있는데, 이 전체주의 시론은 바로 기교주의에 대한 비판으로부터 출발한 것이었다. 즉 그는 자신을 포함하여 이른바 '기교파'들이

---

37 Sammuel Hynes, *The Auden Generation*, New York : The Viking Press, 1977, p.164.

38 김기림이 영문학을 제대로 전공한 학자란 점에서, 또 그의 여러 저작을 통해 오든이나 스펜더 등의 시를 소개하고 있음에서 이 점은 설득력은 갖는다고 할 것이다. 김기림은 그의 저서『시의 이해』(1950)에서 스펜더의 시「급행열차」「비엔나」등과 W.H. 오든의 시「스페인」등을 예로 들면서 시에서의 신념을 강조한 바 있다. 기왕의 연구들 또한 김기림의 시집『기상도』『바다와 나비』및『새노래』에 수록된 일부 시들이 엘리엇의『황무지』뿐만 아니라 바로 스펜더 등의 문학적 경향의 수용이라고 밝히고 있다.

보인 언어의 말초화 내지 기교 편향을 비판하고 도외시되었던 사상성과의 결합을 제시하였다. 이는 일제의 탄압이 점차 강화되어가던 당시 식민지 현실에 대한 일종의 응전 방식이자, 근대의 위기를 미적으로 돌파하려는 미학적 단련이라 할 수 있다. 이러한 관점은 그의 유명한 평문 「모더니즘의 역사적 위치」에 선명하게 응축되어 있다.

> 그러나 「모더니즘」은 삼십년대의 중품에 와서 한 위기에 다닥쳤다.
>
> 그것은 안으로는 「모더니즘」의 말의 중시가 이윽고 그 末流의 손으로 언어의 말초화로 타락되어가는 경향이 어느새 발현되었고 밖으로는 그들이 명랑한 전망 아래 감수하던 오늘의 문명이 점점 심각하게 어두워가고 이즈러가는 데 대한 그들의 시적 태도의 재정비를 필요로 함에 이른 때문이다.
>
> 이에 시를 기교주의적 말초화에서 다시 끌어내고 또 문명에 대한 시적 감수에서 비판에로 태도를 바로잡아야했다. 그래서 사회성과 역사성을 이미 발견된 말의 가치를 통해서 형상화하는 일이다. 이에 말은 사회성과 역사성에 의하야 더욱 함축이 깊어지고 넓어지고 다양해져서 정서의 진동은 더욱 강해야 했다.
>
> 전시단적으로 보면 그것은 그 전대의 경향파와 「모더니즘」의 종합이었다. 사실로 「모더니즘」의 말경에 와서는 경향파 계통의 시인 사이에서도 말의 가치의 발견에 의한 자기반성이 「모더니즘」의 자기비판과 거이 때를 같이 하야 일어났다고 보인다. 그것은 물론 「모더니즘」의 자극

에 의한 것이라고 보여질 근거가 많다. 그래서 시단의 새 진로는 「모더니즘」과 사회성의 종합이라는 뚜렷한 방향을 찾았다. 그것은 나아가야 할 오직 하나인 바른 길이였다.[39]

그렇다면 프로문학을 대표하는 이론가 임화의 경우는 어떠한가? 임화의 글에서 반파시즘 인민전선에 대한 구체적인 언급은 찾기 어렵다. 그렇다고 해서 그가 그것에 대해 무지했다거나 외면했다고 봐서는 곤란할 것이다. 인민전선적 연대에 대한 임화의 견해에 대한 평가는 다소 엇갈리는 편인데, 가령 홍종욱은 당시 임화가 "이전 시기 문학의 경직성을 비판하면서도 당파성과 비판정신을 견지하고자 했다. 나아가 조선의 특수성, 조선 현실의 독자성에 관심을 기울이는 것 자체를 개량주의라고 비판했다. 임화의 이런 입장은 (…중략…) 인민전선적 사고와는 결을 달리했다"[40]고 보고 있다. 그리고는 1940년대에 이르러 임화의 관점이 변화하였다고 지적한다. 즉 일찍이 조선 연구에 대해 부정적 입장이던 임화가 1941년 『조광』 3월호에 국민총력연맹 문화부장과의 대담에서 1930년대의 조선연구를 이식성과 국제주의에 대한 반성으로 재평가한다고 파악하고, 당시에 조선어-예술성-합리정신을 지키기 위한 공동전선이 존재했

39 김기림, 「모더니즘의 역사적 위치」, 『시론』, 77면.
40 홍종욱, 「해방을 전후한 주체 형성의 기도-좌파 지식인의 '전향'을 중심으로」, 『근대를 다시 읽는다 ①』, 역사비평사, 2006, 250면.

다고 회고한 바 있다는 평가를 내리고 있다. 그리고 그 공동전선의 무대가 최재서가 주간으로 있던 『인문평론』이라는 것이다.[41]

오히려 이보다 훨씬 이전에 하정일에 의해 임화와 반파시즘 인민전선적 사유와의 상관성은 어느 정도 해명된 바 있다.[42] 하정일은 임화가 일제의 군국주의적 파시즘화로 달라진 현실에 대응하기 위한 작업을 본격적으로 시작한 것을 1936년 무렵으로 잡고 있다. 그의 낭만주의 수용 과정이 바로 그 좋은 예인데, 그 과정에서 임화는 ① 혁명적 낭만주의론이 리얼리즘미학의 일반 원리에서 일탈된 논리라는 점에 대한 인식, ② 프로문학의 독자성에 대한 집착보다는 진보적 민족문학 진영의 통일이 파시즘기의 당면과제라는 인식을 얻었다고 본 것이다. 그리고 이러한 새로운 인식을 통해, 임화가 프로문학이 지도하는 민족문학의 수립을 문학운동의 당면과제로 제시하였으며, 이같은 노력은 반파시즘 인민전선의 미학적 반영으로서의 민족문학에 대한 인식을 최초로 보여준 선구적 성과라고까지 하정일은 평가하고 있다.[43]

이러한 평가를 낳게 하는 주요한 평문이 「조선문학의 신정세와 현대적 제상」(『조선중앙일보, 1936.1.26~2.13)이다. 이 글에서 임화는

41 위의 글, 258면. 글쓴이가 비문학도임을 감안하면 이해하지 못할 바는 아니나, 이같은 평가는 그다지 설득력이 없어 보인다.

42 「1930년대 후반 사회주의 리얼리즘론의 발전과 반파시즘 인민전선」, 『창작과비평』, 1991 봄호.

43 이에 대한 자세한 내용은, 위의 글, 334~336면 참조.

'중간적 사상의 동요와 예술지상주의의 고민'이란 항목에서, 최재서의 자기풍자문학, 이헌구 · 김기림 등의 인간학적 문학사상을 신랄하게 비판하고 있다. 특히 위와 본 바와 같은 김기림의 전체주의 시론에서의 인식론에 대하여 가차없는 비판을 가하고 있다.

> 최근의 김기림 씨에게서 발견하는 것과 같이 공연한 리리시즘 혹은 로맨티시즘에의 접근은 현실의 어떤 냉혈적 추상으로부터 현실의 어떤 자에 대한 긍정자로 변하지 않고는 불가능함을 잊어버려서는 아니 된다.
>
> 이곳에는 두 개의 길이 있다. '생'의 사상이 의미하는 순수한 로맨티시즘—사회적으로는 민족주의—파시즘—, 다른 하나는 사실의 인식의 과학에 임하여 역사적=진보적 로맨티시즘—사회적으로는 '진보주의'—을 통하여 진보적 리얼리즘으로 통하는 것이다.
>
> 후자에 이르러 비로소 진정한 인간성은 전면적으로 발양되고 지성은 감정과 통일되는 것이다.
>
> 김기림 시를 비롯하여 이러한 경향의 문학이 어느 길을 취할 것이냐? 이것은 우리나라의 사회와 문학의 역사만이 알 것이다.[44]

에서 보듯이, 프로문학이 지도하는 한에서 진보적 리얼리즘으로써 부르조아적 중간파 문학을 견인하려는 자세를 드러내 보이고 있

44 『임화문학예술전집 4—평론 1』, 소명출판, 2009, 570~571면.

다. 그러나 임화의 이같은 노력은 기교주의 논쟁을 통해 더 확연히 드러나고 있음을 알 수 있다.

4. 기교주의 논쟁을 통해 본 두 詩論의 연대 가능성

'기교주의 논쟁'은 한국 현대시론의 이론적 발전에 크게 기여한, 1930년대의 대표적인 문학 논쟁이다. 기교주의 논쟁이라 함은 1935년 카프가 해산되는 시기를 즈음하여 임화와 김기림, 박용철 삼자간에 벌어진 시 일반에 관한 논쟁을 말한다. 이는 시사(詩史)의 흐름에 대한 점검으로부터 시의 창작과정론 및 내용—형식의 문제에 이르기까지 시 전반에 걸친 이론적 과제를 둘러싸고 각기 관점을 달리하는 세 명의 비평가에 의해 진행되었다. 임화—김기림—박용철로 대표되는 당시 시적 경향이 상호 경쟁하는 가운데 벌어진 이 논쟁은 시단의 헤게모니뿐만 아니라 이론적 우위를 다투면서, 그들간의 예술적 · 사회적 인식의 차이를 날카롭게 보여주고 있다는 점에서 매우 문제적이다.

'기교주의'[45]라는 용어의 본래적 의미를 좇을 경우, 이 논쟁의 핵

45 '기교주의'라는 용어는 김기림이 만들어낸 것으로서, 그는 "詩의 價値를 技術을 中心으

심은 김기림과 박용철 간의 공박 속에 있다. 그러나 삼자 간의 논쟁 구도라는 점에서 보자면, 논쟁의 직접적인 계기는 임화가 「담천하의 시단 일년」(『신동아』, 1935.12)에서 김기림의 기교주의를 비판한 데서 비롯한다. 물론 기교주의 논쟁이 본격적으로 진행된 것은 1935년 말경 임화로부터이지만, 그 이전에 불씨는 이미 1933년경 김기림에 의해 지펴져 있었다. 즉 김기림은 모윤숙의 시집 『빛나는 지역』이 센티멘탈리즘의 범람이라고 지적하면서 그러한 경향과의 청산을 강력히 내세웠고,[46] 또 박용철이 "詩論으로 쎈티멘탈리즘을 주장하였"다고 하면서 그 점에서 자신과 대척점에 선다고 함[47]으로써 일찍이 논쟁을 예고한 바 있다.

이에 대해 박용철이 "김기림씨의 기교주의 詩論이라는 것은 필자가 전능력을 경주해서 격파하고저 하든 다년의 숙제"[48]이라고 한 것을 미루어보면, 이 논쟁이 논리 이전에 감정적으로도 얼마나 서로 갈등하고 있었나 하는 것을 짐작할 수 있다. 이후 박용철은 「을해시단총평」(『동아일보』, 1935.12.24~28)에서 김기림의 "새로움의 의식적

로 하고 體系化하려고 하는 思想에 根底를 둔 試論"(「기교주의 비판」, 『시론』, 138면)이라고 규정한 다음, 이것이 예술지상주의와는 다른 차원에 속하는 미학적인 문제라고 범주화한 바 있다.

46 김기림, 「모윤숙의 리리시즘 — 시집 『빛나는 지역』을 읽고」, 『조선일보』, 1933.10.29~31.

47 김기림, 「1933年 詩壇의 回顧」, 『시론』, 81면.

48 박용철, 「技巧主義說의 虛妄」(『동아일보』, 1936.3.18~25), 『박용철전집』 2권, 시문학사, 1940, 17면.

탐구"에 대해 본격적인 비판을 가하기 시작한다. 신기함을 좇는 '의상사'로서의 시론(김)과 '생리'의 시론(박)으로 김기림과 자신을 구별지으면서, 박용철은 "예술 이전이라고 부르는 표현될 충동"[49]을 핵심으로 하는 선시론(先詩論)을 제기하였다. 그가 내세운 '선시적'인 것이란 일종의 포에지(시정신)에 해당하는 것으로, 이것이야말로 낭만주의에서 말하는 천재의 영감과 같은 것이지 않을 수 없다. 결국 이들 두 사람의 이론적 입각점은 각각 시의 인위적 창작이라는 주지주의(김)와 시란 자연스러운 감정의 유로(流露)라는 낭만주의(박)로서, 그것들의 이론적 차이만큼이나 서로 매우 다른 것이었다.

한편, 임화는 김기림의 전체주의 시론에 나타난 내용과 기교의 관계양상에 대하여 비판적인 문제 제기를 하였다. 그에 앞서 김기림은 1920년대의 낭만주의 시와 경향파 시를 기교적 미성숙(형상화의 부족)이라는 점에서 비판하고, 그것의 극복을 기교주의에서 찾았으나 그 기교주의조차 기교 편향으로 흘러 시의 일면화에 빠져버렸으므로, 사상과 기교가 통일된 '전체로서의 시'로 나아가야 한다고 주장한 바 있다.[50] 이에 대해 임화는 기교파 시를 "시민시의 현대적 후예"라고 규정하고, 그것의 등장배경을 ① 진보적 시가(즉 경향파 시)에 대한 부자유한 객관적 분위기의 확대와 ② 1920년대 낭만주의

49 박용철, 「技巧主義說의 虛妄」, 위의 책, 18면.
50 김기림, 「기교주의 비판」, 『시론』, 133~144면.

시와 경향파 시의 약점에 대한 편승에서 찾고 있다. 이어 기교파의 주장이 급진적인 소시민의 주관적 환상의 산물이며, 경향파와는 달리 사상성을 거세한 양식상의 점차적인 변형만이 남아 있다고 하였다. 이렇게 전제한 다음, 일단 기교주의에 대한 김기림의 자기비판을 긍정적으로 평가하기도 하였다. 그러나 김기림의 전체주의 시론이 단순한 一線的 사유과정[51]에 불과하며 또 지성과 감성의 분리, 사유하는 두뇌와 감각하는 신경의 분리에 근거한 이분법적 사고이고 형식논리적이라고 비판하였다.

이러한 임화의 비판에 대하여 다시 김기림은 자신의 시론이 우로부터, 경향파의 시론이 좌로부터 서로 접합될 수 있음을 예상함으로써,[52] 임화의 비판을 수긍하고 현실에 대한 적극적인 관심을 제의한다. 김기림에게 있어 현실에 대한 관심은 훗날 전체주의 시론에서 '모더니즘과 사회성의 종합'이란 말로 표현되었으나, 그 사회성의 내용과 그것의 예술적 표현방식에 대해서는 구체성을 결여하고 있었다. 김기림이 말한 사회성이 카프 식의 프롤레타리아 리얼리즘이나 소비에트의 사회주의 리얼리즘을 지칭한 것인지는 불분명하나, 당시 김기림에게는 적어도 서구 작가들의 반파시즘인민전선 문학

---

51 이는 김기림이 우리 근대 시사의 변천과정을 1920년대 낭만주의 시→ 경향파 시→ 기교주의 시→ 전체주의 시라는 발전도식으로 파악하는 것을 말한다. 임화, 「曇天下의 詩壇 一年」, 『文學의 論理』, 학예사, 1940, 618~637면 참조.

52 김기림, 「詩와 現實」, 『시론』, 144면.

을 의식하고 있었던 것이 아니었을까 라고 짐작할 수 있을 것이다. 이념의 좌우를 떠나 파시즘의 도도한 진군 앞에 위기의식을 느낀 서구의 양심적인 작가들의 좌우합작에 대해, 저널리스트이기도 한 김기림의 정치적 감각은 예민해져 있었다고 볼 수 있을 것이다.

그러자 또 다시 임화는 김기림의 긍정적 반응을 의식한 듯, 기교파 내에서 김기림의 상대적 진보성을 인정하였다.

> 전체주의라는 씨(김기림—인용자)의 개념 가운데는 내용과 형식을 동렬에 놓는 등가적 균형론의 餘薰이 적지 않음에 불구하고 시 가운데 생활 현실이 차지할 중요한 자리를 작만하고 있음은 사실이다. (…중략…) 현실—시적 내용의 중요점—에 대한 접근의 이러한 점진적인 반성의 노선은 기교주의에서 성장한 성실한 시인이 자기완성의 길 우에서 것는 바 거의 전형적인 코스일 것이다.[53]

이같이 김기림을 진보적 기교주의자로 규정하는 한편, 경향파 시의 기교적 미성숙을 인정하고서 김기림의 전체주의 시론의 논리구성상의 문제점을 다음과 같이 지적하였다.

> 오직 이 '내용과 기교의 통일' 가운데는 량자가 등가적으로 균형되어 있

53 임화, 「技巧派와 朝鮮詩壇」, 앞의 책, 645~646면.

는 것이 아니라, 이 통일은 爲先 전체로서의 량자를 가능케 하는 물질적 현실적 조건으로 성립하고 그것에 의존하며, 동시에 내용의 우위성 가운데서 량자가 스스로 형식론리적이 아니라 변증법적으로 통일되는 것이다.

이 '통일'과 '전체'에 변증법적 이해를 결할 때, 균형론, 형식론리가 군림하는 것이며, 기림씨의 全論文을 통하야 이것에 대한 명확한 해답을 얻지 못한 것임으로, '전체'라는 개념이 형식론리적 여훈을 전한다고 나는 말한 것이다.[54]

이처럼 양자 사이에는 비교적 우호적인 논전이 벌어졌지만, 김기림의 내용 – 형식의 분리라는 관점이 한계로 지적될 만큼 임화의 유물변증법적 인식과 김기림의 자유주의적 전망 사이에는 심연이 가로놓여 있었던 것이다. 김기림의 단선적 혹은 형식논리적 사유방식은 결국 고정된 것의 장면 변화만을 문제삼는 것인 데 반해, 임화의 논리는 사물이나 현상을 변화 · 발전하는 것으로 파악하는 변증법적 인식인 것이다. 임화가 지적하듯이, 문학사에 대한 김기림의 이해가 계급 분화 이전의 개념에 의거하여 근대시를 파악하는 것이므로, 그의 전체주의 시론 역시 자유주의적 · 소시민적 전망에 근거한 위기극복의식에 불과할 따름이다. 임화가 김기림을 비판한 요지는, 전체주의 시론이 결국 이론적으로는 관념론적 이원론에 기초한 형

54 위의 글, 666면.

식논리인 것이며, 의식상으로는 소시민의 계급적 한계를 뛰어넘지 못하였다는 것이다.

이같은 비교적 우호적인 태도에 반해, 박용철과 논쟁에 임하는 임화의 태도는 훨씬 적대적이다. 임화가 먼저 「담천하의 시단 일년」라는 글에서 김기림 · 정지용 · 신석정을 대표적인 기교파 시인으로 규정하여 이들을 비판하였던 사실에 대해 박용철이 반발하고 나섬으로써, 둘 사이의 논쟁이 시작되었다. 박용철은 이른바 '변설 이상의 시론'을 제기함으로써 임화의 所論에 반박하고 나섰다.[55] 이에 임화는 「기교파와 조선시단」에서 기교파 내에서 진보파와 보수파를 나누어 전자에 김기림을, 후자에 박용철을 놓고서 양자에 대해 다르게 접근하였다. 즉 김기림에게는 상대적 진보성을 인정하고 비교적 긍정하는 태도를 취했으나, 박용철에게는 수구적 기교주의자라고 규정하여 비판적인 자세를 취하였다. 그러면서 박용철의 시론이 감정의 변설에 국한되었음을 비판하고 생활의 좋은 변설, 새로운 세계의 창조적 몽상의 변설로 나아가야 한다고 임화는 주장하였다.[56]

논쟁에서 임화가 시인의 사회적 임무와 역할에 대해 강조점에 둔데 비해, 박용철은 창작과정의 비밀을 해명하고 시인은 단지 그것을

55 하우스만(A.E.Housman)의 「시의 명칭과 성질」을 번역하면서 그것을 자신의 시론으로 정립해간 박용철의 논리에 대한 자세한 내용은 한계전, 『한국현대시론연구』, 일지사, 1983, 135~147면 참조.

56 임화, 「技巧派와 朝鮮詩壇」, 앞의 책, 659~660면.

말하는 자로 규정함으로써, 서로 쟁점이 다소 엇갈리는 형국이 되고 말았다. 또한 박용철은 시의 내용, 즉 변설 자체에 대한 규명보다는 실제적인 시 창작과정에 주력을 둔 반면, 임화는 변설의 내용성, 즉 내용 우위의 시론을 개진하였던 것이다. 따라서 이들 양자 사이의 논쟁은 시의 본질에 대한 이해의 초점을 달리한 채 서로 다른 주장만을 반복함으로써 일견 감정적인 대립의 양상을 더욱 첨예하게 드러냈다. 다시 말해 애초 기교주의 논쟁의 시발이 되었던 당시 시단의 여러 경향에 대한 진단과 모색이란 주제는 이들에게 와서 실종되어버리고, 쟁점이 다른 곳으로 이동하는 모습으로 진행되어버려 결국 논쟁은 적절한 결말을 보지 못한 채 평행선을 달리며 흐지부지되었다.

5. 논쟁의 의미 – 맺음말을 대신하여

이상 기교주의 논쟁 과정을 통해 보았듯이, 김기림의 시론이 창작방법 자체를 문제 삼은 것이라면, 박용철의 시론은 창작과정의 문제, 즉 시인과 시의 관계 문제로 귀착된다. 박용철이 시인의 개성을 중시하고 시인은 천재적 영감에 의거한다는 낭만주의적 관점(표현론)에 근거한다면, 김기림은 몰개성의 시론과 시인의 지성과 의식적 창작을 문제 삼는 모더니즘 시론을 대변한다.

아울러 1930년대 중반 이후 김기림의 관점은 시의 객관적 존재를 중시하는 절대주의적 관점이면서도, 점차 현실에 대한 관심을 강화하게 되면서 넓은 의미에서의 모방론적 관점으로 옮겨가게 된다. 이로써 김기림은 처음부터 반영론적 관점을 견지했던 임화의 관점에 접근해가는 측면이 있다고 할 수 있다. 다만 근대와 근대 극복이라는 문제에 대해 두 사람이 어떻게 대응하고자 하였는가에서는 상당한 차이를 보인다. 이에 반해 박용철은 근대라는 문제설정 자체와는 전혀 관련을 갖지 않는다. 그의 현실관은 프롤레타리아 계급의 성장과 봉건지주 계급의 몰락이라는 근대적 사회의 양상에 대한 비관적 인식에 기초해 있으며, 그 위에 박용철의 순수시론은 지탱되어 있다. 결국 그의 순수시론은 근대 이전의 농촌공동체적 세계질서에 기반한 토착 부르주아지(지주)의 보수적 세계관 위에 놓인 현실도피론 또는 감상적 낭만주의로 표상된다.

임화의 프로시론은 그의 출신성분과 관계없이 새로이 성장하는 프롤레타리아의 계급적 이해를 반영하는 리얼리즘 문학을 지향한다. 그는 마르크스주의에 의거하여 문학을 "사상(그것을 철학이라고 가정하고)과 같이 독자의 방법으로 현실을 인식하는 한 관념형태 즉 광의의 사상의 일형태"[57]라 하여 인식론적인 관점을 드러낸다. 문학을 현실인식의 수단으로 파악하는 그의 관점은 시인의 역할을 "가장 민

57 임화, 앞의 책, 58~59면.

첩한 시대현실의 감지자이고 그것이 만드러내는 시대적 정신의 最良의 의미의 전성기(傳聲機)"[58]라고 규정하기에 이른다. 임화의 시론이 문학을 계급적 현실의 인식 수단으로 파악하고 그것의 실천을 통해 변혁을 도모하는 한, 그것은 자본주의적 근대를 철폐하고 미래의 현재화를 기도하는 역사철학적 근대성의 징후를 강하게 띤다.

반면 김기림의 모더니즘 시론은 시가 언어의 예술이라는 예술적 자율성론에 기본적으로 근거하면서도 동시에 문명비판을 지향한다는 점에서 인생비평적 관점을 유지한다. 그는 유동하는 현실과 미시적 주체를 설정하고 그 방법적 매개로서 기교의 문제에 천착한다. 기교의 문제는 단순한 재료 가공의 차원을 넘어 시의 의식적 제작이라는 모더니즘 특유의 미적 방법과 연관된다. 또한 이 점은 근대 문명에 대한 비판적 태도와도 이어지는데, 이는 김기림의 미적 근대성의 추구가 불완전하고 동요하는 측면이 있지만 근대성의 해방적 성격을 역시 포용하고 있다고 하겠다.

그러나 김기림이 시인을 '계급적 무뢰한'으로, 시를 '생활의 여기이자 배설물'로 파악하는 한,[59] 시인을 시대정신의 전성기로, 시를 현실 투쟁의 무기로 파악하고자 하는 임화의 관점과는 거리가 있을 수밖에 없다. 이러한 차이에도 불구하고, 임화와 김기림은 해방 직

58 위의 책, 609면.

59 김기림, 「시인과 시의 개념」, 『조선일보』, 1930.7.24.

후 조선문학가동맹에서 주최했던 조선문학자대회에서 한 자리에 서게 된다. 그들은 한 배를 탄 것이다. 애초 임화가 조선문학건설본부(조선문학가동맹의 전신)를 만들면서 적극적인 친일파를 제외한 범양심세력들을 모두 규합하고자 하였다지만, 박용철의 시론을 이어 받은 보수적 민족주의 문학파들(조지훈, 박목월, 서정주 등)은 그들과 함께 하지 않았다. 그러나 김영랑과 가까웠고 청록파를 배출시켰던 정지용과, 구인회의 한 축이었던 이태준, 조선주의를 표방하던 이병기 등은 오히려 모더니스트 김기림과 더불어 문학가동맹을 향했다. 그러고 보니, 김두용이 반파시즘인민전선 아래로 견인하고자 했던 '살아 남은'(따라서 이상 제외) 구인회의 핵심 멤버들(김기림, 정지용, 이태준, 박태원 등)은 해방 후에 그야말로 통일전선의 그늘 아래로 스스로 걸어 들어갔던 것이다. 해방 직후 임화와 김기림의 문학론에서 보이는 통일전선적 사유와 문학적 연대의 논리는 차후의 과제로 넘겨야 할 듯싶다.

결국 이들의 시론은 계몽기획으로서의 근대성 본연의 가치에 주목하여 봉건적인 것, 전근대적인 것을 비판하고 해방의 서사를 통해 근대정신을 완성하려 했던 것이다. 임화가 유토피아적 미래 전망을 현재화함(역사철학적 근대성)으로써 해방의 근대성에 도달하고자 한 것이라면, 김기림은 사회로부터 자율적인 미적 근대성의 추구를 통하여 해방의 근대성에 이르고자 했다. 전자는 리얼리즘을, 후자는 모더니즘을 자기 방법으로 삼아 근대문학의 완성에 꾀했던 것이다.

임화와 일본 나프의 시[1]

김응교

1. 시인 임화와 일본

"도오교오의 긴자는 밤의 귓속 잘하는 네온사인 눈씌조차(눈길 좇아) 가고 십퍼"[2]라고 소월이 꿈꾸었던 그곳은 공부 잘 했던 히라야마 야키치[平山八吉]가 내지성지참배를 다녔던 파시즘 교육의 공간[3]이

1 이 글은 2009년 10월 16일 제2회 임화문학 심포지움에서 발표한 글이다. 이 날 토론해 주신 최현식 교수님(경상대)께 감사드린다.

2 김소월, 「祈願」, 『소월시초』, 박문서관, 1939.12, 149면.

3 히라야마 야키치는 시인 신동엽의 창씨다. 김응교, 「히라야마 야키치, 신동엽과 회상의 시학」, 민족문학사학회, 『민족문학사연구』, 2006.4.

며, "대학 노트를 끼고 늙은 교수의 강의"를 "보내주신 학비"를 내고 배워야 하는 마른 풀내 나는 "육첩방(六疊房)" "남의 나라"[4] 였다.

일본문학이 어떻게 한국 근대시와 관련을 맺고 있는가에 대해서, 특히 창가 · 신체시 · 자유시로 이행하는 과정에서 어떤 관계가 있었는지에 대한 연구 성과[5]가 있어 왔다. 이제는 개화기뿐만 아니라, 이후 개별 작가들에 대한 비교문학 연구가 이루어질 때, 우리문학을 보는 시각은 보다 다면화 되고, 한국문학을 아시아문학의 영역에서 새롭게 볼 수 있을 것이다. 이러한 시각에서 "예술, 학문, 움직일 수 없는 (…중략…) / 그의 꿈꾸는 사상이 높다랗게 굽이치는 도쿄[東京] / 모든 것을 배워 모든 것을"[6] 익혔다고 했던 임화의 시를 일본의 시와 비교하면 어떤 결과를 볼 수 있을까.

시인이며, 평론가이며, 문학사가이며, 영화 배우였던 임화(林和, 1908~1953)는 전방위적 문학운동가다. 시인 역할만으로 평가하기에는 너무도 폭이 넓은 예술가다. 그러면서도 그가 이루어온 시 업적을 빼놓고 그를 평가하기는 곤란하다. 그의 시는 임화의 고독한 무의식이 선명히 드러난 장르이기도 하지만, 나아가 그의 시는 우리시 역사에 리얼리즘 현재성을 담아낸 탁월한 시도였고, 구비적(口碑的)

4 윤동주, 「쉽게 씌어진 시」, 『하늘과 바람과 별과 시』, 연세대 출판부, 2004, 58면.

5 정한모, 『한국현대시문학사』, 일지사, 1974; 김병철, 『한국근대번역문학사 연구』, 을유문화사, 1975; 김학동, 『한국문학의 비교문학적 연구』, 일조각, 1979 등이 그러하다.

6 임화, 「海峽의 로맨티시즘」, 『玄海灘』, 京城 : 東光堂書店, 1939, 141~142면.

상상력[7]에 중요한 계기가 되었다는 점을 인정받아 왔다.

임화와 일본시를 비교하자면 여러 방법이 있을 것이다.

첫째는 작품 외적인 영향관계 연구다. 인간관계나 독서체험을 분석할 수 있을 것이다. 임화가 느낀 '일본'은 비단 문학뿐만 아니라, 삶의 모든 영역에 충격을 준, 현해탄은 "몬푸랑보다 더 높은 파도"(「현해탄」)였다. 따라서 임화 시와 일본 시를 비교하려면, 독서체험뿐만 아니라, 보다 넓은 영역에 대한 자료 비교를 해야 한다. 가령, 정지용과 기타하라 하쿠슈[北原白秋]의 매우 확실한 관계처럼, 임화가 만났던 일본 시인이나 인간 관계도 조사할 수 있을 것이다. 우선 임화가 일본에 관해 어떤 시집과 잡지를 읽었는지 독서체험을 살펴볼 수 있겠다.

둘째는 작품 비교 연구다. 임화의 경우에는 먼저 다다이즘 시나 단편서사시의 형태에 대한 비교 연구를 할 수 있겠다. 사실 임화의 초기시인 다다이즘 계열의 시와 일본 다다이즘 시를 비교하기 위해서는 다른 지면이 필요하다. 이 글에서는 일본 프롤레타리아문학(Proletarian Literature)의 시, 줄여서 '나프시(NAPF Poetry)'[8]와 관계만을

7 김응교, 「해체 혹은 구비적 상상력」, 『사회적 상상력과 한국시』, 소명출판, 2002.

8 1917년 러시아 혁명 이후 세계적으로 사회주의 문학이 퍼져 나갔다. 한국은 1923년경의 신경향파(新傾向派)의 대두에서부터 시작되고, 1925년 조선프롤레타리아예술가동맹인 카프(KAPF)가 결성되고, 1935년까지 계속되었다. 일본의 경우, 본격적인 프롤레타리아 운동은 1928년 일본공산당을 지지한 '일본프롤레타리아예술연맹'과 '전위예술가연맹'이 합동으로 결성한 '전일본무산자예술연맹'(NAPF, Nippona Artista Proleta Federacio)가 기관지 『센키(戰旗)』와 함께 창립되었다. 이와 비슷하게 러시아의 라프(RAPP), 중국의 좌련(중국좌익작가동맹, 1930년 창립), 프랑스 클라르테(Clarte) 등이 있었다.

비교해 보려 한다.

그런데 임화 시와 일본시에 대한 비교 연구는 한쪽으로 편중되어 있다. 지금까지 한국시와 일본시를 비교하는 연구가 편향되어 있듯이 임화 연구도 예외가 아니다. 가령, 김소월과 이시카와 다쿠보쿠[石川啄木]의 비교 연구, 주요한과 기타하라 하쿠슈[北原白秋]의 비교 연구, 혹은 한국 근대시와 프랑스 상징주의 시 사이의 상호교류 등 이른바 이미 알려진 대상에 대한 연구를 하듯이, 임화의 경우에는 주로 나카노 시게하루[中野重治] 시와의 관계에 집중되어 있다. 이 글은 그 부분을 제외하고 임화의 단편서사시와 나프의 장시를 비교하려고 한다.

또한 연구자들이 한쪽 문학에만 전문가이기에 정확한 분석을 기하지 못한 점이 문제다. 가령, 한국 혹은 일본문학 연구자들이 상대국 문학에 대해 틀린 자료를 인용하거나 자료가 되기엔 부족한 문건을 인용하여 과장하는 경우가 있다. 일본어를 모르는 한국문학 연구자들은 잘못 번역된 2, 3차 자료에 기대는 경우도 있고, 일본문학 전공자가 몇 가지 한국시와 일본시를 비교하여, 한국시를 일본시의 기계적인 모방작으로 평가하고, 게다가 당시 시문학을 모두 모방작으로 침소봉대(針小棒大)하는 논문도 있다. 이를 극복하기 위해 필자는 보다 포괄적인 비교문학적 연구방법을 이 글에 이용하고자 한다.

임화의 시 125편[9]과 비교하려는 일본 프롤레타리아 시문학 자료들은 다음과 같다.

① 中野重治, 『中野重治詩集』(東京 : ナップ出版社, 1932) : 나프의 중앙위원이었던 나카노 시게하루의 첫 시집. 53편이 수록되어 있다.

② 野間宏浩 책임편집, 『日本プロレタリア文学大系』 전9권(東京: 三一書房, 1954) : 일본 프롤레타리아 문학의 주요한 작품과 평론을 시기별로 편집하여 실은 전집이다. 서권은 모태와 탄생, 1권 운동대두의 시대, 2권 운동성립의 시대, 3권 운동개화의 시대(상), 4권 운동개화의 시대(중), 5권 운동개화의 시대(하), 6권 탄압과 해체의 시대(상), 7권 탄압과 해체의 시대(하), 8권 전향과 저항의 시대를 다루고 있다. 각권마다 소설, 평론, 성명서, 시, 시론, 단가, 하이쿠 등이 실려 있다. 시는 279편이 실려 있다.

③ 壺井繁次 · 遠地輝武 편, 『日本解放詩集』(東京 : 飯塚書店, 1950) : 쓰보이 시게지가 편집한 시선집으로 프롤레타리아 시인뿐만 아니라, 프롤레타리아 시를 포함하여, 전체주의와 전쟁에 반대하는 시를 망라하여, 시인 130명의 시 140편을 담은 앤솔로지이다.

④ 中野重治 · 小熊秀雄 · 壺井繁次, 『中野重治 · 小熊秀雄 · 壺井繁次』(東京:新潮社, 1968) : 전34권으로 출판된 일본시인전집 시리즈의 25번째 프롤레타리아 시인 시선집이다. 178편이 수록되어 있다.

⑤ 壺井繁次 외편, 『日本の抵抗詩』(東京 : 光和堂, 1974) : 일본의 근

---

9 김재용 편, 『임화문학예술전집』(1—시), 소명출판, 2009.

대시가 시작되는 『신체시초(新體詩抄)』(1882) 이후 90년 역사 과정에서 지배자적 권위와 권력체제에 저항한 시들을 편집하여 모은 엔솔로지이다. 101편이 실려 있다.

임화 시 125편과 일본의 프로시 혹은 저항시 751편은 비교한다 하니 양적으로 대단해 보이지만, 사실 일본시의 경우 여러 책에 반복해 나오는 명작도 있어, 작품수의 적고 많음은 별로 의미가 없다. 보다 중요한 것은 단 한편이라도 대표성 있는 시들을 비교 자료로 해야 한다는 점이다.

임화와 일본시의 비교는 세 가지 항목에서 비교할 수 있겠다. 첫째는 초기 다다이즘 시와 일본 다다이즘 시의 비교다. 둘째는 임화의 단편서사시와 일본 나프의 장시와의 비교다. 셋째는 나카노 시게하루[中野重治]가 발표한 「비 내리는 시나가와역」(『개조』, 1929.2)에 대해, 임화가 화답 형식으로 발표한 시 「우산 받는 요코하마의 부두」(1929)와의 비교 연구다. 그런데 이 연구 항목들은 하나 하나가 단행본이 필요할 정도로 이미 여러 연구업적[10]이 축적되어 있다. 그래서 필자는 두 번째 항목, 즉 임화와 나프의 이야기 시 비교 연구만

10 윤학준, 「中野重治の自己批判—朝鮮への姿勢について」, 『新日本文学』, 1979.12; 김윤식, 「中野重治와 비 나리는 品川駅」, 『임화연구』, 문학사상사, 1989; 신은주, 「나카노 시게하루와 한국 프롤레타리아 문학운동」, 『일본연구』 제12호, 한국외국어대학, 1997.12; 정승운, 「中野重治「雨の降る品川驛」の再解釋(1)—〈溫もり〉を中心に」, 『일본어문학』, 일본어문학회, 2002.3.

을 과제로 삼아 분석하려 한다.

이 글은 임화 시와 일본 나프 시를 비교하여 임화의 시를 한일문학의 지형도에 새롭게 읽어보려는 시도다. 이 연구가 한일근대시의 넘나듦을 위한 연구의 기초가 되기를 바라면서 연구를 시작한다.

2. 임화의 '나프시' 독서체험

임화가 스스로 독서체험을 자세하게 밝힌 수필이 있다. 카프의 의장을 역임했던 인물이 마치 고해성사하듯 자신의 독서편력을 써 놓는 「어떤 青年의 懺悔」(『文章』, 1940년 2월호)다. "열여섯살에 '하이네'의 詩와 어여쁜 少女의 생각으로 퍽 幸福되었읍니다"로 시작되는 이 글은 임화의 청소년기가 고리키가 아닌 하이네로 출발했다는 것을 보여준다. 글 끝을 보면 "이우에(이후에-인용자) 더 무엇을 말하리오. 哀哉라"고 하여 거의 허탈한 심정에서 쓴 글임을 토로한다. 이러한 표현은 임화가 자기의 독서편력을 표현하는 데에 자기검열하지 않고 쓰겠다는 작은 흔적으로 보인다. 이 독서체험에서 중요한 대목은 지금 우리가 관심을 기울이고 있는 일본 나프에 소속된 시인들의 시집에 관한 독서체험이다. 임화는 1926년경의 독서체험을 이렇게 쓰고 있다.

尹基鼎君을 만난 것은 그보다 좀 뒤였는데, 그는 나의 學校친고로 그때 小說을 쓰는 趙君과 친했습니다. 나는 그와 곧 親해지면서 藝術同盟에 加入하는 것을 名譽라고 생각했습니다. 朴英熙氏를 안것도 勿論 그때입니다. (…중략…) 一九二六七年頃이겠지요. (…중략…) 나는 이團體의 充實한 一員이 될 수있었습니다. 東京서오는 이系統의 雜誌를 每月읽고, 그中에도 '마르치네'의 詩와, 三好十朗, 森山啓의 시, 中野重治의 評論을 熱讀했습니다.[11]

여기서 나타나듯, 임화는 1927년 이후 이탈리아 시인 마르치네, 그리고 일본시인 미요시 주로, 모리야마 게이 등을 읽었고, 나카노 시게하루의 글을 열독한 것으로 나타난다. 흔히 어느 작가를 좋아하느냐에 따라 작가의 수준이 이미 결정된다는 말을 하곤 한다. 임화가 글에 남길 정도의 작가는 어떤 작가들이었을까. 임화의 독서 편력은 임화 시에 나타난 일본 시의 영향을 추적하는 데 하나의 단서가 된다.

첫째, 미요시 주로[三好十朗, 1902~1958]는 쇼와 초기부터 종전 후의 부흥기에 걸쳐 활동한 소설가이며, 극작가다. 사가[佐賀]시에서 태어나, 12세에 부모를 잃었으나, 1925년 와세다 대학 영문학과를 졸업한다. 대학 재학 중 시를 발표하여, 1928년 쓰보이 시게지[壺井繁治] 등과

11 임화, 「어떤 青年의 懺悔」, 『文章』, 1940.2, 24면.

좌익 예술 동맹을 결성하여, 기관지 창간호에 처녀 희곡 「파면하는 것은 누구다」를 발표하고, 같은 해 4월 나프[全日本無産者芸術連盟]에 합류, 그 하부조직 일본 프롤레타리아 극장 동맹에 속해, 희곡을 발표하기 시작한다. 화가 고호의 삶을 표현한 「불의 사람[炎の人]」(1951)으로 요미우리 문학상을 받는다. 사후 오오타케 마사토[大武正人]의 노력으로 『미요시 주로 저작집[三好十郎著作集]』 전63권(1960~1966)이 간행되었던 중요한 작가다.

둘째, 모리야마 게이[森山啓, 1904~1991][12]는 니가타현 출신의 시인, 소설가이다. 중학교 교사인 아버지를 따라 토야마현[富山県] 타카오카시[高岡市]로 옮겨 소년기를 보낸다. 1912년, 후쿠이시[福井市]에 이주. 1916년, 후쿠이 중학에 입학한다. 상급생으로 나카노 시게하루[中野重治]가 있었지만, 서로 알지 못했고, 제4고등학교에 진학했을 때도 나카노가 있었지만 여전히 서로 알지 못했다. 1925년 도쿄제국대학에 입학하여 점차 나카노와 알게 되면서 프롤레타리아 문학에 심취한다. 1928년에 대학을 중퇴하고, 1932년 『프롤레타리아 시를 위해서』를 출판한다. 1942년 『바다의 부채[海の扇]』로 신쵸샤 문예상을 수상한다. 전쟁 후에도 코마츠시에서 문필 활동을 계속하다가 1991년 사망한다. 주요작품으로는 『먼 곳의 사람(遠方の人)』(1941년), 『들국화

12 보기 좋은 그의 홈페이지는 다음과 같다.
http://www.lib.city.komatsu.ishikawa.jp/moriyama/index.html

의 이슬(野菊の露)』(1966년), 『홍련 이야기(紅蓮物語)』(1978년), 『골짜기의 여자들(谷間の女たち)』(1989년) 등이 있다.

셋째, 나카노 시게하루(中野重治, 1902~1979)는 나카노 시게하루는 1902년에 후쿠이현에서 태어나 1926년의 도쿄대학 재학중에 프롤레타리아 문학 운동에 참가, 『센키』를 중심으로 지도적 이론가로 활동한다. 서정성과 전투성이 조화된 작품을 많이 썼고, 특히 「비 내리는 시나가와역」 등 조선사회주의자들과 국제연대를 제시하는 시를 써서 카프 맹원과 독특한 관계가 있다. 1930년 5월에 치안 유지법 위반으로 체포·기소, 12월 보석, 1932년 4월 다시 체포, 1934년 5월까지 도요타마 형무소에 수용된다. 1934년에 전향을 표명하지만 시국에 영합하지 않는 뛰어난 여러 작품을 발표한다. 전후에는 다시 일본공산당에 들어가 『신일본문학』 창간에 참가하고, '정치와 문학' 논쟁을 일으키는 등 전후의 일본문학을 확립하는 데 큰 획을 긋는다.

이제 위 세 시인의 작품을 중심으로 임화 시와 비교하면서, 그 의미를 생각해 보고자 한다. 그러나 단순히 '영향관계' 연구를 하여 도식적이고 기계적인 영향사적 평가를 넘어서고자 한다. 소위 영향관계 연구는 '발신자—수신자—전신자'라는 과정에서 영향과 원천의 관계를 해명하는 실증적인 연구다. 그러나 폭넓게 자료를 분석하지 않는다면, 게다가 잘못 번역된 번역시나 원전과 틀린 원시를 비교한다면, 엉뚱하고도 기계적인 영향관계를 도출해낼 위험성이 크다. 그래서 기계적 영향관계에 묶이지 않도록 조심하면서, 수집 가능한 시와 정확한 번역을 통해 세 시인과 다른 나프 시인들의 작품을 임화 시와 비교하면서, 그 유사성을 추출하고 보편성을 추구하고자 한다.

이제부터 첫째 시형식에 관한 비교연구, 둘째 화자 비교연구, 셋째 주제 비교연구 등을 시도하려 한다.

3. **단편서사시** – 모방인가 이식인가

시인 임화에게 주어진 최초의 찬사는 "절규에 가까운 감정과 감격"[13]적인 표현으로 프로시의 한계를 뛰어넘는 '단편서사시'를 발표했다는 것이다. 물론 "감상적 동정의 눈물을 짜내게"[14] 하는 작품이라는 비판을 받았고, 임화 스스로 그 부분을 자기비판했지만,[15] 그의 단편서사시는 분명 당시 프로시의 영역을 넓혔다. 그런데 임화의 단편서사시가 일본 나프계 시인들의 시와 어떻게 다른가 생각해 볼 때, 문제는 달라진다. 결론부터 말하자면 일본 나프시에도 단편

13 김기진, 「단편서사시의 길로」, 『조선문예』 창간호, 1929.5.
14 권환, 「무산예술의 별고와 장래의 전개책」(1930.4.19~5.30), 임규찬 · 한기형 편, 『카프비평자료총서 III』, 태학사, 1989, 59면.
15 그러면서도 이정구의 「감상주의를 버려라」(『조선일보』, 1933.9.19~23)는 시론에 대해, 임화는 자기가 쓴 단편서사시의 의미를 밝히기도 했다. 임화, 「33년을 통해 본 현대 조선의 시문학」, 『조선중앙일보』, 1934.1.1~1.12.

서사시와 비슷한 시들이 많았다. 특히 임화가 숙독했다고 밝힌 세 시인은 긴 이야기시를 발표해온 시인이다. 그중에 먼저 모리야마 게이의 시를 읽어보자.

아라카와[荒川]는 난카쓰[南葛] 무산자의
고뇌의 밤을 흐르는 정맥(靜脈)
아라카와는 난카쓰의 노동자가
분기하는 아침에 물결치는 동맥(動脈)

아득한 저 모래밭이여!
물너울은 살랑살랑 시간을 흘려보내고
바람은 쉬지 않고 경보를 전한다

바람은 우리의 가슴을 가른다
바람은 무참한 피의 물살에 스미고 있다
강가에는 빈민과 매음과 노동자들의 무리
크레인은 반항의 날개를 펴고
한 무리의 노동자는 말한다, 애도와 비분을 가진 희생을
말없는 거대 군중 속으로 돌아오는 선구자를
물가에서, 일어서는, 7인의 동지에게 힘을 실어주듯
바람은 가슴을 가른다

바람은 무참한 피의 물살에 스미고 있다

생각하라, 머나먼 남쪽의 키른까지
그 사람이야 말로 난카쓰의 노동자, 길을 개척한 선구자, 빈민과 매음과 노동자의 거리로!
전투 중 대로에 쓰러진 우리의 전사

성난 민중의 맥박처럼 고동쳐라 아라카와여!
이전에 민중의 아침을 노래하고
드디어 흰빛 작열하는 대낮, 전투의 큰 불꽃을 노래한다
물너울아! 흘러가라!

보라! 햇살 받고 평야에서 맥박 치는, 그대 아라카와는 봄의 혈관
그리고 물가에는 선구자의 씨앗이 발아하는, 그대 아라카와는 우리의 동맥!
고동쳐라! 말없는 거대 군중의 고뇌와 반항의 심장에서
맥과 맥은 고동치나니, 봄의 아라카와여!

―모리야마 게이, 「난카쓰의 노동자」 전문[16]

16 "荒川は南葛の無産者の / 苦悩の夜は流れる静脈 / 荒川は南葛の労働者の / 奮起の朝に波立つの動脈 // 茫々たるその河原よ! / 波はサラサラ時を流し / 風は絶え間なく警報をつたえる // 風は僕達の胸を切る / 風は無惨な血潮に沁みている / 河畔には,細民と

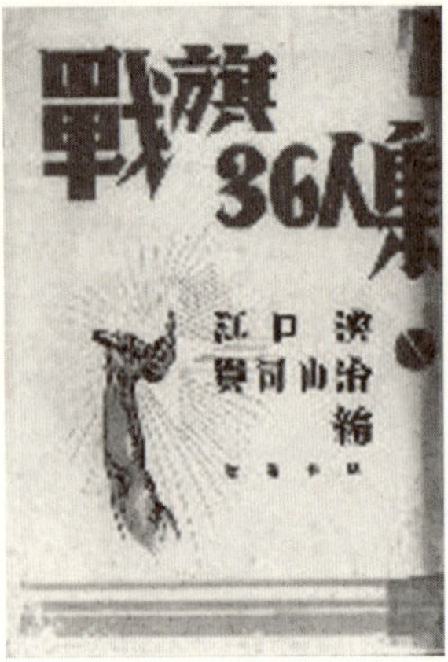

1929년 2월에 나프 기관지인 『센키[戦旗]』에 발표된 모리야마 게이의 작품이다. 이후 『戦旗 36人集』(江口渙・貴司山治 編, 改造社, 1930. 사진)에 다시 실린 이 시는 나프의 이야기시 중의 걸작으로 알려져 있다. 아라카와[荒川] 지역은 제1차 세계대전 이후 공장이 집중 건설되었던 도쿄 외곽지역이다. 특히 난카쓰[南葛]는 원래 강가의 전원지대였으나 1923년 관동대진재 이후 점차 공장지대로 바뀌어 이 지역을 배역으로 많은 노동시가 발표되었다. "난카쓰의 낮은 하늘을 옆에 끼고 '아라가와'의 흐릿한 검푸른 물살을 안은 지대다"로 시작되는 안용만[17]의 시가 대표적인 작품이다. 그래서 아라카와 강은 모든 무산자의 정보와 삶을 나누는 '정맥'과 '동맥'으로 상징된다. 그런데 이곳에는 "애도와 비분을 가진 희생", "군중 속에 돌아오는 선구자", "7인의 동지들"이 호명된다. 그것은 1923년 9월 1일 관동대진재 사건 때 조선인학살,[18] 오스기 사카에[大杉

淫売と労働者の大群 / クレインは反抗の翼を張り (…중략…)"(森山啓, 「南葛労働者」, 野間宏浩 책임편집, 『日本プロレタリア文学大系』 제3권, 東京 : 三一書房, 1954, 353~354면. 이후의 일본어 시 인용은 모두 필자가 번역한 것이다.

17 안용만, 「강동의 품—생활의 강 '아라가와'여」, 『조선중앙일보』(1935.1.1)가 대표적인 예다.

18 김응교, 「1923년 9월 1일, 도쿄」, 민족문학사학회, 『민족문학사연구』 제19호, 소명출판, 2001.12.

栄, 1885~1923]로[19] 대표되는 진보주의자 살해, 난카쓰 노동자회 지도자 6명의 학살을 의미하는 것이다. 1917년에 자연발생적으로 일어났던 노동쟁의는 공장이 늘면서 1919년에는 노동조합이 급증한다. 이른바 '난카쓰 노동자'는 아직도 노래[20]로 불리어질 만치 전설적인 노동자 조직이었다. 그것은 1920년 일본사회주의 연맹을 조직하는 기반이 된다. 그 기상을 시인은 노래하고 있는 것이다.

나프시 한편을 보고 설명해 보았는데, 실은 이 무렵 나프시들은 거의 비슷한 이야기시 형식을 갖고 있었다. 이렇게 볼 때 임화의 단편서사시는 전혀 새로워 보이지 않는다. 게다가 비슷한 시를 발견했을 때는 모방이냐 표절이냐 하는 문제가 대두된다. 임화의 단편서사시가 독창적이지 않고 나카노의 시를 아래처럼 모방[21]했을 가능성도 있다.

오늘밤 아버지는 퍼렁이불을 덮고

---

19 大杉栄,『自叙伝・日本脱出記』, 岩波文庫, 1971; 한국어판은 김응교・윤영수 역,『오스기 사카에 자서전』, 실천문학사, 2005.

20 〈南葛労働者の歌〉(작사 작곡 築比地仲介). 가사는 다음과 같다. 1절 "ああ革命は近づけり かいめつ近し資本主義 / わが南葛の同志らは 熱と力もてきたえゆく", 2절 "闘いここに幾とせか 歴史をくれば血の頁 / わが南葛の同志らは いかでか伝統失すべき", 3절 "断頭台を血ぬるとも かばねを越えて我等ゆかん / わが南葛の同志らは いかでか迫害屈すべき", 4절 "やがて勝利の栄光に 紅もゆるバラの花 / わが南葛の同志らは 赤旗かかげ進みゆく."

21 '모방'은 쓸모있는 전통에 대한 개인의 영향관계이다. '이식'은 모방보다는 큰 영향관계로 하나의 문화사가 옮겨가는 과정이라고 필자는 생각한다.

노들강건너편 그 조그만 오막살이 속에 잠자는 네 등을 두드리고 잇다

그리고 지금 나는 네가 일에 충성하는 것을 생각하며 대님을 묵근 길다란 바지가 툭 터지는 줄도 모르고

첩첩히 다친 창살문 밧게 밝어가는 한울을 바라보며 두 다리를 쭉뻣고 있다

아직도 내가 동무들과 갓지

오도바이에 실려 〈볼〉로 〈XXX〉로 끌려다녓슬 때 너는 어린개미처름

〈사시이레〉보퉁이 끼고 귀를 어이는 바람이 노들강 우우를 부러나리고

잇는집자식들이 털에뭇쳐 스케트타는 어름판을건너

하로갓치 영등포에서 서울노 아버지를 차저왓다

그러나 만일 네가 그것 때문에 조곰치라도 일을 게을넛다면은

네가 정성을 다하야 빨아오는 그양말짝이나마

엇더케 아버지는 마음노코 발에 신을 수가 잇섯겟느냐

벌서 섣달!

동무들과갓치 아버지가 한테 뭇겨X무소로 넘어올 때

그때도 너는 울지 안코 너는 손을 흔들며 자동차를 따라왓다

(…중략…)

영리하고 귀여웁고 사랑스러운 아들아 아버지는 요전에도 네 연필로 쓴 편지를 생각하고

네 가슴이 똑똑이 뛰고잇는 것을 칭찬하고

퍼렁이불자락을 끄을어 억개를덥고잇다 일에 충실한 착한너를 생각하며

—임화, 「오늘밤아버지는퍼렁이불을 덥고」 에서(강조는 인용자)

카프나 나프를 넘어 세계 프롤레타리아 문학을 보면, 옥중의 수인이 된 동지나 아버지나 오빠를 시의 주인공으로 삼은 시들이 셀수 없이 많고, 그 고백체적 혹은 서간체 형식은 너무도 유사하다.[22] 그런데 임화의 위 시는 나카노의 아래 시와 지나치게 유사하다.

오늘밤 나는 너의 숨소리를 듣고 있다
나는 네가 네 일에 충실한 것을 칭찬한다
내가 이 경찰서에서 저 경찰서로 끌려 다닐 때
너는 조촐한 차입물을 들고 나를 여기저기 따라 다녔지
그것은 흰 알을 안고 새 집을 찾는 개미와 같았었어
그러나 그로 인해 너의 일을 조금이라도 게을리 했다면
너의 마음씨를 나는 받아들이지 못했을 거다
드디어 내가 감방에 수감되었을 때
너는 다시 기꺼이 나를 찾아 왔었지 그러나 네가
(…중략…)
너는 언제나 맡은 바 일에 충실했으며
지금도 여전히 충실하다

22 이에 관해서는 이찬의 옥중시집 『대망』(1937)을 분석한, 김응교, 「옥중시, 만주이주, 북방, 어촌, 국경마을」, 『이찬과 한국문학』, 소명출판, 2007을 참조바란다.

너는 내일 일을 찾아 강건너 떠난다

(…중략…)

이전에 갈라놓은 우리들을 또 다시 갈라놓을지도 모르겠다

그러나 우리가 우리들의 일에 모두 충실하는 한

우리들을 본질적으로 갈라놓은 것은 아무것도 없는 것이다

모든 수단을 빼앗아도 헌신적인 수단을 빼앗을 수는 없다

나는 너의 숨소리를 헤아리며 그 편안함을 치하한다

언제까지나 편안하기를

맡은 바 자기 일에 충실함으로서 안도감에 의해

—나카노 시게하루, 「今夜おれはお前の寢息聞いてやる」[23]에서

이 시는 나카노의 첫시집에서 가장 앞에 실린 시이다. 이후 거의 모든 일본 프롤레타리아 문학 전집이나 선집에 실려있는, 비중있는 작품이다. 그런데 위의 임화의 시와 나카노의 시는 비슷한 면이 너무 많다. ① 시의 배경이 감옥인 점이 같다. ② 등장인물은 아버지와 아들

23 "今夜おれはお前の寢息聞いてやる / おれはお前が仕事に忠實であることを褒めてやる / おれが警察から警察へまわされていた時 / お前はささやかな差入物をかかえて次々とまわって來た / それは白い卵を抱えて巢移りする蟻のようだった / しぁしそのためお前がお前の仕事を少しでも怠るのであったらば / お前の心づくしを受け取ることがおれに出来なかったろう / やがておれが刑務所へまわった時 / お前はふたたび手を振ってやって來たしかしお前が / (…중략…)"(中野重治, 『中野重治詩集』, ナップ出版部版, 1931, 13~15면; 中野重治・小熊秀雄・壺井繁次, 『中野重治・小熊秀雄・壺井繁次』, 東京 : 新潮社, 1968, 58~59면)

의 관계다. ③ 두 편 모두 서간체다. ④ "오늘밤""개미""차입물"(사시이레[差し入れ])와 같은 같은 단어들이 반복되고 있다. 특히 감방을 찾아다니는 아들을 나카노는 "그것은 흰 알을 안고 새 집을 찾는 개미와 같았었"라고 표현하고, 임화가 "너는 어린개미처럼 〈사시이레〉 보퉁이 끼고 귀"라고 표현하는 직유법은 너무도 유사하다. ④ 중요한 몇 가지 단어가 조금 다르게 표현되고 있다. "강건너"(나카노)가 "얼음판을 넘어"(임화)로, "형무소"가 "경찰서" 등으로 조금 다르게 표현되어 있다. ⑥ 가장 중요한 것은 화자다. 표면적인 화자(external speaker)는 두 편 모두 아버지인데, 내면적인 화자(internal speaker)는 현재 감옥에 갇혀 있는 모든 아버지일 것이다. 그래서 이 시는 특성 가족의 부자간의 대화가 아니라, 당시 감옥에 갇혀 있거나 고통받는 가족들의 이야기였고, 정서적 감염력이 있었을 것이다. 나카노의 시는 1931년 『나카노 시게하루 시집』에 실렸고, 임화의 시는 1933년 『第一線』 3월호에 실렸고, 나카노 시게하루를 잘 알았던 이북명과 도쿄에서 함께 지냈다는 사실, 그리고 이후 1933년 8월 29일자 『조선일보』 「나의 애송시」에 원제가 「밤벼베기의 기억[夜刈りの思ひ出]」(『戦旗』, 1928.10)의 일부를 「닥쳐오는 가을」이라는 제목으로 번역 소개하고 있는 배경을 생각한다면, 충분히 그 영향관계를 생각해 볼 수 있다.

물론 이런 식으로 시의 형태를 기계적으로 비교하는 연구는 낡은 방식으로 치부되기도 하지만, 선명한 증거가 있기 때문에 임화가 나카노의 시에 영향 받았을 가망성은 충분하다. 안 읽었다 하더라도 나카노 시게하루는 이러한 형식의 반전시와 프롤레타리아 시는 임화에게 영향을 미쳤을 가능성이 있다. 가령, 치안유지법 위반으로 체포된 1930년경부터, 나카노 시게하루는 시와 함께 소설을 쓰는데, 당시 그의 시를 보면 이렇게 산문성이 두드러지게 나타난다. 그가 시에서 소설로 장르를 확산시킨 것은 여러 해석이 있으나 일본의 시가의 전통에 있는 '연약한 미의식'이나 감상성을 어떻게 넘을까를, 20대 초부터 과제로서 의식했기 때문이라고 할 수 있겠다.

그러나 적극적인 영향관계를 확인하면서도, 임화의 시는 대부분 그의 개성에서 발현되었다는 것을 놓치면 안 될 것이다. 첫째, 임화가 단편서사시를 쓰기 전에 이미 긴 시를 발표해 왔다는 점이다. 그의 초기시는 추상적인 다다이즘 시와 구체적인 모더니즘 시로 나누어 볼 수 있는데, 아래 시는 긴 이야기시의 형식을 갖고 있다.

> 제1의 동지는 뉴욕 사크라멘트 등지에서 수십 층 死塔(사탑)에 폭탄 세례를 주었으며
>
> 제2의 동지는 핀랜드에서 살인자 米國의 상품에 대한 非買同盟(비매동맹)을 조직하였고
>
> 제3의 동지는 코—펜하겐에 아메리카 범죄사의 대사관을 습격하였으며
>
> 제4의 동지는 암스텔담 궁전을 파괴하고 군대의 총 끝에 목숨을 던졌고
>
> 제5의 동지는 파리에서 수백 명 경관을 ××하고 다 달아났으며

제6의 동지는 모스크바에서 치열한 제3인터내슈낼의 명령하에서 대시위운동을 일으키었고

제7의 동지는 도—쿄에서 ××者의 대사관에 협박장을 던지고 갔으며

제8의 동지는 스위스에서 지구의 강도 국제연맹본부를 습격하였다

(그때의 그놈들은 한 장에 二百兩짜리 유리창이 깨어진 것을 탄식하였다 — 눈물은 廉價다)

오오 지금의 세계의 도처에서 우리들의 동지는 그놈들의 폭압과 ××에 얼마나 장렬히 싸워가고 있는가

그러나
인류의 범죄자
역사의 도살자인
아메리카—뿌르죠아의 정부는
사랑하는 우리의 동지
세계 무산자의 최대의 동무
작코, 반젯틔의 목숨을 빼앗았다
전기로 —
(푸로레타리아—트의 發電하는 전기로)

—임화, 「曇(담)—1927—작코, 반젯틔의 命日에」, 『예술운동』(1927 창간호)

현재는 흐리지만 곧 해[日]가 뜰 것을 기대하는 담(曇)이라는 한자

를 제목으로 한 장시 「曇—1927」은 1917년, 지도자 '카알'과 '로사'를 죽이고, 2백만의 프롤레타리아를 학살한 부르조아의 만행을 그린 다다이즘 수법의 긴 시였다. 임화는 1927년에 임화는 윤기정을 통해 이미 카프와 연계되고 있었다. 그러면서도 그의 시에는 아직 다다이즘적인 요소가 남아 있었다는 것을 볼 수 있다. 이후 1934년 이상이 발표한 「오감도」의 형식과 비교되는 이 시는 팔봉이 명명한 단편 서사시의 원조인 사건의 전개과정이 팽팽하게 이어진다. 이 시는 1929년 무산계급의 현장감이 절절한 「우리 옵바의 화로」, 「네거리의 순이」와 「우산받은 요코하마의 부두」로 이어지는 소위 단편서사시의 단초가 보이는 작품이다. 이어 임화는 소위 단편서사시라는 극찬을 받는 「우리 옵바와 화로」를 발표한다. 이 시에서 우리는 임화의 단편서사시가 갖고 있는 두 번째 개성, 즉 배역시(配役詩)의 특징을 볼 수 있겠다.

사랑하는 우리 오빠 어저께 그만 그렇게 위하시던 오빠의 거북무늬 질화로가 깨어졌어요
언제나 오빠가 우리들의 '피오닐' 조그만 기수라 부르는 영남(永男)이가
지구에 해가 비친 하루의 모—든 시간을 담배의 독기 속에다
어린 몸을 잠그고 사 온 그 거북무늬 화로가 깨어졌어요

그리하야 지금은 화젓가락만이 불쌍한 우리 영남이하구 저하구처럼

똑 우리 사랑하는 오빠를 잃은 남매와 같이 외롭게 벽에가 나란히 걸렸어요

오빠 ……
저는요 저는요 잘 알았어요
웨 — 그날 오빠가 우리 두 동생을 떠나 그리로 들어가실 그날밤에
연거푸 말은 궐련[卷煙]을 세 개씩이나 피우시고 계셨는지
저는요 잘 알었어요 오빠

—「우리 오빠와 화로」에서, 『조선지광』 83호(1929.2)

農村劇「流浪」
讀者優待
◇五、六日 團成社
리종명(李鍾明)씨의원작과김영팔(金永八)씨의 각색과림화(林華)씨의주연으로 조선영화예술협회에 첫번제작한 류랑(流浪)을시내수은동(授恩洞)단성사에서상연중 공전의 대성황을이루엇든바 특히 본보독자제씨에게는오일과륙일이틀동안입장료를할인한다더라
上層大人五十錢 學生三十錢
下層大人三十錢 學生二十錢
小人十錢
優待日
團成社
五日부터六日까지一枚二人通用
조선일보독자우대권
半額料
階上 大人五十錢 學生三十錢
階下 大人三十錢 學生二十錢

이야기를 이끌어 가는 형태나 길이를 볼 때, 우리는 앞서 인용한 나프시 한 편만 보아도 비슷하다는 생각을 가질 수 있다. 그런데 임화가 시의 화자를 여성으로 두고 이른바 역할극처럼 시를 썼다는 것은 인상적이다. 이 시가 탄생하기 1년 전 1928년 임화는 영화배우로 영화〈유랑〉에 출연했었다. 당시 『조선일보』(1928.4.1, 사진)를 보면, "림화(林華, 임화)씨의 주연으로

조선영화예술협회에 첫번 제작한 류랑(流浪)"을 시내 단성사에서 상연하여 "공전의 대성황을" 이루었다고 적고 있다. 또 임화는 연극을 배운다는 목적으로 도쿄로 향하기도 했다. 또 임화가 "열독(熱讀)했다"고 밝힌 미요시 주로[三好十朗]는 일본 연극사에 기록되어 있는 중요한 극작가이다. 이후에도 임화는 카프 조직에서 시분과나 평론분과 뿐만 아니라, 영화 분과인 키노 분과에서 조직의 일을 담당하기도 했다. 임화의 단편서사시를 낭송할 때 연극적 요소를 느끼는 이유는 이와 같은 배경이 있어서일 것이다.

셋째, 임화의 단편서사시는 우리문학이 갖고 있는 서사적 시의 전통과의 관계로 생각해봐야 할 것이다. 임화가 이상화 시인을 좋아했었다[24]는 것을 놓치면 안된다. 임화가 1927년에 읽었다는 이상화 시란 「빼앗긴 들에도 봄이 오는가」로 대표되는 신경향적인 이야기 시편들이다. 임화 시에는 이상화의 「빼앗긴 들에도 봄은 오는가」와 같은 탄력성이 숨어 있기도 하다. 더 나아가 임화 시 앞에는 서사적 전통을 갖고 있는 한국문학사가 있었다는 점을 간과해서는 안 된다.

임화의 단편서사시 이전의 '긴 이야기 형식'에 대해, 윤영천이 18세기 후반에 쓰여진 홍양호(洪良浩)의 「유민원(流民怨)」이나 1900년대 만주 시베리아에서 일제와 싸운 유인석(柳麟錫)이 쓴 「전촌빈가(前村貧家)」, 그리고 김동환의 장시 『국경의 밤』(1925), 『승천하는 청

24 임화, 「어떤 青年의 懺悔」, 『文章』, 1940. 2, 23면.

춘』(1925) 등을 언급[25]한 것은 유념해야 할 중요한 대목이다.

다시 쓰지만, 사실 임화의 단편서사시와 유사한 장시 형태는 일본의 나프시에서도 일반적인 형태였다. 프롤레타리아 전집에 실린 시 중의 거의 반수 이상을 차지한다 해도 과언이 아닐 정도로 대중적인 양식이었다. 그저 유행했던 정도가 아니라, 일본 문학사에서 빼놓을 수 없는 명작들이 적지 않다. 위에 예로 든 시인 외에 오구마 히데오[小熊秀雄, 1901~40]의 시는 예술성도 성취하고 있다. 그런데 장시의 원류를 따지자면 쉽지 않다. 일본 이전에 러시아 문학에서도 당시 장시는 유행이었다. 가령 마야코프스키[26]의 장시는 당시 최고의 인기를 누리고 있었다.

본래 일본 시의 원류인 하이쿠[俳句]나 단카[短歌]처럼 이야기보다는 '암시'(暗示)와 상징를 위주로 하는 극도로 짧은 시다. 7 · 5조의 하이쿠가 대표하듯, 일본시 현대시도 7 · 5조를 기본[27]으로 하여, 이후 프랑스의 상징주의를 중심으로 받아들인 서정시를 주류로 하고 있다. 그래서 일본의 사회주의 시인 쓰보이 시게지는 서사시의 전통을 조선에서 보고 배웠다는 평론[28]을 남기기도 했고, 그 자신이 「15엔 50전」[29]이라는 장편서사시를 발표하기도 했다. 그런데 쓰보이 시게

25 윤영천, 『한국의 유민시』, 실천문학사, 1987, 28~31면.
26 심성보, 「마야꼬프스키」, 김응교 편, 『심장은 탄환을 동경한다』, 민글, 1993.
27 川本皓嗣, 『日本詩歌の傳統ー七と五の詩學』, 岩波書店, 1991.
28 壷井繁次, 「二つの朝鮮敍事詩について」, 『詩と政治の對話』, 新興書房, 1967, 74면.

지는 긴 장편서사시를 말했지만, 이후 일본 현대시는 다시 암시를 위주로 하는 시로 바뀐다. 1950년대 렛토파 이후 사회 변혁을 지향하는 시보다는 다니카와 슌타로[30]와 같은 시인들이 대중성과 지도성을 획득한다. 그래서 사회성을 갖는 이야기시는 2000년대 현재에 이르러 일본의 아주 다양한 시적 흐름[31] 중에 소수 그룹이 되었다.

이렇게 볼 때 임화의 단편서사시를, 단 몇편을 갖고 비교하여 단순히 일본 나프시의 '직접적인 모방' 혹은 '맹목적으로 수용'했다고 하는 것은 피상적인 결론이다. 임화의 단편서사시는 한국인의 서사적 시형식에 당시 나프시의 흐름, 또한 거기에 임화의 연극적 체험을 결합한, 임화 나름의 창작으로 보아야 할 것이다.

4. 여성 화자의 보편성

임화와 나프시를 비교할 때, 시의 주인공인 서정적 화자가 모두 소년 노동자, 여공, 수인(囚人)으로 유사한 경우를 비교할 수 있겠다.

29 김응교, 「15엔 50전, 광기의 기억-쓰보에 시게지 장시 『15엔 50전』(1948)에 부쳐」, 민족문학사학회, 『민족문학사연구』 제27호, 소명출판, 2005.

30 谷川俊太郎, 김응교 역, 『이십억 광년의 고독』, 문학과지성사, 2009.

31 김응교, 「2010년, 일본시 올스타전」, 『시와 문화』, 2009 가을호.

가령, 이른바 옥중문학은 세계 어디에 가든 진보적 문예에는 나타나는 현상이다.

여기서 필자가 주목하고 싶은 것은 임화나 나프 시가 여성을 어떻게 시에 담았는가 하는 문제다. 당시 카프와 나프에서 여성을 화자로 쓰는 시는 하나의 흐름이었다.

> 안녕 안녕 안녕 안녕
> 안녕 안녕 안녕 안녕
> 우리는 그것을 보았다
> 백명의 여공이 내리고
> 천명의 여공이 계속 올라타는 것을
> 여공이란 무엇인가
> 방적(紡績)여공이란 뭐란 말인가
> 회사 공장 굴뚝 기숙사란 뭣인가
> 거기서 그녀들이 젖은 수건처럼 쥐어짜지는 것은 뭐란 말인가
> 그리고 설날이란
> 설날 휴가란 무엇인가
> 오오 그녀들은 충분히 쥐어짜졌다
> 그리고 쫓겨났다. 설날이라는 이름으로
> 그리고 우리는 보았다
> (…중략…)

그녀들은 착취당할 만큼 착취당했다
마을에는 인신매매꾼들이 돌아다니고 있다
그녀들은 작은 정거장을 나와
눈[雪] 속을
새로운 인신매매꾼들의 복병 속으로 되돌아가는 것이다
그것을 그녀들 또한 알고 있다

안녕 안녕 안녕 안녕
아안녕 아안녕 아안녕 아안녕
거기는 엣츄[越中]였다

그곳 작은 정거장의 눈이 휘날리는 시멘트바닥 위에서
딸과 부모 형제들이 서로 서로 쓰다듬고 있었다
내린 사람과 계속 타는 사람과의 이별 인사가
제각기 다른 공장으로 흩어질 그녀들의
두 번 다시 만날 수 없는 방적공장 여공들의 헤아릴 수 없는 합창소리가
쉬지 않고 내리는 눈 속에서 춤추며 올랐다.

—나카노 시게하루, 「汽車 三」(1927)에서[32]

32 "さようなら さようなら さようなら さようなら/さようなら さようなら さようなら さようなら/おれ達はそれを見た/百人の女工が降り/千人の女工が乗りつづけて行くのを/紡績女工とはなにか/会社 工場 煙突 寄宿舎とはなにか/そこで彼女たちが

설날 눈 내리는 기차역에서 여공들이 새롭게 바뀌는 풍경을 담고 있다. 설날 기차를 탄다면, 휴가 가는 길일진대, 설날 휴가로 공장을 나서는 여성들의 표정은 그리 밝지 않다. 그들은 쉬러 가는 것이 아니라, 곧바로 해직되는 것이기 때문이다. 1930년대에 여공의 비정규직 계약기간은 1년인 경우가 대부분이었다. 새로운 노동자를 구하기 위해 "마을에는 인신매매꾼이 돌아다니고" 있는 것이다. 당시 대다수의 여성노동자들은 농민출신이었고, 직업별 노동조합도 결성되어 있지 않은 시기였다. 1년 동안 일한 여공들이 밀려나간 자리에 더욱 값싼 신참 여공들이 채워진다. 쫓겨나는 여공들은 "두 번 다시 만날 수 없는" 벗들과 얼싸 안고 울기만 한다. 이렇게 시인은 방적공장 여공들이 설날을 빌미로 퇴직당하고 빈 자리에 다른 여공들이 채워지는 과정을 '기차역'을 배경을 그리고 있다.

이 시가 탁월한 것은 먼저 방직산업의 여성노동자를 시의 주인공

濡れ手拭のように搾られるとは何か / そして正月とは何か / 正月休みとは何か / おお彼女たちは十分に搾られた / そして追い出された　正月の名で / そしておれ達は見た / (…중략…) / 彼女たちはもう十分に搾られていた / そして村々には新しい人買がまわっていた / それらを小さな停車場を出て / 雪の中を / 彼女たちは新しい人買いどもの伏兵の中へ帰って行くのだ / それを彼女たちは知っていた // さよなら さうなら さうなら / さようなら さようなら さようなら さようなら / そこは越中であった // その小さな停車場の吹きっさらしのたたきの上で / 娘と親と兄弟とが互いに撫で合った / 降りたものと乗りつづけるものとの別れの言葉が / 別々の工場に買いなおされるだろうと彼女たちの / 二度とあわないであろう紡績女工たちのその千の声の合唱が / 降りしきる雪空のなかに舞い上がった"(中野重治, 「汽車　三」(1927), 『中野重治・日本詩人全集25』, 新潮社, 1968, 45~46면.

으로 삼았다는 점이다. 당시 일본 방직산업의 여성노동자 수는 급속히 확대되고 있었다. 쇼와[昭和] 공황 전후부터 무렵 1929년 여성노동시장을 보면, 1000명을 조사했을 때 방직 823명, 금속 8명, 기계가구 12명, 화학 39명, 식료품 21명, 기타 30명이었을 정도로 방직 여공의 숫자는 절대적이었다. 또한 방직 여공의 수는 1909년 49만, 1914년 56만, 1919년 81만, 1929년에는 97만 명으로 확대되었다.[33] 즉 나카노 시인은 그 시대에 가장 문제가 될 만한 첨예하고 전형적인 직업군을 시에 담았던 것이다.

게다가 시의 배경은 엣츄[越中]라는 지역이다. 엣츄는 현재 토야마[富山]현의 옛이름으로 1918년경에 가장 큰 쌀소동이 일어났던 곳이다. 전형적인 인물과 전형적인 공간을 통해, 시인은 그 시기의 문제점을 탁월하게 포착하고 있다.

당시 여성의 노동력을 주제로 한 작품은 많았다. 공장에서 남자보다 값싼 여성 노동자가 대거 고용되던 시기였다. 당연히 프롤레타리아 시인들은 여성 노동자를 시의 서정적 화자로 등장시키기 시작했다. 나카노 시게하루만이 아니라 많은 시인들이 여성을 서정적 화자 혹은 주인공으로 시에 등장시켰다.

"째브러진 초가삼간에서도 길에 나올 때에는 불란서 파리나 뉴욕 만핫탄에서 부침하는 여성들의 옷을 걸치고 나와야만 하는"[34] '모던

33 竹中恵三子, 『新女性労働論』, 有斐閣選書, 1991, 48~63면.

걸'들도 있었지만, 1920년대는 "화장하고 작업복 입고 공장으로 들어가는"[35] 방직공장 여공들이 사회의 저변을 이루기 시작한 시대였다. 그것은 비단 일본 사회뿐만 아니라, 식민지 조선도 마찬가지였다. 그래서 여직공은 "악마의 굴 속 같은 작업물 안에서 / 무릎을 굽힌 채 고개 한번 돌리지 못하고"(유완희, 「여직공」) 열두 시간을 일하면서, "태양도 잘 못 들어오는 / 어두컴컴하고 차디찬 방"(권환, 「우리를 가난한 집 여자이라고」)에서 지내야 했다. 산업적 신분으로는 엄연히 존재하는 이들이 정치적 사회적 신분으로는 대우받지 못한다. 여성노동자는 시대의 흐름에 따라가지 못하는 늦깎이들이고, 그 흐름을 방해하는 범죄자로 몰리면서, 이들에게 차별이나 폭력을 행사해선 안 되지만 행사해도 큰 처벌을 받지 않았던 것이다. 그래서 "누나의 얼굴은 / 해바라기 얼굴"이 되어 무겁게 얼굴을 떨구고 "해가 금방 뜨자 / 일터에 간다."(윤동주, 「해바라기 얼굴」, 1938) 당시 여성노동자들은 파시즘 국가들이 국가체제를 유지하기 위해 희생양으로 생산되는 존재였다. 무소부재의 자본이라는 권력은 여성노동자를 '벌거벗은 존재', 호모 사케르(Homo Sacer)로서 대우했다. 이 여성들은 인간으로 대우받아야 마땅한 신성한 존재들이건만, 시대의 논리를 깨닫지 못했다는 죄로, 시대의 희생물이 되었던 것이다. 위 시의 비정규

34 안석영, 「모던 걸」, 『안석영문선』, 관동출판사, 1984, 76면.
35 이광수, 「육장기」, 『이광수전집』 6, 삼중당, 1962, 503면.

직 여성노동자는 사회의 유지를 위한 희생양으로, 자본주의는 이들을 밖으로 내몰지 않고, 안으로 끌어안고 '배제 / 차별'한다.[36] 여성을 비정규직으로 그때 그때 바꿔치우는 것은 자본주의 시장 운영의 가장 기본적이고 손쉬운 방법일 것이다.

이러한 시대에 임화는 여성을 어떻게 시에 담았을까?

①그리하야 지금은 화젓가락만이 불쌍한 우리 영남이하구 저하구처럼 똑 우리 사랑하는 오빠를 잃은 남매와 같이 외롭게 벽에가 나란히 걸렸어요

오빠 ……
저는요 저는요 잘 알았어요
웨 — 그날 오빠가 우리 두 동생을 떠나 그리로 들어가실 그날밤에
연거푸 말은 궐련[卷煙]을 세 개씩이나 피우시고 계셨는지
저는요 잘 알었어요 오빠

36 호모 사케르(Homo Sacer)는 '신성한 인간'을 뜻하지만, 실제로는 범죄를 저질렀거나 어떤 불결함을 지녔기에 신성한 제단에 바칠 수 없는 존재'였다. 로마 시대의 기록에 따르면 '호모 사케르를 희생물로 삼는 것은 합법적이지 않지만 그를 죽이는 자가 살인죄로 처벌받는 건 아니다'라고 되어 있다. 호모 사케르는 그 사회가 시민에게 부여하는 어떤 보호도 받지 못한 채 단지 숨 쉬는 생명체로, 날것의 인간으로 살아간다. Giorgio Agamben, 『호모 사케르』, 새물결, 2008, 49면.

언제나 철없는 제가 오빠가 공장에서 돌아와서 고단한 저녁을 잡수실 때 오빠

몸에서 신문지 냄새가 난다고 하면

(…중략…)

말 한 마디 없이 담배 연기로 방 속을 메워 버리시는 우리 우리 용감한 오빠의 마음을 저는 잘 알았어요

천정을 향하야 기어올라가든 외줄기 담배 연기 속에서 — 오빠의 강철 가슴 속에 백힌 위대한 결정과 성스러운 각오를 저는 분명히 보았어요

—「우리 오빠와 화로」 전문, 『조선지광』 83호(1929.2)

② 네가 지금 간다면, 어디를 간단 말이냐?

그러면, 내 사랑하는 젊은 동무,

너, 내 사랑하는 오직 하나뿐인 누이동생 순이,

너의 사랑하는 그 귀중한 사내,

근로하는 모든 여자의 연인 ……

그 청년인 용감한 사내가 어디서 온단 말이냐?

(…중략…)

순이야, 누이야!

근로하는 청년, 용감한 사내의 연인아!

생각해보아라, 오늘은 네 귀중한 청년인 용감한 사내가

젊은 날을 부지런한 일에 보내던 그 여윈 손가락으로

지금은 굳은 벽돌담에다 달력을 그리겠구나!

또 이거 봐라, 어서,

이 사내도 네 커다란 오빠를 ……

남은 것이라고는 때묻은 넥타이 하나뿐이 아니냐!

오오, 눈보라는 트럭처럼 길거리를 휘몰아간다.

자 좋다, 바로 종로 네거리가 예 아니냐!

어서 너와 나는 번개처럼 두 손을 잡고,

내일을 위하여 저 골목으로 들어가자,

네 사내를 위하여,

또 근로하는 모든 여자의 연인을 위하여 ……

이것이 너와 나의 행복된 청춘이 아니냐?

—임화, 「네 거리의 순이(順伊)」에서, 『조선지광』(1929)

여성 화자는 임화의 시에서 자주 나타난다. 그런데 임화의 시에 나타나는 여성은 주체적으로 자기 삶을 꾸려가는 의지적인 인물이 아니다. 임화의 시에 나타나는 여자는 남자의 삶에 기대고 있는 종속적인 여인이다. ①에서 보듯이, 오빠를 잃은 두 자매는 외롭게 벽에 걸린 화젓가락 같은 인생이며, 오빠의 삶을 통해 소녀는 모든 것을 배운다. 그래서 3번씩 "알았어요"라고 반복하고, "오빠의 강철 가슴 속에

백힌 위대한 결정과 성스러운 각오를 저는 분명히 보았어요"라고 한다. 오빠라는 존재를 통해서만이 알고, 보고, 깨닫는 것이다. ②에서처럼 여성은 오빠의 "오직 하나뿐인 누이동생 순이"이며, "근로하는 청년, 용감한 사내의 연인"일 뿐이다. 그렇게 살아야 "행복된 청춘이 아니냐"고 강변하는 임화의 태도는 자칫 봉건적인 태도로까지 보인다. '강변한다'고 쓴 이유는 임화 시에서 물음표(?)가 마침표(!)의 기능을 가질 때가 많기 때문이고, 그렇다면 ②에는 마침표가 너무도 많다. 위 두 시에서 독자는 여성 화자를 통해, 누이의 목소리를 통해 남성의 계급의식을 느낄 수는 있고, 남성적 대결의 세계를 목도할 수는 있다. 물론 "저는 제사기를 떠나서 백장의 일전짜리 봉투에 손톱을 뚫어 뜨리"(「우리 오빠와 화로」)는 누이가 등장하기는 한다. 그리고

> 관부연락선이 뿌— 하고 신음하는데 / 바쁘게 경적을 울리며 달리는 순시함의 순경이 든 붉은 전등이 / 미친개의 눈동자같이 빛나고 있다 / (…중략…) / 오오 수만의 동포가 이산의 눈물을 흘리며 / 지난해 조방(朝紡)의 스트라이크가 실패한 / 애처로운 투쟁에서 자매들의 상처투성이 노래가 울려 퍼졌다 / 우리들의 바다! 현해탄은 출렁인다 / 오오 언제 저녁 바람이 잠잘지 모르는 현해탄의 거친 파도여! / 우리들의 고통스러운 투쟁의 노래도 / 이 바다처럼 퍼져가며 파도처럼 높아가고 있는 것을 알고 있는가? / —「3월 1일」을 ×××날로써 기념하라!
>
> —「현해탄(玄海灘)」에서

이 시에서도 여공이 등장하기는 한다. 시인은 '조선방직공장'의 파업 실패라는 구체적 현실을 거친 파도가 몰아치는 현해탄의 어두운 밤의 상황과 적절하게 유비시키고 있다. 관부연락선의 기적 소리마저 '신음'으로 들리고, 수만 동포의 '눈물'은 출렁이는 현해탄과 유비된다. 여기서 여공은 역사의 중심에 서지 못하고 주변(周邊)에 위치한다. 그러나 시에 여공이 등장하더라도, 구체적으로 여성이 어떻게 살아가는지 어떻게 노동하고 있는지를 임화는 형상하지 못하고 있다. 그가 구체적으로 형상하고 있는 여성들은 앞서 「네 거리의 순이」에서 보았듯이, 노동하는 주체적 여성이기 보다는 남성에 속해 있는 의존적인 여성적 화자다.

이에 대해 김윤식은 '누이 콤플렉스'[37]라는 이름으로 임화의 독특한 여성화자에 대한 무의식을 설명한 바 있다. 김윤식은 임화의 가출신화부터 여성편력, 그리고 임화 시에서 나타나는 여성 화자의 변화에 이르기까지 꼼꼼히 분석하면서, 남자에 의해 희생 당하는 여성이 혁명적인 영웅을 배출하는 배경이 되며, 영웅이 되기 위해서는 끊임없이 '희생당하는 누이'를 추구해야 했다고 밝힌다. 이 분석 역시 임화 시에서 여성의 역할이 단순히 남자의 계급의식을 강화하는 수사적 기능에 그치고 있다는 말과 같을 것이다. 임화 시에서 여성화자는 주체가 아니라, 단순히 정서적 감염력을 위한 도구로 기능하고 있는

37 김윤식, 『임화연구』, 문학사상사, 1989, 180~192면.

것은 임화가 갖고 있는 여성에 대한 인식의 한계일 것이다. 다시 말하자면 임화 시에는 인텔리 특유의 계급의식은 있으나 노동자 현실에 밀착되어 있지 않다는 것을 이런 부분이 말해주는 것이다. 임화 시에서 여성이 끊임없이 등장하는 또다른 이유로는, 프로이트가 말한 모성회귀본능(母性回歸本能)이 있을 수도 있겠다. 실제로 그런 안락의 세계로 돌아갈 수 없었던 임화는 끊임없이 영원한 쉼의 세계를 한편으로는 동경했던 것이 아닐까. 그래서 끊임없이 상상의 세계를 만들어 냈던 것이 아닐까.

한편으로 임화의 여성 화자는 식민주의에 대항하는 기재로 읽힐 수도 있다. 시대에 의해 고통받는 가족의 딸, 여성은 그것 자체가 탈식민적 저항의 의미를 가질 수 있기 때문이다. 전체주의 사회의 남성 권력에 대항하는 방법은 남성적 권력으로 정면 맞설 수 있겠으나, 그럴만한 힘이 없을 때, 곧 전체주의가 너무도 강대할 때는 여성적 화자로 대항하는 방법이 효과적일 것이다. 팔루스(phallus, 남근 권력)[38]에 대항하기 위해서는, 남성적인 힘보다는 여성의 내면적 힘이 가장 효과적이라는 뜻이다. 그래서 혁명이야기는 여성투자가 주인공이 된

38 라캉은 한국어로 둘 다 남근이라고 번역될 수 있는 '페니스'(penis, 음경)와 '팔루스'(phallus, 남근)를 구분한다. 페니스는 생물학적인 남성의 성기를 지칭한다면, 팔루스는 이 남성의 성기가 추상화하여 기표의 세계 혹은 의미의 세계에 대하여 담당하는 유일무이한 역할을 가리킨다. 바벨탑 설화에서부터 시작하여, 불교의 탑이나 교회의 첨탑도 남성 권력 팔루스의 상징일 것이다. 제국의 상징물은 언제나 제국의 '기원신화'를 암시하는 것이다. 파시즘의 기원 역시 언제나 남성적 폭력이다. 그러나 상징적인 기념물은 이 폭력적 기원을 가리고 이를 숭고한 신화로 치장한다.

다. 고리끼의 『어머니』, 북한의 혁명가극 『꽃 파는 처녀』처럼 여성 전사가 전면에 나선다. 그러나 시대와 현실에 순응할 경우 남성 화자를 선택하고, 시대를 거부하고 저항할 때는 여성 화자를 기계적으로 쓰는 것은 아니다.

5. 임화의 '현해탄'과 나프의 '반전(反戰)'

19세기 초부터 일본 시인들은 파시즘 전쟁을 비판하는 반전시를 많이 발표했다.

요사노 아키코[與謝野晶子, 1878~1942]가 알려져 있다. 요사노 아키코는 가집(歌集) 『흩어진 머리[みだれ髮]』(1901)에서 자유분방한 여성의 자아를 노래해서 문단을 놀라게 한 시인이다. 1904년 러일전쟁이 한창일 때 발표된 그녀의 시 「동생이여 죽어서는 아니 된다[君死にたもうことなかれ]」는 전쟁에서 동생이 '죽어서는 안 된다'는 내용이다. 이 시가 발표되자 국가의식이 없다는 강렬한 비난이 쏟아졌다. "아, 동생아, 너 위해 눈물 흘린다 / 그대 죽어서는 안 된다 / 막내로 태어난 너이기에 / 부모의 정이 더욱 깊으니 / 부모는 칼을 들고 / 사람 죽이는 것을 가르쳤느냐 / 사람을 죽이고 너도 죽으라고 / 24살까지 키웠느냐"는 이 시에는 전쟁의 본질에 항거하거나 제국주의 모

순을 지적하는 논리를 갖고 있지 않다. 다만, 남동생의 죽음을 염려하는 내용이 이후에 열렬한 반전시로 받아들여졌던 것이다. 그렇다 하더라도 이 시를 단순히 가족 사랑의 시로만 해석할 수는 없다.[39]

관동대진재(關東大震災)의 조선인 학살을 테마로 한 장시 「15엔 50전(十五円五十錢)」(『新日本文學』, 1948.4)[40]을 남긴 시인 쓰보이 시게지[壺井繁治, 1898~1975]도 많은 반전시를 발표했다. "포탄은 / 끊임없이 울리고 / 날은 저물어 간다 / (…중략…) / 가을이 깊어 가는 중에 / 철(鐵)보다도 딱딱한 돌이 그립다"(「돌」에서)라고 하여, 청일전쟁 이후 태평양전쟁에 이르기까지 15년의 전쟁을 경험했던 시인의 쓸쓸함을 표현하고 있다. 마지막 행에 "철보다도 딱딱한 돌이 그립다"라고 한 것은 철로 만들어진 온갖 전쟁 도구보다는 돌로 상징되는 자연 자체가 그립다는 표현이다.

예술파 시인인 가네코 미쓰하루[金子光晴, 1895~1981]는 반골(反骨) 시인으로 알려져 있듯이 거의 모든 권력에 저항했다. 반전시 「상어[鮫]」 등의 작품으로 유명한 그는 무일푼으로 아시아와 유럽을 방랑했고, 이후 그의 시에는 동남아시아 원주민의 평화스러운 모습과 대비되는 전쟁의 참상을 고발하는 내용이 많이 담겨 있다. 그가 쓴 반전시 중에 「전쟁」이란 작품을 보자.

---

39 김응교, 「다시 해석되어지는 가인, 與謝野晶子(2)」, 『문학사상』, 2003.1.

40 위의 책, 「15엔 50전—쓰보이 시게지의 시 연구」.

전쟁이란, 끊임없이 피가 흐르는 것이다

그 흐른 피가, 헛되이

땅에 빨아들여져 버리는 것이다

나는 알지 못하는 사이에. 내 피로 이어서 빨려드는가.

반성하거나, 선동하는 것을 그치고

기와를 만드는 것처럼 틀을 끼어서, 인간을 전력(戰力)으로 보내는 것이다

19살의 아이도.

50살의 부친도.

19살의 아이도

50살의 부친도

하나의 명령에 복종하여,

좌로 향해

우로 향해

하나의 표적에 방아쇠를 당긴다

적의 부친과

적의 아이에 대해서는

생각할 필요가 털끝만치도 없다

그것은 적이기 때문이다

—가네코 미쓰하르, 「전쟁」에서

일제가 무모한 전쟁을 도발하여 젊은이를 죽음터로 몰아가고 있을 때 유독 끈질기게 가네코 미쓰하르는 저항시를 계속 발표했다. 위의 시에서 시인이 전쟁을 긍정하는 듯이 보이지만, 실은 전쟁에 대한 모든 생각을 '비아냥'거리고 있는 것이다. 가네코 미쓰하르의 시에는 단독자로서의 강렬한 자아가 빛난다. 이외에 마키무라 고[木+眞村浩, 1912~1938]의 장시 「간도 파르티잔의 노래」(『프롤레타리아문학』, 1932.3) 한 작품도 기억할 만하다. 이 장시는 시인이 식민지 지배에 저항하여 독립운동을 하던 조선인의 입장에서 쓴 것이다. 일본의 중국 침략이 1931년 본격화되자 「살아있는 총가」, 「출정」 등의 시를 통해 출병을 반대했던 마키무라 고는 조선독립운동과 연계해 검거돼 3년간 옥고를 치르기도 했다. 그러나 출옥 후 고문 등으로 몸과 정신이 병들어 정신병원에서 스물여섯 살로 세상을 떠났던 비극적 시인이다. 그는 일본 프롤레타리아작가동맹에서 활동하던 조선인 시인 김용제 등과 교유하며 식민 지배를 받던 조선의 현실상황과 저항운동 등에 관심을 가졌다. 이렇게 일본의 반전시는 비단 나프에 속한 시인들뿐만 아니라, 이른바 예술주의 노선을 택한 시인들도 반전시를 발표할 만치 일반적인 주제였다. 19세기 초부터 일본에서 '반전(反戰)'이란 단어는 문화예술계에서 상식적인 키워드 중의 하나였다.[41] 이제 임화가 숙독했다던 미요시 주로의 반전시를 보자.

진타로[甚太郎] 아저씨
이 자루에는
은단과 우카이산[ウガイ散, 위장약—역자]과
테누구이[手拭い, 일본전통 손수건]가 들어있어요
그리고 논키[ノンキー]가 들어 있어요
어제, 뒷집 소메[染] 아저씨랑 둘이서
마을에서 사온 거예요.
우카이산,
배가 아플 때 먹는 겁니다.
그리고 진타로 아저씨
칼 꽂은 총으로

41 일본 현대 시인들은 끊이지 않고 반전시를 발표하고 있다. 패전 이후, 일본의 시단은 패배의식과 암담한 현재를 문제 삼는 '아레치[荒れ地] 그룹'이 주도권을 잡고 있었다. 현실의 정치적 상황에 이데올로기로 맞선 '렛토[列島] 그룹'이 전쟁의 폐허를 시에 담았고, 이 흐름은 오늘날 평화운동과 반전시 운동의 밑거름이 되어 왔다. 사실 일본의 반전시집은 60년대부터 하나의 출판 장르를 이룰 만치 출판되어 왔다. 중요한 시집을 논하면 다음과 같다. 秋山清 · 伊藤信吉 · 岡本潤,『世界反戰詩集』, 太平出版社, 1969; 島始 · 菅原克己 · 長谷川四郎編,『世界反戰詩集』, 渥美書房, 1971; 倉田淸譯,『世界反戰詩集』, 角川文庫, 1974; 沖長ルミ子他編,『女性反戰詩集, 平和への願い』, 視點社, 1982; 井之川巨,『偏向する勁さ, 反戰詩の系譜』, 一葉社, 1995; 伊藤信吉, 岡本潤 編,『日本反戰詩集』, 大平出版社, 1980; 村田正夫, 野口正義 編,『反戰詩集, 戰爭とは何か』, 現代書館, 1970; 反戰詩集偏執委員會,『反戰アンデパンダン詩集』, 創風社, 2003. 일본의 반전시에 관해서는 김응교,「일본의 반전시」,『시경』, 박이정, 2004 가을호를 참조 바란다.

사람 찔러 죽이지 마세요.

(…중략…)

소메 아저씨가 신문을 읽어줬는데

일본군이 전투에서 승리했다지요

아저씨도 참전했었나요

그리고 적을 죽였나요

아저씨가 말했지요

중국은 진짜로 우리의 적이 아니라고!

그래도 출정하지 않으면 안돼

가고 싶지 않아도 가지 않으면 안돼

죽이고 싶지 않아도 죽이지 않으면 안돼

그렇다는 거

진짜 적은 중국이 아니잖아요?

(…중략…)

진타로 아저씨

죽이지는 마세요

죽이지는 마세요

그래도, 아저씨는

칼 꽂은 총으로 찌르지 않으면 안돼

— 미요시 주로, 「山東へやった手紙」(1927)[42] 에서

중국으로 출병간 진타로 아저씨에게 꼬마 아이가 편지를 보낸다. 꼬마 아이는 진타로 아저씨의 건강을 염려하면서 동네 이야기를 전한다. 그리고 절대 중국 사람을 죽이면 안 된다는 것을 몇 번이고 강조한다. 어린아이 말투로 써져 있는 이 시는 낭송할 때 선동성을 발휘했을 것이다. 이 시는 중일전쟁을 반대하는 반전시로 여러 책에 실려 있는 반전시 중의 명작이다. 이 시가 발표되었던 1927년은 바로 임화가 미요시 주로 시인을 알았던 시기이다. 그러나 임화 시에서 이러한 반전시를 찾아보기는 어렵다.

임화가 시에서는 직접 표명하지 않았지만, 군국주의 파시즘에 분명한 거리를 두는 비판적 의식을 그의 평론 「전체주의 문학론」(1940) 등에서 읽을 수 있다. 이 글에서 임화는 '나치스' 사상에 대하여 괴벨스의 회답문을 인용하면서, 비독일적(非獨逸的)이란 말은 "단순한 비평이 아니라 하나의 낙인(烙印)이다"라는 말로 전체주의적 문학은 강제성을 동반하고 있음을 비판하고 있다. 그래서 "독일적 비평이란

42 "甚太郎おじさん / この袋には / 仁丹とウカイ散と / 手ぬぐいが入っとる / それから, ノンキ-が入っとる / 昨日, 裏の, お染さんと二人で / 町から買って來たものです。/ ウカイ散は, / 腹の痛が時に飲むとです。/ そして,甚太郎さん / 剣つき鉄砲で突き殺ろされんよ一にしなさい / (…중략…) / お染さんが新聞を読んでくれたら / 日本軍が合戦に勝ったそ一ですね / おじさんも戦ったのですか / そして敵を殺したのですか。 / おじさんは　ほんとは俺達の敵では無いよ / しかし出征しなんならん / 行きたく無いのに行かんならん / 殺したく無いのに殺さんならん / ぞ一たんのごと / ほんとの敵は支那じゃなか"(三好十郎, 「山東へやった手紙」, 1927; 野間宏浩 책임편집, 『日本プロレタリア文学大系』 제2권, 東京 : 三一書房, 1954, 351~352면)

곧 하나의 정벌(征伐)을 의미한다." 따라서 임화가 보기에, 나치스 문학의 이상이 "세계 문학 가운데 무엇을 가져오느냐는 것은 물론(勿論) 역사만이 판단(判斷)할 일이다"[43]라고 할 만큼 긍정적인 것은 아니었다. 임화는 이렇게 전체주의와 비판적인 거리를 두었지만, 파시즘 전쟁에 반대하는 직접적인 시는 발표하지 않았다.

임화의 반전체주의 의식이 유이민의 고통과 함께 은밀하게 드러나는 장소는 '현해탄'이다. 현해탄을 보며 "나는 학생으로부터 무엇이 되어 돌아갈 것인가?"[44]라고 자각했던, 임화는 「해상에서」 「해협의 로맨티시즘」 「상륙」 등 많은 시를 '현해탄'[45] 모티프로 하여 발표했다.

> '반사이!' '반사이!' '다이닛' ……
>
> 二等 캐빈이 떠나갈듯한 아우성은,
>
> 感激인가? 협위인가?
>
> 깃발이 '마스트' 높이 기어 올라갈 제,
>
> 青年의 가슴에는 굵은 돌이 내려앉았다.
>
> 어떠한 불덩이가

---

43 임화, 「전체주의 문학론」, 『문학의 논리』, 학예사, 1940, 768~770면.

44 임화, 「해상에서」, 『현해탄』, 동광당서점, 1938, 153면.

45 반면에 국내 문제에 대하여 임화의 시에서 계급의식과 상황변화를 보여준 장소는 '종로 네 거리'다. 「네 거리 순이」 「다시 네 거리에서」 등으로 이어지는 시들이 모두 종로 네 거리를 배경으로 하여 쓰여졌다. 이에 대해서는 글을 달리하여 쓰고자 한다.

과연 층계를 내려가는 그의 머리보다도
더 뜨거웠을까?
어머니를 부르는, 어린애를 부르는,
南道 사투리,
오오! 왜 그것은 눈물을 자아내는가?

(…중략…)

三等 船室 밑
똥그란 유리창을 내다보고 내다보고
손가락을 입으로 깨물을 때,
깊은 바다의 검푸른 물결이 왈칵
海溢처럼 그의 가슴에 넘쳤다.

—임화, 「해면의 로맨티시즘」에서, 『현해탄』(동광당서점, 1938), 144~146면

모든 시가 그렇지만 이 시에서는 단어 하나 하나에 주의해야 한다. 일본인들은 "반자이[万歲]"를 외치고 "다이니뽄[大日本]"을 외친다. "다이닛……"이라고 하고 말줄임표 (……)를 넣은 이유는 "대일본제국"이라는 발음으로 이어지기 때문에 그럴 것이다. 일본어에서 일본(日本)이라는 한자를 발음할 때 두 가지로 발음하곤 한다. 가장 일반적인 '니혼'이라는 발음은 강조의 의미가 없다. 그런데 '닛뽄'이라

고 발음할 때는 우익 국가주의나 스포츠 시합을 응원할 때 쓴다. 2등 캐빈에서 '반자이'를 외치는 일본인들은 주위에 누가 있던 마라건 대일본제국에 대한 자부심을 만끽하고 싶은 사람들이었을 것이다. 그래서 그들에게는 "감격(感激)"이겠지만, 조선인들에게는 "협위" 곧 공격적인 위협(威脅)으로 느껴졌을 것이다. 그리고 임화는 이 시에서 강조할 단어를 한자로 쓰고 있다. 일본인의 자부심 넘치는 "반자이"라는 일본어는 연약한 어머니와 어린애를 부르는 눈물 나는 "南道 사투리"와 대비된다. 일본인이 지내는 "二等 캐빈"은 식민지인이 지내는 "三等 船室"과 대비된다. 그래서 "青年의 가슴에는 굵은 돌이 내려앉"고, "깊은 바다의 검푸른 물결이 왈칵 / 海溢처럼 그의 가슴에" 넘친다. 이러한 열패적 감정을 느끼며 임화가 삼등실에서 보았던 것은 현해탄을 건너가는 디아스포라(diaspora)들이었다. 임화의 '현해탄'에서 주목해야 할 대상은 나라 잃은 유이민(Diaspora)의 비참한 삶이다.

> 눈물이 흐른다
> 현해탄 넓은 바다 위
> 지금 젖꼭지를 물고 누워
> 뒹굴을 듯 흔들리는 네 두 볼 외에
> 하염없이 눈물만이 흐른다
> (…중략…)

나의 아기야, 그래도 이 속엔 아직 그들의 탄 배의 이름도 닿을 항구의 이름도 없고,

이 바다를 건너간 사람들의 운명은 조금도 똑똑히 기록되어 있지 않다

—임화, 「눈물의 해협」에서, 『현해탄』(동광당서점, 1938)

현해탄 모티프는 임화뿐만 아니라, 조선의 젊은 시인들에게 귀중한 시적 이미지[46]였다. 식민지 청년에게 현해탄은 단순히 도쿄로 관광 가는 그런 길이 아니었다. 그래서 임화는 "첫 번 航路에 담배를 배우고, / 둘째 번 航路에 戀愛를 배우고, / 그 다음 航路에 돈 맛을 익힌 것은, / 하나도 우리 青年이 아니었다"(「현해탄」)고 쓴다. 위의 시에서 주목되는 점은 탄 배의 이름도 닿을 항구 이름도 모르는 '유이민' 이다. "어떤 사람은 건너간 채 돌아오지 않았다 / 어떤 사람은 돌아오자 죽어갔다 / 어떤 사람은 영영 생사도 모른다."(「현해탄」) 모를 말을 지저귀는 양복쟁이는 일본인으로 생각되는데 이 일본인은 잠결에 기댄 조선 늙은이의 머리를 "빠가!"(「야행자 속」)라며 밀쳐낸다. '정착하지 못하고, 살던 곳에서 뿌리가 뽑히고, 자기 스스로가 아니라 남에 의해 자신의 존재(역사나 이름 따위)가 번역되는(translated)',[47] 노인의 이름이

46 시인 김용제(金龍濟, 1909~1994)도, "현해탄의 거센 파도는 / 오늘 밤에도 찬비에 해면을 두들겨 맞으면서 / 그 고통스런 감정처럼 / 어둠속에서 검게 굽이친다 / 멸망해가는 고국의 곶을 씹어서 / 회색 물안개를 토하고 웅성거린다 / 멀리 관부연락선의 기적이 신음소리를 내고 / 거친 증기선을 순시하는 순경의 붉은 전등불이 / 미친개의 눈동자처럼 번쩍인다"(「현해탄」)고 쓴 바 있다.

"빠가!(병신)"로 번역되는 영락없는 난민(refugee)이다.

> 되놈의 땅으로 농사가는 줄을 누가 모르나
> 면소(面所)에서 준 표지를 보지, 하도 지척도 안 뵈니까 그렇지!
>
> 차가 덜컹 소리를 치며 엉덩방아를 찧는다
> 필연코 어제 아이들이 돌멩이를 놓고 달아난 게다
>
> —임화, 「야행차 속」, 『현해탄』(동광당서점, 1938)

북방으로 향하는 이민열차에서 "엉덩방아를 찧"으며 짐짝처럼 실려가는 유이민의 모습을 그리고 있다. 이런 기차는 "돌아올 날을 / 기약코 / 길을 떠난 / 사람이 / 하나도 없는 / 車간"[48]이다. 이렇듯 임화의 시는 남쪽으로 현해탄을 통해 건너가는 유이민, 북쪽으로는 이민열차를 통해 가는 유이민이 그려져 있다. 이러한 모습은 나프 시에서 발견할 수 없는 임화 아니 조선 시인들만의 아픔이다.

지금까지 보았듯이, 임화는 그 세계관에서 주변인(the marginal)에서 떠나지 않으려 노력했다. 그가 쓴 단편서사시들, 여성화자를 누구로 했든 그리고 유이민에 관해 어떻게 썼든 임화는 일관된 세계관

47 "Refugee : you are unsettled, uprooted. You have been translated. Who translated you?"(Robert J. C. Young, *Postcolonialism*, Oxford University Press, 2003, p.11)
48 임화, 「車中(秋風嶺)」, 『맥』, 1938.10.

을 갖고 있었다. 그것은 1930년대 말 임화의 이식문학론, 해방 직후 그가 내놓은 인민문학론, 그리고 이어지는 민족문학론에도 일관되게 내재되어 있다.

6. 모방과 창조 – 결론

이 글을 통해 몇 가지 확인한 내용 중에, 먼저 임화 시와 일본의 프롤레타리아 시에서 공통적인 사항은 다음과 같다.

① 임화의 단편서사시는 일본 나프의 장시와 유사한 면이 있다는 것을 확인했다. 따라서 일본 장시의 영향을 받았을 가능성이 있겠으나, 그렇다고 그것이 임화 단편서사시가 나프의 장편 프롤레타리아 시를 모방했다고 단언할만한 근거는 안된다. 첫째, 임화는 단편서사시를 쓰기 전에 다다이즘 시나 모더니즘 시도 긴 형식으로 썼다. 둘째, 임화가 썼던 배역시(配役詩)는 임화가 갖고 있는 개성 중의 하나였다. 1928년 임화는 연극을 배울 목적으로 도쿄에 갔고, 또 영화배우를 했다는 사실, 그리고 조직에서도 키노 분과에 있었다는 것을 기억해야 할 것이다. 셋째, 임화가 이상화 시인을 좋아했고 한국시의 서사적 전통을 의식했다는 것을 기억해야 한다. 당시 이상화의 「빼앗긴 들에도 봄은 오는가」(1927)는 최고의 걸작으로 회자되고

있는 상황이었다. 따라서 임화의 단편서사시를 단순히 일본 나프시의 모방으로 평가할 근거는 없다.

② 임화 시에 나타나는 여성 화자는 당시 1920년대와 30년대에 한국과 일본 프롤레타리아 시에서 자주 등장하는 인물 유형이라는 것을 확인했다. 그러나 임화 시에 나타나는 여성 화자는 지극히 수동적인 유형임을 보았다.

다음으로 임화 시와 일본의 프롤레타리아 시와 다른 점은, 일본 나프시에서 많이 나타나는 유형인 반전시는 임화 시에서 나타나지 않는다. 반면 임화 시에는 일본 나프 시에서 나타나지 않는 유이민 시가 나타난다. 또한 임화 시에 나타나는 현장성, 종로 네 거리, 현해탄, 만주는 일본 프롤레타리아 시에서 나타나지 않고, 표현되더라도 그 의미는 다르다.

임화가 이식문학론을 생각하게 된 것은, 프로문학이 왜 1930년대 들어 패배했는가 하는 것을 연구하기 시작하면서부터이다. 역사적인 과정에서 봤을 때 프로문학 역시 외국의 이식이었다는 것을 인식하게 된다. 임화는 아직도 우리 문학이 이식문학을 채 극복하지 못했다고 본다. 그렇지만 전통이 살아나려면 모방과 이식이 진행되고, 그것을 극복하는 과정에서 새로운 전통이 가능해진다고 임화는 보았다. 따라서 임화가 "동양의 근대문학사는 사실 서구문학사의 수입과 이식의 역사다"[49]라고 쓴 이식문학사관의 핵심이 "새 사회의 물질적 기초에 의해 형성되며, 그럴 때 외국문학과 구별되는 내부로부터의 문화 창조가 성숙한다는 것, 요컨대 식민지적 조건에서의 문화이식과 문화창조의 변증법적 과정을 이론화한 것"[50]이라는 변증은 가능해진다. 그렇다면 단편서사시의 탄생은 적극적인 창조적 수용이며, 임화의 이식문학사적 자기고백이라 할 수 있겠다.

다른 언어권의 시를 비교한다는 것이 얼마나 우매한 시도인가. 번역과정에서 번역자의 적당치 않은 단어가 개입될 수도 있으니 공정하지도 않다. 번역되는 입장에서는 억울한 일이다. 알면서도 언어 표현 이전에 시를 창작하는 초기상상력으로 나프시와 임화 시를 비교할 때 임화의 단편서사시에 대한 신선한 충격은 다소 축소되는 것이 사실이다. 같은 시대 시인인 이상화, 정지용, 백석의 시와 비교할 때 임화의 시가 우월하다고 말하기는 쉽지 않다. 그렇다 하더라도, 임화의 단편서사시는 지금에 이르기까지 한국 시의 구비적 상상력에 자양분이 되었다. 그것이 45세에 비극적인 생애를 마친 시인의 막대한 글과 시를 오늘 조심스레 펼치는 까닭일 것이다.

49 임화, 「신문학사」, 『조선일보』, 1939.9.8.
50 신승엽, 「이식과 창조의 변증법」, 『민족문학을 넘어서』, 소명출판, 2000, 97면.

참고문헌

1. 자료

임화, 「海峽의 로맨티시즘」, 『玄海灘』, 京城 : 東光堂書店, 1939.

____, 「33년을 통해 본 현대 조선의 시문학」, 『조선중앙일보』, 1934.1.1~1.12.

____, 「어떤 靑年의 懺悔」, 『文章』, 1940.2.

____, 「전체주의 문학론」, 『문학의 논리』, 학예사, 1940.

____, 『임화문화예술전집』, 소명출판, 2009.

中野重治, 『中野重治詩集』, 東京 : ナップ出版社, 1932.

野間宏浩 책임편집, 『日本プロレタリア文学大系』 전9권, 東京 : 三一書房, 1954.

壺井繁次・遠地輝武 편, 『日本解放詩集』, 東京 : 飯塚書店, 1950.

中野重治・小熊秀雄・壺井繁次, 『中野重治・小熊秀雄・壺井繁次』, 東京 : 新潮社, 1968.

壺井繁次 외편, 『日本の抵抗詩』, 東京 : 光和堂, 1974.

2. 논문 및 단행본

권환, 「무산예술의 별고와 장래의 전개책」(1930.4.19~5.30), 임규찬・한기형 편, 『카프비평자료총서 III』, 태학사, 1989.

김기진, 「단편서사시의 길로」, 『조선문예』 창간호, 1929.5.

김병철, 『한국근대번역문학사 연구』, 을유문화사, 1975.

김윤식, 『임화연구』, 문학사상사, 1989.

______, 「中野重治와 비 나리는 品川駅」, 『임화연구』, 문학사상사, 1989.

김응교, 「1923년 9월 1일, 도쿄」, 민족문학사학회, 『민족문학사연구』 제19호, 소명출판, 2001.12.

______, 「다시 해석되어지는 가인, 與謝野晶子(2)」, 『문학사상』, 2003.1.

______, 「일본의 반전시」, 『시경』, 박이정, 2004 가을호.
______, 「히라야마 야키치, 신동엽과 회상의 시학」, 『민족문학사연구』, 2006.4.
______, 「옥중시, 만주이주, 북방, 어촌, 국경마을」, 『이찬과 한국문학』, 소명출판, 2007.
______, 「2010년, 일본시 올스타전」, 『시와 문화』 2009 가을호.
김학동, 『한국문학의 비교문학적 연구』, 일조각, 1979.
신은주, 「나카노 시게하루와 한국 프롤레타리아 문학운동」, 『일본연구』 제12호, 1997.12.
윤학준, 「中野重治の自己批判—朝鮮への姿勢について」, 『新日本文学』, 1979.12.
안용만, 「강동의 품—생활의 강 '아라가와'여」, 『조선중앙일보』, 1935.1.1.
이정구, 「감상주의를 버려라」, 『조선일보』, 1933.9.19~23.
정한모, 『한국현대시문학사』, 일지사, 1974.
정승운, 「中野重治「雨の降る品川驛」の再解釋(1)—〈溫もり〉を中心に」, 『일본어문학』, 2002.3.

Giorgio Agamben, 박진우 역, 『호모 사케르』, 새물결, 2008.
Robert J.C.Young, *Postcolonialism*, Oxford University Press, 2003.
川本皓嗣, 『日本詩歌の傳統：七と五の詩學』, 岩波書店, 1991.
竹中恵三子, 『新女性労働論』, 有斐閣選書, 1991.
谷川俊太郎, 김응교 역, 『이십억 광년의 고독』, 문학과지성사, 2009.
大杉栄, 『自叙伝・日本脱出記』, 岩波文庫, 1971(김응교・윤영수 역, 『오스기 사카에 자서전』, 실천문학사, 2005).
壺井繁次, 「二つの朝鮮敍事詩について」, 『詩と政治の對話』, 新興書房, 1967.

조선문학가동맹과 문화통일전선의 형성

해방기 임화의 행적을 중심으로

배개화

1. 서론

이 논문은, '조선문학가동맹'과 그 지도자인 임화가 해방기(1945. 8.15~1948.8.15) 동안 전개한 문학운동과 정치행동들에 대해서 연구하고자 한다. 무엇보다 임화와 조선문학가동맹의 구체적인 문학운동과 정치행동들에 대한 보다 많은 사실들을 복원하고, 그러한 운동과 행동들의 목표가 무엇이었으며 목표를 실현하기 위해 어떤 방법을 선택하여 실천하였는지를 구체적으로 살펴보겠다. 이를 바탕으로 임화와 조선문학가동맹의 활동이 진보적 민주주의 민족국가 건설을 실현하기 위한 '문화통일전선'의 수립에 맞춰져 있음을 논증하고자 한다.

해방기의 문학 연구의 선구자는 김윤식이다. 그는 해방 직후 '조선문학건설본부'와 '조선프롤레타리아예술동맹'이라는 두 개의 조직이 서울에서 결성된 원인을 분석하였다.[1] 그는 두 조직의 대립을 1935년 카프(KAPF)의 해산에 동의한 카프 해소파와 그에 반대한 비해소파의 대립[2] 혹은 조선 문화의 중심을 서울로 본 서울중심주의와 평양으로 본 평양중심주의의 대립[3]으로 설명하였다. 또한 김윤식은 조선문학가동맹의 민족문학론을 '인민성'에 기반을 둔 인민민주의의 민족문학론으로 규정하고, 그 의미와 성격을 논하였다.[4]

김용직은 해방 직후부터 숙청될 때까지 발표된 임화의 시를 중심으로 임화문학의 사상과 특징을 논하였다. 김용직은 임화가 민족문학건설과 통일전선구축에 힘을 기울였고, 대중적 기반의 확보를 중요한 목표로 했던 박헌영의 8월 테제의 행동원리를 따랐던 덕분에 통일전선구축에는 성공했지만 당파성과 전위성을 내세운 프로예맹과의 이념투쟁에서는 뒤떨어졌다고 평가하였다.[5] 또한 해방 이후 창작된 임화의 시는 '행사시'의 성격을 띠고 있으며 구조가 단순하

1 김윤식, 『해방공간의 문학사론』, 서울 : 서울대 출판부, 1989, 1~54면.
2 위의 책, 33~36면.
3 김윤식, 『북한문학사론』, 서울 : 새미, 1996, 52~58면.
4 김윤식, 『한국현대문학사상사론』, 서울 : 일지사, 203~214면.
5 김용직, 『임화문학연구 : 이데올로기와 詩의 길』, 서울 : 세계사, 1991, 146~147면.

고 내용이 개설적이라고 비판하였다.[6]

김재용은 카프해소파와 비해소파라는 용어를 적극 활용하여, 해방 직후 카프 문학자들이 조선문화건설중앙협의회와 조선프롤레타리아예술연맹으로 나눠진 것은 카프 해소파와 비해소파 사이의 이념적 차이 때문이라고 주장하였다.[7] 특히 카프 해소파들이 중일전쟁 이후로 노동자계급의 당파성을 희석시키고 시민성을 지향했으며, 이는 해방 직후 인민성에 대한 옹호로 변모하였다고 비판했다.[8] 최근의 논문에서는 해방기의 과제를 민족문제의 해결이라고 전제하고, 임화가 좌·우익 사이의 정치 지형과 38선으로 나뉜 남북관계에 대해 올바른 인식을 갖지 못했기 때문에 민족문제를 해결할 수 없었다고 비판하였다.[9]

이상의 연구자들은 '당파성'을 '인민성'보다 사상적, 조직적으로 우월한 개념으로 간주하고, 조선문학가동맹의 민족문학론이 '인민성'을 지향하였다는 이유로 평가절하한다. 그리고 이들은 해방기 임화 및 조선문학가동맹의 활동을 역사적으로 실패한 것이며, 이는 잘

6 위의 책, 172~173면.

7 김재용, 「카프 해소·비해소파의 대립과 해방 후의 문학운동」, 『역사비평』 2, 1889.9, 236~257면; 이에 대한 비판은 임규찬, 「카프 해소파 비해소파를 분리하는 김재용을 비판한다」, 『역사비평』 3, 1988, 218~239면 참조.

8 김재용, 「중일전쟁과 카프 해소 비해소파」, 『한국문학의 연구』 3, 1991, 237~278면.

9 김재용, 「해방직후 임화의 민족문학과 통일독립: 좌우와 남북」, 『임화문학의 재인식』, 소명출판, 2004, 298~330면.

못된 '남조선노동당의 노선'을 따랐기 때문이라고 비판하였다. 예를 들어 남로당의 전신인 조선공산당의 「조선민족문화건설의 노선」과 조선문학가동맹의 민족문학론이 내용상 일치한다는 점을 근거로, 남로당의 이데올로기적 한계가 곧 조선문학가동맹이 제시한 민족문학론의 한계였으며 남로당과 함께 조선문학가동맹의 문학자들이 몰락한 것은 당연한 귀결이었다고 평가했다.[10]

그러나 당파성이 인민성보다 조직적, 사상적으로 올바르며 우월하다고 보는 것은 당대의 인식과는 거리가 있다. 해방기 남북의 공산당은 진보적 민주주의의 실천을 위해 "민주주의민족통일전선"을 결성하는 것을 목표로 삼았다. 이 민주통일전선은 자산계급까지를 포괄하는 전 인민적 통일전선이었다.[11] 이러한 노선에 따라서 공산당의 정치 활동은 자산계급을 포함하여 아직 정치적으로 조직되지 않은 대중들을 통일전선에 최대한 포섭하는데 집중되었으며, 통일전선형성에 저촉되는 극좌적 행위는 비판받았다. 예를 들어 소련

10 김윤식, 「해방공간의 문학」, 『해방 전후사의 인식』 2, 서울 : 한길사, 1985, 464~465면.

11 북조선로동당 서기국, 「북조선로동당 창립대회 회의록」(1946.8.28), 『조선로동당대회자료집』, 제1편, 국토통일원 자료실, 1988, 25~26면. 이 점은 한국전쟁이 끝난 이후에도 재확인되었다. 예를 들어 1956년 조선로동당 제3차 대회에서 김일성은 해방기 정세에 대해 "전체 조선 인민은 일본 제국주의의 악독한 통치 밑에서 쓰라린 고통을 당하여 왔기 때문에 (…중략…) 제국주의를 반대 증오하는 혁명적 열의는 비상히 앙양되었습니다. 이리하여 남조선에서 활동하는 공산주의자들에게는 로동 계급을 위시한 광범한 인민들을 집결시키며 심지어 자산 계급까지도 망라하여 미제 식민지 통치를 반대하는 광범한 통일 전선을 형성할 수 있는 가능한 조건이 지어졌습니다"라고 보고하였다. 김일성, 「조선로동당 제3차대회에서 진술한 중앙위원회 사업총결보고」, 위의 책, 342면.

민정국은 '북조선민주주의민족통일전선'(1946.7 결성)의 성과에 대해 "결성 초기에 북조선로동당의 도, 군 조직내부에 이른바 좌파들은 온갖 선전선동을 통해 노동당의 헤게모니를 강조함으로써 공개적으로 여타 정당을 무시하였고 이로 인해 통일민족민주전선을 해체시킬 위험을 조성하였다"고 비판하였다.[12]

따라서 임화와 조선문학가동맹이 '당파성'이 아니라 '인민성'을 추구했기 때문에 잘못되었다는 평가는 해방기의 정세와 공산당의 목표를 정확하게 이해하지 못했기 때문이다. 한마디로 임화와 조선문학가동맹에 대한 부정적 평가의 많은 부분은 '부르주아민주주의혁명'이 인민 정부를 수립하고, 일본 제국주의의 지배로 인해 지연된 조선 사회의 근대화를 완전하게 실현하는 것을 목표로 하며, 이를 성취하기 위해 계급 연합적 통일전선을 건설하려고 했다는 점을 정확하게 이해하지 못한 탓이다.

게다가 한국전쟁이 휴전된 직후인 1953년 8월 초에 임화와 이원조 같은 조선문학가동맹의 지도자들이 남로당 지도부와 함께 '숙청'되었다는 점도 이들에 대한 부정적 평가의 한 계기가 되었다. 그런데 이들이 역사적으로 소멸할 수밖에 없었던 원인은 단순히 '인민성'과 '당파성' 중 어느 것을 추구하여야 옳았는가라는 질문을 넘어서

12 북한 소련 민정국 3개년 사업총결보고(1945.8~1948.11) : 제1권 정치편, АВПР, Ф. 0480, оп. 4, п. 14, д. 46.

는, 해방기에 대한 역사철학적 이해와 밀접하게 연관되어 있다.[13] 그리고 이 과제를 올바르게 수행하기 위해서는 임화 및 조선문학가동맹의 문학운동과 정치활동들에 관한 사실 복원과 그에 대한 정확한 이해가 선행되어야 한다.

이상의 문제의식을 전제로, 이 논문은 '문화통일전선의 형성'이라는 관점에서 해방기 임화 및 조선문화건설중앙협의회와 조선문학가동맹의 사상과 활동을 살펴보고, 그것을 연대기적으로 재구성하고자 한다. 그리고 이를 첫째, 해방 직후 정세에 대한 임화의 판단, 둘째, 문화통일전선 수립과 그 사상적 배경, 마지막으로 정세 변화에 따른 문학운동노선의 재정비로 나누어 살펴보겠다.

2. 해방 직후 정세에 대한 임화의 판단

1945년 8월 15일 일본이 연합군에 항복하자, 카이로 선언(1943.11.27)에 따라 조선은 일본의 식민지 상태로부터 해방되었다. 9월 2

13 이 점에 대한 조선로동당의 공식입장은 남한 공산주의자들의 '종파주의'가 해방기 남한에서 통일전선형성의 걸림돌이 되어 남한에서의 부르주아민주주의혁명이 실패했다는 것이다. 김일성, 「조선로동당 제3차대회에서 진술한 중앙위원회 사업총결보고」, 앞의 책, 345~348면.

일 연합군최고사령부가 북위 38도선을 경계로 미소 양군의 한국분할점령 방안을 공포하고, 7일 미국 극동군 사령부가 남한에서 미군정을 시행할 것을 선포하였다. 이 발표 직후인 9월 9일 미군이 서울에 들어오자 조선총독부는 항복문서에 서명하였다. 미군의 서울 도착과 미군정의 성립은 완전한 독립 국가의 수립이 아직은 멀었음을 조선인에게 알리는 사건이었다.

미군이 서울에 들어오기 전부터 국내의 독립운동가들은 새로운 국가 건설을 위해서 여러 가지 활동을 시작하였다. 예를 들어, 여운형은 독립이 되기 직전인 14일 조선총독부의 아베 총독과 권력 이양에 대한 교섭에 동의하였으며, 8월 20일 박헌영은 조선공산당 재건위원회를 발족하고 '8월 테제'를 발표하였다.

박헌영은 8월 테제에서 당시의 상황을 '부르주아 민주주의 혁명단계'로 규정하고 기본과업으로 '민족적 완전독립'과 '토지문제의 혁명적 해결'을 제시했다.[14] 또한, 그는 부르주아 민주주의 혁명에서는 노동자, 농민, 도시 소시민과 지식인 등이 혁명의 동력이 되어야 하며, 가장 혁명적인 프롤레타리아가 영도자가 된다고 주장했다. 이와 함께 8월 말에는 조선공산당의 주도로 인민위원회가 건설되는 등 자생적인 국가 수립 움직임이 일어나기 시작했다.

여운형이나 박헌영은 8월 15일부터 미군정이 수립되기 전까지

14 김남식, 『남로당 연구』, 돌베개, 1988, 22면.

정부 부재의 상황을 활용하여 공산당을 재건하고 인민위원회를 설치하는 등의 활동을 적극적으로 전개하였다. 그 결과 아베 총독이 조선을 떠난 1945년 9월 12일에는 인민공화국 출범 및 조선공산당의 발족을 공식적으로 선언할 수 있었다.

박헌영과 여운형 등은 인민공화국을 중심으로 '친일파와 민족반역분자'를 제외한 나머지 세력의 '통일전선'을 형성함으로써 향후 미군정으로부터의 권력 이양을 받을 수 있는 토대를 마련하고자 노력하였다. 그러나 1945년 10월 10일 미군정은 남조선에서 정식 정부는 '미군정'뿐이며 인민공화국을 '정부'로서 인정할 수 없다는 성명서를 발표하였다.[15]

미군정의 '인민공화국' 부정 발언 직후인 10월 16일 미국에서 독립운동을 하던 이승만이 입국하였다. 이승만은 인민공화국 측과의 협력을 거절하고 10월 23일 친일파를 포함한 모든 세력의 대동단결을 내세우며 '독립촉성중앙협의회'를 조직하였다. 이후 11월 23일과 24일에 걸쳐 대한민국임시정부 주석 김구와 다른 임시정부요인들이 개인 자격으로 입국하였는데, 이들 역시 인민공화국을 정부로서 인정하지 않았다.[16] 12월 12일 미군정은 인민공화국에 대한 해산 명령을 내림으로써, 미군정 외에 어떠한 정부 — 대한민국임시정부를

15 「군정장관 아놀드, 미군정부 이외의 어떤 정부도 부인 발표」, 『매일신보』, 1945.10.11.

16 김무용, 「해방 후 조선공산당의 통일전선과 좌우합작운동」, 『한국사학보』 제11호, 2001.9, 260~271면.

포함한 — 도 인정하지 않겠다는 입장을 다시 한번 확인하였다.[17]

1945년 12월 27일 미국, 영국, 소련의 외무상들은 모스크바에서 "조선을 최대 5년간 신탁통치하에 두는 것을 한국 임시정부와 협의하되, 그 임시정부의 수립을 돕기 위해 미—소가 공동위원회를 설치하고, 그 제안을 미 · 영 · 중 · 소 4개국이 공동 심사한다"[18]라는 내용의 〈한국문제에 대한 4개항의 결의서〉를 발표하였다.

이후 조선에 대한 신탁 통치에 찬성할 것인지 반대할 것인지의 문제가 통일전선 참여의 중심 의제가 되었고, 우파는 신탁통치 반대 그리고 좌파는 신탁통치 찬성으로 나뉘었다. 그 결과 신탁을 반대하는 우파는 1946년 2월 14일 이승만을 의장으로 하고 김구와 김규식을 부의장으로 하는 '남조선 대한국민대표 민주의원'을 결성하였고 신탁통치를 찬성하는 조선공산당, 인민당 등 좌파들은 2월 15일 '민주주의 민족전선'을 결성하였다. 미군정은 '민주의원'에 대해서는 '미군정청의 최고자문기관'이라는 지위를 주고 미군정청에서 발족회를 열게 하는 등의 호의를 보였다.[19] 반면에 2월 23일에 모든 정당의 등록을 의무화하는 '정당등록법'(법령 제55호, 제77호)을 공포하여 조선공산당을 중심으로 한 '좌파연합전선'의 형성과 이에 참여한

17 재조선미국주둔군최고지휘관 존 하지, 「전단」, 1945.12.12.

18 이완범, 「한국현대사-왜곡과 진실 모스크바 3상회의」, 『역사비평』 통권32호, 1995.8, 333~334면.

19 「남조선대한국민대표민주의원 결성」, 『동아일보』, 1946.2.15.

단체들의 활동을 방해하려고 하였다.[20]

당시의 정세(政勢)에 대한 임화의 판단은 통일전선의 민주주의적 기초라는 부제가 붙은 「민주주의 민족전선」(『인민평론』, 1946.3)에 잘 나타난다. 여기서 임화는 1946년 2월 15일 결성된 '민주주의 민족전선'의 의의를 설명하기 위해서, '통일전선'의 형성이라는 관점에서 해방 이후부터 민전 성립시기까지의 정세를 치밀하게 분석하였다.

해방 직후의 상황에 대해, 임화는 조선이 식민 상태로부터의 해방된 것이 조선인의 자력으로 이루어진 것이 아니라 '카이로 선언'(1943.11.27)과 '포츠담 선언'(1945.7.26)에 의해 이루어졌다는 점을 지적하고, 38도선을 경계로 한반도의 남쪽과 북쪽이 미국과 소련의 군사 점령을 받고 있는 상태로부터 벗어나 민족해방과 국가독립을 성취하기 위해서는 '민족통일'이 필요하다고 주장하였다.[21]

임화는 일제의 지배하에 정치적, 사회적으로 분열된 조선민족이 해방 이후에는 제 각자의 정치적 요구 즉, 부르주아적 독재 혹은 프롤레타리아 독재를 들고 활동을 시작하였지만, 민족의 완전한 해방을 기초로 통일독립국가를 형성하고 싶다는 요구가 그 같은 분열을 극복하고 민족의 통일을 요청하는 긍정적인 요인으로 존재했다고

20 박현채, 「해방 후 정치사회운동을 보는 시각」, 『해방 전후사의 인식』 3, 서울 : 한길사, 1987, 30면.

21 임화, 「민주주의 통일전선－통일전선의 민주주의적 기초」(『인민평론』, 1946.3), 『한국현대현실주의비평 선집』, 김윤식 편, 나남, 1989, 123면.

진단하였다.[22] 그리고 만약 토착자본가계급과 노동자계급이 자주독립국가 건설을 위해 전근대적 잔재들을 제거하고 정치, 경제, 문화, 사회 전반의 민주주의적 발전을 이뤄내는 데에 합의할 수 있다면 '통일전선의 형성이 가능'하다고 임화는 판단하였다.[23]

이를 전제로 해방 직후 반년간의 정세 변화를 크게 4단계로 나눠 분석하였다. 첫 번째 단계는 해방 직후부터 인민공화국 성립기까지이다. 임화는 '인민공화국'을 일제 때 일본제국주의와 직접투쟁을 하였던 혁명세력과 그 투쟁에서 희생되었던 정치범, 그 주위에 집결될 수 있는 급진분자, 그리고 혁명적 노동계급의 조직이 연합하여 만들어진 통일전선의 하나로 설명한다.[24] 그리고 이 통일전선에 친일파와 민족반역자의 참여를 배제한 것은 이들이 민족해방과 민주주의 조선 건국을 방해하는 반민주주의적 세력 형성의 핵이 될 수 있다는 점에서 윤리적으로 그리고 정치적으로 정당하였다고 평가하였다.[25]

두 번째와 세 번째 단계는 이승만의 귀국과 대한민국임시정부의 귀국으로 인해 생겨난 정국이다. 이들의 귀국은 해방 직후 '인민공화국'으로부터 배제되었던 친일파 및 반민주주의 세력이 우파 민족

22 위의 책, 123~125면.
23 위의 책, 125면.
24 위의 책, 126면.
25 위의 책, 126면.

통일전선을 형성하는 구심점을 제공하였다. 우선, 이승만은 '모든 정치 세력의 대동단결'을 외쳐 친일파, 민족반역자 및 각종 반대 세력이 민족통일전선에 참여할 자격을 보장했고, 그의 주장은 민주주의 진보세력에 반대되는 반동세력의 통일지침이 되어 '독립촉성중앙협의회'가 성립되었다고 임화는 보았다.[26] 또한 대한민국임시정부의 지도자들이 인민공화국과의 협력을 거부하자, 우익 세력은 임시정부 지지, 좌익 세력은 인민공화국 지지로 나뉘게 되었다고 설명하였다.[27]

네 번째 단계는 민주주의민족전선의 수립기이다. 1945년 12월 말 미국, 소련, 영국은 모스크바에서 제2차 세계대전의 사후 처리 문제를 논의하면서 조선에 임시정부를 수립하고 4개국이 5년간의 신탁통치를 할 것을 결정하였다. 임화는 임시정부 수립이 통일국가 건설의 유일한 방법이라고 확신하고, 민족통일전선을 통해 국내외의 혁명 세력의 민주주의적 연합을 토대로 한 과도 정권을 수립해야 한다고 주장하였다.[28] 그리고 그는 통일전선의 성격을 반파시즘 민주주의 민족전선으로 규정하였다.[29]

26 위의 책, 127~128면.

27 위의 책, 129면. 임화는, 대한민국임시정부가 해외에서 독립 운동을 전개한 '해외 세력'이자 단체적 성격을 갖는 집단인 반면, 인민공화국은 해방 직후 '국내 세력'의 혁명적 통일전선을 토대로 성립된 집단이라고 보았다.

28 위의 책, 130면.

29 위의 책, 131면.

이상에서 보았듯이 임화는 통일된 독립국가 건설의 방향은 조선 사회에 남아있는 전근대적 요소를 제거하고 민주주의적 발전을 성취하는 것이며, 이러한 기본 방향에 합의를 할 수 있다면 부르주아 계급과 프롤레타리아 계급 사이의 통일전선이 성립 가능하다고 보았다. 이러한 전망은 최소한 문학자들에게는 유효하게 작동하였으며, 그 결과 좌파와 중간파 사이의 견고한 문화통일전선이 성립되었다.

3. 문화통일전선 수립과 그 이론적 배경

1945년 8월 15일 해방 되었을 때, 민족국가 및 민족문학 건설 이라는 임무를 수행하기 위해 가장 먼저 나섰던 사람들은 문학자들이었다. 8월 16일, 임화와 김남천 등의 주도로 "조선문학건설본부"가 조직되었고, 8월 17일의 '원남동 준비회'를 거쳐 8월 18일에는 조선문학건설본부의 상위조직인 "조선문화건설중앙협의회"가 조직되었다.[30]

조선문화건설중앙협의회의 의장은 임화, 서기장은 김남천이었으

30 「조선문화건설중앙협의회 결성」, 『매일신보』, 1945.8.24. 8월 18일 열렸던 협의회에는 문학부분 협의회 의원으로 이태준, 임화, 박태원, 김남천, 이원조가 참석하였으며, 미술, 음악, 연극, 영화 분과 위원들까지 합하면 총20명의 문화인들이 참가하였다.

며, 산하 조선문학건설본부의 중앙위원장은 이태준, 서기장은 이원조였다.[31] 조선문화건설중앙협의회의 건설취지는 "새로운 우리정부가 탄생되어 문화예술의 새 정책을 세울 때까지 현 단계의 문화전체에 관한 통일적 연락과 각 부문활동의 질서를 지키기 위해서"이며, 문화통일전선의 구호는 "조선 문화의 해방, 조선 문화의 건설, 문화전선의 통일"이었다.[32] 이러한 결성의 최소기준은 친일문화인을 배제한 나머지 문화인들의 대동단결이었다.[33]

조선문화건설중앙협의회와 조선문학건설본부의 임원 구성에서 볼 수 있듯이 두 조직은 문학자들의 주도로, 그리고 '카프 계열과 중간파의 협력'으로 만들어졌다. 이 같은 결성은 조선공산당의 결성 이전에 벌어진 자생적인 사건이었다. 하지만, 이 조직들이 목표로 한 문화통일전선의 형성은 '부르주아민주주의 혁명'의 성공을 위해 노동자와 농민을 중심으로 진보적 지식인과 소시민 등을 포함하는 광범위한 세력이 연합해야 한다는 8월 테제의 주장에 크게 어긋나지 않았다.

---

31 위의 글, 〈부록 1〉 참조.

32 위의 글.

33 원남동의 준비회에 모인 사람들에서 알 수 있듯이 조선문학건설본부는 좌파, 중간파 그리고 우파까지도 포괄하는 문학자들의 '통일전선'을 목표로 한 것이었다. 심지어는 이 모임을 주도했던 임화, 이원조 등은 일제 말 적극적인 친일 행각을 벌인 사람들까지도 다소 무차별적으로 포괄하려고 하였지만, 이태준은 이들의 참가를 적극적으로 반대하였다. 백철, 『문학자서전－속 진리와 현실』, 박영사, 1975, 300~301면.

과거 카프 소속 문학자들 중 윤기정, 권환, 한효, 박세영, 박아지 등은 1945년 9월 30일 종로 2정목 동회관에서 조선프롤레타리아예술동맹을 결성하였다. 그 설립취지는 "1935년 일본 관헌의 야만적인 탄압으로 말미암아 해산된 이후 거의 질식 상태에 빠졌던 조선프롤레타리아예술가동맹의 재건"이었다.[34] 여기에 참여한 문학자들은 조선문화건설중앙협의회가 친일파를 뺀 나머지 문학자들의 대동단결을 표방하고 있었다는 점과 이태준, 이원조 등과 같은 중간파가 지도자로 나선 점에 불만을 품고 있었다.[35]

중간파와의 협동에 대한 조선프롤레타리아예술동맹 소속 문학자들의 거부감은 한효의 「예술운동의 전망」에서 잘 확인된다. 한효는 "정치는 경우에 따라 당파성을 초월하여 민족통일전선을 만들 수 있고 인민전선을 구성할 수 있으나 예술은 어떠한 경우에 있어서든지 초계급적일 수가 없고 또한 초당적일 수 없다. (…중략…) 프롤레타리아 예술은 프롤레타리아 계급의 의식과 행동의 형식이다"라고 주장하였다.[36] 이를 전제로 한효는 조선문화건설중앙협의회가 무원

---

34 「조선프롤레타리아예술동맹결성」, 『매일신보』, 1945.10.1. 산하 단체인 조선프롤레타리아문학동맹은 1945년 9월 17일 결성되었다. 홍효민, 「문학계」, 『1947년 예술연감』, 예술문화사, 1947.5, 5면.

35 이태준 숙청과정에서 한효, 안함광 등은 '구인회'를 카프의 해산을 틈타 문단권력을 장악한 부르주아 문학단체라고 비난하였다.

36 한효, 「예술운동의 전망」(『예술운동』 창간호, 1945.12), 『한국현실주의비평선집』, 김윤식 편, 1989, 136면.

칙하게 모인 사람들로서 중간파와의 이데올로기적 타협을 시도한 '무계급적인 조직'이라고 비판하였다.[37]

조선문화건설중앙협의회가 중간파와의 협동에 적극적이었던 것과는 달리, 조선프롤레타리아예술동맹은 '문화부분에서 중간파의 획득이 매우 중요한 정치적 목표'임을 인정하면서도, 중간파의 조직 참여에 대해서는 부정적이었다.[38] 프로예맹은 박헌영이 이끄는 '조선공산당'을 보조하는 대중 단체이며, 프롤레타리아 계급의 문학단체는 당의 이념을 문학작품을 통해 형상화하고 대중들에게 계몽, 교육시키는 '문학운동단체'임을 이들은 강조하였다.[39]

이처럼 카프 계열의 문학자들이 중간파와의 협동에 대한 의견 차이로 분열되어 별개의 조직들을 건설하자, 이를 해결하기 위해서 임화는 중간파와의 협동의 중요성을 설명하는 「현하의 정세와 문화운동의 당면임무」를 발표한다. 여기서 임화는, 조선문화건설중앙협의회가 문화통일전선운동의 중심이며, 문화전선 통일의 기본 방향인 문화해방과 문화건설에는 민족해방과 국가독립이라는 정치적 내용도 포함되어있다고 주장하였다.[40]

또한 임화는 부르주아 민주주의 혁명이라는 근본과제를 실천하

37 위의 글, 140면.

38 위의 글, 139면.

39 위의 글, 142면. 중간파도 이러한 교육의 대상일 뿐이다.

40 임화, 「현하의 정세와 문화운동의 당면임무」(『문화전선』, 1945.11.15), 『임화문학예술전집－평론 2』, 하정일편, 소명출판, 2009, 356~357면.

기 위해서도 해방 직후 형성된 문화통일전선을 유지할 필요성을 제기 한다.

> 먼저 우리는 문화운동이 현하 전개되고 있는 민족통일전선의 일익이라는 원칙을 운동의 기본방침으로 삼지 아니하면 아니 된다. 따라서 정치에 있어서와 같이 모든 종류의 분열주의와 분파행동과 싸우는 것을 첫째 임무로 삼으면서 부단히 뒤따라 발생하는 자연발생적인 혹은 소단체의 운동을 한 방향으로 규합 통일하기 위해 노력해야 할 것이다. 이와 동시에 통일운동의 기본정신이 될 원칙을 수립하고 추진의 방향을 명시해야 할 것이다.[41]

임화는 "일본제국주의의 기반이라는 지배적 사실이 상실된 이외, 코민테른 제6차 대회 강령에서 제시했던 '민족의 완전한 해방과 토지 관계에 있어 봉건적 잔재의 소탕'이란 식민지 운동의 기본 과제는 아직 과제대로 남아있다"[42]라고 강조하고, 문학자는 조선 문화 내의 봉건적 잔재를 청산하고 조선 문화를 완전히 근대화하는데 기여하여야 한다고 주장하였다. 그리고 임화는 이것이야 말로 조선이 다시 식민 상태에 빠지지 않는 유일하고도 확실한 길이라고 믿었다.

41 위의 글, 361면.
42 위의 글, 358면.

이러한 목표를 달성하기 위해서 임화는 "혁명적인 노동자 계급을 위시한 농민과 중간층과 진보적 시민"으로 구성된 통일전선의 형성을 요구하였다. 또한 그는 통일전선은 친일파를 배제한 모든 문학자의 무원칙한 대동단결이 아닌 '인민'에 기반을 둔 것이어야 하며, 이를 위해서 "8월 15일 직후 혁명적 앙양 가운데서 응급으로 만들어진 조직으로서의 결함을 청산하여야 한다"라고 주장하였다.[43] 이처럼 임화는 문화통일전선의 형성에 기여할 수 있는 새로운 조직의 건설을 제안하였다.

1945년 9월 12일 조선공산당의 재건이 선언된 이후, '조선노동조합전국평의회' 등과 같은 전국 단위의 공산당 외곽조직들이 속속 결성되었다.[44] 하지만 12월이 되도록 문화부분에서는 전국적인 통일 조직이 결성되지 않자, 조선공산당은 김태준을 중재자로 내세워 조선문학건설본부와 조선프롤레타리아문학동맹의 합동을 지시하였다.[45] 그 결과 1945년 12월 3일 두 조직의 대표들이 만나 단체를 합동하기로 결정하였다.[46] 그리고 1945년 12월 6일 문협 회관에서 두 단체의 합동 위원 11명이 출석하여 "문화전선의 통일을 위해" 두 단체를 해소하고 '조선문학가동맹'으로 통합할 것을 요지로 하는 공동

43 위의 글, 367면.
44 김남식, 앞의 책, 63~115면.
45 백철, 앞의 책, 313면.
46 홍효민, 「문학계」, 앞의 책, 5면.

성명서를 발표하였다.[47]

합동 위원들은 성명서를 통해 의견 차이로 말미암아 조선문학건설본부와 조선프롤레타리아문학동맹이 일시적으로 분립되었으나, 성실한 자기비판을 통해 조선문학운동의 기본 방향을 결정하였으며 이를 실현하기 위해서 통합하기로 하였다고 선언하였다.[48] 이들이 합의한 조선문학운동의 기본방향은 진보적 민주주의의 실현이며, 당면임무는 "조선의 완전한 해방과 조선문학의 자유스럽고 건전한 발전을 위해 일본제국주의 잔재의 소탕, 봉건주의 잔재의 청산, 국수주의의 배격"이었다.

남한에서의 문화통일전선의 결성은 북한 지도부의 관심을 끌어 조선공산당 북조선 분국은 결성식에 북한 대표들을 파견하기로 결정하고, 평양민보 사장 한재덕에게 한설야, 이기영과 같은 북한 거주 문학자들과 함께 서울로 가 1945년 12월 13일에 있을 '조선문학가동맹' 결성식에 참여할 것을 지시하였다.[49] 이기영과 한설야를 비

---

47 「조선문학건설본부와 프롤레타리아 문화동맹, 조선문학가동맹으로 통합」, 『자유신문』, 1945.12.7. 여기에 참여한 문건측 대표는 이태준, 이원조, 임화, 김기림, 김남천, 안회남이었고, 프로문맹측 대표는 윤기정, 권환, 한효, 박세영, 송완순이었다.

48 위의 글.

49 한재덕, 『나는 김일성을 고발한다』, 내외문화사, 1965, 230~231면. 한재덕은 결성식 등에 참석한 목적이 남한 '동무'들이 조직 내에서 헤게모니를 쥐도록 돕고, 남한의 우수한 문학가, 연극인, 기타 예술인들을 한명이라도 더 많이 북한으로 넘어오도록 공작하는 것이었다고 회고하였다. 한재덕에 따르면 북조선공산당 지도부는 남한 예술인이 북한으로 오면 "극상의 대접을 해 주겠다"고 약속하였다.

롯한 19명의 북한 문학인들이 1945년 12월 10일 서울로 내려와 13일의 결성식에 참가하였다.[50] 해방 직후 북한에 거주하고 있었던 약 20여 명의 문학인[51] 중 대다수가 '조선문학가동맹' 결성식에 참여하기 위해 내려왔던 것이다.

결성식 전날인 1945년 12월 12일 서울시 "아서원"에서 문인좌담회가 열렸다. 조선문학건설본부의 임화, 김남천, 이원조, 김영건, 그리고 조선프롤레타리아문학동맹 측의 권환, 박세영, 한효 그리고 북한에서 온 한설야, 이기영, 한재덕(평양민보 사장)이 참석하였다.[52] 이날의 좌담회는 '조선문학가동맹'의 결성이 합의되었음에도 불구하고, 애초 '문건'과 '프로문맹'이라는 두 조직의 출범을 초래했던 문학자들 사이의 관점 차이가 완전히 해소되지 못했음을 보여주었다.

먼저 조선문학건설본부 측에서 문제를 제기하였다. 첫째, 임화가 식민지 기간 동안 문학자가 조선의 독립을 위해서 적극적으로 실천하지 못한 것에 대해서 자기 비판해야 한다고 하자, 한효는 실천이 없다고 사상이 없는 것은 아니라고 반박하였다. 둘째, 이원조가 과거 카프의 공식주의—사회주의리얼리즘을 기계적으로 도입한 것—에 대해 비판해야 한다고 하자, 한효는 "사회주의 리얼리즘 논쟁에

---

50 김재용, 「해방 직후 임화의 민족문학과 통일독립」, 『임화문학의 재인식』, 앞의 책, 308면.

51 「북한 소련 민정국 3개년 사업총결보고(1945.8~1948.11)」 제1권 정치편, АВПР, Ф. 0480, оп. 4, п. 14, д. 46.

52 한설야 외, 「조선문학의 지향 : 문인좌담회 속기록」, 『예술』 제3호, 1946. 1, 4~9면.

서 우리의 비평은 진보하였다"라고 반박하였다.[53] 임화와 이원조가 제시한 문제들은 카프계열과 중간파 문학자들의 협동의 심정적 토대에 대한 것이었다. 하지만 프로문맹 측은 협동에 합의한 이후에도 문학자의 단체는 프롤레타리아 계급의 사상으로 무장한 프롤레타리아 당(공산당)의 전위라고 생각을 고수하였다.

반면에 프로문맹 측의 문제제기도 있었다. 한설야는 '문학운동'의 중요성을 제기하며, 문학자는 정치 활동이나 작품 창작뿐만 아니라 독자들을 교육하고 계몽할 의무가 있으며 그들 속에서 자신들의 문학예술이 나올 수 있도록 도와주어야 한다고 주장하였다. 이러한 이유로 '조선문학가동맹'이라는 명칭에 대해서 제고할 것을 제안하였다.[54] 이러한 한설야의 제안이 받아들여져 조직 명칭에 대한 비공개 토의가 이루어졌으며, 다음날 '조선문학동맹'의 결성이 공식적으로 발표되었다.[55]

1945년 12월 13일 결성된 조선문학(가)동맹은 해방 이후 남한과 북한 그리고 우파와 좌파를 통틀어 '처음으로 발족'한 전국적인 규모의 문화통일전선이었다.[56] 이 조직이 가진 통일전선적 성격은

53 위의 글, 5~7면.

54 처음 신문에는 '조선문학가동맹'이 결성될 예정이라고 보도 되었으나, 아서원 좌담회의 결과 조선문학동맹이 되었다가 다시 조선문학자대회에서 조선문학가동맹으로 바뀌었다.

55 「조선문학동맹 결성, 각부 위원 결정」, 『자유신문』, 1945.12.25.

56 이를 이어 1946년 3월 13일에 남한에서 정인보, 박종화의 주도로 우파 문화통일전선체인 '전조선문필가협회'가 결성되었으며, 1946년 3월 25일에 북한에서는 북조선공산당

1946년 2월 8일과 9일에 열린 전국문학자대회에서도 잘 드러난다. 이 대회의 중앙집행위원장은 식민지 시대 신간회를 이끈 대표적인 민족주의자 홍명희였으며, 조선인민당의 여운형, 조선신민당의 백남운, 조선공산당의 이주하, 민주주의민족전선 준비위원회 그리고 조선인민공화국 중앙인민위원회의 대표들이 참석하여 축사를 하고 대회 이튿날에도 참석하여 대회의 진행을 주시하였다. 이들은 모두 "민주주의민족전선"에 참여한 정당 및 사회단체들이었다.

임화는 「조선 민족문학 건설의 기본 과제에 대한 일반 보고」를 통해 식민지 기간 동안 조선 문학의 역사를 개관하고 문학 및 문화 분야에서 통일전선이 형성될 수밖에 없는 역사적 근거를 해명하였다. 그는 일제가 1930년에 만주침략을 개시하면서 가장 반일적인 계급운동과 프로문학운동을 공격하고 1937년 중일전쟁을 시작하면서 모든 종류의 진보적 운동과 진보적 문학에 대한 더한층 가혹한 압박에 착수하였으며, 조선의 문학은 일제의 압박에 대항하여 "신문학 이래 처음으로 공동노선에서 협동"하였다고 주장하였다.[57] 그리고 일제의 파시즘적 억압에 저항하여 조선문학자들이 형성한 공동전선의 방향은 "첫째, 조선어를 지킬 것, 둘째, 예술성을 옹호할 것, 셋째, 합리정신을 주축으로 할 것"이었다고 설명하였다.[58]

선전부장 김창만의 지도하에 좌파 문화통일전선체인 '북조선예술총연맹'이 결성되었다.

57 임화, 「조선 민족문학 건설의 기본과제에 관한 일반보고」, 『건설기의 조선문학』, 조선문학가동맹 중앙집행위원회 서기국, 1946, 38~39면.

임화는 해방이 되었다는 사실 이외에는 "일본제국주의 문화 지배의 잔재가 남아있다는 것과 봉건 문화의 유물이 청산되지 아니"하였음을 근거로 그 이전과 현재의 객관적 조건에는 아무런 차이가 없으므로 일제 말 형성되었던 문학자들의 공동전선이 현재도 유효하다고 주장하였다. 또한 그는 문화통일전선의 당면 과제는 일제지배 및 봉건 잔재로 말미암아 지연된 '민주주의 개혁'을 성취하고 이 위에서 '민주주의적 민족문학'을 건설하는 것이라고 주장하였다.[59]

전국문학자대회에서 조선문학(가)동맹의 중앙집행위원장으로 홍명희, 부위원장으로 이기영, 한설야, 이태준, 서기장 권환이 선출되었고, 위원으로 이원조, 임화, 김태준, 김남천, 안회남, 한효, 김기림, 윤기정, 정지용, 이병기, 김오성, 안함광, 박세영, 조벽암, 김광섭, 홍구, 이동규 등이 선출되었다.

강령으로는 진보적 민주주의 국가 건설과정에 있어서 조선 문학의 자유스럽고 건전한 발전을 위하여, "① 일본제국주의 잔재의 청산, ② 봉건주의 잔재의 청산, ③ 국수주의의 배격, ④ 진보적 민족문학의 건설, ⑤ 조선문학의 국제문학과의 제휴"가 제시되었다.[60] 이는 모두 임화가 작성하고 1946년 2월 조선공산당중앙위원회가 발표한 「조선민족문화건설의 노선(잠정안)」에 기반을 둔 것이다.[61]

---

58 위의 글, 39면.
59 위의 글, 42면.
60 위의 책, 222~223면.

이후 이 강령은 조선문학(가)동맹 및 조선공산당의 공식적인 "문화노선"으로 받아들여졌다.[62]

조선문학(가)동맹은 전국문학자대회를 통해 다수의 문학자들로부터 지지받는 대표성 있는 문학단체임을 입증하였다. 전국문학자대회에 참석한 문학자의 수는 총 117명이었고, 이중 양일 모두 참석한 문학자는 57명이었다. 해방 전 통계에서 전체 문학자가 약 179명이었고[63] 해방 이후 약 20명 정도가 북한에 있었던 점을 고려할 때, 과반수이상의 문학자들이 참석하였음을 알 수 있다. 그리고 이들의 참여와 지지를 받아 '조선문학가동맹'이라는 명칭[64]과 문학운동의 기본 방향이 결정되었다.[65]

이후 조선문학가동맹은 임화, 이태준, 이원조, 김기림 등의 임원

---

61 이원조의 진술에 따르면 이 문화테제는 임화가 작성한 것이라고 한다. 조선민주주의인민공화국 최고재판소, 『미제국주의 고용간첩 박헌영 · 리승엽 도당의 조선민주주의인민공화국 전복음모와 간첩사건 공판문헌』, 국립출판사, 1956, 321면.

62 한효, 「민주건설시기의 조선문학」, 『해방 후 10년간의 조선문학』, 조선작가동맹출판사, 1955, 85면.

63 임화, 「조선문학통신-현 문단의 구조」(『문예』, 1940.6), 『임화문학예술전집-평론 2』, 하정일 편, 소명출판, 2009, 504면.

64 전국문학자대회의 성공적인 개최에도 불구하고, '조선문학가동맹'의 조직 성격에 대한 회원들 사이의 생각은 통일되지 못했다. 한효가 배포용 자료를 준비하면서 조직의 명칭을 조선문학동맹이 아니라 조선문학가동맹으로 오기하자, 오장환이 조직 명칭을 자료에 인쇄된 대로 '조선문학가동맹'으로 했으면 좋겠다는 제안했다. 논란 끝에 결국 거수의 결과로 문학동맹이 28명, 문학가동맹이 43명의 찬성을 얻어 조직의 명칭이 조선문학가동맹으로 결정되었다. 이러한 해프닝은 '문건'을 문학가의 협의체로 보는 관점과 대중에 대한 교육 계몽을 목표로 한 '문학운동단체'로 보는 관점이 공존했음을 보여준다.

65 조선문학가동맹 중앙집행위원회서기국, 「제1회 전국문학자대회 회의록」, 『전환기의 조선문학』, 1946, 205, 217~218면.

들을 1946년 2월 15일 결성대회를 열 예정인 "민주주의민족전선"의 준비위원회 선전부에 참여시켜 결성대회 준비를 지원하였다. 또한 조선문학가동맹은, 1946년 2월 24일에, 과학자동맹, 진단학회 등 25개 문화 단체와 함께 전국문화단체총연맹을 결성하고 민주주의민족전선에 참여함으로써 진보적 민주주의 국가건설에 일익을 담당하고자 하였다.[66]

4. 남한 정세 변화에 따른 문학운동노선의 재정비

1945년 12월 27일 모스크바 3상회의에서 조선에 대한 신탁통치를 포함하는 〈조선에 대한 4개항의 결의서〉를 발표하였다. 그러자 조선공산당은 '인민공화국'을 통해 미군정으로부터 직접 권력을 이양 받는다는 기존의 정책을 수정하여, 〈결정서〉에서 언급된 임시정부에 적극적으로 참여하여 그 주도권을 잡음으로써 신탁통치가 끝난 이후 정식으로 수립될 정부의 권력을 획득하는 것으로 목표를 수정하였다.

66 「조선문화단체총연맹 결성대회 개최」, 『조선일보』, 1946.02.25. 이 대회에서 임화는 예술부문에 대한 보고를 하였다.

이러한 정세의 변화는 조선문학가동맹을 포함한 여타 문학자들의 문학 활동과 정치 행동에 큰 영향을 미쳤다. 무엇보다 신탁통치 문제는 문학자들에게 자신의 정치적 입장을 분명히 선택하도록 하는 계기를 제공하였다.

1945년 12월 27일 『동아일보』가 "소련은 신탁통치 주장, 미국은 즉시 독립 주장"이라는 요지의 기사를 특종으로 보도하자,[67] 이를 접한 대다수 문화인들은 즉각 반발하였다. 1945년 12월 31일 전국 학술문화단체 11개가 연합하여 "모스크바 삼상회의 신탁통치 결정 반대 강연"을 개최하고, 임화의 사회로 신남철, 박치우, 이태준, 백남운, 그리고 이희승 등이 신탁통치 반대 강연을 하였다.[68]

하지만 1946년 1월 2일 조선공산당에서 '신탁통치찬성'을 결정하고 6일 신탁통치찬성 성명을 공식적으로 발표하자, 신탁통치에 반대했던 공산당 계열의 문학자들은 모두 신탁통치 찬성 입장으로 돌아섰다. 그러자 민족주의 성향의 문학자들 중에서 신탁통치 반대를 고수하는 사람들은, 1946년 3월에 신탁통치를 반대하는 입장의 '전국문필가협회'가 서울에서 결성되자 그쪽으로 합류하였다. 또 신탁통치를 찬성하는 문학자 중 프로예맹에 참여했던 일부 문학자들은 평양에서 "북조선예술총동맹"이 결성되자 이에 합류하기 위해 월북하였다.

67 「소련은 신탁통치 주장, 미국은 즉시 독립 주장」, 『동아일보』, 1945.12.27.
68 「문화부대총궐기—탁치반대와 통일촉성대강연」, 『자유신문』, 1946.1.1.

1946년 3월 20일 모스크바 3상회의의 결정에 따라 제1차 미소공동위원회가 서울 덕수궁 석조전에서 개최됐다. 4월 17일 미소공동위는 임시정부수립을 위한 한국 내 협의대상자가 될 정당과 단체는 모스크바 3상회의의 결과에 대한 지지를 약속하는 선언서에 서명해야 한다는 요지의 공동성명을 발표했다. 그러나 이 선언서에 서명을 하는 것이 신탁통치의 수용을 뜻하는 것인지에 대해 미소 간에 논란이 벌어져 결론을 도출하지 못하게 되자, 결국 5월 6일 무기휴회가 선언됐다.

미군정은 제1차 미소공동위원회 결렬 얼마 후인 1946년 5월 17일 정판사 사건을 발표하고, 조선공산당의 기관지를 출판하는 '정판사'에서 위조지폐를 인쇄하여 조선공산당에 정치자금을 제공하였다는 혐의로 다수의 조선공산당원을 체포하였다.[69] 그리고 이 사건을 이용해 160만 명 이상의 당원을 거느린 남한 내 최대 정치조직인 조선공산당을 불법단체로 몰아갔다.[70] 더 나아가 1946년 9월 7일에는 박헌영에 대한 체포령을 내려 조공의 지도자를 합법적으로 제거하려 하였으며,[71] 조공의 기관지 역할을 했던 『조선인민보』, 『현대일

69 「백일하에 폭로된 공산당원 지폐위조사건의 죄상」, 『동아일보』, 1946.5.17.

70 꼬로뜨꼬브, 레베제브, 「남조선에서 입수한 정보자료 : 1947년 3월 26일」, 『러시아연방 국방성 중앙문서보관소 소련군정문서, 남조선 정세보고서 1946~1947』, 러시아연방국방성 중앙문서보관소 문서군 172, 목록 614632, 문서철 34.

71 「박헌영, 이강국 등의 조공간부에 체포령」, 『동아일보』, 1946.9.8; 「도망하는 공산당원 경찰의 발포로 즉사」, 『동아일보』, 1946.9.20.

보』, 『중앙신문』을 포고령 2호 위반혐의로 정간처분을 내림으로써 조공의 선전활동을 방해하였다.[72] 그러자 조선공산당은 '미소공동위원회의 재개와 박헌영 체포령 철회' 등을 요구하는 대규모 대중투쟁을 조직하여, 미군정이 자신들의 요구조건을 수용하도록 압력을 넣으려고 하였다. 이승엽의 지시 하에 9월 25일 대규모 철도노동자 파업이 일어났으며 이에 동조하여 대구지역에서 대규모 소요가 발생하여 인근 농촌지역으로 확대되었다. 남로당은 이를 '10월 인민항쟁'으로 명명하고, 1919년의 3·1 운동의 정신을 계승한 대중항쟁으로 평가하였다.

1946년 8월에 북조선공산당이 북조선신민당과 합동하여 북조선로동당을 결성하자, 1946년 11월 23일 조선공산당 역시 조선인민당, 남조선신민당과 합동하여 '남조선로동당'을 결성하였다. 합동과정에서 각 당의 합당 반대파들은 따로 '남조선사회로동당'을 결성[73]하기도 하는 등의 잡음도 있었지만, 남로당의 결성은 남조선의 농민, 소부르주아, 그리고 기타 진보세력이 반제국주의 및 이승만 반대 투쟁에 결집한 결과로 당시에 평가되었다.[74]

72 「三新聞停刊에—공보부특위발표」, 『자유신문』, 1946.9.8.

73 삼당의 합당 과정에서 조선인민당 내의 48인파와 31인파, 남조선신민당 내의 간부파와 대회파, 조선공산당 내의 추진파와 반대파 등이 각각 찬성과 반대로 분열했다. 결국 박헌영(朴憲永) 계열이 중심이 되어 11월 23, 24일에 남조선노동당을 결성하고, 여운형·백남운(白南雲) 등은 사회노동당을 결성했다.

74 「북한 소련민정국 3개년 사업총결보고 : 1945.8~1948.11」, 제1권 정치편, АВПР, Ф.

이러한 정치 상황은 조선문학가동맹의 활동에도 큰 영향을 미쳤다. 우선 조선문학가동맹은 1946년 9월에 예정되었던 제2차 전국문학자대회를 무기한 연기하기로 결정하였고, 1946년 11월 8일에는 중앙집행위원회를 열고 「문학운동의 대중화와 창조적 활동의 전개에 대한 결정서」를 발표하였다. 이 결정서에서 조선문학가동맹은 10월 인민항쟁을 "팽배한 인민대중의 정치적 진출"로서 해석하고, 조직이 민중의 정치적 진출을 따라가지 못했음을 반성하였다.[75] 이어서 조선문학가동맹은 소수문학자의 단체에 머무르지 말고, 대중의 정치적 진출을 올바른 방향으로 이끌어나갈 수 있도록 인민을 위한 문학의 생산과 인민 자신이 문학할 수 있는 대중적 조직으로 변화되어야 한다고 결정하였다.[76]

이에 따라 1946년 3월에 북조선문학예술동맹에 참여하기 위해 사임한 부위원장 이기영, 한설야, 그리고 중앙집행위원 윤기정, 한효, 이동규, 박세영, 안함광을 대신하여 부위원장으로 이병기, 중앙집행위원으로 양주동, 염상섭, 조운, 채만식, 박아지, 박태원, 박노갑을 보선하였다.[77] 이러한 결정은 좌파의 형식적인 주도권에 집착하기보다는 남한 대중에게 큰 영향력을 갖고 있는 중간파 문학자들

0480, оп.4, п.14, д.46.

75 조선문학가동맹 중앙집행위원회, 「문학운동의 대중화와 창조적 활동의 전개에 관한 결정서」, 『한국현실주의비평선집』, 김윤식 편, 나남, 1989, 404면.

76 위의 글, 404면.

77 위의 글, 408면.

을 책임 있는 자리에 앉힘으로써 문학운동단체로서의 '대중성'을 확보하기 위해서였다.

또한 조직의 대중성을 높이겠다는 목표는 조직 구성원에 대한 규정에도 영향을 미쳐, 규약 제4조 제1항의 "맹원 및 맹우로서 조직함"이 "맹원으로서 조직함"으로 개정되었다.[78] 이는 조직의 명칭이 '문학자' 동맹인 탓에 직업문인이 아닌 자는 맹우로 가입해야 했던 것이 비대중적이라고 판단하고 직업문인과 일반대중에게 동등한 회원 지위를 부여한 조치였다. 이때부터 누구든지 동맹의 규약에 동의하는 자는 2명 이상의 맹원의 추천을 받아 동맹 지부의 심사를 거쳐 조직에 가입할 수 있게 되었다.

1947년에 들어오면서 '조선문학가동맹'은 민족문학의 '인민적 토대'와 '문학운동단체'라는 조직의 성격을 강화하였다. 예를 들어, 1947년 4월에 발행된 『문학』 제3호는 권두언에서 "문학주의와의 투쟁"을 제기하며, "문학가동맹은 문학가들의 정치 운동의 단체가 아니라 문학운동의 단체이기 때문에 문학가동맹의 강령은 동맹 문학가들의 이론 · 비평 · 창작의 사상적, 예술적 성격을 규정짓는 원칙이 되어야 한다"면서 조직의 정치적 목표를 창작을 통해 실천할 것을 요청하였다.[79]

78 위의 글, 407면.

79 「문학주의와의 투쟁」, 『문학』 제3호, 1947.4, 7면.

또한 임화는 조선문학가동맹 내에 '민족문학'에 대한 이해가 통일되지 못했음을 지적하고, 동맹의 정치적 예술적인 실천의 사상적 통일을 완성하고, 민족문학의 개념에 자의적으로 포함되어 있는 불순한 관념을 청산하고 민족문학의 뚜렷한 이념의 원리를 수립할 필요성을 제기하였다.[80] 임화에 따르면, 민족은 노동자, 농민 등을 중심으로 한 인민이며, 인민 중 노동자 계급은 인민전선을 유지하고 이를 통해 민족과 국가와 사회를 건설하여야 한다. 그리고 이에 따라 건설된 민족문학은 "노동계급의 이념에 기초"하고 있으며, 노동계급의 이념이 곧 민족의 이념이자 인민의 이념이다. 이것은 다음과 같은 이유에서이다.

> 노동 계급이 자기의 이념을 인민의 이념으로, 민족의 이념으로 요청함은 시민 계급의 경우와 같이 자기가 인민과 민족의 특권적 지배자가 되기 위하여서가 아니라 자기와 더불어 모든 인민층이 목적의식을 갖고 통일전선으로 결합하는 것을 돕기 위함이다. 이 도움이 없으면 농민과 소시민은 제국주의와 봉건유제를 청산하고 민족을 해방하여 민주국가를 건설하는 전선에 자각적으로 결합되어 오기가 어려운 때문이다. 그러므로 민족형성의 기초인 이 인민전선에 있어 노동계급의 이념은 모든 인민이 자각적으로 결합되는 매개자인 것이다. 다시 말하면 이러한 경

80 임화, 「민족문학의 이념과 문학운동의 사상적 통일을 위하여」, 위의 책, 10면.

우의 노동계급의 이념은 계급적 자각의 매개자이기보다 인민적 자각의 매개자인 것이다.[81]

임화는 이전에도 「현하의 정세와 문학운동의 당면임무」, 「문학의 인민적 기초」 등을 통해 해방 직후 수립된 좌우합작적 문화전선의 토대는 '인민'임을 강조한 적이 있다. 하지만 제1차 미소공위의 파탄과 조선공산당에 대한 탄압 그리고 우파통일전선의 수립 등의 급격히 바뀐 정세로 인해, 임화는 해방 직후 추진되었던 상층(정치조직)에서의 좌우합작이 더 이상 유효하지 않다고 판단하였다. 대신 '10월 항쟁'과 같은 혁명적 대중의 정치적 진출에 호응하여 노동계급의 이념과 남로당의 영도를 바탕으로 한 '인민전선'을 형성할 필요성을 제기하며, 조선문학가동맹의 문학자들은 노동계급의 이념이 담겨있는 문학작품의 창작을 통해서 인민전선 형성의 매개자가 되어야 한다고 주장하였다.

이에 호응하여 김남천은 "10월 인민항쟁의 문학적 형상화"의 필요성을 제기한다. 「대중투쟁과 창조적 실천의 문제」에서 김남천은, 문학자들은 "사실주의"적 방법에 입각해 투쟁을 만들어낸 원동력과 현실의 객관적 갈등을 올바르게 묘사해야 해야 한다고 주장하고, 창작의 가이드라인으로 박헌영이 발표한 "10월 인민항쟁의 발생원인

81 위의 글, 14면.

과 인민항쟁의 정치적 역사적 의의"를 제시하였다.[82]

동시에 김남천은 라쌀과 맑스—엥겔스 사이의 '지킹엔 논쟁'[83]에 기대어, 사회로동당이 10월 인민항쟁을 주도한 남로당의 정책을 '좌편향적 오류'로 비판한 것을 재비판하였다.[84] 김남천은, 라쌀이 농민을 배신한 지킹엔을 두둔하며 "농민운동을 반동적 운동"이라고 평가한 것은 프롤레타리아가 아닌 부르주아의 관점에서 보았기 때문이며, 라쌀의 견해는 10월 인민항쟁에 대한 사회로동당의 좌우합작적 견해와 유사하다고 지적하였다.[85] 그리고 이를 근거로 그는, 10월 인민항쟁에 대한 올바른 형상화는 사로당적 관점이 아닌 박헌영이 제시한 관점에 따라야 함을 강조하였다.[86]

또한 조선문학가동맹은 레닌의 「당조직과 당문학」을 소개하고 동맹의 문학운동은 노동계급의 이념을 구현한 공산당의 정치 목표와 일치해야 함을 시사했다. 그리고 북조선문학예술동맹의 시집

82 김남천, 「대중투쟁과 창조적 실천의 문제」, 『문학』 제3호, 1947.4, 27~29면.

83 이것은 16세기 초 루터의 개혁을 지지했던 기사 프란츠 폰 지킹엔의 비극적 운명을 다룬 라쌀의 희곡 「프란츠 폰 지킹엔」(1858)을 읽고 마르크스—엥겔스가 작가인 라쌀과 주고받은 편지들을 루카치가 발굴하여 정리한 것이다.

84 위의 글, 23면.

85 위의 글, 26면.

86 위의 글, 28면. 김남천은 창작 방향으로 ① 제국주의자들의 식민지정책 절대 배격, ② 우리 민족의 민주주의 국가 건설에 대한 갈망, ③ 인민정권 수립에 대한 인민의 염원, ④ 조선의 진정한 민주주의적 애국자는 노동자, 농민, 근로지식층, 소시민이라는 사실 묘사, ⑤ 이들 세력의 강력한 연대, ⑥ 노동인민의 단결이 무진장의 역량을 만들어낼 수 있음을 묘사해야 한다고 제시 하였다.

「웅향」에 대한 결정서를 게재하여 문학운동에서 부르주아 사상을 배제할 필요성을 제시하였다.

이후 문학가동맹은 『문학』 3 · 1기념임시증간호를 발간하고 10월 인민항쟁을 형상화한 문학작품들을 발표하였다. 임화도 「우리들의 전구」와 「높은山 봉우리마다」라는 작품을 통해 철도노동자의 파업과 농민 항쟁을 묘사하였다. 특히, 「높은山 봉우리마다」는 이후 남로당의 지휘 하에 전개된 유격대 활동을 암시하고 있다. "農軍의 두터운 가슴 / 골작마다 있고 / 번개처럼 빛나는 / 人民抗爭隊의 눈이 / 南朝鮮 높은 山 / 봉우리 봉우리에 있구나."[87]

그런데 특이하게도 이러한 문서들은 모두, 문학운동의 내용적인 측면을 지시할 뿐 구체적인 창작방법에 대해서는 언급하지 않고 있다는 점이다. 물론 조선문학가동맹은 전국문학자대회에서 「새로운 창작방법에 관하여」라는 보고를 통해 동맹의 강령을 구현할 창작방법으로 '진보적 리얼리즘'을 제시하였다. 이것은 "진보적 민주주의 수립을 역사적 임무로 하는 시대의 유물변증법과 결합된 리얼리즘"[88]으로서, 혁명적 로맨티시즘을 계기로 내포한 창작방법으로 규정되었다.[89] 하지만 인민항쟁의 형상화와 관련해서 '진보적 리얼리

87 임화, 「높은山 봉우리마다」(『찬가』, 백양당, 1947.5), 『임화문학예술전집―시』, 김재용 편, 소명출판, 2009, 484~485면.

88 김남천, 「새로운 창작방법에 대하여」, 『전환기의 조선문학』, 조선문학가동맹 중앙집행위원회 서기국, 1946, 167면.

89 김남천은 과거 카프가 문학의 이론과 자료를 조선 문학의 현실에서 발견하여 추진하지

즘'이라는 창작방법이 표가 나게 강조되지는 않았다.

이점은 한효 등 '프로예맹'파가 진보적 리얼리즘이란 "전형적 상황에 전형적 인물"을 창조하는 것이라며 사회주의 리얼리즘과 동일시한 것이나, 북조선문학예술동맹이 문학창작방법으로 '전형'의 창조를 제기하고, 이후 북조선인민위원회가 '고상한 리얼리즘'을 창작방법으로 결정한 것과는 대조를 이룬다.[90] 창작방법에 대한 조선문학가동맹의 태도는 과거 카프의 사회주의 리얼리즘 논의를 공식주의로 비판했던 것과 연관되는 동시에, 민족문학의 건설과정에서 '새로운 형식'이 창조되기를 기대했기 때문이다.[91]

1947년 5월 21일부터 제2차 미소공동위원회가 개최되고, 6월 25일에는 미소공동위원회의 예비회의에 참여를 희망하는 남북한 정치사회단체들이 청원서를 제출하였다. 조선문화단체총연맹은 임화

않고, 소련이나 기타 선진국의 이론을 수입하여 그것을 되풀이하였다고 비판하고, 진보적 리얼리즘은 그 같은 공식주의를 극복한 창작방법이여야 한다고 강조하였다. 김남천, 위의 글, 169면.

90 이기영, 「창작방법 상에 대한 기본적 제문제」, 『문화전선』 제1집, 1946.7, 24~34면. 그리고 1947년 1월 1일 김일성은 전 조선 인민에게 보내는 신년사에서 "문학 예술인들은 민주개혁의 성과들을 정확하게 반영하고 사상적으로 정치적으로 예술적으로 고상한 작품들을 많이 창작하여야 할 것이다"고 교시하였다. 이것은 '고상한 리얼리즘'으로 정립되었다.

91 이러한 점은 제1회 해방문학상 심사보고 중 오장환의 시집 『병든 서울』에 대한 평가에서 잘 나타난다. 심사위원회는 오장환의 시집은 낡은 자기 자신에 대한 직접 투쟁이 시의 형식과 내용을 형성하며 새로운 내용과 더불어 새로운 형식의 창조에 접근하고 있다고 평가한다. 이처럼 임화 등은 사회주의 리얼리즘을 해방 이후 현실을 담을 새로운 문학형식으로 생각하지 않았던 것으로 보인다. 조선문학가동맹 46년도 문학상 심사위원회, 「1946년도 문학상 심사경과 급 결정 이유」, 『문학』 제3호, 1947.4, 55면.

의 이름으로 그리고 조선문학가동맹은 김남천의 이름으로 참가 청원서를 제출하고, 제2차 미소공동위원회가 성공적으로 개최되어 공산당 중심의 임시정부가 수립되기를 기원했다.[92] 임화는 제2차 미소공동위원회가 성공하여 박헌영에 대한 수배령이 풀리고 그가 명실상부한 민족의 지도자가 되기를 기원하며, 「박헌영 선생이시어 우리게로 오시라」(『문화일보』 1947.6.13)는 시를 발표하기도 하였다: "民族의 앞길에 / 돌을 던지던 / 民族 원수들을 물리치고 / 당신이 가르키신 / 民主政府가 서려는 오늘 // 朴憲永先生이시어 / 우리게로 오시라 / 우리에게 君臨하시라."[93]

또한 제2차 미소공동위원회의 개최 기간 동안, '통일임시정부'에 대한 협상이 타결되는 것에 큰 기대를 걸은 남로당은 『노력인민』 등과 같은 기관지를 통해서 공위에 대한 '대중 교양'을 실시하고 협상 타결을 촉구하는 대중 투쟁을 적극적으로 전개하였다.[94] 임화 역시 「朴憲永先生이시어 『노력인민』이 나옵니다」라는 시를 발표하여, 미소공위를 꼭 성공시키겠다는 남로당원의 결의를 표현하기도 하였다."[95]

92 「공위 예비회의에 참가할 각 단체 대표 결정」, 『조선일보』, 1947.6.25.

93 임화, 「朴憲永 선생이시어 우리게로 오시라」(『문화일보』, 1947.6.13), 『임화문학예술전집—시』, 김재용 편, 소명출판, 2009, 485면.

94 1946년 5월 30일에 창간된 남조선로동당 중앙위원회의 기관지로 원래 『대중신문』이었던 제호를 『노력인민』으로 바꿔 1947년 6월 19일부터 발행했다. 창간사에서 이 신문은 '조선인민의 친절한 교양자이자 조직자임'을 선언하고, 미소공동위원회를 매일 대서특필하면서 우익진영의 정강 정책을 비난했다. 1947년 8월 15일까지 발행되다 이후 지하로 잠복하였다.

그러나 1947년 10월 21일 제2차 미소공동위원회가 미·소간의 의견 차이로 완전히 결렬되자, 미군정은 조선독립정부 수립문제를 유엔으로 이관하기로 결정하고 남한단독정부 수립을 가시화하였다. 동시에 하지 장군이 남로당을 불법단체라고 선언하면서 미군정의 정치적 파트너로 선택받지 못한 남로당의 위기는 더욱 가속화되었다.

이 과정에서, 남조선로동당 선전부 문화과장과 조선문화단체총연맹 부위원장을 하고 있던 임화가 미군정의 표적이 되었다.[96] 1947년 4월에 임화의 시집 『찬가』가 백양당에서 출판되자, 다음달 25일 수도청 경사과에서 출판사 사장을 불러 『찬가』에 수록된 「旗ㅅ발을 내리자!」라는 시를 삭제할 것을 명령했다. 문제의 시는 조선공산당이 정판사에서 위조지폐를 제조하여 유포했다는 혐의가 발표된 직후인 5월 19일 『현대일보』에 임화가 발표된 것으로 여러 집회에서 낭독되고 일반인에게 널리 알려진 것이었다.[97] 경찰은 「旗ㅅ발을 내리자!」가 미군정을 비방하는 내용, 내지 불온한 내용을 담고 있다는 것을 이유로 삭제를 명령했다.[98]

---

95 임화, 「朴憲永先生이시어 『노력인민』이 나옵니다」(『노력인민』, 1947.6.17), 『임화문학예술전집-시』, 김재용 편, 소명출판, 2009, 485~486면.

96 조선민주주주의 인민공화국 최고재판소, 앞의 책, 218면.

97 "가난한 同胞의 / 주머니를 노리는 / 外國商館의 / 늙은 종(奴隷)들이 / 廣木과 통조림의 / 密賣를 議論하는 / 廢 王宮의 / 商標를 爲하여 / 우리의 머리 우에 / 國旗를 날릴 / 必要가 없다 // 同胞여 一齊히 / 旗ㅅ발을 내리자." 임화, 「旗ㅅ발을 내리자」(『현대일보』, 1946.5.19), 『임화문학예술전집-시』, 김재용 편, 소명출판, 2009, 480면.

98 「시집 『찬가』 일부를 삭제」, 『자유신문』, 1947.5.27. 조선문학가동맹에서는 『찬가』가

이에 그치지 않고 경찰은 임화의 시집 중에 치안을 교란하는 문구가 있다는 이유로 그를 수도청 조사과로 불러 조사하였다. 그 결과 임화는 포고령 2호를 어긴 죄로, 즉 "무허가 집회 및 무허가 시위 참여 혐의"로 7월 18일 불구속으로 송청되었다.[99] 이처럼 경찰은 제2차 미소공동위원회 기간 동안 남로당 선전부 문화과장으로서 대중 선동과 투쟁을 기획했다는 혐의로 임화를 처벌하고 향후 남로당의 대중 선전과 계몽 활동을 방해하려고 하였다.

이후 1947년 11월 20일 이승엽의 지시로 임화는 김남천과 함께 월북하였다.[100] 월북 후, 소련 고급 당학교에 가기 위해서 평양으로 갔으나 과거 경력이 불순하다는 이유로 소련으로 가지 못하고, 박헌영의 지시로 38선 접경 지역인 황해도 해주로 내려가 해주 제1인쇄소의 편집부장이 되었다.[101] 이곳에서 임화는 조일명, 이원조 등과 함께 『민주조선』, 『인민조선』과 같은 대남 선전물을 제작하는 동시에,[102] 1946년 9월 초에 월북하여 평양에 체류 중인 남로당 지도자 박헌영과 남한에 있는 남로당 간부들 간의 연락을 중개하였다.[103]

공보부에서 공인을 얻어 출판한 것임에도 불구하고 경찰이 삭제 명령을 내린 것은 "언론 출판의 자유와 예술을 모독"하는 것이라는 성명서를 내고 항의하였다. 「출판 자유 모독 : 『찬가』 삭제에 항의」, 『자유신문』, 1947.5.29.

99 「임화 시집 『찬가』 송청」, 『동아일보』, 1947.7.19.

100 조선민주주의 인민공화국 최고재판소, 앞의 책, 217면.

101 위의 책, 220면.

102 김남식, 앞의 책, 358면.

103 조선민주주의 인민공화국 최고재판소, 앞의 책, 220~221면.

1947년 10월 21일 제2차 미소공동위원회가 완전 결렬되자, 미국은 조선 문제를 UN에 상정하고 UN 감시 하에 '정부 수립을 위한 전국적인 총선거'를 실시할 것을 제안하였다. UN 총회는 소련의 반대에도 불구하고 1947년 11월 미국의 제안을 그대로 받아들여 UN 한국임시위원단 감시 하에 인구 비례에 의한 남북한 총선거 실시를 결정했다. 그런데 소련의 반대로 북한 지역에서의 선거가 불가능하자, 1948년 2월 유엔 소총회는 선거가 가능한 남한만의 선거 실시를 결정했다.

1948년 5월 10일 남한 단독정부 수립을 위한 총선거 실시가 결정되자, 입국 이후 우파통일전선에 참여하였던 김구, 김규식과 같은 임정계열의 지도자들은 "미소 양군을 즉시 철퇴시키고 한국의 치안 책임을 UN이 담당하고, 남북 한인지도자회의를 소집하여 한국문제를 한인이 해결"해야 한다는 요지의 남한 단독의 총선거 실시를 반대하는 성명을 발표하였다.[104]

이에 호응하여 1948년 4월과 6월 두 차례 걸쳐 통일독립국가 건설을 원하는 남북정당 및 사회단체 대표자회의가 평양에서 소집되었다. 남한의 민주주의민족전선에 참여한 단체 대표 80여 명도 남북정당 및 사회단체 대표자회의에 참석하였다.[105] 임화 역시 민전

104 「김구, 유엔조선임위에 보내는 의견서 발표」, 『서울신문』, 1948.1.28.
105 「민전 산하 각 단체대표 80명이 남북협상참석차 평양출발 발표」, 『서울신문』, 1948.4.14.

산하 조선문화단체총연맹의 대표 자격으로 회원 6명과 함께 이 회의에 참석하여, 남한단독정부 수립을 위한 선거에 반대하고, 전국적인 통일정부 수립을 지지하였다.[106]

무엇보다 임화, 김남천, 이원조는, 1948년 5월 10일 남한에서 실시하기로 된 남한단독정부 수립을 위한 대의원 선거를 저지하기 위해서 1948년 8월 21일부터 26일까지 해주에서 개최된 남조선대표자회의를 지원하는데 총력을 기울였다. 해주남조선대표자회의에서 총 320명의 남조선 대의원이 선출되었고, 이들 중 일부는 1948년 9월 9일 조선민주주의인민공화국의 최고인민회의에 남조선 대의원으로 참가하는 등, 북한에서 구성된 정부가 남북한을 대표하는 것을 정당화하는 데에 협력하였다.[107] 임화는 김남천과 함께 남조선대표자회의의 대의원으로 선출되어, 조선민주주의인민공화국이 조선 전체에 대해서 대표성을 갖는 유일한 정부임을 합리화하는 것을 적극 방조하였다.[108]

---

106 위의 글.

107 임화와 김남천이 대의원으로 선출되었다. 501.BB Korean / 10-S46, *Permission of Documents in Connection with North Korean Election for Possible Use To U.S. Delegation*, General Assembly Meeting in Paris, The Foreign Service of the United States of America, American Mission in Korea Seoul, October 9, 1948.

108 위의 글. 이 회의에서 다수의 문학인들이 대의원으로 선출되었다. "주요섭, 염상섭, 이하윤, 이기영, 임화, 박태원, 정인근, 석인해, 계용묵, 김남천, 박노갑, 안회남, 정비석, 김동리, 채만식, 이효석, 이무영, 이헌구, 손소희, 모윤숙, 최정희, 홍이섭, 박태원, 김복진." 미군정은 유엔에 보낸 보고서에서 이 대회가 날조되었음을 증명하려고 하였으며, 이를 근거로 이 대회의 대표성을 부정하였다.

1948년 9월 9일 조선민주주의인민공화국 최고인민회의 제1차 회의는 김일성이 제출한 20명으로 구성된 내각 조직안을 승인하였다. 이 내각은 북조선 출신 11명, 남조선 출신 9명으로 구성되었으며, 수상으로 조선로동당 부당수 김일성, 부수상겸 외무상으로 남조선로동당 부당수 박헌영이 임명되었다.[109] 이로써 조선민주주의인민공화국은 남조선민주주의민족전선과 북조선민주주의민족통일전선의 연합에 의해 수립된 정부로 출범하게 되었다.

1947년을 지나면서 임화, 김남천, 이태준, 그리고 이원조와 같은 조선문학가동맹의 지도자들의 대부분이 월북하여 조선문학가동맹은 해주와 서울로 이원화 되었다. 서울에 남은 동맹 회원들은 현덕, 이병기, 정지용, 김영건, 설정식 등과 같은 비카프 계열의 문학자들이었다. 『문학』 제7호(1948.4)부터는 편집국 국장이었던 현덕이 편집자 및 발행자가 되어 기관지를 발행하였다. 하지만 『문학』 제3호는 모두 몰수되고, 제5호와 제6호 역시 매우 적은 부수만 출판되고[110] 간부들은 경찰의 감시를 당하는 등[111] 남은 문학자들의 고생이 매우 심했다.

이런 어려움 속에서도 조선문학가동맹은 남한 단독정부 출범일인 1948년 8월 15일 직전까지도 활동을 멈추지 않았다. 이 조직은

109 이종석, 『조선로동당연구』, 역사비평사, 2003, 206면.
110 「편집여묵」, 『문학』 제7호, 1948.4, 142면.
111 이병기, 『가람일기』 2, 신구문화사, 1966, 587면.

『문학』 제8호(1948.7)에서 문학운동의 방향으로 '구국문학'을 제시하고, 남한단독정부수립 분쇄를 목표로 한 문학 창작과 문학 운동을 전개할 것을 문학자들에게 호소하고 인민적 민주주의 민족문학을 건설해야 한다고 주장하였다. 또한 '구국문학'을 형상화한 작품들을 모아 8 · 15 해방기념 특집호를 내기로 계획하고 이백여 명의 집필진에게 원고청탁서를 보내, 상당한 양의 원고를 수집하였다.[112]

이처럼 조선문학가동맹은 마지막 순간까지 진보적 문학 운동이 나아가야 할 방향을 제시하려고 끝까지 노력하였다. 하지만, 1948년 8월 15일 대한민국정부가 정식으로 출범하면서 기관지 『문학』은 폐간되고 조선문학가동맹의 활동도 정지되었다. 이로써 남한에서의 진보적 문학운동은 중단되고 말았다.

5. 결론

해방 직후 임화는 문학자의 가장 중요한 임무로 '민족문학'의 수립을 제기하였다. 하지만 현실은 미군정과 소련군정이 남과 북을 통치하는 상황이었고 아직 조선인을 대표하는 정식 정부가 수립되

112 「편집여묵」, 『문학』 제8호, 1948.7, 161면.

지 않았다. 임화는 이러한 상황을 통일국가 수립을 위한 '과도기'로 인식하고, 근대적 의미의 민주주의 민족국가의 수립이 '민족문학' 성립의 일차적인 조건이며 민족국가의 수립에 적극적으로 참여하는 것이 과도기에 처한 문학자의 임무라고 판단하였다.

또한 임화는 자주독립국가 건설의 선결과제로 전근대적 잔재들의 청산과 사회 전반의 민주주의적 발전을 제시하고, 이것에 합의한다면 친일파나 민족반역자를 제외한 사람들과 통일전선을 형성하는 것이 가능하다고 생각하였다. 이를 실천하기 위해, 임화는 좌파와 중간파를 아우르는 '문화통일전선'을 형성하고, 이것으로 '민주주의민족전선'과 같은 정치면에서의 통일전선의 형성을 지원하고자 하였다. 그리고 이러한 구상은 해방 직후의 '조선문학건설본부'나 1945년 말에 결성된 '조선문학가동맹'으로 실현되었다.

이후에도 임화는 남한 내에서의 정세의 변화 및 조선공산당(1946년 11월 이후 남조선로동당)의 전술 변화에 보조를 맞춰 문화통일전선의 실천 방법을 제시하고자 노력하였다. 또한 개인적으로는 남로당의 전선부나 민주주의민족전선에 간부로 참여하여 직접적인 정치 활동을 하는 등, 인민 권력을 바탕으로 한 진보적 민주주의 국가를 건설하기 위해서 적극적으로 노력하였다.

또한 해방기의 정세에 대해서도 임화는 조선의 독립이 조선인의 힘이 아닌 연합국의 승리로 획득된 것임을 직시하고, 통일독립국가 건설이라는 문제는 단지 조선인의 힘으로 해결될 수 없으며 국제적인 세력과의 연대 속에서 해결될 수밖에 없다고 판단하였다. 이런 이유로 전국적인 범위의 임시 정부가 수립될 수 있도록 미소공동위원회의 성공을 기원하였을 뿐만 아니라, 미국과 소련이 합의에 도달할 수 있도록 압력을 넣기 위해 다양한 정치, 문화 활동들을 전개하였다.

그러나 미국과 소련은, 1945년 7월 포츠담에서 조선의 독립과 신탁통치 문제를 포함한 조선 문제를 논의할 때부터, 조선에 수립될 정부는 자신들에게 우호적이어야 한다는 생각을 갖고 있었다. 예를 들어 소련은 조선의 독립과 소련 동부 지역에서의 안보를 위해 소련과 친밀한 관계를 맺은 정부가 수립되어야 하며, 만약 신탁통치를 실시하게 되면 소련은 거기에 주도적인 역할을 해야 한다고 생각하였다.[113] 미국도 만약 (신탁통치를 받는) 임시 정부에 대해 소련이 주도권을 행사하고 다른 나라는 보통의 목소리밖에 낼 수 없게 되면 조선 문제를 유엔에 이관하기로 작정하고 있었다.[114] 이러한 상황은

113 Zhukov and Zabrodin, "Korea, Short Report," 29 June 1945, *AVP RF*, Fond 0430, Opis 2, Delo 18, Papka 5, 1. 18~30. The surest guarantee of the independence of Korea and the security of the USSR in the East would be the establishment of friendly and close relations between the USSR and Korea. This must be reflected in the formation of a Korean government in the future." (…중략…) The fifth "if a trusteeship is established, the Soviet Union must, of course, participate in it prominently."

114 No. 252 740.00119 (Potsdam) / 5~2446 Briefing Book Paper. The attitude of the Soviet Union toward an interim administration for Korea is not known, but it is possible that it will make strong demands that it have a leading part in the control of Korean affairs. If such demands required the establishment of an administrative authority in which powers other than the Soviet Union had only a nominal voice, it might be advisable to designate Korea as a trust area and to place it under the authority of the United Nations'

당시 조선 문제가 조선만의 문제가 아닌 미 · 소의 이해관계가 걸린 국제적인 문제였음을 잘 보여준다.

이런 이유로 남로당은 남한을 점령한 미국과의 우호적인 관계를 유지하여 평화적으로 권력을 이양 받는 것을 최우선으로 하였고,[115] 자신들이 대중적으로 지지를 받고 있는 세력임을 입증하기 위해서 '민주주의민족전선'과 같은 통일전선을 형성하고 10월 인민항쟁과 같은 대중적 운동을 전개하였다. 임화와 조선문학가동맹도 이러한 남로당의 정세 파악에 동의하였기 때문에 민주주의민족전선에 주도적으로 참여하였다.

참고문헌

1. 1차 자료

「김구, 유엔조선임위에 보내는 의견서 발표」, 『서울신문』, 1948.1.28.
「남조선대한국민대표민주의원 결성」, 『동아일보』, 1946.2.15.
「대중의 엄정한 비판 기다리는 "아—놀드" 장관발표파문」, 『자유신문』, 1945. 10.13.

---

organization itself.

115 꼬로뜨꼬브와 레베제브의 보고에 따르면, 1947년 3월 13일 남조선로동당의 지도자 허헌은 미군 소장 월버크와의 대화에서 미군정청에서 일하는 친일분자들 때문에 미국인들은 자신에 대해 친소분자라는 잘못된 견해를 가지고 있으며, 남조선로동당은 소련과 미국을 동일하게 대하고 있다고 말하였다. 꼬로뜨꼬브, 레베제브, 「남조선에서 입수한 정보자료 : 1947년 3월 26일」, 『러시아연방국방성 중앙문서보관소 소련군정문서, 남조선 정세보고서 1946~1947』, 러시아연방국방성 중앙문서보관소 문서군 172, 목록 614632, 문서철 34.

「문화부대총궐기－탁치반대와 통일촉성대강연」, 『자유신문』 1946.1.1.
「민전 산하 각 단체대표 80명이 남북협상참석차 평양출발 발표」, 『서울신문』, 1948.4.14.
「박헌영, 이강국 등의 조공간부에 체포령」, 『동아일보』, 1946.9.8.
「백일하에 폭로된 공산당원 지폐위조사건의 죄상」, 『동아일보』, 1946.5.17.
「三新聞停刊에－공보부특위발표」, 『자유신문』, 1946.9.8.
「소련은 신탁통치 주장, 미국은 즉시 독립 주장」, 『동아일보』, 1945.12.27.
「시집 『찬가』 일부를 삭제」, 『자유신문』, 1947.5.27.
「임화 시집 『찬가』 송청」, 『동아일보』, 1947.7.19.
「조선문학건설본부와 프롤레타리아문학동맹, 조선문학가동맹으로 통합」, 『자유신문』, 1945.12.7.
「조선문학동맹 결성, 각부 위원 결정」, 『자유신문』, 1945.12.25.
「조선문화건설중앙협의회 결성」, 『매일신보』, 1945.8.24.
「조선문화단체총연맹 결성대회 개최」, 『조선일보』, 1946.2.25.
「조선프롤레타리아 예술동맹결성」, 『매일신보』, 1945.10.1.
「출판 자유 모독 : 『찬가』 삭제에 항의」, 『자유신문』, 1947.5.29.
김남천, 「대중투쟁과 창조적 실천의 문제」, 『문학』 제3호, 1947.4.
김남천, 「새로운 창작방법에 대하여」, 『전환기의 조선문학』, 조선문학가동맹 중앙집행위원회 서기국, 1946.
김일성, 「조선로동당 제3차대회에서 진술한 중앙위원회 사업총결보고」, 『조선로동당대회자료집』 제1편, 국토통일원 조사연구실, 1988.
꼬로뜨꼬브, 레베제브, 「남조선에서 입수한 정보자료 : 1947년 3월 26일」, 『러시아연방국방성 중앙문서보관소 소련군정문서, 남조선 정세보고서 1946~1947』, 러시아연방국방성 중앙문서보관소 문서군 172, 목록 614632, 문서철 34.
「북한 소련 민정국 3개년 사업총결보고(1945년 8월~1948년 11월) : 제1권 정치편」, АВПР, Ф. 0480, оп.4, п.14, д.46.
이기영, 「창작방법 상에 대한 기본적 제 문제」, 『문화전선』 제1집, 1946.7.
임화, 「민족문학의 이념과 문학운동의 사상적 통일을 위하여」, 『문학』 제

3호, 1947.4.
임화, 「민주주의 통일전선」(『인민평론』, 1946.3), 『한국현대현실주의비평선집』, 김윤식 편, 나남, 1989.
임화, 「현하의 정세와 문화운동의 당면임무」(『문화전선』, 1945.11.15), 『임화문학예술전집-평론 2』, 하정일편, 소명출판, 2009.
임화, 『임화문학예술전집-시』, 김재용 편, 소명출판, 2009.
임화 외, 『건설기의 조선문학』, 조선문학가동맹 중앙집행위원회 서기국, 1946.
조선문학가동맹 46년도 문학상 심사위원회, 「1946년도 문학상 심사경과 급 결정 이유」, 『문학』 제3호, 1947.4.
조선문학건설중앙협의회 서기국, 「문화활동의 기본적 일반방책에 관하여」, 『문화전선』 창간호, 1945.11.15.
조선민주주의 인민공화국 최고재판소, 『미제국주의 고용간첩 박헌영 · 리승엽 도당의 조선민주주의인민공화국 전복음모와 간첩사건 공판문헌』, 국립출판사, 1956.
편집자, 「편집여묵」, 『문학』 제7호, 1948.4.
편집자, 「편집여묵」, 『문학』 제8호, 1948.7.
한설야 외, 「조선문학의 지향: 문인좌담회 속기록」, 『예술』 제3호, 1946.1.
한설야, 「전국 작가예술가 대회에서 진술한 한설야 위원장의 보고」, 『현대문학비평자료집』 3, 이선영 · 김병민 · 김재용 편, 서울 : 태학사, 1993.
한효, 「민주건설시기의 조선문학」, 『해방 후 10년간의 조선문학』, 조선작가동맹출판사, 1955.
한효, 「예술운동의 전망」(『예술운동』 창간호, 1945.12), 『한국현실주의비평선집』, 김윤식 편, 나남, 1989.
한효, 「進步的 리알리즘에의 길」, 『신문학』 창간호, 1946.4.
"Appendix-Memorandum," No. 252 740.00119 (Potsdam) / *5-2446 Briefing Book Paper*, Washington, July 4, 1945.
501.BB Korean / 10-S46, *Permission of Documents in Connection with North Korean Election for Possible Use To U.S. Delegation*, General Assembly Meeting in Paris, The Foreign Service of the United States

of America, American Mission in Korea Seoul, October 9, 1948.
Zhukov and Zabrodin, "Korea, Short Report," 29 June 1945, *AVP RF*, Fond 0430, Opis 2, Delo 18, Papka 5, 1.

2. 2차 자료

김남식, 『남로당 연구』, 돌베개, 1988.
김무용, 「해방 후 조선공산당의 통일전선과 좌우합작운동」, 『한국사학보』 제11호, 2001.9.
김용직, 『임화문학연구: 이데올로기와 詩의 길』, 서울 : 세계사, 1991.
김윤식 편, 『한국현실주의비평선집』, 나남, 1989.
김윤식, 「해방공간의 문학」, 『해방전후사의 인식』 2, 서울: 한길사, 1985.
김윤식, 『북한문학사론』, 서울 : 새미, 1996.
김윤식, 『한국현대문학사상사론』, 서울 : 일지사.
김윤식, 『해방공간의 문학사론』, 서울 : 서울대 출판부, 1989.
김재용, 「중일전쟁과 카프 해소 비해소파」, 『한국문학의 연구』 3, 1991.
김재용, 「카프 해소 · 비해소파의 대립과 해방 후의 문학운동」, 『역사비평』 2, 1889.9.
김재용, 「해방직후 임화의 민족문학과 통일독립 : 좌우와 남북」, 『임화문학의 재인식』, 소명출판, 2004.
박현채, 「해방 후 정치사회운동을 보는 시각」, 『해방전후사의 인식』 3, 서울 : 한길사, 1987.
백철, 『문학자서전—속 진리와 현실』, 박영사, 1975.
이병기, 『가람일기』 2, 신구문화사, 1966.
이완범, 「모스크바 3상회의」, 『역사비평』 통권 32호, 1995.8.
이종석, 『조선로동당연구』, 역사비평사, 2003.
임규찬, 「카프 해소파 비해소를 분리하는 김재용에 반박한다」, 『역사비평』 3, 1988.12.
한재덕, 『김일성을 고발한다』, 내외문화사, 1965.

| **부록 1** |

조선문화건설중앙협의회 건설

(『매일신보』, 1945.8.24)

새로운 우리정부가 탄생되어 문화예술의 새 정책을 세울 때까지 현 단계의 문화전체에 관한 통일적 연락과 각 부문활동의 질서를 지키기 위해서 새로이 朝鮮文化建設中央協議會를 조직하였다.

이 협의회는 제1회 협의회를 18일에 열고 조선문화의 해방과 건설 그리고 문화전선의 통일을 목표로 하는 행동강령까지 결정하였는데 협의회에 참석하였던 각 부문협의회의원은 다음과 같다.

文學 : 李箕永(缺) 李泰俊 林和 朴泰遠 金南天 李源朝

美術 : 高羲東(缺) 盧壽鉉 金周經 李鎭燮

音樂 : 朴慶浩(缺) 金載勳 安炳玿 金順男

演劇 : 徐恒錫 宋影 安英一 林仙奎 金承久

映畵 : 李載明 金正革 朴基采 李炳逸 尹相烈

(『매일신보』, 1945.8.24)

◇ 친애하는 3천만동포!

오랜 굴욕의 날 압박과 착취의 긴 날은 끝나고 자유와 해방의 화려한 날은 왔다. 우리의 거룩한 조국, 아름다운 산천, 자랑스러운 민족의 머리위에 絢爛한 자유의 光芒은 빛이었다. 이 모든 것이 해방과 더불어 30有餘年의

장구한 동안 제국주의 일본의 노예적 지배하에 있던 우리 조선의 문화도 오늘날 그 무거운 철쇄를 끊었다. 유구한 역사, 아름다운 언어, 典雅한 예술의 전통과 더불어 血汗의 투쟁속에 자라나던 신문화 30년간의 노력 이제야 이 해방의 대평원에서 일로전진할 날은 왔다.

친애하는 독립조선 동포제군!

친애하는 독립조선 동포제군!

문화의 해방이란 곧 문화의 건설이다. 신조선문화의 건설! 그것은 자유와 독립의 정신위에서 세계문화의 일환으로서의 새 조선문화를 건설함이다. 이것이 오늘날 우리 조선의 모든 해방된 문화종사자, 예술가의 雙肩위에 부과된 유일하고 신성한 임무다. 이 임무는 전조선문화종사자 及 예술가의 일치단결의 토대에서만 비로소 달성할 수 있는 것이다. 朝鮮文化建設中央協議會는 장래에 성립할 우리 정부의 문화예술정책이 서고 그 기관이 탄생하여 이 모든 임무를 遂하게 될 때까지 우선 현 단계의 문화 제영역의 통일적 연락과 각부문 활동의 질서화를 위하여 형성된 협의기관으로서 현하 모든 문화의 총력을 모아 신조선건설에 이바지 하고자 한다.

조선문화의 해방!

조선문화의 건설!

문화전선의 통일!

이것이 우리 문화의 연합전선이 전진하는 구호!

두손을 들고 소리 높여 부르자!

독립조선 만세!

자유조선 만세!

조선민족해방 만세!

연합군 만세!

국제평화 만세!

1945年 8月 18日

朝鮮文化建設中央協議會

議長 林和

書記長 金南天

議員

文學建設部 : 金南天 朴泰遠 李箕永 李源朝 李泰俊 林和

美術建設部 : 高羲東 李鎭燮 金田緊 盧壽鉉

音樂建設部 : 金聖泰 朴慶浩 安基永 安炳玿 蔡東鮮 咸和鎭

演劇建設部 : 金承久 徐垣錫 宋影 安英一

映畵建設部 : 金正華 朴基采 尹相烈 李炳逸 李載明

1) 朝鮮文學建設本部

中央委員長 : 李泰俊

書記長 : 李源朝

① 小說部 委員長 : 李箕永 委員 : 金南天 朴泰遠 安懷南 韓雪野

② 詩部 委員長 : 金起林 委員 : 金光均 吳章煥 林和 鄭芝溶

③ 評論部 委員長 : 李源朝 委員 : 朴致祐 徐寅植 趙潤濟

④ 外國文學部 委員長 : 金晋燮 委員 : 金三奎 金珖燮 裵澔 李敭河 崔珽宇

兒童文學委員會(組織中)

會員

杜鎔默 郭夏信 權煥 金光均 金珖燮 金起林 金嵐人 金南天 金東里 金東鳴 金東仁 金斗鎔 金萬善 金玟鶴 金秉逵 金素雲 金三奎 金尙鎔 金相瑗 金沼葉 金億 金永健 金永郎 金永錫 金永壽 金午星 金容浩 金廷漢 金朝奎 金晋燮 金鎭壽 金泰午 金台俊 金海剛 閔丙均 閔丙徽 朴啓周 朴魯春 朴木月 朴世永 朴勝極 朴泳鍾 朴榮濬 朴鍾鴻 朴鍾和 朴贊模 朴致祐 朴泰遠 裵澔 白石 白鐵 卞榮魯 徐寅植 徐恒錫 石仁海 薛貞植 申龜鉉 申南徹 辛夕汀 申石艸 安壽吉 安懷南 安含光 韓雲聞 梁柱東 嚴興燮 吳相淳 吳章煥 柳雲卿 柳致環 兪恒林 尹崑崗 尹圭涉 尹福鎭 尹世重 尹素雄 李甲燮 李谷土 李揆元 李根榮 李箕永 李東珪 李明善 李秉岐 李鳳九 李北鳴 李相祚 李善熙 李時雨 李欽河 李庸岳 李源朝 李鍾洙 李周洪 李泰俊 異河潤 李漢稷 李軒求 李洽 李弘鍾 李熙昇 任西河 林玉仁 林學洙 林和 張德祚 張永淑 張瑞彦 張萬榮 丁來東 鄭飛石 鄭英澤 鄭芝溶 曺東鎭 趙碧岩 趙容萬 曺雲 趙潤濟 趙芝薰 趙豊衍 趙虛林 曺哲淳 池河連 蔡萬植 崔明翊 崔相旭 崔仁俊 崔珽宇 崔泰應 皮千得 韓雪野 韓植 韓曉 許俊 玄卿駿 玄東炎 玄德 洪曉民 黃順元

2) 朝鮮美術建設本部

中央委員長 : 高羲東

書記長 : 鄭玄雄

① 東畵洋部 委員長 : 盧雲鉉 委員 : 金溶俊 卞寬植 許百鍊

② 西洋畵部 委員長 : 金周經 委員 : 吉鎭燮 吳之湖 李炳圭 李鏞禹

③ 調刻部 委員 : 金斗一 文錫五

④ 工藝部 委員 : 李順石

⑤ 兒童美術部 委員長 : 李炳圭

⑥ 宣傳美術隊 隊長 : 吉鎭燮 隊員 李順石

會員

姜善遠 高義東 孔鎭衡 郭興模 具東雄 具宗善 權兩澤 奇雄 吉鎭燮 金甲洙 金景源 金京俊 金泰 金南杓 金斗一 金斗煥 金晩炯 金敏龜 金秉騏 金奉龍 金永基 金榮杜 金熔俊 金在奭 金在善 金丁秀 金貞垛 金正炫 金鍾南 金鍾河 金周經 金重鉉 金河健 金學洙 金現彬 金浩龍 金華慶 金煥基 金興洙 羅妙均 盧雲鉉 盧泳源 都相鳳 文錫五 文在悳 文榮洙 朴弘鎭 朴鉼洙 朴商玉 朴性圭 朴勝龜 朴勝武 朴泳善 朴榮熙 朴元壽 朴乙福 朴應昌 朴昌善 裵濂 裵貞禮 白南舜 白文龜 白英濟 白元周 卞寬植 徐康軒 徐栢 鮮于澹 孫英子 孫應星 申明湜 申鴻休 申興均 沈銀澤 沈亨弼 安東淑 吳一英 吳周煥 吳文湖 元希貞 劉國烈 柳秉熙 柳錫淵 劉永國 尹相烈 尹承旭 尹子善 尹仲植 尹亨烈 尹喜淳 李建英 李桂萬 李國銓 李圭鈺 李錦秋 李奇範 李男伊 李解鍾 李大源 李馬銅 李萬升 李炳圭 李秉洙 李鳳商 李硯鎬 李聖奉 李順石 李承萬 李升永 李英一 李完錫 李用雨 李源庚 李雄台 李應魯 李應世 李仁星 李禎圭 李濟昶 李鍾禹 李周行 李仲燮 李燦永 李哲伊 李快大 李八燦 李海晟 李賢玉 李勳鍾 林愼 林完圭 任用璉 任義淳 林學善 張勃 張善禧 張遇聖 張雲鳳 張旭鎭 張翼 鄭寬淑 鄭末朝 鄭補鏞 鄭完燮 鄭用姬 鄭雲勉 鄭寄琥 鄭鍾汝 鄭鎭微 鄭燦英 鄭玄雄 鄭弘巨 趙圭奉 趙炳悳 趙龍承 趙再喜 趙重顯 朱慶 陳헌 蔡斗錫 崔桂淳 崔奎晩 崔根

培 崔桐煥 崔淵海 崔榮時 崔禹錫 崔載德 韓相益 韓弘澤 許鍵 許珉이름 許百鍊 玄建植 玄聖珏 洪得順 洪麗耕 洪祐伯 洪逸杓 黃成河 黃廉秀 黃榮俊 黃憲泳 兪亨穆 孔鎭衡 崔載德

3) 朝鮮音樂建設本部

中央委員長 : 朴慶浩

書記長 : 蔡東鮮

① 作曲部 委員長 : 金聖泰 委員: 金順男 李建雨

② 器樂部 委員長 : 安炳玿 委員: 金順道 金炯來 朴泰鉉

③ 聲樂部 委員長 : 安基永 委員: 朴泰俊 李升學 崔熙南

國樂委員會委員長 : 成和鎭

委員:金錫九 金潤德 朴憲鳳 成慶麟 李珠煥 張寄湜 崔景植(會員名簿作成中)

4) 朝鮮映畵建設本部

中央委員長 : 李載明

委員 : 金正華 金漢 方漢駿 成東鎬 尹相烈 李明雨 李炳逸

① 內務隊 隊長 安夕影

② 警備隊 隊長 金聖春

③ 뉴스隊 隊長 金正華

保存室 : 朴基采 崔寅奎(會員名簿作成中)

5) 朝鮮演劇建設本部

中央委員長 : 宋影

書記長 : 安英一

執行委員

劇作部 : 徐恒錫 趙鳴岩

演出部 : 李曙鄕 羅雄

演技部 : 裵勇 徐一星 尹富吉

舞臺美術部 : 金一影

舞臺音樂舞踊部 : 金海松 宋熙善

劇團經營部 : 朴九 朴民天

審議室 : 金承久 金兌鎭 朴英鎬 柳致眞 咸世德

(傳單)

낭만적 주관주의와 급진적 계급의식

일제 강점기 임화의 시와 시론

염무웅

1

그동안 나는 시집 『현해탄』의 복간본(기민사, 1986)과 선집 『다시 네거리에서』(미래사, 1991) 등을 통해 임화의 시를 부분적 산발적으로 읽었을 뿐인데, 근자에 『임화문학예술전집』(소명출판, 2009)이 간행됨으로써 제1권 '시'편(김재용 편)을 통해 비로소 그의 시 전체를 연대순으로 통독할 수 있게 되었다. 주지하는 바와 같이 임화는 프로문학 진영을 대표하는 시인의 한 사람이었지만, 동시에 '문학사'(임규찬 편), '문학의 논리'(신두원 편), '평론 1'(신두원 편), '평론 2'(하정일 편)로 이루어진 『전집』 구성이 입증하듯 정력적인 비평가이자 선구적인 문학사가였고, 아울러 그의 경력에서 나타나듯 누구보다 목적의식적인 삶을 살고자 한 실천적인 활동가였다. 따라서 이런 다양한 면모들, 특히 그의 비평가적 자의식이 그의 시창작에 미친 내적 연관을 고려하는 것은 임화 시의 독해에 아마 필수적인 절차일 것이다.

돌이켜보면 대부분의 월북문인들과 마찬가지로 임화도 지나친 과대평가와 부당한 폄훼의 이중적 파행을 겪어왔다. 비평가 임화에 가려서 시인 임화가 충분히 해명되지 못했다든가 반대로 시인 임화의 명성 때문에 비평가 임화가 제대로 조명받지 못했다든가 하는 불평은 그 자체가 냉전시대의 문학사적 불균형을 증언한다. 그러나 이제 임화가 생산한 텍스트에 기반하여 그의 시적 성취가 얼마나 영속적 가치에 값하고 그의 이론적 문장들이 어느 수준의 비평사적 중요성을 달성했는지, 그리고 임화의 독특한 개성 안에서 양자가 어떻게 서로를 견인하고 제약하는지 좀더 객관적으로 검토할 여건이 마련되었다.

작품이 작가의 의식을 기계적으로 반영하는 단순구조물이 아니라는 것은 상식에 속한다. 작품이 작가의 의도에 반(反)하는 성취 또는 실패를 결과한 예는 문학사의 예외적 현상이 아닌 것이다. 그런 점에서 창작자의 이론적 문장들이 갖는 자기 설명적 효능은 언제나 조심스럽게, 즉 비판적으로 활용되어야 한다. 하지만 임화의 경우에는, 이 글이 검토해 보려는 문제들 중의 하나가 그것인데, 그의 비평적 자아가 시적 자아에 비해 대체로 우위에 있지 않았던가 생각된다. 다시 말하면 그의 경우 일종의 논리적 의식성이라고 할 만한 요소가 시의 표현과 언어구성에 부단히 간섭한다고 믿어지기 때문에 삶과 예술의 분리를 전제로 하는 자율성이론은 그의 문학과는 인연이 멀다고 할 수 있다.

이런 예비적 화두를 꺼내면서 먼저 떠오르는 것은 무엇보다도 임화가 신문학 초창기, 즉 근대문학 초기에 활동한 문인이라는 자명한 사실이다. 유종호 교수가 임화의 비평문장과 관련하여 "언문일치 운동이 일어난 지 얼마 안 되는 시점의 문체적 혼란에 대해서 준열히 추궁하는 것도 공정한 처사는 아닐 것이다"[1]라고 언급한 것, 또 임화의 반(反)기교주의 비평과 관련하여 "그가 홀대하고 비방한 기교라는 것은 사실 한 편의 시를 시로 책봉해주는 기본적 형태요소였으며, 우리 현대시가 넓은 의미의 습작기에 있었던 20년대와 30년대에는 특히나 방법적으로 세련시킬 필요가 있는 기초적 국면이었다"[2]고 지적한 것은 그런 점에서 폭넓은 정당성을 가진다. 실제로 내 경우에도 시든 산문이든 임화의 초기 작품을 읽는 것은 적잖이 노고를 요하는 일이다. 여기서 '초기'라는 말로 가리킨 것은 그가 '어린 다다이스트 시절'이라고 자칭했던 20세 이전의 문학적 유아기만을 뜻하는 것이 아니다. 이른바 '단편서사시'의 잇따른 발표에 의해 프로시단의 총아로 떠올랐을

1 유종호, 『다시 읽는 한국시인』, 민음사, 2002, 19면.

2 위의 책, 95면.

무렵이나, 뒤이어 소위 '제2차 방향전환'으로 카프의 이론적 주도권을 장악했을 무렵, 즉 기세등등한 청년시인으로 자기 존재를 확립했을 때의 글들도 거기 담긴 내용의 선진성 · 정당성을 떠나 우리말 문장으로서, 급변하는 우리 현대사에서 7, 80년 세월이 의미하는 엄청난 언어적 격류를 감안하더라도, 매끄럽게 읽히지 않고 부분적으로는 아주 조악한 느낌도 준다. 그러므로 「카톨리시즘과 현대정신」을 대상으로 "임화의 문장은 너무나 생경하고 투박하고 독백적이어서 섬세하고 엄정한 사고의 흔적이라고는 보이지 않는다"[3] 고 한 유종호 교수의 매서운 평가에는 약간의 단서를 붙이는 조건으로 나도 동의할 수 있다.

그 단서란 다음과 같은데, 첫째 임화 문장의 생경함과 투박함은 그의 산문뿐 아니라 시에도 거의 그대로 적용될 수 있고 적용되어야 할 성질의 것이라는 점이다. 산문의 기준을 가지고 시를 말하는 것은 당연히 위험한 일이지만, 그러나 내 생각에 임화가 구사한 언어는 시와 산문이 민감하게 구별되는 단계의 언어 즉 문학적 원숙기의 언어가 아닌 것이다. 임화에게 있어 초기시의 미숙성과 초기 비평의 관념성은 본질적으로 한 뿌리에서 나온 두 개의 결과물이다. 둘째, 유 교수의 비판은 1939년의 임화 논문을 대상으로 한 것인데, "섬세하고 엄정한 사고의 흔적이라고는 보이지 않는다"는 혹평을 들음직한 문장들이 1920년대의 문단에 범람했고 임화도 범람하는

3 위의 책, 19면.

흙탕물에 뛰어들어 그 일부로서 활동한 것이 사실이다. 그러나 대체로 1933년을 경계로 그는 일본 좌파이론에 대한 일방적 추종을 탈피하여 문학과 현실에 대한 자기 나름의 독자적인 사유를 드러내기 시작했고, 이에 따라 그의 문장에서도 관념적 생경함과 논리의 억지스러움이 점차 가셔지는 동시에 그에 비례하여 사고의 유연성이 증가한다.[4] 물론 지적 성장은 활연대오하듯 단숨에 되는 것이 아니어서, 1939년의 글에도 1929년의 관행이 남아 있게 마련이다. 더욱이 종교에 대한 임화의 식견이 상식 이상의 것일 수 없음은 짐작하기 어려운 일이 아니다. 반종교선동이 거세었던 당시의 세계적 유행을 감안하더라도 그가 깊지 않은 유물론 지식을 밑천으로 여러 차례 가톨릭 비판에 나섰던 것은 사려깊은 행동이 아니었다. 그러나 이런 측면은 1930년대 임화 비평의 일부임에 틀림없으나 그의 이론작업에서 핵심적인 위치를 점한다고 보기 어렵다. 요컨대 우리가 시선을 집중해야 할 곳은 젊은 임화에게 들이닥친 개인적 · 시대적 역경에도 불구하고 그가 역경에 굴하지 않고 다른 누구도 대신할 수 없는 뛰어난 시적 · 비평적 업적을 이룩했다는 부동의 사실이다.

4 알다시피 임화는 근대학문의 방법론적 훈련을 받을 기회를 가진 적이 없었다. 그럼에도 불구하고 그는 동연배의 대학졸업자들을 젖히고 한국 근대문학의 역사적 형성에 관한 최초의 이론적 체계화를 시도할 수 있었다. 이것은 임화의 천재성으로만 설명할 수 없는 하나의 수수께끼이다. 특히, 그가 1933년 경부터 일본 프로문학의 이론을 수입하여 단순히 기계적으로 적용하는 데 그치지 않고 우리 근대문학의 전개과정을 나름대로 주체적인 유물론적 역사관에 입각하여 해석하고자 한 배경은 무엇인지 심층적이고도 다각적인 고증이 필요하다.

2

이번에 간행된 전집의 『시』편에 따르면 최초로 활자화된 임화의 시는 「연주대」이다.[5] 1924년 12월 8일자 『동아일보』에(아마 독자투고로) 발표된 것인데, 전반부를 인용하면 다음과 같다.

야주개 군밤장사
설설히 끓소
애오개 만두장사
호이야호야
이 내 몸은 과천 관악
연주대에서
가슴을 파헤치고
호이야호야

열여섯 살 소년의 것 답게 단조롭고 유치하며, 임화의 문학생애에서 그리 중요한 작품은 아닐지 모른다. 그러나 후일 유명해진 시인의 처녀작임을 상기하면 무심하게 넘길 수 없는 몇 가지 사실들이 눈에

5 시 인용은 모두 김재용 교수가 편집한 『임화문학예술전집-시』(소명출판, 2009)에 의거하고 『시』로 표시한다. 다만, 본문의 표기방식에 문제가 있을 경우에는 책 뒤의 原文을 참조하여 수정했다.

뜨인다. 우선 야주개의 군밤장사, 애오개의 만두장사처럼 그 시절의 서울 토박이 아니면 알지 못하는 풍물들이 호출됨으로써 간결하게 작자의 성장배경이 제시되는 것이 흥미롭다. 관악산에 등산한 소년의 호연지기가 시가지의 상업적 소음에 대비되는 방식도 시인다운 싹수를 엿보게 하며, '호이야호야'라는 의성어가 후렴구로 반복된 것도 자못 기능적인 구실을 하고 있다. 무엇보다 주목되는 것은 이 작품의 정형적 형식과 7·5조(내지 4음보) 율격이다. 이것은 소년 임화가 한국 근대시의 역사에서 신체시와 자유시의 연결적 위치에 있는 안서[金億]나 요한[朱耀翰]의 열독자였음을 짐작케 하는 대목인데, 후일 그가 안서의 새로운 정형시 시도(및 소위 국민문학파의 시조부흥운동)를 강력히 비판한 것은 과거로의 퇴행에 대한 일종의 자기방어를 뜻한다고 볼 수 있다.[6] 마지막으로 간과할 수 없는 것은 이 작품의 밝고 낙천적인 어조이다. 알다시피 임화는 1925년경 집안이 파산하여 가출했고 다니던 중학도 5학년으로 중퇴했는데, 「연주대」는 바로 그 직전의 작품인 것이다. 뒷날 그는 어느 자전적인 글에서 "열아홉 살 때 가정의 파산과 더불어 그의 평화한 감상의 시대는 끝이 났습니다"[7]라고

6 임화는 평론 「33년을 통하여 본 현대 조선의 시문학」(『조선중앙일보』, 1934.1.1~12)에서 안서의 시형식에서의 복고주의를 다음과 같이 비판하고 있다. "뿐만 아니라 그는 내용의 새로움을 빼놓은 형식을 찾기 때문에 필연적으로 (…중략…) 자유시로부터 낡은 정형적 형식으로 퇴화하고 있는 것이다." 신두원 책임편집, 『임화문학예술전집-평론 1』(이하 『평론 1』로 표시), 342면.

7 임화, 「어느 청년의 참회」, 『문장』, 1940.2, 22면.

회고한 바 있다. 평화로운 감상의 시대가 허락한 낙원의 정서를 「연주대」 만큼 진솔하게 전해주는 작품은 아마 달리 찾기 어려울 것이다.

가정의 풍비박산으로 거리를 헤매게 된 임화는 그러나 낙담하고 좌절하는 대신 오히려 도발적이고 반항적인 자세로 시대의 전위에 서고자 한다. 시 「무엇 찾니」(『매일신문』, 1926.4.16)는 낙원에서 추방된 불우한 천재의 치열한 자아탐구 선언이다. 길지 않은 작품이기에 새삼 음미해봄직하다.

죽은 듯한 밤은 땅과 하늘에
가만히 덮였고
음울한 대기는 갈수록 컴컴한
저 하늘 끝에서 땅위를 헤매는데
소리 없이 자취를 감추고 내리는 가는 비는
고요히 졸고 있는 나뭇잎에
구슬 같은 눈물을 지워
어둔 밤에 헤매면서 우는
두견의 슬픈 눈물같이 굴러 떨어진다
남모르게 홀로 뛰는 혼령아
이 어둔 비오는 밤에도 쉬지 않고 날뛰며
무엇을 너는 찾느냐?

언어구사의 세련도가 낮고 비유의 날카로움도 찾을 수 없는 습작기의 소품이라고 말할 수도 있다. "죽은 듯한 밤은 땅과 하늘에 / 가만히 덮였고"(1,2행)와 "음울한 대기는 …… / 저 하늘 끝에서 땅위를 헤매는데"(3,4행)와 같은 단순반복적 서술은 시의 화자를 둘러싼 어둠 이미지의 강도를 오히려 떨어뜨리며, "구슬 같은 눈물을 지워 / …… 눈물같이 굴러 떨어진다"(7~9행)에서의 '눈물'의 중복사용도 세심한 언어감각의 결여를 드러낸다. 그러나 임화의 초기 문장에 산재한 이런 미숙성에도 불구하고 이 작품은 그러한 서투른 언어표현 내부에서 작동하는 진지하고 진실한 정신의 움직임을, 즉 절망의 고통을 극복하기 위해 '날뛰는' 고독한 영혼의 투쟁을 독자의 가슴에 강력하게 각인시킨다. "어둔 밤에 헤매면서 우는 두견"은 안식의 처소를 잃고 야음을 배회하는 임화 자신의 슬픈 자화상일 터인데, 행이 바뀌면서 시의 화자는 드높이 앙양된 어조의 질문형식을 통해 서정적 주체를 불러들임으로써 작품 전체가 좀더 높은 차원의 긴장에 도달하는 것이다. 물론 "남모르게 홀로 뛰는 혼령아"라는 외침이 완전한 독창인 것은 아니다. 여러 곳에서 고백한 바 있듯이 이무렵 임화의 문학적 자양분은 주로 『백조』의 자장 안에서 공급되고 있었고, 고독한 영혼의 방황이라는 관념은 그 동인지의 감상적 · 낭만적 분위기 속에서 양성되었을 것이다. 그런 점에서 그것은 괴테와 낭만주의자들에게 깊은 영감을 선사한 루쏘의 '아름다운 영혼' 개념에까지 연결될 수 있을지 모른다. 루쏘의 주관적 감상주의가 근대적 개인의 탄생에 양면적인 역할을 했고 그의 '아름다운 영혼'도 해방적인 측면과 복고적인 측면이라는 모순성을 가진다고 할 때,[8] 주관적 낭만주의자로서의 젊은 임화의 내면에 자기분열의 단초가 잠복해 있음을 발견하는 것은 이상한 일이 아니다. 어떻든 「무엇 찾니」의 작품구조는 이후 임화 시에서 반복적으로 변주되어 나타나며, 그의 시세계에 가장 빈번하게 등장하는 서정적 주체로서의 '청년'은 '남모르게 홀로 뛰는 혼령'의 현실적 후예들일 것이다. 그런 점에서 「무엇 찾니」는 그의 문학생애에서 원형적 존재이다.[9]

3

주지하는 대로 임화는 미구에 『백조』 동인의 영향권을 벗어나 단기간의 다다이스트 실험을 거친 다음 드디어 프롤레타리아 계급시인으로서 자기정체성을 확립하기에 이른다. 한 청년시인의 이런 재

---

8 아르놀트 하우저, 개정판 『문학과 예술의 사회사-3』, 창비, 1999, 103면 참조.

9 임화 시의 출발점으로서 「무엇 찾니」의 의의에 먼저 주목한 사람은 유성호 교수이다. 그는 이렇게 말하고 있다. "(이 작품의) 이와 같은 질문의 형식이야말로 그의 마지막 작품인 「너 어느 곳에 있느냐」까지 이어지면서, 바로 임화의 운명과 실존을 암시하고 있다." 유성호, 「비극적 근대시인의 시적 경로」, 문학과사상연구회 편, 『임화문학의 재인식』, 소명출판, 2004, 167면. 유 교수는 「무엇 찾니」부터 「너 어느 곳에 있느냐」까지를 잇는 탐색과 질문의 형식을 중시하는 셈인데, 나는 질문의 형식이라는 두 작품의 공통성 자체보다는 「무엇 찾니」를 시발점으로 하는 서정적 주체의 내적 발전, 그 방황과 변모에 관심을 갖는다.

빠른 변신이 입증하는 것은 이 시대 우리 문학전통이 행사하는 구속력의 허약성이고 근대문학이 서 있는 기반의 박토성(薄土性)일 것이다. 그러나 변신의 당사자에게는 그 나름으로 내적 필연성이 없지 않았다. 임화의 경우 그를 다다의 추종자로, 다시 프로문학의 주창자로 급속하게 밀고나간 동력은 현실에 대한 일관되게 강렬한 반항의 열정이었다. 스스로 그렇게 의식하고 있었음을 그는 이렇게 적고 있다.

> 10년 전에 '다다'나 '표현파'의 모방자들은 시의 사상과 내용에 있어서 동일적인 반항자이었다. 그러므로 박팔양(朴八陽), 김화산(金華山) 혹은 필자까지가 일시적으로나마 그 급진적 정열로 말미암아 프로문학에까지 도달했던 것이다. 그들에게 있어 본질적인 것은 양식상의 과거부정일 뿐만 아니라 생활, 세계관 그것에 있어서 보다 더 큰 반항의 열정가이었다.[10]

논술의 객관성을 확보하기 위한 전략으로 박팔양 · 김화산을 끌어들여 3인칭복수로 서술하고 있지만, 사실은 임화 개인의 1인칭단수 고백이나 다름없다. 가정의 파산과 가출을 계기로 감상적인 문학소년은 급진적인 반항아로 변모한 것인데, 1920년대 식민지 조선반도에 불어 닥친 제1차 세계대전과 러시아혁명의 이념적 파장은 임화의 변신을 위한 객관적 조건을 부여했던 것이다. 「담(曇)—1927」(『예술

10 임화, 「담천하의 시단 1년」(『신동아』, 1935.12), 『전집』 제3권, 495~496면.

운동』, 1927.11)은 카프가입(1926.12)에 뒤이은 프롤레타리아 시인 임화의 탄생을 만천하에 고지한 선언문적 정치시이다. 이 작품은 낭만주의의 낙원에서 추방된 임화의 의식이 새 사조의 맹렬한 학습을 통해 치열한 계급적 각성에 이르렀음을, 그리하여 세계적 범위에서 진행되는 계급투쟁의 전장 안으로 진입했음을 보여준다. 작품 말미의 제작일자(1927.8.28)를 믿는다면 국제뉴스에 대한 그의 촉각은 마치 텔레비전이나 인터넷이 있는 시대에 살고 있는 것처럼 놀라운 동시성과 현장성을 발휘한다. 그는 계급의식에 눈뜬 지 얼마 안된 약관의 청년임에도, 그리고 국내 대중매체의 발달이 유치한 수준이었음에도 국제혁명운동의 동향에 자못 밝다는 것이 드러난다. 작품의 소재가 된 이주노동자 출신의 사코와 반제티는 무정부주의적 활동 이외에 아무런 범죄증거가 드러난 바 없었음에도 불구하고, 그리고 전 세계 노동자와 지식인들의 격렬한 항의와 규탄시위에도 불구하고 미국 정부에 의해 결국 사형이 선고되고(1927.4.9) 얼마 후에는 전기의자에서 죽음을 맞았는데(1927.8.23),[11] 작품은 거칠지만 박력있는 언

11 '20세기판 미국의 마녀재판'이라 불린 이 사건의 여진은 오늘에도 가라앉지 않았다. 그 자신 노동자 출신인 작가 Bruce Watson은 오랜 준비 끝에 사건 80주년이 되는 2007년에 *Sacco and Vanzetti*란 책을 출판했고, 이 책은 최근(2009.9) 우리말로 번역되었다. 인터넷의 '출판사서평'에는 다음과 같은 설명이 올라와 있는데, 이것은 임화의 시 「담—1927」이 단지 시인의 치솟는 격정의 발산이 아니라 그 시대의 들끓는 현실을 놀랍도록 정확하게 반영한 것이었음을 입증한다. "1927년 8월 메사츠세츠주 보스턴, 두 사내의 처형이 임박해 오자 미국은 물론 전 세계 노동자들과 지식인들의 사형 반대운동이 들불처럼 타올랐다. 파리에 있는 미국 대사관 밖에는 탱크가 출동하여 성난 군중을 막아섰다. 런던의 하이드파크에는 시위자들이

어로 사건진행을 형상화하면서 계급적 적대감과 투쟁의지를 고취하고 있다. 이 작품에서 한 가지 주목되는 점은 그가 이 시에서 '아메리카 제국주의 정부' 아닌 '아메리카 부르주아의 정부'를 규탄한 사실이다. 이것은 당시 미국에 대한 좌파들의 인식의 무게중심이 어디에 있었는지 알려주는 사례로서, 그것은 노동계급의 국제적 연대를 통한 사회주의 혁명이라는 목표가 식민지 민족해방이라는 목표를 압도하고 있었음을 증명한다. 어떻든 「담—1927」 같은 뛰어난 정치적 선동시는 일제강점기 동안에는 자취를 감추었다가 해방정국의 이념적 격동 속에서 다시 분출하여 시인의 비극적 운명을 재촉하게 된다.

1929년 무렵은 임화의 문학적 생산성이 특별히 고조된 시기였던 것 같다. 「젊은 순라의 편지」(1928.4)에서 처음 선을 보인 그의 새로운 시적 시도는 주로 『조선지광』 지면을 통해 「네거리의 순이」(1929.1), 「우리 오빠와 화로」(1929.2), 「어머니」(1929.4), 「봄이 오는구나」(『조선문예』, 1929.5), 「병감에서 죽은 녀석」(『무산자』, 1929.7), 「다 없어졌는가」(1929.8), 「우산 받은 요꼬하마의 부두」(1929.9), 「양말 속의 편지」(1930.3) 등으로 연속되면서 그를 일약 카프문단의 혜성으로 떠오르게

운집했고 제네바에서는 미국 상품이 판매되는 가게와 영화관이 공격당했다. 라틴아메리카 곳곳에서는 동맹파업이 벌어졌고 수송이 중단되었다. 남아프리카 요하네스버그 시청 바깥에서는 미국 국기가 불에 탔다. 시드니, 부쿠레슈티, 베를린, 암스테르담, 로마, 도쿄, 부에노스아이레스, 아테네, 프라하, 마라케시의 거리에 흥분한 시위대가 모여들었다. 아인슈타인은 곧바로 쿨리지 대통령에게 항의서한을 보냈고, 작가 아나톨 프랑스는 미국 정부를 향해 「유럽 노인의 호소」를 발표했다. 작가 존 도스 파소스는 '두 개의 미국'을 선언했다."

했던 것이다. 여기서 새로운 시도란 이른바 '단편서사시'를 가리키는 것인데, 메마른 구호와 딱딱한 관념에 치우쳐 독자에게 정서적 호소력을 행사하지 못하는 프로시단에 있어 임화의 시들은 작품적 실천을 통한 새로운 활로의 개척으로 환영받았다.

그런데 위에 거명한 여러 작품들은 시적 성취수준에 조금씩 차이가 있고 서사성의 강도도 서로 다를 뿐더러 이야기전개(narration)의 구조 또한 한결같지 않다. 이들 가운데 「네거리의 순이」, 「우리 오빠와 화로」, 「어머니」는 거의 동일한 구조로 되어 있어 '단편서사시'의 기본형이라 할 만하고, 나머지 작품들은 그 변형이라 할 수 있다. 해방후의 다양한 정치시와 6·25 기간 중의 전선시(戰線詩)를 별도로 치면, 이들 작품군(群)은 시집 『현해탄』의 바다시편[12]과 더불어 임화에게 한국 시사(詩史)의 지정석을 마련해 준 양대 업적으로 평가받아 왔다. 그런데 임화의 이 일련의 시들을 '단편서사시'라는 이름으로 포괄하는 지금까지의 관행을 폐기할 필요는 없을지 모르지만, 그것이 엄밀한 개념이 아님은 분명히 해둘 필요가 있다. 그 개념의 출발지점으로 한번 돌아가 보자.

이 용어를 처음 쓴 사람은 주지하듯이 평론가 김기진으로서, 그는 「우리 오빠와 화로」가 발표되자 이에 감동하여 시를 상세하게

12 『현해탄』 가운데 바다를 배경으로 한 시편을 유종호 교수가 이렇게 부른 것인데, 편의상의 것이라는 단서를 고려하면 적절한 호칭이라고 생각된다. 유종호, 앞의 책, 61면 참조.

분석하고 이를 근거로 프로시의 방향을 제시하는 논문을 집필하였다. 그것이 바로 「단편서사시의 길로」(『조선문예』, 1929.5)라는 평론인데, 이 글은 80년의 세월이 지난 지금 읽어보아도 일정한 설득력을 가진다. 설익은 개념, 추상적인 논지, 비현실적 상황판단, 터무니없는 과격성, 그리고 소모적인 파벌주의 등 당시 대다수 좌파 논문들이 읽기 괴로웠던 데에 견주면, 김기진의 이 평론은 아마추어적 미숙함이라는 시대적 한계를 분명 지니고 있음에도 그 안에서는 최대한으로 성실하게 비평대상에 접근하고 있다. 아마 시 한 편을 이처럼 꼼꼼하게 분석하고 이를 바탕으로 시단 전체를 향해 일반이론을 전개한 논문은 우리 비평사에 흔치 않을 것이다. 그러나 이런 미덕에도 불구하고 김기진이 「우리 오빠와 화로」의 분석을 통해 도출한 양식(樣式)개념으로서의 '단편서사시'는 대상작품의 어떤 특성을 일정하게 설명하는 용어이기는 하지만 특정한 시장르를 가리키는 충분히 보편적 명칭일 수는 없다.

일찍이 나는 김동환의 「국경의 밤」(1925)부터 신동엽의 「금강」(1967), 김지하의 「소리내력」(1972), 고은의 「갯비나리」(1978), 이성부의 「전야」(1978) 등을 거쳐 신경림의 「새재」(1978)에 이르는 작품들의 시적 성취와 양식상의 특성을 검토한 바 있었다.[13] 그 글의 「국경의

13 졸고, 「서사시의 가능성과 문제점」, 신작평론집 『한국문학의 현단계』, 창작과비평사, 1982.2 참조.

밤」 부분에서 나는 1920년대의 한국 문인들 앞에 놓인 장르선택의 갈등을 지적하면서 “김동환에게는 서정시와 소설 어느 쪽으로도 채워질 수 없는 예술적 충동이 있었음이 분명하며 그것이 「국경의 밤」 같은 형태로 귀착되었을 것이다”라고 추론하였다. 이와 아울러 임화의 「우산 받은 요꼬하마의 부두」 분석을 통해 이 작품이 김동환의 서사시와 구별되는 서술적 특징을 갖고 있다고 지적했다.[14]

상식적인 얘기지만, 서정시에도 감정의 토로와 상황의 전달을 책임지는 화자가 있게 마련이다. 그런데 화자는 시인 자신과 거의 분리되지 않은 존재일 수도 있고 시인과는 전혀 다른 허구적 존재일 수도 있으며, 또 텍스트 안에 등장할 수도 있고 바깥에 몸을 숨기고 있을 수도 있다. 「국경의 밤」에서 화자는 마치 3인칭시점의 소설에서처럼 순차적으로 사건진행을 서술하고 등장인물들의 언행을 전달한다. “아하, 무사히 건넜을까 / 이 한밤에 남편은 / 두만강을 탈없이 건넜을까?”—이 유명한 서두부는 등장인물의 독백이며, 조금 뒤에 이어지는 “소금실이 밀수출마차를 띄워놓고 / 밤새가며 속태이는 젊은 아낙네 / 물레 젓던 손도 맥이 풀려져 / 파 ! 하고 붓는 어유(魚油)등잔만 바라본다”—이것은 화자의 서술이다. 반면에 「우리 오빠와 화로」, 「우산 받은 요꼬하마의 부두」 등에서는 단일화자의 ‘극적 독백’

14 『국경의 밤』(1925.3) 서문에서 김억이 처음으로 이 작품을 ‘장편서사시’라고 규정지었는바, 김기진의 ‘단편서사시’ 개념은 김억의 용어에서 유래했을 가능성이 높다.

이라 할 만한 것으로 시종한다. 그런 측면 때문에 김윤식 교수는 이들 작품을 "꿰뚫고 있는 시적 상황은 영락없는 배역시(Rollengedicht)이다. 배역시란, 시인의 자아가 다른 몫을 맡아 그 주어진 배역의 서정이랄까 감정을 노래하는 것으로 제목 자체가 말해주듯 연기적인 능력이 절대로 필요하다"고 설명하는 것 같다.[15]

지금 논의하는 일련의 임화 작품에 연극적 요소가 있음은 명백하다. 한때 임화가 연극이나 영화에 깊이 관여한 것은 널리 알려진 사실이고, 또 이 작품들을 군중 앞에서 낭송하거나 단막극으로 각색하여 공연한다면 책에서 묵독할 때와는 비교할 수 없는 폭발력을 가지리라는 것도 짐작하기 어렵지 않다. 실제로 1930년 봄 평양에서 개최된 어느 강연회에서 김남천이 막간에 낭독한 「양말 속의 편지」는 군중들의 열렬한 환영을 받았다고 한다.[16] 그러나 그런 점 때문에 이들 작품을 배역시라고 부를 수 있는 것은 아니다. 김윤식 교수와 같이 육당의 「해에게서 소년에게」조차 배역시라고 한다면 소위 사물시(事物詩)처럼 객관적 묘사로만 이루어진 시 이외의 대부분의 시가 배역시일 것이다.

문제는 개념사용의 적절성 여부에 있는 것이 아니라 개념이 가리키는 시적 성취의 내용에 있다. 아마 이론적 혼선의 출발은 김기진

15 김윤식, 『林和硏究』, 문학사상사, 1989, 274면.

16 金南天의 증언(『조선일보』, 1933.7.23). 김윤식, 앞의 책, 283면 참조.

의 논문에서 찾을 수 있을 것이다. 그에 의하면 시는 막연한 감정과 단순한 심리적 충동의 노래가 아니기 때문에 소설과 마찬가지로 현실적 · 객관적 · 실재적 · 구체적 태도를 요구한다. 그가 보기에 임화의 시 「우리 오빠와 화로」는 "한 개의 통일된 정서를 전파하는 동시에 감격으로 가득찬 한 개의 생생한 소설적 사건을 안전에 전개하고 있다."[17] 요컨대 독자와의 괴리라고 하는 프로문학의 난관 앞에서 김기진이 찾은 해결책은 리얼리티 획득의 유력한 방법론으로서의 '단편서사시의 길'이었다. 물론 그는 프롤레타리아의 의식, 프롤레타리아의 생활을 소재로 삼아야 한다는 주문을 잊지 않았으나, 그의 소박하고 온건한 절충주의 미학은 창작당사자인 임화의 거센 반박으로 설자리를 잃고 말았다.

4

'단편서사시'의 발표로 프로시단의 화려한 조명을 받았음에도 임화는 거기에 만족하지 않고 좌충우돌 공격적으로 논쟁에 개입하였다. 특히 「시인이여! 일보 전진하자!」(『조선지광』, 1930.6)라는 구호적

17 김팔봉, 「단편서사시의 길로」, 『김팔봉문학전집』 제1권, 문학과지성사, 1988, 143~144면.

인 제목의 글에서 그는 객관정세의 엄중함에 옳게 대처하지 못함으로써 무력증에 빠진 카프운동의 지도부를 비판하고 김기진 등 선배들의 기회주의에 공격의 포문을 열었다. 그는 시단의 난국을 타개하고 시인이 일보 전진하기 위해서는 시의 대중화, 시의 프롤레타리아화라는 원칙을 무조건 관철해야 한다고 주장하였다. 그에게 있어 일보 전진이란 "프롤레타리아의 생활 속으로 들어가는 것", "노동자 농민의 생활감정을 자기의 생활감정으로 하는 것"이었다. 이런 입장에서 그는 「네거리의 순이」, 「우리 오빠와 화로」 등 자신의 시에 대해 가차없는 자기비판을 감행하였다. 그는 이렇게 쓰고 있다.

> 불행히도 우리는 종이 위에서 흥분하였으며, 머릿속에서 노동자를 만들고, 철필을 쥐고 (계급)(伏字 : 인용자의 추측)의 심리를 분석하였을 뿐이다.
>
> 비가 와도 오월의 태양만 부르고 누이동생과 연인을 까닭 없이 (희생자)(伏字 : 역시 추측)로 만들어서, 자기 중심의 욕망에 포화(飽和)되어 나자빠졌다. 네거리에서 순이를 부르 고, 꽃구경 다니며 동지를 생각했다.
>
> 이러한 프롤레타리아가 사실로 있을 수 있는가? 이 조선의 급전(急轉)하는 현실 속에.[18]

18 임화, 「시인이여! 일보 전진하자!」, 『평론 1』, 172면.

아마 이것은 임화의 급진적 계급주의가 최악의 경직상태에 이르렀음을 기록한 문장일 것이다. 그가 1929년 말경 도일하여 카프 동경지부 이북만(李北滿) 집에 1년 남짓 기거하면서 좌파서적을 탐독했다고 하는데, 이 글은 당시 임화의 독서체험의 반영인지도 모른다. 물론 의식과 생활의 일치, 삶 자체의 철저한 프롤레타리아화라는 요구 자체는 그 나름으로 어떤 순결성의 발로이다. 그리고 그 기준에서 볼 때 자신의 문학과 생활이 관념적 · 소시민적이라는 것은 정직한 자기인식이다. 실제로 임화의 계급적 기반은 그가 어떤 상황에서 무슨 말을 하더라도 시종일관 소시민성 위에 세워져 있었다고 규정지을 수 있다. 이것은 임화를 이해함에 있어 기본적으로 중요한 사항이다. 그러나 한 작가의 계급적 귀속이 그의 문학을 환원론적으로 결정하는 것은 아니다. 작가의 사회적 존재와 그의 의식 사이, 그리고 그의 의식과 문학적 결과물 사이에는 복잡한 변증법이 있을 수 있음을 이미 맑스주의의 창시자들은 밝혀놓은 바 있다. 그런 관점에서 말하면 임화의 일련의 '단편서사시'들은 얼마간의 형식적 부조화, 다듬어지지 못한 언어, 인물처리의 도식성 등 불만스러운 점들이 있음에도 불구하고 그 자신의 과도한 평가절하와 달리 한국시사에서 빼놓을 수 없는 업적이다.

비평가 임화에게 있어 「33년을 통하여 본 현대조선의 시문학」(『조선중앙일보』, 1934.1.1~12)은 전환점의 의미를 갖는 중요한 논문이다. 지금까지의 평론들에서 그가 거칠고 과격한 언어로 설익은 좌파이론을 주장하는 데 급급해 왔다면, 이 글은 여전히 그런 공식주의의 잔재를 지니고 있으면서도 임화의 이론적 사고에 중대한 진전이 이루어지고 있음을 보여준다. 첫째, 그는 1920년대 한국 근대문학 탄생의 물질적 토대에 대하여 사유하기 시작한다. 그는 이제 앞 세대의 감상적 낭만주의에 대해 단순히 비판만 하는 것이 아니라 그러한 경향이 생성될 수밖에 없었던 '황량한 토양'을 논리적으로 해명하고자 한다.[19] 그가 보기에 조선의 부르주아지는 대외적으로 제국주의에 대해 타협적이며, 동시에 경제적으로 허약하고 충분히 공업적이지 못하다. 이것이 조선 근대문학의 불완전, 즉 조선 낭만주의의 사회적 근원이다. 둘째, 그는 한국 프로계급의 역사적 위치와 그 특수한 사명에 대해 발언하기 시작한다. 서구에서는 근대 자본주의와 국민국가의 완성이 시민계급의 고유한 임무였으나, 우리의 경우에는 시민계급의 미발달로 인해 근대의 완성뿐만 아니라 근대 이후를 상상하는 것도 노동계급의 과제로 되었다. 이러한 역사적 상황의 특수성은 문학사의 현단계를 파악함에도 결정적 지침을 제공한다. 그가 급진적 소부르주아지(즉, 자기 자신)의 낭만주의에 대

19 임화, 「33년을 통하여 본 현대조선의 시문학」, 위의 책, 331면 참조. 그런데 임화의 사고에 어떻게 이런 '사회과학적적' 뒷받침이 생겨날 수 있었을까를 앞의 주4)에서 제기한 바 있다. 고증을 통해 확인된 사실은 아니지만, 나는 백남운(白南雲)의 『조선사회경제사』가 1933년에 출판된 사실을 중요한 계기의 하나로 상기하고 싶다. 임화는 조선 부르주아계급의 경제적 허약성과 타협주의에 관한 백남운의 설명에서 '조선 근대문학의 불완전', 즉 '조선 낭만주의'의 사회적 근원을 찾았던 것 같다.

한 투쟁을 언급하는 과정에서 다음과 같이 말한 것은 해방후 그가 주창한 민족문학론의 단초가 이미 이때 싹트고 있었음을 확인하게 한다.

> 이곳에 낭만주의에 대한 진실한 투쟁이, 즉 원칙적으로는 부르주아지가 수행해야 할 문학상의 행동이 프롤레타리아문학 위에 이중적으로 걸려 있게 되는 특수성이 있는 것이다.[20]

셋째, 그는 봉건조선의 몰락과 신문학의 등장 이후 시작된 문학적 변화과정에 대해 역사적 의미화를 시도한다. 그는 말하자면 일종의 발전사관(發展史觀)에 입각하여 우리 근대시가 육당의 신체시로부터 안서 · 요한의 정형적인 신시, 『백조』의 낭만주의적 자유시를 거쳐 프롤레타리아의 신흥시로 나아가는 과정을 밟아왔다고 본다. 이러한 해석에는 은연중 임화 자신을 포함한 카프시인들의 문학사적 자부심이 내재되어 있다고 할 터인데, 다만 그는 우리나라 프로시가 노동계급의 일상적 투쟁 가운데서가 아니라 부르주아시의 선진적 부분에서, 그리고 그와 더불어 진보적 지식인의 손에서 태어났기 때문에 부르주아시의 잔재로서의 낭만주의적 요소를 청산하지 못했다고 인정한다.[21] 이런 논의의 연장선 위에서 그는 「우리 오빠와 화

20 위의 책, 332면.

로」, 「요꼬하마의 부두」 같은 자기 업적 자체에 대한 자신의 전면부정을 철회하고 그들 작품이 가지고 있던 약점으로서의 감상주의를 '부르주아 감상주의'로부터 구별할 것을 주장하는 것이다.[22]

이제 드디어 시인으로서 일정한 자기긍정에 도달한 임화는 3, 4년 중단했던 시작활동을 활발히 재개한다. 그러나 그에게는 일찍이 없던 시련이 닥치는데, 카프는 해체되고 동지들은 감옥에 갇히고 자신은 결핵에 걸려 병상에 눕는 신세가 되었던 것이다.

> 정말로 가시덤불은 무성하여 좁은 앞길을 덮고,
> 깊은 밤 날씨는 언짢아, 두터운 암흑이
> 그 위에 자욱 누르고 있다.
> 이미
> 자네는 부상한 채 사로잡히고, 나는 병들어 누워,
> 벌써 몇 사람의 진실로 존귀한 목숨이
> 고난에 찬 그 험한 길 위에 넘어졌는가?
> 이제 우리들의 긴 대오는 허물어지고 '전선'은 어지럽다
>
> —「나는 못 믿겠노라」 부분

21 위의 책, 360면 참조.
22 위의 책, 362~363면 참조.

지금
우리들 청년의 세대의 괴롭고 긴 역사의 밤,
검은 구름이 비바람 몰고 노한 물결은 산더미 되어,
비극의 검은 바다 위를 달리는 오늘
그 미덥던 너도 돛을 버리고 닻줄을 끊어,
오직 하늘과 땅으로 소리도 없는 절망의 슬픈 노래를 뜯어,
가만히 내 귓전을 울린다.

오오, 이것이 청년인 내 죽음의 자장가인가?

—「옛책」 부분

번화로운 거리여! 내 고향의 종로여!
웬일인가? 너는 죽었는가, 모르는 사람에게 팔렸는가?
그렇지 않으면 다 잊었는가?
나를! 일찍이 뛰는 가슴으로 너를 노래하던 사내를,
그리고 네 가슴이 메어지도록 이 길을 흘러간 청년들의 거센 물결을,
그때 내 불쌍한 순이는 이곳에 엎더져 울었었다.
그리운 거리여! 그 뒤로는 누구 하나 네 위에서
청년을 빼앗긴 원한에 울지도 않고,
낯익은 행인은 하나도 지내지 않던가?

—「다시 네거리에서」 부분

「나는 못 믿겠노라」는 감옥에 갇힌 동지의 편지를 받고 이에 대해 답장을 보내는 형식의 독백적 서술이다. 「옛책」에서 화자는 현장을 떠나 병실에 갇힌 채 미래를 차단당한 상태에서 옛날에 줄 그어가며 읽었던 레닌의 책을 꺼내들고 괴로운 회상의 시간을 보낸다. 「다시 네거리에서」는 청춘과 희망과 투쟁의 장소였던 종로가 얼마나 낯설고 황량한 거리로 바뀌었는지 침통하게 노래한다. 세 편 모두 조직원들이 구속되고 카프가 해산된 시점에서의 작품인데, 임화의 것이라곤 믿을 수 없을 만큼 어두운 비탄과 깊은 패배주의가 전편을 지배하고 있다. 「낮」, 「야행차 속」, 「안개」(이상 1935), 「가을 바람」, 「강」, 「적」, 「단장(斷章)」(이상 1936), 「주유(侏儒)의 노래」, 「밤길」(이상 1937), 「한 잔의 포도주를」(1938), 「자고 새면」(1939) 등도 이 범주에 속한다.

그러나 비탄과 절망감에도 불구하고 작품 자체는 일제시대의 억압적 현실과 그 현실 속에서 갈등하고 좌절하는 지식인의 고뇌를 실감있게 형상화하고 있으며, 대중 앞에서 낭독하기에 알맞은 임화 시 특유의 힘있고 유장한 리듬을 살리고 있다. 이들 가운데 일부와 상당수 미발표작들을 묶어 해방전의 유일한 시집 『현해탄』(『동광당』, 1938.2)이 간행되었다. 표제작 「현해탄」을 비롯한 이른바 '바다시편'은 유종호 교수에 의해 "현해탄에 관한 시인의 격정적인 상념과 감회를 자유분방하게 토로하고 있다." "이 시편은 청년을 기리는 송가이며 모든 것에도 불구하고 미래와 역사에 바치는 불굴의 신앙고백이다"라는, 대체로 공감이 가는 지적을 받았다.[23] 그러나 '바다시

편'에서의 그와 같은 어조의 자유분방함과 화자의 낙관적 결의가 시인 임화의 진정한 실감인지 아니면 단순한 위장이거나 허세인지 판별하는 것은 간단한 일이 아니다. 왜냐하면 그는 앞에서 살펴본 바와 같은 절망의 비탄을 거의 동시에 읊조리고 있기 때문이다. 그렇다면 그의 내면 깊은 곳에 가장 완강하게 잠재해 있는 것은 존재와 의식의 균열, 추방된 낙원으로의 복귀를 꿈꾸는 도전과 좌절의 신화, 발산적 행위로서의 창작과 성찰적 행위로서의 이론 사이의 비대칭적 길항이었던가. 그의 삶과 문학은 좀더 따져보아야 할 모순을 내장하고 있다는 점에서 여전히 문제적이다.

• 이 글은 시집 『현해탄』 이후 임화의 시와 시의식이 어떤 굴절과정을 겪는가에 대한 고찰을 숙제로 남긴 채 미완으로 끝났다. 후일을 기약하는 바이다(필자).

23 유종호, 앞의 책, 71면, 73면.

임화 시의 영향

유성호

1

선행 시편이나 선배 시인의 세계나 방법이, 후대 시편이나 시인에게 일정하게 영향을 끼치는 것은 문학사에서 어느 정도 편재적(遍在的)인 현상이다. 가령 그것을 우리는 '계보(系譜)'라는 은유적 형상으로 계열화할 수도 있겠는데, 이를테면 백석의 창작 방법이나 세계관을 원류로 하여 신경림, 안도현 등을 그 시적 후예로 해석하거나, 김수영의 뒤편에 이성복과 황지우와 기형도를 배치한다든가 하는 일은, 그들 사이의 직접적 영향 관계까지는 아니더라도 '시'라고 하는 것이 한 개인의 배타적 창작물은 아니라는 점을 선명하게 증언하는 사례일 것이다.

물론 후대 시인들이 앞선 시편들을, 어법이나 세계관 차원에서 무반성적으로 옮겨 적는 일은 거의 없다. 시편 곳곳에 선행 시편들의 흔적이 간접화되어 남게 되는 사례가 많을 뿐이다. 그 경우, 후대 시인들은 선행 시편에 깊이 의존하면서도 그에 대한 일정한 창조적 변형을 수행한다. 그러한 변형을 일체 가하지 않고 고스란히 옮겨 적는 행위를 우리는 '표절(剽竊)'이라고 하는데, 여기서 '표절'과 '영향'의 낙차를 검증하는 일은 꽤 중요해진다. 그 점에서, 엘리엇(T. S. Eliot)이 "삼류 시인은 베끼지만 일류 시인은 훔친다"라고 말한 것은 선행 시편과 후대 시인 사이의 긴장 관계를 적절하게 지적한 사례라 할 것이다. 또한 해롤드 블룸(Harold Bloom)은 "모든 시에는 2명의 창조자—선배 시인과 숙명을 거부하는 후배 시인이 있다"[1]라고 말하였는데, 이는 '영향'의 이중성 곧 '모방'과 '변형(극복)'의 모순된 통일을 의미하는 것이다. 시인은 선배의 어느 특정한 표현이나 발상을 따오는 것이 아니라, 전체적으로 자신의 생각이나 어법에 선배의 세계를 녹여 놓는다는 뜻일 터이다.

---

1 해롤드 블룸, 윤호병 역, 『시적 영향에 대한 불안』, 고려원, 1991, 191면. 그는 이어서 "시적 영향은 한 시인과 다른 시인 사이의 유사한 어휘와는 거의 무관하다"면서, "시인은 자신의 시적 부친(선배 시인)처럼 보이지 않을 필요가 있으며 시적 영향에 대한 불안은 종종 문체에 대한 불안과 아주 분명히 구분된다"고 하였다.

우리는 여기서 그 스스로 뛰어난 시인이었으며 문학사가, 비평가, 영화인이기도 했던 임화(林和)의 편력 가운데, 그의 시적 발상과 어법 그리고 구조 등이 후대에 어떻게 기억되고 창조적 흔적으로 삼투했는지를 따져봄으로써, 우리 시사의 주류 규정이 가지는 일정한 편향성을 반성적으로 검토하고, 문학사에서 지워진 임화 시편의 개성적 영역에 대해 생각해보려고 한다.

2

우리가 임화를 문학이론가나 문학사가(史家)보다는 '시인'으로 읽으려는 가장 중요한 이유는 다름아닌 그의 생래적인 시인적 기질과 그에 따른 시적 성취에서 비롯된다. 대개 문학적 형상이 논리적 언어보다 한 사람의 정신이나 세계관 또는 생리를 더욱 생생하게 드러내준다는 점, 그리고 그 중에서도 특히 시의 형상이 서정적 주체의 세계관이나 정서가 비교적 직접성을 가지고 드러나 있다는 점에서, 임화가 남긴 시편들은 그와 그의 세계를 이해하는 데 더없이 좋은 매재(媒材)가 될 수 있다.

이미 여러 연구사가 입증하듯이, 임화의 시는 비교적 복합적이고 다채롭게 전개되었다. 전체적으로 보면, 다다이즘의 열정을 매개한 초기 시편, 이른바 '단편서사시' 계열의 제2기 시편, 비극적 낭만성과 영웅적 목소리를 드러낸 이른바 '현해탄' 계열의 제3기 시편, 해방기와 전쟁을 겪으면서 표출된 강한 '정치시' 계열의 제4기 시편으로 요약할 수 있을 것이다. 이 가운데 임화가 후대 시인들에게 강한 영향력을 끼친 것은 당대의 후배들에게는 제2기이고, 후대의 후배들에게는 제4기라고 할 수 있을 것이다. 물론 임화의 가장 시인다운 성취는 제3기에 있다. 이 시기의 시적 성취 또한 다양하고 중층적인 영향 관계를 간취할 수 있는 영역이 아닐 수 없을 것이다. 다음 원고에서는 이 영역도 적극 포괄하여 서술하려고 한다.

먼저 프로시의 절정기에, 그가 일정하게 계급 사상에 바탕을 둔 성숙된 역량을 보여준 영역은, 김기진의 명명이기도 한 '단편서사시(短篇敍事詩)' 계열의 시편이다. '단편서사시'는, 비록 편의적이고 과도기적인 명칭이었지만, 당대에 가장 파장이 컸던 창작 방법이자 양식 이름이기도 하였다. 팔봉이 분석하고 명명한 이 같은 시적 기율은 당대 프로시의 화법과 어조에 두루 걸쳐 작용하게 된다. 팔봉이 임화의 「우리 오빠와 화로(火爐)」를 보고 감격하여 상찬한 '단편서사시' 양식은, 당시 프로시가 나아가야 할 올바른 대중화의 방향타를 제시한 것으로 평가받기도 하였기 때문이다.

눈바람찬 불쌍한 도시 종로 복판의 순이야

너와 나는 지나간 꽃피는 봄에 사랑하는 한 어머니를 눈물나는 가난

속에 여의었지

그리하여 너는 이 믿지 못할 얼굴 하얀 오빠를 염려하고 오빠는 너를 근심하는 가난한 그날 속에서도.

순이야 — 너는 네 마음을 둘 믿음성 있는 이 나라 청년을 가졌었고

내 사랑하는 동무는……

청년의 연인 근로하는 여자 너를 가졌었다

(…중략…)

자 좋다 바로 종로 네거리가 아니냐 —

어서 너와 나는 번개같이 손을 잡고 또 다음 일 계획하러 또 남은 동무와 함께 검은 골목으로 들어가자

네 사나이를 찾고 또 근로하는 모든 여자의 연인인 용감한 청년을 찾으러……

그리하여 끊이지 않는 새로운 용의(用意)와 계획으로 젊은 날을 보내라

—「네거리의 순이」 중에서(『조선지광』, 1929.1)

시의 화자는 '순이 오빠'인데 그와 순이는 어머니를 여의고, 순이의 연인인 청년은 어디론가 잡혀간다. 그럼에도 불구하고 그들은 "다음 일 계획하러" 그리고 "사나이를 찾고 또 근로하는 모든 여자의 연인인 용감한 청년을 찾으러" 단호한 의지를 추스르게 된다. 그러면서 오빠는 순이에게 "끊이지 않는 새로운 용의(用意)와 계획으로

젊은 날을 보내라"는 권고를 잊지 않는다. 빼앗긴 동료를 되찾고, 또 새로운 투쟁의 의지를 되찾으려는 화자의 시선은, 엄혹한 외적 상황에서도 포기할 수 없는 진리 탐색의 의지를 강렬하게 노래하고 있다. 이처럼 '단편서사시' 양식은 강한 서사성을 기본 골조로 하면서, 편지 형식의 배역(配役) 설정을 꾀하는 공통점을 취하게 된다.

서사성을 강화한 이러한 양식적 확장은 임화의 선편 이래 박세영, 권환, 손풍산, 김병호 등 수많은 에피고넨을 프로시 영역에서 양산한다. 심지어는 주요한, 김광균 등의 시에서도 보편적으로 검출된다. 이 같은 '단편서사시'의 광범위한 창작은, 우리 문학사에서 1920년대에 일어난 감상적 낭만주의의 보편적 감염 이후 거의 처음으로 이루어진 전(全)문단적인 현상이었다고 할 수 있을 것이다. 임화는 이어서 「어머니」, 「병감(病監)에서 죽은 녀석」, 「다 없어졌는가」, 「양말 속의 편지」, 「제비」, 「우산 받은 요꼬하마의 부두」 등 지속적인 단편서사시 창작에 매진한다. 하지만 임화는 자기 스스로 이 작품들이 감상적인 감정으로 소시민의 감정적 흥분을 드러낸 것에 불과하다[2]고 비판하면서 자기 시에 대한 과감한 자가 수정을 꾀하게

2 임화, 「시인이여! 일보전진하자」, 『조선지광』, 1930.6. 그러나 이러한 자기비판도 나중에 어느 정도는 수정된다. 임화는 자기 시에 나타났던 감상성이 부르주아시의 잔재를 완전히 청산하지 못한 데서 기인하는 불가피한 것이었으며, 이 같은 낭만주의의 잔재로부터 벗어나기 위한 나중의 노력이 오히려 진정으로 시적인 요소인 감정적, 정서적인 부분을 축출함으로써 시를 말라빠진 목편과 같은 이른바 '뼉다귀시'로 만들었다고 말한다. 임화, 「33년을 통하여 본 현대조선의 시문학」, 『조선중앙일보』, 1934.1.1~12; 오성호, 『한국 근대시문학 연구』, 태학사, 1993. 310~319면 참조.

된다. 물론 카프 내부에서도 권환 등에 의해 그 감상성이 비판되기는 했으나, 오히려 권환은 창작을 이어가지 못하고 임화의 시는 지속되었다는 점에서 그 비판은 다분히 메타적인 것이었고 전술적인 것이었던 것이라 할 수 있을 것이다. 말하자면, 당대적 사건의 사실적 수용과 프롤레타리아 계급의 낙관적 전망의 형상화라는 이중적 요구가 매우 원론적이고 비현실적인 안목에서 감상성의 과다노출을 비판하게끔 하였던 것이다.

아무튼 '단편서사시'는 독특한 서간체 서술 방법과 배역시(配役詩)적 속성으로 인해 '대중화'라는 요구와 리얼리즘시라는 미학적 요구를 동시에 모색하는 역사적 흔적을 남기게 된다. 그러나 시에 나타나는 인물이 화자의 일방적 진술에 의존하다 보니 성격이 구체화되지 못하였다는 흠과 일정한 감상성의 과잉은 여전히 지적될 만한 것이었다. 결국 팔봉의 표현대로 "야성적 굴강미"를 갖춘 언어로 낭만적 우울과 계급적 울분을 동시에 형상화한 시 양식으로서 '단편서사시'는 그 과도기적 소임을 다했다고 할 수 있다. 이처럼 서사성과 편지 형식을 활용한 청자 지향의 언어 방식은 당대의 에피고넨들을 넘어 시사적으로는 광범위한 양식적 전이를 이루면서 확장된다. 많은 시편들이 예거될 수 있지만, 이러한 시적 방법을 가장 예민하게 활용한 이들은 1970~80년대의 민중적 서정시를 쓴 시인들이었다.

오 아벨은 어디로 갔는가 / 너희 안락한 처마 밑에서 / 함께 살기 원하던

> 우리들의 아벨, / 너희 따뜻한 난롯가에서 / 함께 몸을 비비던 아벨은 어디로 갔는가 / 너희 풍성한 산해진미 잔칫상에서 / 주린 배 움켜쥐던 우리들의 아벨 / 우물가에서 혹은 태평성대 동구 밖에서 / 지친 등 추스르며 한숨짓던 아벨 / 어둠의 골짜기로 골짜기로 거슬러 오르던 / 너희 아벨은 어디로 갔느냐?
>
> — 고정희, 「이 시대의 아벨」 중에서

구약성서 『창세기』에 나오는 가인과 아벨 이야기를 패러디의 모티프로 삼은 이 작품은 화자가 어떤 청자를 향하여 질타하며 추궁하는 형식을 빌리고 있다. 그 청자는 "회칠한 무덤들, 이 독사의 무리들"로 지칭되는데, 그 형상은 대부분의 알레고리적 작품이 그러하듯이 작품 안에 명시되지는 않는다. 그러나 우리는 이 같은 대립적 형상 곧 '아벨'과 그를 억압하는 어떤 세력이라는 구도 설정에서, 이 작품이 이야기하고 있는 것이 인간다움의 참가치를 억압하고 말살하는 우리 사회의 폐부를 비판적으로 풍자하는 형상임을 읽을 수 있다. 이는 우리가 살핀 청자 지향의 어법과 거기서 비롯되는 강렬한 대립 구도 그리고 적의(敵意)를 동반한 부정 정신에서 그 특성을 찾을 수 있다. 그런데 여기서 아벨은 '우리들의 아벨'이자 '너희 아벨'로 나타나는데 결국 사회의 질곡과 부조리는 양 진영을 모두 피해자로 묶는 것임을 이 시의 화자는 말하고 있다. 청자를 향한 뚜렷한 적의(敵意)는 결국 진정한 화해를 위한 매개고리로 설정된 것일 뿐이지 그 자체가 정당성을 띤 것은 아니다. 따라서 고정희가 현실로부터 받은 충격의 아픔은, '아벨'의 죽음으로 표상되는 양심 · 정의의 상실이라는 문제와 함께 우리 역사 속에서 짓눌림을 받아온 민중의 슬픔이라는 두 개의 환부를 갖는다.[3] 이같이 고정희의 시는 서사성을 배경으로 하면서 화자와 청자가 설정된 방법을 활용하여 인간의 생명과 자유를 가장 본원적인 가치로 옹호하고 있다는 점에서, 임화의 시적 방법을 계승과 극복이라는 양면성을 체현한다. 이러한 시적 방법은 1980년대의 총아로 등장했던 박노해에게서 가장 광범위하게 나타난다.

투쟁이 깊어 갈수록 우리에겐 풍파가 몰아쳤고
당신은 더 불안하고 체념 속에 주저앉아
다시 나를 붙들고 애원하며 원망합니다
어머니
환갑이 넘어서도 파출부살이를 하는
당신의 염원은 우리 모두의 꿈입니다
가난했기에 못 배웠기에
수모와 천대와 노동에 시퍼런 한 맺혔기에
오손도손 평온한 가정에의 바램은
마땅한 우리 모두의 비원입니다

3 김주연, 「고정희의 의지와 사랑」, 고정희, 『이 시대의 아벨』, 문학과지성사, 1983, 123면.

오! 어머니
당신 속엔 우리의 적이 있습니다
어머님의 염원을
오손도손 평온한 가정에의 바램을 잔혹하게 짓밟고 선 저들은
간교하게도 당신의 비원 속에
굴종과 이기주의와 탐욕과 안일의 독사로 도사리며
간악한 적의 가장 집요하고 공고한 혓바닥으로
우리의 가장 약한 인륜을 파고들며 유혹합니다
이 세상에 태어나 단 한 사람
어머니의 가슴에 못을 박습니다
어머님의 간절한 소원을 위하여
이 땅의 모든 어머니들의 비원을 위하여
짓눌리고 빼앗긴 행복을 되찾기 위해
오늘 우리는 불효자가 되어
저 참혹한 싸움터로 울며울며
당신 곁을 떠나갑니다

— 박노해, 「어머니」 전문

이 작품을 위시한 박노해 초기 시편에서 임화의 흔적은 비교적 뚜렷하다. 물론 이러한 속성은 박노해의 독서 경험이 반영되었다기보다는, 리얼리즘시의 형상적 성취에 일정하게 임화 식의 어법과 구

조가 불가결하게 공통점을 취한 것이라 해석할 수 있을 것이다. 일찍이 최원식은 "박노해는 농민에 대해 준열하다. (…중략…) (김용택이 농민의 마음속 깊은 갈피를 통해 농민적 굴종을 감싸는 것에 비해) 농민적 굴종을 선열하게 비판한다"[4]고 하면서 농민에 대한 준열성과 전통적 형식의 부재를 비판한 바 있다. 하지만 백낙청은 "오! 어머니, / 당신 속에 우리의 적이 있습니다"란 구절에서 두고두고 되새겨볼 통찰이 담겨 있다고 하며, 새 단계의 민중문학은 마땅히 이런 불효녀 아닌 불효녀의 음성도 새롭게 들려주어야 할 것인데, 그런 점에서도 박노해 시집은 만만찮은 새로움의 문턱까지 와 있음을 간파하고 있다. 어머니는 이미 억압당하는 농민이 아닌 도시화된 빈민인데, 그들에게 정권이 심어준 가정의 평안이라는 이데올로기에 휩싸여 있는 즉자적 존재이며, 아들은 사회 변혁에 뜻을 둔 사람일 때, 어머니의 소망은 정권의 이데올로기이고 그것은 깨어져야 한다는 것을 말해주고 있는 것이다. 이러한 메시지가 궁극적으로 '단편서사시'라는 일정하게 과도기적이고 실험적인 양식적 동일성 안에서 이루어진 것이다. 이는 후대에 박봉우, 양성우, 문병란, 황명걸 등의 시편에서도 그 흔적이 강렬하게 나타나게 된다.

4 최원식, 「박노해와 김용택」, 『민족, 민중, 그리고 문학』, 지양사, 1985.

3

해방 직후는 임화는 물론, 우리 문인들에게 혹독한 내적 반성과 통일된 자주적 민족국가 건설이라는 이중적 과제를 부여한 시기이다. 임화는 이때 극단적 친일 문인을 배제한 문단의 좌우통합에 매진하는 발빠른 운동가의 모습을 보인다. 이 속전속결의 몸놀림이야말로 많은 사람들에게 경탄과 의혹을 동시에 안겨주게 된다. 이때 임화는 이른바 '봉황각 모임'(1945.12.31)이라고 불렸던 한 자리에서 자신을 철저하게 반성할 줄 아는 용기의 필요성을 역설하면서 윤리적 선편까지 틀어쥐는데, 임화가 주창한 자기 반성의 의지는 「9월 12일」이라는 작품을 비롯하여 「길」 등에도 지속적으로 그 형상이 나타나게 된다. 거기 나타난 형상은 이른바 '살아남은 자의 부끄러움'이라고 해도 좋을 것이다. 따라서 이 작품들은, 많은 논자들의 회의[5]에도 불구하고, 해방이라는 새로운 전기를 맞은 전환기적 지식

---

5 임화처럼 본질적으로 정치적인 인물이 행하는 자기 반성이 문자 그대로 '반성'이나 '자각'의 산물이겠느냐 하는 반론이 그 대종을 이룬다. 임화의 자기 반성으로 나타나는 일체의 외적 표지는 일제 식민지 시대의 죄책감으로부터 자유롭지 못했던 순수 문학인들을 포용해 들이려는 전략의 일환이었다는 시각도 마찬가지 관점에서 도출된다. 아무튼 임화처럼 영리하고 정치 역학에 밝았던 이의 반성적 모습을 하나의 전략적 포즈로 보는 시각은 그를 바라보는 이중적 관점이 존재하는 한 다분히 영속적이 될 것으로 보인다. 이는 식민지 시대에도 마찬가지로서, 같은 프로문학 활동을 했던 동료들로부터도 임화는 "知의 人이라기보다는 才의 人"(윤곤강)이라거나, "才勝薄德"(이동규)이라거나 하는 평가를 받고 있어, 그에 대한 불신의 정서는 매우 일반적이었던 것 같다.

인이 취해야 할 자기 검색의 한 표본을 제시한 것이다.

하지만 그것도 잠시, 임화는 남로당의 정강 및 이념에 철저하게 복무하는 이론가로, 또 그것을 실천하는 선동가로 자신의 위상을 견고히 하게 되는데, 이 시기에 집중적으로 창작한 이른바 '선전선동시'들이 그의 활약을 알려준다.

노름꾼과 강도를
잡든 손이
위대한 혁명가의
소매를 쥐려는
욕된 하늘에
무슨 旗ㅅ발이
날리고 있느냐

동포여!
一齊히
旗ㅅ발을 내리자

가난한 동포의
주머니를 노리는
외국 商館의

늙은 종들이
廣木과 통조림의
밀매를 의논하는
廢 王宮의
商標를 위하여
우리의 머리 우에
國旗를 날릴
필요가 없다

동포여
一齊히
旗ㅅ발을 내리자

살인의 자유와
약탈의 神聖이
晝夜로 방송되는
남부조선
더러운 하늘에
무슨 旗ㅅ발이
날리고 있느냐

동포여

一齊히

旗ㅅ발을 내리자

—「旗ㅅ발을 내리자」(『현대일보』, 1946.5.19)

임화는 9월 총파업을 다룬 「우리들의 전구(戰區)」, 10월 인민항쟁을 다룬 「높은 산봉우리마다」 등에서 이 같은 '선전선동'이라는 시의 현실적, 정치적 효용가치를 극단까지 밀어붙이는데, 임화의 탐색 의지가 가장 정치와 이념에 근친성을 보이는 시기가 바로 이때이다. 위 작품 역시 현실 비판에 이어 '새로운 깃발을 올리자'는 이면의 메시지가 담겨 있는 반어적 표현의 작품이다. 이를 일러 "임화의 선전선동시가 가진 그 단순성, 짧은 호흡에 담겨 있는 엄청난 폭발력, 금속처럼 날카로운 그 전투성은 이 부문에 있어서는 그 뒤 아무도 그를 뛰어넘지 못했다고 해도 지나치지 않을 것"[6]이라고 상찬하는 시각이 존재한다. 이처럼 이 시기 그의 시는 한 행의 길이가 현저하게 짧아지면서 비장미의 회복이 두드러진다. 그리고 시의 호흡은 거칠어지고, 강렬한 정치 지향성이 시의 분위기를 압도하게 된다. 이러한 전통은 해방 직후의 오장환이나 전위시인 유진오 그리고 1960년

6 신경림, 「역사의 격랑 속에 침몰한 혁명시인」, 『신경림의 시인을 찾아서』, 우리교육, 1998, 133면.

대의 신동엽이나 1980년대의 김남주의 시로 고스란히 이월되어 문학사의 한 줄기를 형성하게 된다.

모더니스트이자 『시인부락』 동인이기도 했던 오장환의 이 시기 변모는 매우 이례적이면서 주목할 만한 가치가 있다. 김기림, 정지용, 이태준과 함께 우리에게 보여준 그의 변화는, 당시의 문학운동이 과거의 모더니즘이나 순수문학 계열까지 적극적으로 참여했던 전(全)문단적인 스케일을 띠었던 것임을 암시해준다.

깽이 있다 / 깽은 高度한 資本主義 國家의 尖端을 가는 職業이다 / 성미 급한 이 땅의 젊은이는 / 그리하여 이런 것을 받아들였다 / 알콜에 물탄 洋酒와 / 댄스로 정신이 없는 / 장안의 구석구석에 / 그들은 그들에게까지 이러한 사실을 알려주었다 // 아 여기와는 상관도 없이 / 또 장안의 한복판에서 / 이 땅이 解放에서 얻은 北쪽 38도의 어려운 住所와 / 숱한 "야미"꾼으로 完全히 막혀진 서울길을 / 비비어 뚫고 그들의 幸福까지를 위하여 / 全國의 人民 代表들이 모였다는 사실을 …… // 그러나 / 깽은 끝까지 職業이다 / 全國의 生産이 完全히 쉬어진 오늘에 / 이것은 確實히 新奇한 職業이다 / 그리하여 점잖은 衣裳을 갖추운 資本家들은 / 새로이 이것을 企業한다 // 그리하여 그들은 그들의 번창해질 장사를 위하여 / "韓國"이니 "建設"이니 "青年"이니 / "民主"니 하는 간판을 더욱 크게 내건다.

— 오장환, 「깽」 전문(1945.11)

이 시편은 해방 직후 당시의 부정적 정황에 대한 날카로운 제유적 형상을 담고 있다. 대자본가가 경영하는 기업과 테러 집단이 운영하는 '깽'의 폭력을 나란히 병치시키면서, 그 둘을 내적으로 연관시키는 방법을 취하고 있다. 여기서 시인은 "洋酒와 댄스"로 표상되는 자본주의 퇴폐 문화에 대해서도 비판적이지만, 그보다는 "번창해질 장사"이기도 한 '깽'을 "高度한 資本主義 國家의 尖端을 가는 職業"으로 인식하면서 당대의 폭력성에 대한 날카로운 인식을 보여준다. 이처럼 오장환은 그의 시집 『병든 서울』(1946)과 『나 사는 곳』(1947)을 통해 '해방'이 찾아왔음에도 불구하고 여전히 암약중인 자본주의의 폭력성과, 민족적 합의에 의한 출구를 찾지 못하고 있는 암담한 민족적 상황에 대한 근원적 비판을 보여주고 있다. 어법과 정조에서 임화가 보여준 발빠른 변화와 거의 맥을 같이 한다. 이러한 정치 우위의 시적 발언은 이용악의 「기관구에서」와 같은 선전선동시에서도 간취할 수 있고 권환, 박세영, 박아지, 조영출, 조허림 같은 시인들의 작품에서도 여실하게 찾아볼 수 있다.

그 밖에 김광현, 상민, 김상훈, 유진오, 이병철, 박산운, 설정식 같은 이른바 '전위시인들' 또는 신진시인들의 위상 역시 매우 이채로운 것이었는데, 이들은 해방 후에 창작 활동을 시작하여 가장 전위적이고 투쟁적이며 동시에 서정적인 시를 써서 해방 직후의 시단을 뜨겁게 달군 이들이었다.[7] 유진오는 『창』(1948)을 펴냈으며, 상민은 『옥문이 열리던 날』(1948), 설정식은 『종』(1947), 『포도』(1948), 『제신(諸

神)의 분노』(1948) 등을 펴냈다. 그 중 유진오는 가장 전위적이고 투쟁적인 시를 써서 '인민의 계관시인'이라는 칭호를 얻기도 했다.

눈시울이 뜨거워지도록 / 두 팔에 힘을 주어 버티는 것은 / 누구를 위하는 붉은 마음이냐? // 깨어진 꿈조각을 / 떨리는 손으로 주어 모아 / 歷史가 마련하는 이 國土 위에 / 옛날을 찾으려는 // 저승길이 가까운 令監님들이 / 주책없이 중얼거리는 잠꼬대를 / 받아들이자는 우리의 젊음이냐 // 왜놈의 씨를 받아 / 소중히 기르던 무리들이 / 이제 또한 모양만이 달라진 / 새로운 ×××의 손님네들 앞에 / 머리를 숙여 / 生命과 財産과 名譽의 / 積善을 빌고 있다. // 누구를 위한 / 벅차는 우리의 젊음이냐? // 서른여덟 해 전 나라와 같이 / 송두리째 팔리어 피눈물 어려 / 남의 땅을 헤매이다 맞아 죽은 同族들은 / 팔리던 날을 그리고 / 맞아죽던 오늘 九月 초하루를 / 목메어 가슴을 치며 잊지 못한다. // 그러나 오늘날 또한 / 썩은 강냉이에 배탈이 나고 / 뿌우연 밀가루에 부풀어 오르고도 / 三千五百萬弗의 빚을 짊어지고 / 생각만 하여도 이가 갈리는 / 무리들에게 짓밟혀 / 가난한 同族들이 / 여기 눈물과 함께 우리들 앞에 섰다. // 누구를 위한 / 벅차는 우리의 젊음이냐? / 어느 놈이 우리의 / 분통을 터뜨리느냐? / 우리의 젊은 힘은 / 피보다도 무서웁다. // 머얼리 바다 건너 저쪽에서도 / 피 끓는

7 그들과 함께 이설주, 김용호, 김동석, 최석두, 박문서 같은 이들도 조선문학가동맹의 외곽에서 민족 현실을 노래한 다수의 작품을 남겼다.

젊은이의 / 씩씩한 行進과 부르짖음이 / 가슴과 가슴들 속에 波濤처럼 울려온다. / 젊은이의 갈 길은 단 한 길이다. / 가난한 同族이 우는 곳에 // 핏발이 서 날뛰는 / 外國 ×××들과 / 망령한 令監님들에게 / 저승길로 떠나는 路資를 주어 / ××으로 쫓아야 한다.

— 유진오, 「누구를 위한 벅차는 우리의 젊음이냐?」 전문(1946.9)

이 시편은 해방 후 최초의 필화 사건을 겪은 작품이다. 이 작품을 1946년 9월 1일 국제청년대회에서 낭송한 후 유진오는 미군정 포고령 위반죄로 긴급 구속된다. 그만큼 이 작품은 당시의 미군정 및 지배 세력들에게 불편하기 짝이 없는 내용을 담은 것이었고, 시가 현실 변혁을 위한 투쟁의 무기로서 얼마나 큰 위력을 발휘할 수 있는가를 여실히 보여준 것이었다. 이 작품처럼 정치적 행사에 낭독된 이른바 '행사시'는 독자(청중)와의 직접적 만남 속에서 정치적 영향력의 파급이라는 일정한 목적으로 가지고 창작 · 유통 · 소비된다. 곧 전언 자체에 초점을 두고 있기 때문에 시는 사회적 역할에 충실하게 되고, 시적 언어는 수신자의 관점에 있기 때문에 능동적인 어떤 효과를 획득할 수 있다.

이 작품은 짧으면서도 격렬하고 긴박한 느낌을 주는 리듬과 자문자답 식으로 이어지는 진술 방식, 일도양단 식으로 단순하고도 명쾌하게 구분된 아(我)와 적(敵)의 대립적인 구도, 적에 대한 강한 증오심과 동지에 대한 한없는 연대의식 등을 보이면서, 이러한 시의 사회적 역할에 충실한 작품이다. 나아가 당위적인 관념과 혁명적인 열정이 좀 더 강렬하게 전달되도록 해주는 시적 장치를 택하고 있다. 작품을 이루는 대립항은 '젊음 / 옛날을 찾으려는 저승길이 가까운 令監님들', '남의 땅을 헤매이다 맞아 죽은 同族들 / 왜놈의 씨를 받아 소중히 기르던 무리들', '가난한 同族 / 핏발이 서 날뛰는 外國 ×××들과 망령한 令監님들' 등인데, 한결같이 '민족 / 외세(친일, 매판)'의 선명한 이분법으로 당대의 긴장과 대립의 구도를 짜고 있다. 해방 직후의 상황을 '민족 / 외세'의 분법으로 바라보는 당시 남로당의 정강이 반영된 결과이다. 이후 유진오는 「창」이나 「한없는 노래」 등에서 이러한 민족 주체 의식과 시적 주체의 서정성을 통합한 가편들을 써서, 해방 직후 전위시인 중 가장 독자적인 득의의 음역을 획득하게 된다. 그 점에서 유진오의 시편은, 임화를 가장 깊은 심층에서 빼닮은 세계를 보여주었다고 할 수 있다. 그 외에도 김상훈, 김광현, 이병철, 박산운은 유진오와 함께 『전위시인집』(노농사, 1946)을 펴내서, 한 시대의 정치적 전위를 형성하기도 하였다. 그러다가 남북이 분단되고 1950년대의 척박한 시적 토양에서 신동엽이 내지른 육성은 단연 주목할 만한 것이었다.

폭격으로 쓰러진 집터에선 / 능굴이가 원통히 울었다. // 하늘 멀리서 제트기들이 번갯불처럼 지나다니고 / 어데선가 송장이 썩는다 / 낯익은 얼굴들이 무더기로 쓰러져 / 썩는 내음새가 국화 향기보다 진하다. // 다

같이 압록강 이남에 사는 / 조선 사람이었다. / 가는 곳마다 / 산골에서도 평야에서도 / 도시에서도, 마을은 모두 폐허로 화하고 / 젊은 아들딸들은 이편으로 저편으로 / 총들을 얼미고 없어져 버리었다. // 가다가다 살아남은 마을엔 / 질병과 기아와 상잔의 / 어두운 살풍경만이 배회했다. // 평화를 사랑하는 조국 / 조선 사람아 / 너는 어찌하여 / 너는 어찌하여 다 같이 조선말을 하는 얼굴 속에서 / 원수를 찾아내어야 하며 / 형제와 애인의 인연에 / 탄약을 챙겨야만 하느냐 // 그리하여 제각기 / 자기 남편이 이겨 오기를 / 자기 남편이 이겨 오기를 / 얼마나 많이 / 얼마나 많은 사람들의 가슴이 / 빌고 있을 것인가. // 애인아 누나야 / 조선 사람아 / 너는 누구를 위하여 누구에게 / 어제도 오늘도 방아쇠를 당기는 것이냐. / 삼천리 강토를 침략하는 자 누구냐 / 어느 놈이 / 아, 어느 놈이 / 조선을 저의 방패로 삼으려 하는 것이냐 …… // 오늘도 / 폭격으로 쓰러진 집터에선 / 능굴이가 원통히 울었다.

— 신동엽, 「압록강 이남」 전문

죽음과 살육의 이미지가 특별히 강조되고 인간 조건의 비극성을 근본적으로 재검토하는 관점에서 1950년대의 우리 문학을 바라본다면 그것은 전쟁문학의 일반성으로서 세계의 전쟁문학과 동렬의 차원 곧 '세계적 동시성'의 차원에 놓일 수 있다. 그러나 신동엽은 그 의미를 민족사적 특수성의 시각에서 접근한 예를 보여주는 시인이다. 반어적 의문형과 적대적 타자를 향한 선명한 적의, 그리고 자아의 동일성에 대한 확신 같은 것을 매개로 하면서 펼쳐지는 신동엽 전후 시편들은, 임화의 세계에 대한 분단 이후의 가장 첨예한 계승과 변형의 사례로 지목될 만하다. 더 많은 자료를 토해 그 세계를 살필 필요성이 있다. 하지만 이러한 임화 시편의 속성을 가장 깊이 체현한 시인은 누구보다도 김남주일 것이다.

> 바람에 지는 풀잎으로 / 오월을 노래하지 말아라 / 오월은 바람처럼 그렇게 / 오월은 풀잎처럼 그렇게 / 서정적으로 오지는 않았다 / 오월은 왔다 비수를 품은 밤으로 / 야수의 무자비한 발톱과 함께 / 바퀴와 개머리판에 메이드 인 유 에스 에이를 새긴 / 전차와 함께 기관총과 함께 왔다 / 오월은 왔다 헐떡거리면서 / 피에 주린 미친개의 이빨과 함께 / 두부처럼 처녀의 유방을 자르며 / 대검의 병사와 함께 오월은 왔다 / 벌집처럼 도시의 가슴을 뚫고 / 살해된 누이의 웃음을 찾아 우는 / 아이의 검은 눈동자를 뚫고 / 총알처럼 왔다 자유의 거리에 / 팔이며 다리가 피묻은 살점으로 뒹구는 / 능지처참의 학살로 오월은 오월은 왔다 그렇게! / 바람에 울고 웃는 풀잎으로 / 오월을 노래하지 말아라 / 오월은 바람처럼 그렇게 / 오월은 풀잎처럼 그렇게 / 서정적으로 일어나거나 쓰러지지 않았다 / 오월의 무기 무등산의 봉기는 / 총칼의 숲에 뛰어든 맨주먹 벌거숭이의 육탄이었다 / 불에 달군 대장간의 시뻘건 망치였고 낫이었고 / 한 입의 아우성과 함께 치켜든 만인의 주먹이었다 / 피와 눈물 분노와 치떨림 이 모든 인간의 감정이 / 사랑으로 응어리져 증오로 터진 다

이너마이트의 폭발이었다 / 노래하지 말아라 오월을 / 바람에 지는 풀잎으로 '바람'은 / 학살의 야만과 야수의 발톱에는 어울리지 않는 말이다 / 노래하지 말아라 오월을 / 바람에 일어나는 풀잎으로 '풀잎'은 / 피의 전투와 죽음의 저항에는 어울리지 않는 말이다 / 학살과 저항 사이에는 / 바리케이드의 이편과 저편 사이에는 / 서정이 들어 설 자리가 없다 자격도 없다 / 적어도 적어도 오월의 광주에는!

— 김남주, 「바람에 지는 풀잎으로 오월을 노래하지 말아라」 전문

한 시대의 폭력의 절정을 체험하고 있는 감옥에서 듣게 된 더한 절망적인 살육과 학살의 소식은, 그로 하여금 시를 통해 아무 것도 할 수 없다는 절망에 빠뜨리기보다는 시를 무기로 이러한 폭력적 현실을 폭로하고 저항하게 한다. 이러한 폭압의 시대에 "풀잎은 학살에 저항하는 피의 전투에는 어울리지 않는 시의 어법이다 / 피의 학살과 무기의 저항 그 사이에는 / 서정이 들어설 자리가 없다 자격도 없다 / 적어도 적어도 광주 1980년 오월의 거리에는!"라고 오월의 의미를 선명하게 단정하고 있는 김남주는 미국의 식민지로서 치르는 비극과 그 집행자인 독재 정권에 대한 저항을 시를 통해 실천했다. 이러한 저항과 계몽의 의지가 명료하게 응집된 시가 바로 「조국은 하나다」일 것이다. 미국의 지배와 자본가들의 권력으로부터 벗어나는 해방 서사를 노래한 김남주 시편에서, 우리는 해방 직후의 임화의 목소리를 단연 선명하게 경험하게 된다. 이때 "조국은 하나

다"라는 슬로건은 그 전망의 최후의 지점에 위치하는 절대적 지향점으로서의 의미를 지닌다고 할 수 있다.

> "조국은 하나다" / 이것이 나의 슬로건이다 / 꿈속에서가 아니라 이제는 생시에 / 남 모르게가 아니라 이제는 공공연하게 / "조국은 하나다" / 권력의 눈앞에서 / 양키 점령군의 총구 앞에서 / 자본가 개들의 이빨 앞에서 / "조국은 하나다" / 이것이 나의 슬로건이다 / 나는 이제 쓰리라 / 사람들이 오가는 모든 길 위에 / 조국은 하나다라고 / 오르막길 위에도 내리막길 위에도 쓰리라 / 사나운 파도의 뱃길 위에도 쓰고 / 바위로 험한 산길 위에도 쓰리라 / 밤길 위에도 쓰고 새벽길 위에도 쓰고 / 끊어진 남과 북의 철길 위에도 쓰리라 / 조국은 하나다라고 // 나는 이제 쓰리라 / 인간의 눈이 닿는 모든 사물 위에 / 조국은 하나다라고 / 눈을 뜨면 아침에 맨처음 보게 되는 천장 위에 쓰리라 / 만인의 입으로 들어오는 밥 위에 쓰리라 / 쌀밥 위에도 보리밥 위에도 쓰리라 // 나는 또한 쓰리라 / 인간이 쓰는 모든 말 위에 / 조국은 하나다라고 / 탄생의 말 응아 위에 쓰리라 갓난아이가 / 어머니로부터 배우는 최초의 말 위에 쓰리라 / 저주의 말 위선의 말 공갈협박의 말 …… / 신과 부자들의 말 위에도 쓰리라 / 악마가 남긴 최후의 유언장에도 쓰리라 / 조국은 하나다라고 // 나는 또한 쓰리라 / 인간이 세워놓은 모든 벽 위에 / 조국은 하나다라고 / 남인지 북인지 분간 못하는 바보의 벽 위에 / 남도 북도 아니고 / 좌충우돌하다가 내빼는 망명의 벽 위에 / 자기기만이고 자기 환상일 뿐 / 있지도 않은 제3의 벽 위에 / 체념의 벽 의문의

벽 거부의 벽 위에 쓰리라 / 조국은 하나다라고 / 순사들이 순라를 돌고 / 도둑이 넘다 떨어져 죽은 부자들의 담 위에도 쓰리라 / 실바람만 불어도 넘어지는 가난의 벽 위에도 쓰리라 / 가난의 벽과 부의 벽 사이를 왔다갔다 하면서 / 갈보질도 좀 하고 뚜쟁이질도 좀 하고 / 그래 돈도 좀 벌고 그래 이름 좀 팔리는 중도좌파의 벽 위에도 쓰리라 / 조국은 하나다라고 // 나는 또한 쓰리라 / 노동과 투쟁의 손이 미치는 모든 연장 위에 / 조국은 하나다라고 / 목을 베기에 안성맞춤인 ㄱ자형의 낫 위에 쓰리라 / 등을 찍어 내리기에 안성맞춤인 곡괭이 위에 쓰리라 / 배를 쑤시기에 안성맞춤인 죽창 위에 쓰리라 / 마빡을 까기에 안성맞춤인 도끼 위에 쓰리라 / 아메리카 카우보이와 자본가의 국경인 삼팔선 위에도 쓰리라 / 조국은 하나다라고 / 대문짝만하게 손바닥만한 종이 위에도 쓰리라 / 조국은 하나다라고 / 오색 종이 위에도 쓰리라 축복처럼 / 만인의 머리 위에 내리는 눈송이 위에도 쓰리라 / 조국은 하나다라고 / 바다에 가서도 쓰리라 모래 위에 / 파도가 와서 지워버리면 나는 / 산에 가서 쓰리라 바위 위에 / 세월이 와서 긁어버리면 나는 / 수를 놓으리라 가슴에 내 가슴에 / 아무리 사나운 자연의 폭력도 / 아무리 사나운 인간의 폭력도 / 지워버릴 수 없게 긁어버릴 수 없게 / 가슴에 내 가슴에 수를 놓으리라 / 누이의 붉은 마음의 실로 / 조국은 하나다라고 // 그리고 나는 내걸리라 마침내 / 지상에 깃대를 세워 하늘에 내걸리라 / 나의 슬로건 "조국은 하나다"를 / 키가 장대 같다는 양키들의 손가락 끝도 / 언제고 끝내는 부자들의 편이었다는 신의 입김도 / 감히 범접을 못하는 하늘 높이에 / 최후의 깃발처럼 내걸리라 / 자유를 사랑하고 민족의 해방을 꿈꾸는 / 식민지 모든 인민이 우러러볼 수 있도록 / 겨레의 슬로건 "조국은 하나다"를!

— 김남주, 「조국은 하나다」 전문

위 시편은 이데올로기적이고 실제적인 "벽"으로서 분단의 본질이 곧 식민지적 현실의 모순에서 비롯되었으며, 그것이 일상의 폭력으로 작용하고 있음을 선명하고 직접적인 저항의 시어로 드러내고 있다. 우선 이 시의 첫 연은 권력과 미국과 자본가의 폭력("양키 점령군의 총구", "자본가 개들의 이빨") 앞에서 그러한 모순의 실체를 공공연한 저항의 의지로 선언한다. 제2연부터는 그러한 의지의 실천으로서 사람들이 오가는 모든 길, 인간의 눈이 닿는 모든 사물, 인간이 쓰는 모든 말까지 지배하고 있는 폭력적 현실의 원인이 식민지적 현실로부터 비롯된 것임을 사람들에게 구호로써 인식시키고 있다.

예컨대 그것은 "노동과 투쟁의 손이 미치는 모든 연장"이 인간에 대한 일상적 폭력으로 작용하게 했으며(노동과 투쟁의 손이 미치는 모든 연장 위에 / 조국은 하나다라고 / 목을 베기에 안성맞춤인 ㄱ자형의 낫 위에 쓰리라 / 등을 찍어 내리기에 안성맞춤인 곡괭이 위에 쓰리라 / 배를 쑤시기에 안성맞춤인 죽창 위에 쓰리라 / 마빡을 까기에 안성맞춤인 도끼 위에 쓰리라), 아메리카 카우보이와 자본가의 국경인 삼팔선을 존재하게 했다. 또한 그로 인해 인간들 사이에 "제3의벽", "중도좌파의 벽"이라는 자기기만과 자기환상의 벽(남도 북도 아니고 / 좌충우돌하다가 내빼는 망명의 벽 위에 / 자기기만이고 자기 환상일 뿐 / 있지도 않은 제3의 벽 위에 / 체념의 벽 의문의 벽 거부의 벽)을 만들어냈다. 분단의 고착화가 반세기가 되면서 삼팔선은 물리적인 힘으로써만 존재하는 것이 아닌 정신적이고 역사적인 힘으로 존재하고 있다는 것이다. 즉 단순히 영역의 경계로 남아 있는 것이 아닌, 자신의 주변 사람들조차도 서로 감시하게 하는 정치적인 억압은 결국 민족적 이질화까지 가져오게 되며 민족의 정체성은 훼손되고 식민지적 종속은 더욱 공고화된다는 것을 폭로하고 있는 것이다.

이러한 일상의 정신적 · 문화적 · 계급적인 모든 측면에서 그 모순과 억압의 원인으로 작용하고 있는 실체가 사라지는 날은 만인의 머리 위에 축복처럼 내리는 눈송이처럼(오색종이 위에도 쓰리라 축복처럼 / 만인의 머리 위에 내리는 눈송이 위에도 쓰리라) 구원의 세계가 되는 것이다. 이러한 세계에의 열망과 꿈은 아무리 사나운 "자연의 폭력"도 "인간의 폭력"도 지울 수 없는 최후의 지점에 순정하고 진실한 의지로서(가슴에 내 가슴에 수를 놓으리라 / 누이의 붉은 마음의 실로) 지상에 세워진 깃대에 내걸리게 된다. 이러한 어법과 발상과 표현은 임화 시의 80년대적 재현이라고 해도 좋을 것이다.

이상으로, 우리는 단편서사시 계열의 작품과 해방 후 정치 시편들을 통해, 그동안 단형 서정시 위주로 편제되었던 한국시사의 주류에 균열을 내고 긴 호흡과 굵은 서사성을 시에 도입한 임화의 흔적을 재구(再構)하게 된다. 서사성과 청자 지향 그리고 적대적 타자를 향한 강렬한 적의를 바탕으로 한 단편서사시가 1970년대 이후 민중적 서정시 일반에 삼투한 흔적이 있고, 해방 후 그가 보여주었던 정치시의 속성들이 해방 직후의 전위시인들과 분단 이후 신동엽, 김남주 등에게 끼친 영향은 심대한 것이 아닐 수 없다.

임화의 참고문헌*

「개설 신문학사」에 나타난 임화의 '학술적 글쓰기'의 성격 규명을 위한 管見

장문석

1. 문제 제기—1930년대 학술사와 임화

1

임화의 「개설 신문학사」[1]를 이해하기 위해서는 적어도 몇 가지의

* 이 글은 '제3회 임화문학 심포지엄(공주대, 2010.10.15)'에서 발표된 원고를 기초하여 작성 되었다. 이 자리를 빌려 부족한 글을 꼼꼼히 읽어주시고 논평을 해주신 김민숙 선생님께 감사를 드린다.

1 여기서의 「개설 신문학사」란 임규찬 교수의 용례를 따라, 임화가 1939~1941년에 걸쳐, 『조선일보』, 『인문평론』에 연재한 「개설 신문학사」, 「신문학사」, 「속 신문학사」, 「개설 조선 신문학사」를 통칭하는 것이다.

시좌(視座)가 동시에 필요하다고 사료된다. ① 임화 비평 초기에서부터 나타나는 맑스주의 문예미학과 과학적 비평, ② 「조선신문학사론 서설」(1935)을 즈음하여 보이기 시작하는 '문학사'에 대한 관심 표명, ③ 1930년대 중반 나타나기 시작하여 「본격소설론」(1938) 이후 더욱 심화된 조선적 특수성에 대한 관심, ④ 일본 근대문학과 한국 근대문학에 대한 비교문학적 시각, ⑤ 마산 요양 이후 그의 비평에서 산견되는 서구 근대문학 정전에 대한 시각 및 서구문학의 조선에의 이입에 대한 감각, ⑥ '학예사'를 중심으로 한 경성제대 출신 조선학자들과의 교류와 조선 문학의 전통에 대한 재평가 등. 「개설 신문학사」는 이 같은 임화의 다양하고도 이질적인 관심들이 합류하고 충돌하여 이루어진 텍스트라고 할 수 있다.

때로는 겹치며 때로는 갈라지는 복잡다단한 여러 맥락들 속에서 「개설 신문학사」의 진면목에 도달하는 것은 금후의 과제로 돌리고, 이 글은 우선 ⑥과 관련된 어름을 다루고자 한다. 학예사를 매개로 임화는 김태준, 이재욱, 방종현 등 경성제대 조선어급조선문학 전공 출신 학인들과 교류를 했으며, 그 흔적은 「개설 신문학사」에 나타난다. 그러나 이 글에서는 여기서 한 단계 더 나아가, 이들과의 교류가 자료의 수득과 조선문학의 전통에 관한 재발견이라는 임화 인식의 확장을 가져온 것을 넘어서, 문학사를 쓰는 임화의 '글쓰기' 자체를 기존과는 다른 어떤 성격으로 변화시킨 것은 아닌가하는 의문을 제기하고자 한다. 혹은, 임화 자신이 (무)의식적으로 '문학사'라는 글쓰기를 이전의 자신이 해왔던 글쓰기와 다른 성격의 글쓰기로 상정한 것은 아닌가 가정하고자 한다.

이 글에서는 임화의 「개설 신문학사」에 나타난 글쓰기의 한 성격을 '학술적 글쓰기'로 명명하고, 그것을 전면화하고자 한다. 그리고 이와 동시에 「개설 신문학사」를 당대에 이미 구축되어 있었던 식민지 조선의 학술(學術)[2] 장(場)과의 관련 속에서 살펴보려한다. 물론 그렇다고 해서, 이 글이 '학술적 글쓰기'라는 문제틀을 통해서 「개설 신문학사」를 온전히 혹은, '손쉽게' 해명할 수 있다고 가정하는 것은 아니다. 이것은 「개설 신문학사」를 포함하여 임화 글쓰기의 다채로운 편폭 중의 한 단면이며, 다른 성격의 글쓰기들과 때로는 어울리며 때로는 충돌하고 있다. 다만, 지금까지의 선행연구들은 주로 ①, ②, 때로는 ③의 시각에서 풍부하게 이루어졌으며, 그러다보니 '학술적 글쓰기'라는 측면에서 「개설 신문학사」의 성격을 조명하는 것은 간과했다고 사료된다. 이 글은 '학술적 글쓰기'라는 지점에 주목

2 한기형은 식민지 조선의(주로 1920년대 중반) 학술을 '관학'대 '민간학'의 구도로 설명하는 것을 시도한 바 있다(한기형, 「근대매체와 식민지 민간학술사회의 형성—근대문학의 지식사적 위상에 대한 시론」, 『해방 이후, 한국문학 생산의 조건, 그 제도와 매체』, 한국현대문학회 2009년 제3차 전국학술발표대회 자료집, 2009). 故방기중 교수의 선구적인 작업 이래로, 일반적으로 1930년대 중반 조선학 논쟁의 주체를 '관방 측 학자', '맑스주의자', '조선 민족주의자'로 나누는데, '이념'에 의한 이 구분 역시 엄밀한 구분이라고 하기는 어렵다. 여기서의 각 주체는 그 성격에 따라 다시금 분화할 가능성이 농후하다. 이 글에서 살필 임화가 섭렵한 선행연구들은 그 대부분이 근대적 출판체계 속에서 유통되는 것들이었지만 다양한 성격과 위상을 포괄하고 있었다. 적절한 용어가 아닐 수도 있으나, 이 글에서는 포괄성을 고려하여 '학술'이라는 용어를 사용한다.

하고 그것에 의미를 부여하고 거기로부터 출발하여 「개설 신문학사」에 접근함으로, 보다 생산적인 해석에 도달하고자 한다. 그리고 이 글에서는 미처 온전히 파악하지 못했으나, '학술적 글쓰기'라는 경로를 경유하여, 다시금 ①~⑥까지의 다양한 면모를 아우르는 연구를 추후에 진행하고자 한다. 이 글은 그러한 연구를 위한 미진한 출발점으로서 작성된다.

2

『인문평론』의 2호 〈교양〉 특집은 각 논자들이 상이하게 주장하는 내용도 흥미롭거니와, 동시에 각 논자들의 문체의 차이 역시 두드러진다. 최재서는 나름 순차적인 논지전개에 자신의 서구적인 교양을 드러내는 수사를 사용하고, 박치우의 글에서 철학적인 개념어들이 두드러진다면, 이원조는 한적(漢籍)를 인용해 글을 쓰고 있다. 이에 비해, 임화는 어떤 문단은 한 문장으로 구성하기도 하여 문단 길이의 불균형을 초래하기도 하고, 하나의 논리로 글 전체를 관통하기 보다는 곳곳에서 지금까지의 맥락과 다소 거리가 있는 논의가 틈입하여 다소 복잡한, 그러나 역동적인 전개를 보여준다.[3] 물론 글쓰

3 대표적으로 「교양과 조선문단」의 끝부분에 나타나는 이식문화로서의 경향문학에 대한 논의일 것이다. 또한 적어도 문체의 면에 있어서는, 김남천과 임화의 거리보다는 최재서와 김남천의 거리가 더 가까워보인다.

기의 스타일인 문체 자체를 각 논자들이 경험한 교육—제도와 직접적으로 연관해 과잉 해석하는 것은 다소 무리가 따르겠으나, 그럼에도 불구하고 임화의 글쓰기가 다른 이들보다 자유분방한 것은 사실이다. "中學校를 卒業卽前에 離別"하고도 "學業의 廢止를 조금도 슬퍼도 섭섭히도 생각지 않었"던[4] '부랑청년' 임화였다. 1939년 말, 비평의 영역에서 임화는 다른 이들과 구별되는 그 자신의 문체를 여전히 과시하고 있었던 것이다.

그러나 비평이 아닌 「개설 신문학사」라는 '문학사'라는 영역에서는, 자못 사정이 달라진다. 보통 '문학사(文學史)', 곧 근대 분과학문의 통사를 쓰는 작업은 그 학문의 제도화와 관련된 아카데미즘의 핵심적인 사안이다. 물론 임화는 1935년에 이미 「조선신문학사론 서설」을 발표한 바 있다. 이 글의 서두에서 임화는 애초에는 "신경향파문학의 역사에 대한 전혀 부당한 수삼의 논문을 비판의 대상으로 하는 국한된 목적으로 기초"되었지만 "의외의 방면으로 벌어지고 길어져서 전혀 발표의 사정에 의하여 불손한 제목을 붙"인 것이라고 말하고 있다. 덧붙여 "이곳에서 '사론(史論)'에 상응하는 풍부한 내용을 기다린다면 적지 않은 실망을 가질 것을 미리 말해두"기도 한다.[5] '사론'이라는 말이 '불손한 제목', '실망'이라는 말과 함께 쓰인 것에

4 임화, 「어떤 청년의 참회」, 『문장』, 1940. 2, 22면.

5 임화, 「조선신문학사론 서설」(1935), 임규찬 편, 『임화문학예술전집-2 문학사』, 소명출판, 2009, 373면(이하 이 책에서 인용하는 경우에는 『문학사』라고 약칭하고 면수만 표시한다).

서 보듯, 임화는 1930년대 초반에 이미 아카데미즘이라는 맥락 안으로 상당 부분 편입된 '문학사'라는 글쓰기 작업을[6] 자신이 시도하는 것에 대한 어떤 '이질감'을 토로하고 있다. 물론 임화는 1934년 무렵부터 '맑스주의 예술과학', '과학으로서의 독립적인 학문'을 말하며 "역사적인 것만이 논리적이고 논리적인 것만이 역사적이며, 다시 말하면 역사적인 동시에 논리적인 양자를 통일적으로 자기 가운데 체현하고 있는 것만이, 비로소 물질적으로 존재하는 것"이라는 언명을 분명히 하고 있었다.[7] 그러나 그렇게 언명을 하는 것과 실제 문학사를 쓰는 것 사이에는 괴리가 있는 것 또한 사실이다.

이후 문학사에 대한 임화의 시도는 1930년대 말까지 이어진다. 1938년 초두, 그는 38년에 1권, 39년에 또 1권의 문학사 집필 계획을 밝히기도 한다.[8] 그리고 1938년 말 그는 학예사를 운영하기 시작하

6 물론 안확이나 이능화, 혹은 신채호, 최남선 등 아카데미와 별다른 인연이 없는 다양한 논자들이 이미 1920년대부터 조선사 / 문학사와 관련된 저술들을 남긴 것은 사실이다. 그러나 1930년대에 들어 연전 교수 백남운은 사회경제사 서술을 시도하고, 경성제대라는 아카데미의 성립 이후 경성제대 조선어급조선문학 전공의 조선인 학생들은 각 갈래 문학의 통사적 작업에 매진한다. 1930년대 초반부터 다양한 미디어를 통해 활발히 발표된 김태준, 김재철, 조윤제 등의 작업을 통해, 조선문학에 대한 통사 기술은 이미 아카데미즘의 영역으로 상당 부분 들어간다.

7 임화, 「집단과 개성의 문제-다시 형상의 성질에 관하여」, 『조선중앙일보』, 1934.3.13~20; 임규찬, 「임화 문학사를 둘러싼 몇 가지 쟁점」, 임화문학연구회 편, 『임화 문학 연구』, 소명출판, 2009, 128면.

8 임화, 「나의 십년계획」, 『조광』, 1938.1. 읽기에 따라서 38년과 39년에 각각 1권씩 낸다고 볼 수도 있고, 둘이 같은 책이라고 볼 여지도 있다. "三八年 詩集을 또한卷 出版할 것 / 文學史에關한冊을 꼭한卷 完成할 것 / 散文에 試驗을해볼 것 / 딸을 學校에넣을 것 生活方針은 未詳. / 三九年 文學史에關한冊을 한卷 歷史에關한것等한冊, 旅行 / 以下未定, 但五

며, 경성제대 출신 조선학자들과 교류하며 〈조선문고〉를 간행한다. 그 와중에 그는 김태준의 『증보 조선소설사』에서 편집자로서 머리말을 쓰며, "나 역시 이러한 領域에서 제 學問的 希望을 이뤄보겠다는 생각"을 가졌다고 공공연히 밝히기도 한다.[9] 그리고 집필한 것이 「개설 신문학사」이다.

문제는 「개설 신문학사」에서 보여주는 임화의 글쓰기가 논쟁성 강한 그의 비평적 글쓰기와 상당히 다른 모습을 보인다는 것이다. 연재를 시작하는 첫날, 임화는 연재의 시작을 알리는 "소서(小序)"의 부제를 "본 논문의 한계"로 정했다.[10] 그리고 '소서'의 마지막을 "이 가운덴 훗날 면밀한 연구자가 보아 가소로운 실패와 분반할 결함이 스스로 포함될 것이요, 일이(一二) 립(粒) 외의 모두가 와륵(瓦礫)일지도 모른다. / 그럼에도 불구하고 역사의 영역에 있서 전연 그 아마튜어인 필자가 대담한 기도를 시험"한다고 쓰고 있다.[11] '가소로운 실패', '아마튜어'와 '한계'라는 말을 통해 임화는 이 문학사 서술이 자신의 다른 비평이나 산문 작업과 다른 의미의 작업이 될 것이라는 것을 은연 중에 내비치고 있다.

年以內에 되도록 健康을 回復할 것."

9 임화, 「序를 대신하야」, 김태준, 『증보 조선소설사』, 학예사, 1939, 3면.

10 임화, 「개설 신문학사(1)」(『조선일보』 1939.9.2), 『문학사』, 11면.

11 임화, 「개설 신문학사(2)」(『조선일보』, 1939.9.3), 『문학사』, 11면.

3

그렇다면 무엇이 임화에게 신문학사 서술이 기존 그의 비평과 다른 작업이 될 것이라고 생각하게 하였을까. 앞서 언급한 바 있지만, 1930년대 이미 여러 미디어를 통해 활발히 활동하고 있던 아카데미즘을 표방한 조선학자들의 통사 작업이 이미 존재했기 때문에, 임화는 자신이 몸담고 있는 영역과 다른 '영역'임을 강조하면서 문학사 서술에 조심을 기하고 있는 것이 아닐까. 임화와 직접 교류가 있었던 것은 아니지만, 이숭녕은 다음과 같은 회고에 주목할 필요가 있다.

> 우리는 「조선어문학회」를 ㉠ 동문끼리 조직하고서 주머니 돈을 털어 회보를 내었다. 국문학으로 조윤제, 서두수, 김태준, 김재철, 이재욱선배가 맡고 국어학은 이희승씨, 방종현군과 내가 맡은 것이다. 논문을 쓰고 출판도 하고 서로 비판도 했다. 당시로는 우리가 「새 세대」라 우리가 아니면 어문학이 부흥할 수 없는 것으로 자처했다. 잡지에 나오는 기성학자의 논문을 보고 비판할 때의 기백은 참으로 무서운 것이었다.
>
> 『그래 A씨의 글이 그게 논문이란 말야. 케케묵은 소리도 분수가 있지. ㉡ 考證이나 參考文獻이 되어 먹지 않았거던』
>
> 『우리가 나서서 깨끗이 소제를 해야될 것이야.』
>
> 이러한 폭언에 가까운 과격한 언사를 거침없이 공언한 터이다. 그러나 학생 신분으로 보람있는 일을 한 것은 사실이어서 ㉢ 「조선소설사」, 「조

선한문학사」가 김태준의 학생시대의 자료개척에서 엮어지고 출판된 것이고, 「악장가사」도 또한 그렇다. 「조선연극사」는 김재철씨의 학생작품이다. 「시가의 연구」도 조윤제씨의 독자적 개척으로 보인다. 이재욱씨의 「재가승연구」 등 모두 당시로서는 이니시아티브를 가진 발표며 으시댈 만한 개척임을 우리는 인정해야 한다. 육당의 「불함문화론」이라도 이 문화의 특공대(?) 앞에는 남아날 리가 없었다.[12]

임화와 같은 1908년 생으로 당시 일개 대학 학부생에 지나지 않던 이숭녕의 자부심의 근거는 어디에서 찾아지는가. 조선 신문화의 선구자 육당 최남선마저 우습게 보는 그(를 비롯한 경성제대 출신 학인들)의 학문적 자부심은, 문학사를 중심으로 한 연구성과물(ㄷ)의 위상과 성과에서 실제 그 근거를 두고 있는데, 그 학문적 방법론으로 지목된 것이 고증과 참고문헌 등 실증주의이다(ㄴ). 여기에 경성제대 동문이라는 아카데미즘적인 권력 또한 개입해서(ㄱ), "아카데미즘(학문의 전당으로서의 대학+동문의식)—실증주의(과학성)—문학사라는 가시적인 업적"의 삼위일체가 이루어진다. 1930년대 중반 이후로, 문학사라는 글쓰기 영역에는 이처럼 아카데미즘과 '학술성'이라는 성

12 이숭녕, 『대학가의 파수병』, 민중서림, 1969, 25~26면(모든 강조는 인용자의 것). 경성제대의 조선인 학생들에 관해서는 李秉根, 「李崇寧 선생의 삶과 사상 그리고 학문」, 서울대 국어연구회 편, 『李崇寧 現代國語學의 開拓者』, 태학사, 2008, 27~38면 및 安田敏郎, 「京城帝大の朝鮮人学生と近代韓国学の成立」, 『동아시아 근대 아카데미즘의 형성과 국가권력』, 성균관대 동아시아학술원 HK 사업단 국제심포지움 자료집 2010, 124~135면 참조.

격이 드리워져 있었다.[13]

문학사를 쓰는 임화의 경우는 어땠는가? 위에서 이숭녕 무리가 일갈했던 것과 같이, 그 역시 이전 그의 글쓰기와는 달리, 자료와 참고문헌의 문제에 민감했다. 임화는 문학사의 자료를 얻기 위해 상당한 노력을 경주한다. 이후 1941년 『인문평론』의 폐간과 더불어 문학사 연재가 중단된 마지막 시점까지, 임화는 자료를 소장하고 있는 사람이 연락을 주면 적당한 가격에 매입하거나 소장자가 원하는 책과 교환해주겠다고 하면서 "곤난의 극복을 위하야 불가불 독자여러분의 두터운 원조를 갈망"하면서, 자료를 제공할 경우 "엇더한 방법임을 불구하고" 사례하겠다는 자신의 뜻을 밝힌다.[14] 그리고 이 글에서 주목할 임화의 '각주'도 「개설 신문학사」를 특징 짓는 한 요소이며, 임화는 어떤 자료를 얻었을 경우 그 출처를 명확히 밝히고 있다.[15]

13 윌러스틴은 우리가 전문가 공동체를 신뢰하게 되는 두 가지 가정을 소개한다. "즉 그들은 믿을 만한 기관에서 훈련을 잘 받았고, 합리적으로 공평무사하다는 가정이" 그것이다. 이 중 전자는, 공식적인 기관이 주는 신뢰성이 그들의 학문의 성과를 보증한다는 뜻이며, 후자의 것은 '과학자'들이 "데이터를 현명하게 읽음으로써 드러나는 어떤 진실도 숨기거나 왜곡하거나 부정할 필요를 느끼지 않고, 진심으로 받아들일 준비가 되어 있다고 믿는 것이다."(이매뉴엘 월러스틴, 유희석 역, 『지식의 불확실성』, 창비, 2007, 16~17면) 이 언급을 통해, 이숭녕의 언급을 보라. '경성제대'라는 공신력있는 기관이 그들 학인들 사부심의 근거가 되고, 또 그들이 하는 '과학'이 그들 작업의 신뢰성을 더욱 높여준다.

14 임화, 「新文學史 資料」, 『인문평론』, 1941.4, 42면.

15 임화는 당시 생존해있던 신소설작가 최찬식과 유자후로부터 자료를 얻었으며, 이를 적기하고 있다. "차항은 유자후(柳子厚)씨의 후의를 입음이 불소(不少)하다. 특히 박영효의 『사화일지(史話日誌)』(sic—임규찬은 『사회기략(史話記略)』으로 교주) 발췌를 배차(拜借)했

이처럼 임화의 문학사 서술에도 '고증'과 '참고문헌'이라는 근대적 학문방법론이 이미 개입하고 있었다. 게다가 이숭녕에게 자랑스러운 선배였던 김태준, 이재욱, 방종현은 학예사를 통해서 1930년대 말 임화와 긴밀한 연락관계를 맺고 있었다.[16] 즉, 한 때 부랑청년이었으며 또한 정형화되지 않는 자유분방한 글쓰기를 보여주던 임화 역시 '문학사'라는 특정하게 성격화된 글을 쓰면서는, 아카데미즘이라는 제도를 무시하지는 못했으며, 오히려 경성제대 네트워크와 '나름의' 관련을 맺으며 기존의 자기 글쓰기와는 이어지면서도 단절된, 새로운 형태의 글쓰기를 시도하고 있다고 볼 수 있다. 일찍이 박진영이 적실히 지적한 바와 같이 "'학(學)'으로서의 문학사"[17]는 임화의 「개설 신문학사」에 접근하는 주요한 시좌이다.

음은 감사한 일이다"(「개설 신문학사(23)」(『조선일보』, 1939.10.24), 『문학사』, 74면); "당시의 저명한 신소설 작가로 현재의 유일한 생존자인 해동초인(海東樵人) 최찬식(崔瓚植) 씨(유명한 『추월색』의 작자)의 술회(述懷)를 들어도 (…중략…)"(「속 신문학사(1)」(『조선일보』, 1940.2.2), 『문학사』, 166면)

16 조금 더 시야를 넓힌다면, 학예사에서 『일리아드』의 번역본을 출간하는 임학수, 『인문평론』의 최재서, 박치우, 혹은 그 주변의 배호 등 경성제대 출신 논자들. 혹은 일본 유학을 마친 서인식 등까지도 임화의 주변에 있었다(『인문평론』과 제도로서의 영문학에 관해서는 三原芳秋, 「최재서의 Order」, 김웅교 외 편, 『전쟁하는 신민, 식민지의 국민문화』, 소명출판, 2010 참조). 이러한 임화의 학자들과의 교류는 일제 말기 송석하, 이병기 등과의 교류에까지 이어진다.

17 박진영, 「임화 신문학사론 연구」, 연세대 석사논문, 1997, 2~6면.

2. 참고문헌을 통해서 본 「개설 신문학사」

물론 현재 남아 있는 임화의 문학사는 "미완이라 칭하기에도 과할 만큼 본래의 의도에 비해서는 극히 일부"에 불과하며,[18] 임화 또한 연재본 곳곳에서 다시 이 연재물을 책으로 만들어 "본편이 성권할 제"를 기약하고 있다.[19] 그러나 사실 신소설에 대한 전반적인 구도를 제시하고, 본격적인 분석은 이인직과 이해조에서 그친 현재의 「개설 신문학사」에서, '신문학'은 제대로 탄생하지도 못했고 미완인 분량만 해도 상당하다. 그간 적지 않은 신문학사에 대한 논고들이 존재했으나, 아직 그 면모가 밝혀지지 못한 것은 그 분량의 방대함에 기인하는 바가 클 것이다.

우선 이 글은 앞서 주목했던 것처럼 '주석'의 문제에서 시작한다. 다음의 표는 '참고문헌'이라는 시각에서 「개설 신문학사」를 정리한 것이다. ① 목차는 「개설 조선신문학사」, 『인문평론』, 1940.11, 226~227면에 실린 것을 바탕으로 삼아, 누락된 것은 임규찬 편, 『문학사』를 통해 보충하였다. 또한 연재날짜를 기입하였다. ② 면수의 경우, 신문학사가 신문과 잡지 모두에 연재되었기 때문에 비교의 편의를 위해 『문학사』의 면수를 기록했다. ③ 주석의 수는 임화가 실제로 번호

18 임규찬, 「임화 문학사를 둘러싼 몇 가지 쟁점」, 105면.
19 임화, 「신문학사(4)」(『조선일보』, 1939.12.9), 『문학사』, 135면.

를 붙인 것만 계산을 했다. 그렇기 때문에 자료로 이용된 신문기사의 경우는 거의 계수되지 않았고, 임화가 본문 서술 중에 서지를 밝혀서 각주를 달지 않은 것도 생략되어 있다. ④ 주요 참고문헌은 해당 부분의 각주들 중에서 빈번히 인용되거나 주요하게 다루어지는 자료나 선행 연구업적을 정리한 것이다. 이때, 아무 표시 없는 것은 임화가 번호를 붙이고 각주로 인용한 것이다. *로 처리된 것은 각주로 처리되지 않았지만 임화가 본문 서술을 통해 드러내고 있는 참고문헌이며, **로 처리된 것은 논의를 참고한 선행연구 서적이 아니라 서술에 이용한 '자료' 중, 단지 서명만 언급된 것은 제외하고, 한 단락 이상의 내용이 인용된 것 중 논지 전개에 중요한 것을 정리한 것이다. ?로 처리한 것은 그 서술로 보아 임화가 어딘가에서 자료를 본 것으로 추정되지만 그 출처를 밝히지 않은 것이다.

〈표1〉 참고문헌으로 본 「개설 신문학사」

목차	면수(실제 쪽)	주석 수(번호)	주요 참고 문헌
1939.9.2~11.25. 「개설신문학사」(『조선일보』, 43회)			
소서-본 논문의 한계	3(9~11)		
제1장 서론	11(12~22)		
1 신문학의 어의와 내용성	5(12~16)	1(1)	김태준, 『조선소설사』 *『황성신문』, 「문학이란何오」, 「현상소설 고선여언」
2 우리 신문학사의 특수성	4(16~19)	1(2)	中央公論社, 『世界文藝大辭典』
3 일반 조선문학사와 신문학사	4(19~22)	1(3)	「조선문학의 개념」(『新生』)

제2장 신문학의 태반	110(22~131)		
제1절 물질적 배경	26(22~47)		
1 자주적 근대화 조건의 결여	6(22~27)	3(4~6)	백남운, 이청원, 早川二郎, 『타이할트』
2 조선의 개국 지연	2(27~28)	1(7)	奧平武彦, 『조선개국교섭전말』
3 근대화의 제1과정	4(29~32)	8(8~15)	이능화, 『조선기독교급외교사』 상편, 제2장 「最初流入之西洋圖書」; 상편, 제9장 「西教發生及滋蔓」(재인용 : 『지봉유설』, 『성호사설』, 『열하일기』, 『실록』 등 한문문헌)
4 근대화의 제2과정	6(32~37)	20(16~35)	이능화, 『조선기독교급외교사』 부 조선외교사, 제14장 「조선영해에 표박양선」; 제17장 「병인양요」; 제24장 「신미양요」, (재인용 : 『지봉유설』, 『문헌촬요』, 『실록』) 이병도 역주, 『하멜 표류기』
5 근대화의 제3과정	4(38~41)	12(36~47)	奧平武彦, 『조선개국교섭전말』, 이선근, 『조선최근세사』
6 개국의 영향과 갑오개혁	6(42~47)	3(48~50)	四方博, 「조선 근대자본주의 성립과정」, 경성제대 편, 『조선 사회발달사 연구』
제2절 정신적 준비	85(47~131)		
1 금압 하의 실학	7(47~53)	10(51~60)	백남운, 『조선경제사』, 김태준, 『조선소설사』, 조윤제, 『조선시가사강』, 新村出, 『洋學』 高橋硬一, 『洋學論』, 이능화
2 자주의 정신과 개화사상	5(54~58)	1(61)	遠藤元男, 『일본문화사총설』
3 신문화의 이식과 발전	74(58~131)		
A 신교육의 발흥과 그 공헌	17(58~74)	7(62~68)	高橋濱吉, 『조선교육사고』, 弓削辛泰郎, 『朝鮮の教育』, H.N.Aleen, Korea; Fect and Faney, * 柳子厚
B 저널리즘의 발생과 성장	38(75~112)		** 각종 신문 : 『한성순보』, 『한성주보』, 『독립신문』 등 ** 각종 잡지 : 『서우』, 『야뢰』, 『소년한반도』, 『소년』(목차 길게 인용)

C 성서번역과 언문운동	20(112~131)		? 선교사들의 출판활동(출처 불명확) * 김윤경, 『조선문자급어학사』(재인용 : 이봉운, 『국문정리』, 지석영, 『언문』, 국문연구소 1, 2회 보고서, 최광옥, 『문전』) * 小倉進平, 『조선어학사』, 최현배, 『우리 글의 바른 길』
cf. 序篇 終[20]			

1939.12.5~12.27. 「신문학사」(『조선일보』, 11회)			
제3장 신문학의 태생	225(132~346)		
제1절 과도기의 문학	8(132~139)		* 조윤제, 『조선시가사강』 7장
제2절 정치소설과 번역문학	18(139~156)		* 김태준, 『조선소설사』 ** 박은식, 『서사건국지』, 『월남망국사』, 안국선, 『금수회의록』, 유원표, 『몽견제갈량』, 矢野龍溪 『經國美談』, 유길준, 『서유견문』, 신문관 간 십전총서
제3절 신시의 선구로서의 창가	9(156~164)		** 이중원, 「동심가」, 『독립신문』, 김교익, 「신문가」, 『독립신문』
cf. 「조선문학연구의 일과제」(『동아일보』, 1940.1.13~20) 연재			

1940.2.2~5.10. 「속 신문학사」(『조선일보』, 48회)			
제4절 신소설의 출현과 유행	182(165~346)		
1 신소설의 의의와 가치	14(165~178)		* 김태준, 『조선소설사』 ** 이해조, 『화의혈』 서문과 발문
2 작가와 작품의 연구	168(179~346)[21]		
A 이인직과 그의 작품	94(181~274)		
B 이해조와 그의 작품	18(274~291)		

1940.11~1941.4. 「개설 조선신문학사」(『인문평론』, 4회)			
B 이해조와 그의 작품	55(292~346)		

임화의 「개설 신문학사」는 당대 이미 형성된 학술 장과의 긴밀한 연락관계 속에서 형성된다. 임화는 식민지 시기 형성된 학술적 성과를 바탕으로 하고, 그것을 적극적으로 인용, 재배치, 비판하면서 「개설 신문학사」를 쓰고 있다.

위의 표를 살폈을 때, 「개설 신문학사」에 관한 몇 가지 특이한 사항을 확인할 수 있다. 우선, 임화가 신문학사 서술 초반에 무수한 각주를 배치하고 있다는 점이다. 그런데 흥미롭게도 「제2절 정신적 준비」의 「3 신문화의 이식과 발전」의 「A 신교육의 발흥과 그 공헌」 부분을 넘어서면서 각주는 사라진다. 이러한 사라짐은 단지 임화의 부주의일까? 사실, 이후의 서술에서 등장하는 김태준의 『조선소설사』와 조윤제의 『조선시가사강』, 김윤경의 『조선문자급어학사』, 이 세 권은 임화가 연재초기와 같은 방식으로 글을 썼다면 여러 번 각주를 달았어야 할 항목이긴 하다. 그러나 이 세 권을 제외한다면, 「B 저널리즘의 발생과 성장」 이후에 임화가 논지를 참고한 문헌의 수가 실제로 급격히 줄어드는 것을 확인할 수 있다. 변화하는 것은 각주의 물리적인 양만이 아니다.

신문학사 연재 초기에는 임화가 주로 다른 이들의 연구서의 '논지'를 적극적으로 참고해 서술을 진행하고 각주를 남겼다면, 「B 저

---

20 임화, 「개설 신문학사(43)」, 『조선일보』, 1939.11.25.

21 「2 작가와 작품의 연구」의 경우, 「A 이인직과 그의 작품」이 시작되기 전에, 『문학사』 기준으로 3면에 해당하는 분량의 언급이 있다.

널리즘의 발생과 성장」을 지나면서 선행연구의 논지 참조는 점차 줄어들고, 임화 자신의 목소리가 전면화된다. 그리고 참고문헌의 인용은 주로 '자료'에 국한된다.

즉 「B 저널리즘의 발생과 성장」을 변곡점으로 하며, 신문학사를 서술하는 임화의 '학술적 글쓰기'에는 모종의 성격 변화가 나타나는 것을 확인할 수 있다. ① 각주의 개수가 줄어들고, ② 참고문헌의 성격 또한 '논지'의 참조에서 '자료'의 이용으로 변화한다. 이 점에서 「개설 신문학사」는 그 전반부 글쓰기와 후반부 글쓰기 사이에 일정한 균열이 존재한다. 그리고 이것은 ③ 전반부의 글쓰기에 비해서 후반부의 글쓰기가 분량이 기하급수적으로 증가하고 있는 점과도 관련해 볼 수 있다.

이 글은 「개설 신문학사」 글쓰기 자체가 내포한 균열을 확인하고 그것의 의미를 탐구하는 지점에서 논의를 시작한다. 이 글의 3장에서는 전반부 글쓰기의 한 예로서, 「제1절 물질적 배경」 하, 「3 근대화의 제1과정」과 「4 근대화의 제2과정」을 당대 학술 장과의 관련 속에서 고찰할 것이다. 4장에서는 후반부 글쓰기의 한 예로서, 「A 이인직과 그의 작품」에 집중하여 임화의 논리를 점검하고자 한다. 그리고 5장에서는 전반부, 후반부 두 글쓰기 성격의 문제를 분량과 연재라는 측면에서 살필 것이다. 이러한 몇 가지 시도를 통해, 「개설 신문학사」에서 임화가 보여준 '학술적 글쓰기'의 성격을 규명하는 것이 이 글의 목표이다.

3. 학술 장에의 개입과 선행연구의 재배치—'조선의 근대화 과정'과 전반부 글쓰기

1

신문학사의 앞부분, 특히 「제2장 신문학의 태반」에서 선행 논저의 인용이 두드러지는 것은, 이 부분에서 다루는 조선의 근대화 문제에 대해 1930년대 전반에 이미 많은 논저들이 논쟁적으로 학술장에 제출되었기 때문이다. 그리고 학술 장에서 이루어진 '아세아적 생산양식'에 대한 다양한 해석 간의 충돌은 임화로 하여금 스스로를 '아마튜어'로 느끼게 하였다. 1930년대 초반 백남운의 『조선사회경제사』 출간을 계기로 아세아적 생산양식과 조선의 근대화에 대한 논쟁이 대두되었고, 적지 않은 당대 맑스주의 계열의 조선학자들 역시 '아세아적 생산양식'이라는 '언어'를 통해 임진왜란 이후 조선의 경제 및 문화사에 접근하고 있었다. 이 문제는 경성제대의 일본인 교수 및 민족주의 계열의 지식인 등 다양한 이념과 연구방법이 충돌하는 장이었다.[22]

조선의 신문학을 위한 배경으로서 '아세아적 생산양식'의 문제에

22 방기중, 『한국 근현대사상사 연구』, 역사비평사, 1992; 류준필, 「형성기 국문학 연구의 전개양상과 특성」, 서울대 박사논문, 1998.

관해 자기 나름의 해명이 필요하다는 것을 감지했을 임화는 자신도 이 문제에 마주선다.[23] 기존의 연구에서는 "이러한(근대사회의-인용자) 제 조건이 이조 봉건사회 내부에서 자생적으로 성숙, 발전치 못한 것은 불행히 조선근대사의 기본적인 특징이 되었었다. 이 점은 모든 연구자의 일치된 결론이었다"[24]라는 진술을 토대로 임화의 의견을 다소 평면적으로 이해하는 경향이 있었다.[25] 그러나 이는 본격적인 논지 전개 이전에 일종의 전제를 확인하는 언급일 뿐이며, 맑스주의자들의 공통된 언어였던 '아세아적 생산양식'에 관한 일반적인 진술에 해당한다.

이 글에서 주목할 것은 조선의 근대화를 서술하는 과정에서 임화가 택하고 있는 방식이, 앞서 이숭녕이 일갈한 바와 같은, '참고문헌'과 '고증'이라는 실증주의적이고 근대적인 학문방법론에 의지하고 있다는 사실이다. 임화는 이미 형성된 학술 장에 개입을 하며, 백남

23 '아세아적 생산양식'과 임화의 「개설 신문학사」를 연관지어 살펴본 그간의 대표적인 논의로는 김재용, 「임화의 이식문학론과 조선적 특수성 인식의 명암」, 문학과사상연구회, 『임화문학의 재인식』, 소명출판, 2004; 하정일, 「이식 · 근대 · 탈식민-임화의 이식문학사론에 대하여」, 『탈식민의 미학』, 소명출판, 2008.

24 임화, 「개설 신문학사(6)」(『조선일보』 1939.9.14), 『문학사』, 22면(22~27면 참조).

25 한 연구자는, "임화는 「신문학사」에서 이(아세아적 생산양식의 문제-인용자)를 언급하면서 각주의 형태로 이러한 이해의 원천을 밝혀두고 있는데, 여기에는 백남운을 중심으로 하면서도 그와는 다른 입장에 서 있었던 이청원, 김광진, 김태준, 이우진, 早川二郎, 森谷克己, 그리고 경성제대의 四方博까지를 동시에 언급하고 있다. 이들의 차이에 대해 임화가 명확히 의식하고 있지는 못했던 것으로 보인다"고 지적한 바 있다. 박진영, 「임화 신문학사론 연구」, 연세대 석사논문, 1997, 75면, 주91.

운, 이청원, 早川二郎, 奥平武彦, 四方博 등 무수한 논자들의 견해를 인용하고 그 사이를 횡단하며 복잡하게 자신의 논지를 전개한다. 임화는 그 과정을 무수한 각주로 흔적을 남기고 있으며, 선행 연구의 도움을 받아 조선후기 한적(漢籍)이라는 자료에 실증적으로 접근하여 고증하고 그것을 의미화한다. 「개설 신문학사」의 전반부에서 보여주는 임화의 학술적 글쓰기는 학술 장에 개입한 근대 학술적 글쓰기의 전형에 다름 아니다. 이러한 글쓰기의 성격이 두드러지는 「3 근대화의 제1과정」과 「4 근대화의 제2과정」에 주목하기로 한다.

2

신문학사 전체를 통틀어 가장 많은 각주가 달려 있는 부분이 「제2장 신문학의 태반」의 「제1절 물질적 배경」, 그 중에서도 근대화의 과정을 서술하는 부분이다. 이 부분에서 무수한 각주들의 대부분은, 조선과 서구의 직간접적인 교섭을 기록하고 있는 전통시대의 순한문 문헌의 출전을 가리키고 있다. 그렇다면 임화는 어떻게 이 자료들에 접근을 할 수 있었을까? 임화에게 자료를 제공하고 그 자료를 바탕으로 논지를 만들어 학술 장에 개입하게 해준 것, 그것은 다름 아닌 이미 학술 장에 제출된 선행 참고문헌이었다. 임화에게 조선에서의 서구와의 교섭사를 설명해주고, 그것을 기록한 자료의 목록을 제공하고, 친절하게 그 원문까지 토를 달아서 제공한 책은 이능

화[26]의 『조선기독교급외교사』(1929)이다.[27]

조선 시대를 살피는 임화의 시각은 이능화가 끌어올린 조선기독교사의 구도를 따라서 전개된다. 가령, 이석—이수광—이광정—정두원—김육—이승훈으로 이어지는 「3 근대화의 제1과정」의 계보는 이능화가 만들었던 그것과 일치함을 확인할 수 있다.[28] 근대화의 제1과정은 이능화의 책 상편의 제1, 2, 9장과의 관련 속에서 작성된 것이다. 「4 근대화의 제2과정」 역시 마찬가지이다. 서구인과 조선인의 직접적인 대면을 다루는 이 부분은 이능화의 책, 「제14장 조선영해에 표박양선」과 「제17장 병인양요」, 그리고 「제24장 신미양요」를 참조하면서 작성된다. 임화는 『조선기독교급외교사』를 통해서 『지봉유설』, 『성호사설』, 『열하일기』, 『조선왕조실록』, 『지봉유설』, 『문헌촬요』 등, 이능화에 의해 이미 그 중요성이 공인된 한문문헌에 접근한 것으로 보인다. 가령 임화가 순한문 전문을 인용한 이수광의 『지봉유

---

26 일석 이희승은 이능화를, 훤칠한 키와 용모를 갖추고, 서양 음악에 대한 상당한 관심과 동시에 기방 출입도 가끔하는 풍류객으로 기억하며, "모국어 못지 않게 프랑스어를 유창하게 구사하는 선생 앞에서 영국인, 프랑스인, 독일인, 일본인 교사들이 기가 죽는", "통쾌한 일"을 회고한다. 이희승, 『다시 태어나도 이 길을』(1977), 선영사, 2001, 50~51면.

27 "한학 · 영어 · 프랑스어에 능통"했던 그가 1925년에 저술한 이 책은 애초에는 그 인용자료와 같이 저술 역시 순한문으로 이루어졌으나, 발행인의 요청으로 '토'를 단 형태로 발행이 된다. 당시(唐詩)를 인용하면서 글을 시작하는 용례에서 보듯 동아시아의 전통적인 글쓰기 방식에 충실하면서, 수록한 방대한 자료의 출전을 각각 밝혀 독자들이 참고하는 데 편의를 돌보았다. 이능화, 『조선기독교급외교사』, 조선기독교창문사, 1929, 예언 2면, 상편 2면. 책의 발간은 1929년이나 책의 서언은 1925년 크리스마스에 작성된 것으로 나타난다. 집필과 출판 사이에 상거가 있다.

28 위의 책, 상편 1~8면.

설』의 한 절은 이능화 책에 실린 인용문과 끊어 읽은 것이 일치하는 것을 확인할 수 있다.[29]

또한 이능화의 저서는 기독교 '구파(Catholic)'[30]에 초점을 맞추어 조선에 "서양문물이 유입"[31]되는 과정을 다룬 『조선기독교사』를 본편으로 삼고, 거기에 조선 중기에서 19세기까지 조선과 서양인들이 직접 대면하는 과정을 추적한 『조선외교사』를 덧붙인 것이다.[32] 이러한 『조선기독교급외교사』의 편집체제 자체가 임화의 구상에 영향을 주었을 가능성 또한 존재한다. 곧, 이능화의 『조선기독교사』 부분은 임화의 「3 근대화의 제1과정」으로 이어지며 『조선외교사』 부분은 「3 근대화의 제2과정」으로 이어진다. 이처럼 임화의 「개설 신문학사」는 많은 선행 연구업적들이 형성하고 있던 근대적인 학술 장과의 역동적인 관계 속에서 형성된 것이었다.

물론 「제2장 신문학의 태반」을 쓰는 임화의 시각이 단 한 권의 책에 의해 오로지 결정된 것은 아니다. 가령 임화는 「4 근대화의 제2과정」을 쓰는 와중에 이능화의 책을 통해 주된 줄기를 잡은 뒤, 각

29 임화, 「개설 신문학사(10)」(『조선일보』 1939.9.19), 『문학사』, 33면; 이능화, 앞의 책, 하편 67면.

30 이능화의 용어이다., 위의 책, 하편 204면

31 이능화, 위의 책, 예언 1면.

32 이능화의 『조선기독교급외교사』는 1권의 책으로 되어 있으나, 상하편으로 구성되어 있고 각각 면수를 따로 메기고 있다. 그런데 하편 안에 보면, 제13장까지 서술이 된 후에 '부 조선외교사'라는 제목이 붙고 14장이 이어진다(다만, 실제 본문에서는 나타나지 않고 목차에 나타난다. 위의 책, 목차 16면).

부분을 세세하게 논증하는 과정에서는 이병도가 역주한 『하멜표류기』, 포치야로프 등의 『유물 세계사 교정』, 그리피스의 『은자의 나라 코레아』를 자신의 시각 아래로 끌어와 맥락화하고 있다. 그리고 이능화의 책에서는 살펴지지 못한, 일본을 통한 서구문물의 유입을 다룬 「5 근대화의 제3과정」을 새로이 설정하여 근대화의 경로를 보다 입체적으로 재구성한다. 이처럼 임화는 다양한 선행논문을 끊어오고, 그것들을 자신의 맥락으로 재구성하면서, 조선 후기사에 접근해간다. 이것은 비록 자신이 '아마튜어'이지만, 학술적인 글쓰기 방식을 통해 문학사 서술의 '과학적 보편성'[33]을 획득하려는 임화의 시도로 볼 수 있다.

3

그러나 학문적 방법에 있어서의 과학적 보편성은 상당히 위태로운 모습을 보여준다. 결론적으로 말해 그 원인은, 임화가 「개설 신문학사」에서 선택한 학문적 '방법'과 「개설 신문학사」를 통해 강조하고자 한 '목적' 사이에 '균열'이 존재했고, 이것을 넘으려면 어느 정도 논리적 '비약'이 필요했기 때문이다. 그리고 이 비약이 학문적

33 이매뉴얼 월러스틴, 『지식의 불확실성』, 82면, 138면 등 곳곳. 임화를 비롯해 이 시기 학술적 저작물들은 '과학적 열정'의 산물이었던 19세기에서 20세기의 (근대) 역사학과 그 성격이 유사하다고 할 수 있다.

방법의 보편성과 과학성을 위배한다.

가령 다음과 같은 질문이 가능하다. 조선의 근대화와 관련된 '물질적 배경'을 살피는 작업이, '생산양식' 자체에 대한 과학적인 접근으로 논의되는 것이 아니라, 서양의 도서가 유입되고 서양인과 직접 만나는 것을 묘사하는 것으로 처리될 수 있는가?

학술 장과의 관련 속에서 「개설 신문학사」를 쓴다는 것은 문학사 쓰기에 학술적인 방법을 도입한다는 것만을 의미하지는 않는다. 특히 앞서 말했듯 1930년대 조선학계에서는 '아세아적 생산양식'에 대한 나름의 논자 대답이 요구되고 있었다. 이는 임화의 경우에도 마찬가지였다. 그가 근대화 과정을 묘사한 이유는 그 때문이었다.

이러한 측면을 염두에 두고, 임화가 쓴 근대화 과정을 다른 시각에서 살피도록 하겠다. 이번에는 참고문헌을 인용하지 않은 서술 부분에 주목하도록 하겠다. 가령 다음과 같은 서술을 보자.

> 하멜 이하 처음 제주도에 표착한 효종 4년(1653)부터 여수에서 나가사키로 탈출할 현종 7년(1666)까지가 14년간이요, 잔류한 인원이 조선에서 생애를 마쳤으니 그들이 조선에 남긴 것은 불소하였음을 생각할 수 있다.(주20: 이병도 씨 역 『하멜표류기』) 더욱이 벨테브레와 하멜은 당시 구라파 신흥 상업 자본주의의 패권을 쥐고 있는 나라로 범신론 철학자 스피노자가 생존해 있는 문명국이며 가장 첨예한 신교국이었던 만큼 그들에게서 조선이 얻은 것은 천주교도에게서 얻은 바와 스스로 다른 점도 있으니

생각하면 흥미 있는 일이다. / 좌우간 임란에 들어왔던 세스페데스가 최초의 천주교도라면 벨테브레와 하멜 일행은 조선 땅을 밟은 최초의 신교도라는 것은 기념할 일이다.[34]

임화는 이병도가 역주한 『하멜표류기』의 내용을 가져오고, 그 뒤에 자신의 의견을 덧붙인다. 선행 논저을 가져오고 거기에 자신의 의견을 부가하는 학술적 글쓰기의 전형을 보여주는 이 부분에서, 임화는 어느 정도의 과잉해석을 시도하고 있다. 임화는 역사적 사실에 실제보다 더 큰 의미를 부여하고자하는 것이다. 이러한 과잉해석의 또 다른 예를 들자면, 근대화 제2과정에서 외국인들의 표류를 "조선 자신으로 하여금 서양 사정을 적극적으로 탐지케"하는 계기가 된 것으로 평가한 부분을 들 수 있다.[35] 그러나 '적극적으로 탐지'한 행위의 실체는, 임화 자신이 각주를 달았듯 고종이 신하들에게 양이(洋夷)에 대해 하문한 사실일 따름이다.

이러한 과도한 해석은 근대화 과정 곳곳에서 적지 않게 산견되는데 천주교에 대한 그의 해석에서도 한 사례가 될 수 있다. 천주교와 평등의 문제를 연관시켰던 이능화와 마찬가지로,[36] 임화는 천주교가 "봉건 조선에 최초로, 그러면서도 가장 뿌리깊이 내리박힌 근대

34 임화, 「개설 신문학사(10)」(『동아일보』, 1939.9.20), 『문학사』, 34면.
35 임화, 위의 글, 같은 면.
36 이능화, 앞의 책, 서언3~4면.

정신의 대철추"로 "봉건 조선 붕괴의 가장 중대한 영향"을 준 것으로 평가한다.[37] 그러나 그는 동시에 실제로 천주교에 이 정도까지 의미를 부여하기 어려운 것을 알고 있었다.[38] 실제가 그렇지 않음을 알면서도 과도하게 의미를 부여하는 임화의 해석은 무엇을 의도한 것인가? 이것은 서구와 동시대적으로, 외부로부터 다양한 자극이 조선 사회에 주어졌음을 묘사하려는 임화 의도의 소산으로 보인다. '물질적 배경'의 결론 부분을 살펴보자.

> ㉠ 미숙하고 불충분하나마 그 정도에 상응한 근대적 생산양식의 맹아를 장(藏)하고 있었으며 (근대적인 생산양식의 맹아는—인용자) 이조 말기에 가까워지면서 ㉡ 상기(上記)한 세 길을 통한 대외관계로부터 오는 자극과 봉건 자체의 성숙과 아울러 그것은 성장하고 있었다.[39]

사실 임화는 그 자신이 「본격소설론」에서 토로했듯, 조선에서는 서구와 같은 완미한 개성이 발현되지 않았다는 '역사적인' 사실을 알고 있었다.[40] 그런데 '물질적 배경'의 결론 부분에 와서 임화는 '미숙

---

37 임화, 「개설 신문학사(9)」(『동아일보』, 1939.9.19), 『문학사』, 32면.

38 임화는 다른 부분에서 "천주교가 조선문화와 무슨 내적 교섭이 있었느냐? (…중략…) 이렇다고 지적할 정신 교섭을 발견키 어렵지 않은가 한다"라고 분명히 밝히고 있다. 「개설 신문학사」(1939.10.6), 『문학사』, 53면.

39 임화, 「개설 신문학사(13)」(『조선일보』, 1939.9.26), 『문학사』, 43면.

40 임화, 『문학의 논리』, 학예사, 1940, 376~377면.

하고 불충분하나마 근대적 생산양식의 맹아'가 조선 사회 내부에 존재했다는 점을 긍정하고 있다(㉠). 바깥으로부터 다양한 자극(㉡)이 있었기에 이에 대응하여 조선의 내부에서는 봉건자체가 성장하고 있었다는 것이다.[41]

임화는 '아세아적 생산양식'을 언급하면서 조선이 서구와 다른 근대화과정을 거쳤다는 것은 인정하지만, 그렇다고 그것을 막바로 조선의 '정체성(停滯性)'으로 환원하지는 않으려고 한 것으로 보인다. 조선 내부의 가능성을 충분히 긍정하는 임화의 입장은 김태준, 백남운의 '아세아적 생산양식' 해석과 상동성을 갖는다. 일찍이 백남운은 논리적 모순을 무릅쓰면서 '아세아적 생산양식' 개념에 내재한 정체성(停滯性)의 의미를 철저히 배제하고, 아시아적 특수성을 역사의 합법칙적 발전을 따르는 보편성의 특수적 표현으로 파악하고자 한 바 있다.[42] 임화 또한 그와 마찬가지로 가능한 한 서구와 동시대

---

41 '외부로부터의 자극'과 '내부에서의 주체적 대응', 즉 '외부'와 '내부'의 변증법적인 관계는 「개설 신문학사」를 통괄하는 임화의 핵심적인 논리이다. 이 논리는 1930년대 중반 '세계적 보편'과 '조선적 특수' 사이의 긴장을 문제 삼았던 임화의 시각에서 비롯되어, 김태준과의 지적 협력 결과 '이식문화론'을 통해 논리화된 후, 「개설 신문학사」 곳곳에서 발견된다. 「제2장 신문학의 태반」의 조선 근대화과정과 「제3장 신문학의 발흥」의 신소설 부분은 기본적으로 이러한 시각 하에서 씌어진다. '외부'와 '내부'의 변증법적인 관계, 곧 '이식문화론'의 맥락에서 「개설 신문학사」의 「제2장 신문학의 태반」과 「제3장 신문학의 발흥」을 살핀 것은 졸고, 「전형기 임화와 '조선'의 발견」, 서울대 석사논문, 2009, 72~99면 참조.

42 방기중, 『한국근현대사상사』, 156~160면, 184면. 백남운은 "조선민족의 발전사는 그 과정이 아무리 아시아적일지라도 사회구성의 내면적 발전법칙 그 자체는 완전히 세계사적인 것이다. 삼국시대의 노예제사회, 통일신라기 이래의 동양적 봉건사회, 이식자본주의 사회는 금일에 이르기까지 조선역사의 기록적 총 발전과정을 표시하는 보편사적 특징

적인 자극들이 조선에 주어졌음을 강조하려 했다. 외부에서의 자극은 조선 내부에서의 대응과 연관된다. 신교와 스피노자가 굳이 언급된 것도 이 때문이다. 동시대적인 자극이 다양하게 주어졌음을 강조하기 위해 임화는 다양한 사상과 배경을 가진 서구인들이 조선인과 '접촉'을 했는가의 문제에 주목했으며, 그러한 주목이 그가 이능화의 선행 업적에 주목하게 만들었다.[43]

'동시대적 보편성'의 문제는 「제2절 정신적 준비」에서 일본의 양학에 관련된 논저들을 참조하여 조선의 '실학'을 일본의 '국학'과 '유비'하여 해석하려는 임화의 태도로 이어진다.[44] 일본에서는 '국학'과 그 뒤를 이어 '양학'이 있었으며, 이들의 '정신적 준비'는 결국 일본의 성공적인 근대화로 이어졌다. 임화는 일본의 '국학'과 같은 역할을

(!)이고, 그 각각은 그 특유의 법칙을 가진다. 여기서 조선사 연구의 법칙성이 가능해집며, 세계사적 방법론 아래에서만 과거의 민족생활 발전사를 내면적으로 이해함과 동시에 현실의 위압적 특수성에 대해 절망을 모르는 적극적인 해결책을 발견할 것이다"라고 말한다. 白南雲, 『朝鮮社會經濟史』, 改造社, 1933, p.9. 김태준 역시 조선의 중세와 근대 사이의 연속성을 강조하는 입장을 가지고 있었으며, "봉건사회의 태내에서 싹튼 근대"를 문제 삼고 있었다. 박희병, 「사상사에서 본 천태산인」, 『천태산인과 동아시아 문학 연구의 지평』, 서울대 중문과 · 민족문학사연구소 공동주최 天台山人 誕辰 100周年 記念 學術發表大會 자료집, 2005, 12~13면.

43 사실 반대일 수도 있다. 이미 출간된 이능화의 저서가 정리하고 맥락화한 조선후기의 역사적 사실들을 임화가 보았기 때문에, 임화는 조선의 근대화 과정을 위와 같이 3가지 갈래로 나누어 서술할 것을 기획했을 수도 있다.

44 일례로 "이 점은 내지(內地) 도쿠가와(德川) 시대의 양학(洋學) 혹은 국학과 그 성격이 비슷하였다. 김만중 · 신여암(申旅菴) 등의 언문, 국자 연구와 존중은 이 내지(內地)의 국학과 방불한 점이 있다 할 수 있다." 임화, 「개설 신문학사(14)」(『조선일보』, 1939.10.5), 『문학사』, 50면.

조선의 '실학'이 담당해주길 바라는 욕망을 내비치고 있다. 또한 한 연구자의 지적처럼, 과도한 일반화와 보편사에의 욕망은 임화의 신소설 분석에서도 나타난다.[45]

경성제대 교수를 비롯한 관방 측 학자들이 '아세아적 생산양식'을 통해 조선이 세계적 보편성에서 뒤처진 특수한 지방으로 묘사하려고 했던 것에 반해, 임화는 조선에 있어 보편성을 재삼 강조하고 있다. 물론 임화 역시 결국에는 갑오개혁의 실패로 조선의 근대화가 좌절되는 것은 알고 있었으나, 그럼에도 최대한의 보편성과 가능성을 부여하고자 한다. 그런데 임화 자신도 알고 있는 조선의 근대화 실패라는 역사적 사실을 보편성의 시각에서 다시 해석하고자 하는 이 지점, 곧 조선사에 근대성이라는 '내용의 보편성'을 부여하려는 이 지점에서, 학문적 '방법의 보편성'을 위배한다. 내용의 보편성을 강조하다보니, 임화는 역사적인 사실에 실제보다 과도한 의미를 부여하는 논리적인 비약을 범한다. 생산양식의 문제를 서구문물의 유입으로 '처리'하는 방식 또한, 보편성이라는 임화의 '서술 의도'와, 현실적으로 임화가 당대 학술 장에서 얻을 수 있었던 '자료'가 만나는 지점에서 형성된 것이다. 「개설 신문학사」의 전반부 글쓰기는 이처럼, 두 개의 보편성 사이에서 진동하고 있다.

45 박상준, 「임화 신문학사론의 문학사 연구 방법론적 성격에 대한 연구」, 『외국문학연구』 28, 2007, 196~198면.

「개설 신문학사」의 「제2장 신문학의 태반」 부분은 수많은 인용에서 보듯, 당대 학술 장과의 긴밀한 연락관계를 가지고 있다. 임화 역시 다양한 학술적인 논의들을 섭렵하고 절단하여 인용하고 재배치하는 학술적인 글쓰기의 한 형태를 보여주고 있다. 이 과정에서 그는 조선의 근대화를 바라보는 기본적인 태도에서는 김태준(혹은 백남운)과 상동성을 보이고, 실제 그것을 논증하는 과정에서는 일찍이 이능화가 의미화했던 한문 전적들을 다시 읽으면서(다소 과도할 수도 있으나) 새로운 의미를 부여하는 방식을 선택했다. 그리고 그 흔적을 무수한 각주들을 통해서 남겨 놓았다.

임화는 학술 장에 접근하고 두 개의 보편성 사이에서 진동하는 글쓰기를 수행하였다. 「개설 신문학사」에서 임화가 각주를 통해 이익의 『성호사설』, 박지원의 『열하일기』, 그리고 이수광의 『지봉유설』을 "必讀의 價値가 잇다"고 평하는데,[46] 이러한 언급은 수많은 학술적 결과물 사이에서 임화가 그 나름의 해석을 수행하고 자신의 입장을 결정한 이후에 가능했던 진술이다.

46 임화, 「개설 신문학사(9)」(『조선일보』, 1939.9.19), 『문학사』, 30면.

4. 독자적 학문방법론이라는 의도와 서술의 낙차 – '신소설'과 후반부 글쓰기

1

「개설 신문학사」의 후반부 글쓰기는 각주가 줄어든 것을 특징으로 한다. 앞서 살폈듯 여기서는 선행연구를 이용할 때 '논지'를 참고하기 보다는, 주로 거기서 '자료'를 가져온다. 임화는 다양한 자료를 자신의 맥락에서 적극 재해석하는 글쓰기를 보여준다. 우선 이러한 글쓰기의 가장 간단한 형태의 서술을 확인하는 데서 논의를 시작하겠다.

> 그러면 그 內容에 나아가 보면 그것이 雜歌인만콤 內容도 또한 雜然하(지만–인용자) 雜歌의 가장 特色이라는 것은 그보다 人生의 享樂에 있는 듯하다. (…중략…) "노세노세 젊어노세늙고병들면 노나니"라고 그끝句를 맺었다.[47]

> 우리는 이 노래(『은세계』에 삽입된 민요–인용자)가 "노세노세 젊어노세"하는 노래가락과 근사함을 알 수가 있다. 이 두 노래에 공통된 쾌락사상 혹은 유흥사상은 조선 민요의 고유한 색조의 하나로서 우리의 주목을 끌어왔는데 그 쾌락사상의 특징은 주지하는 바와 같이 퇴폐적인

47 趙潤濟, 『朝鮮詩歌史綱』, 東光堂書店, 1937, 427~428면.

데, 즉 절망적인 쾌락 탐구에 있었다.[48]

앞의 언급은 도남 조윤제가 『조선시가사강』에서 '노세노세 젊어노세'라는 잡가의 향락성을 지적하는 부분이다. 두 번째 것에서 임화는 '노세노세 젊어노세'라는 노래를 통해 조선민요의 퇴폐성과 절망적인 쾌락탐구를 지적하고, 이를 통해 『은세계』에 삽입된 민요 해석으로 한 단계 더 나아가고 있다. 각주가 사라졌다고 해서, 「개설 신문학사」의 후반부 글쓰기가 당대 학술 장과 절연된 것은 아니다. 임화는 여전히 기존의 학술적 성과물을 자신의 학술적 글쓰기에 적극 끌어온다. 다만 '아세아적 생산양식'을 다룬 앞 부분보다는 보다 자유롭게 자신의 의견을 개진하고 있는 것이다. 여기서 자유롭다는 말은, 그만큼 기존의 연구성과와의 의견의 낙차가 크다는 것을 의미하며, 또한 임화의 「개설 신문학사」가 그만큼 독보적인 지점을 점유하고 있다는 의미이기도 하다.

이러한 시각에서 임화의 「개설 신문학사」의 신소설 부분을 이해하는데, 염두에 두어야할 두 가지는 『세계문예대사전(世界文藝大辭典)』으로 대표되는 서구문학사와, 김태준의 『조선소설사』(청진서관, 1933; 학예사, 1939)이다. 이 두 편의 연구와의 관련 속에서 「개설 신문학사」 후반부, 신소설 부분에 접근하도록 하겠다.

48 임화, 「속 신문학사(22)」(『조선일보』, 1940.3.8), 『문학사』, 223면.

임화의 서구문학에 대한 감각은 카프 해산 이후 평론 곳곳에서 산견되는데,[49] 신문학사 연재를 시작하는 초두에서 임화는 중앙공론사(中央公論社)에서 펴낸 『세계문예대사전』을 펼친다.[50] 『세계문예대사전』의 제7권은 '문학사'로 서양문학사와 동양문학사를 아울러 세계의 문학사를 집대성하고 있다. 서양의 경우, 유럽의 거의 모든 나라 문학사가 다 포함되는데,[51] 대개 누 백년에 걸친 사조사의 변천에 의해 서술되어 있다. 방대한 분량의 '세계문학의 역사' 앞에서 임화는 "단테, 보카치오에서 기산한다면 7세기 6백 년이요, 17세기 고전주의 시대로부터 기산한다면 3세기 2백여 년, 실로 우리 신문학의 30년에 비한다면 장구하고 거창한 시간이다"라고 토로할 수밖에 없었다.[52] 방대하고 자세한 서양문학에 비해, 동양문학사는 중국, 일본, 인도의 경우로 단출하게 씌어져 있었다. 그럼에도 이 책에서 중국은 '5·4운

49 마산 요양 이후 임화는 이들에 대한 그 나름의 연구를 진행한다. 방민호, 「주체적인 시각으로의 전회」, 『문명의 감각』, 향연, 2003, 97면. 그리고 임화의 글에서도 "이것은 單純히 理論을 爲한 論理가 아니라 實際로 過去에 寫實主義文學의 綿密히 硏究한 結果로 到達한 것이다"(임화, 「낭만적 정신의 현실적 구조」, 『문학의 논리』, 학예사, 1940, 6면)라는 언급에서 그 편린을 엿볼 수 있다.

50 임화, 「개설 신문학사(4)~(5)」(『조선일보』, 1939.9.8~9), 『문학사』, 16면에 있는 주석(원문에서는 주1, 『문학사』에서는 주2)을 통해 알 수 있다.

51 이 책에는 그리스, 로마, 영국, 아일랜드, 아메리카, 프랑스, 벨기에, 독일, 오스트리아, 러시아, 이탈리아, 스페인, 아이슬란드, 덴마크, 노르웨이, 스웨덴, 핀란드, 네덜란드, 폴란드 등의 문학사가 실려 있다(서구문학사들의 목차는, 『世界文藝大辭典 7』, 中央公論社, 1936, pp.5~12). 이러한 보편성 혹은 세계문학의 이념은, 괴테의 '세계문학' 구상이나 방티겜이 지적한 19세기 서구 문학의 코스모폴리타니즘적 의식과 상당히 유사하다(이에 관해서는 박성창, 『비교문학의 도전』, 민음사, 2009, 25~32면).

52 임화, 「개설 신문학사(1)」(『조선일보』, 1939.9.2), 『문학사』, 9~10면.

동'과 '문학혁명'을 기점으로 "現代" 문학으로 나아간 것으로 되어 있다.[53] 게다가 일본의 경우는 메이지 초기의 문학사가 "문명섭취기-문예혁신기-문예발흥기-문학진전기" 등 네 단계에 의해 순차적으로 근대문학으로 '자연스럽게' 넘어간 것으로 되어 있다.[54]

즉 이 문예사전에서 임화가 본 것은, 이미 누백년의 전통을 가진 서구라는 보편적인 문학과 그 보편을 향해 자연스럽게 나아간 중국과 일본이었다. 이러한 '사전'을 염두에 둔 상태로 임화의 '신문학' 개념을 살펴보겠다.

> 신문학이란 새 현실을 새 사상이 견지에서 엄숙하게 순예술적으로 언문일치의 조선어로 쓴, 바꾸어 말하면 내용 · 형식 함께 서구적 형태를 갖춘 문학이다. / 신문학이란 개념은 그러므로 일체의 구문학과 대립하는 새 시대의 문학을 형용하는 말일뿐더러 형식과 내용상에 질적으로 다르고 새로운 문학을 의미하는 하나의 개념이 될 수 있다. / 따라서 신문학사는 조선에 있어서 서구적 문학의 이식으로부터 시작되는 것이다. (…중략…) 그러나 거듭 말하거니와 신문학사는 근대 서구적인 의미의 문학의 역사다.[55]

53 『世界文藝大辭典 7』, 中央公論社, 1936, pp.214~220. 중국문학의 '현대'는 胡適, 魯迅, 周作人 등의 세대에 이루어진다. 사전 원문에서는 중국이 아니라 '支那'로 표기된다.

54 『世界文藝大辭典 7』, 中央公論社, 1936, pp.81~92.

55 임화, 「개설 신문학사(3)」(『조선일보』, 1939.9.7), 『문학사』, 15~16면.

신문학이란 관용설(慣用說)의 어의는 전항(前項)에서 이미 언급하였거니와 그 서구적인 형태의 양식과 내용을 가진 문학은 재래의 동양에는 대체로 없었다고 보아 족하기에 우선 조선에 있어 서구적인 형태의 문학사를 문제 삼자는 데 중점이 있다. 이 말은 곧 서구적인 형태의 문학을 문제 삼지 않고는 조선(일반적으로는 동양)의 근대문학사라는 것은 존재하지 않고 성립하지 아니한다는 의미도 된다. (…중략…) 시조, 가사, 운문소설, 한시, 그타(他)는 현대에 이르도록 전통적 문학으로 생존해 있으나 결코 근대문학은 아니다. 그것들은 오직 현대에서 볼 수 있는 구시대 문학의 약간의 유제(遺制)에 불과하다.[56]

위의 언급에서 보이는 임화의 시각은 『세계문예대사전(世界文藝大辭典)』의 그것과 다름 아니다. 임화가 보는 '신문학'이란 철저히 서구적인 것이었으며 동양의 그것과는 '질적으로' 구분되는 것이었다. 실제로 그는 단테, 셰익스피어, 몽테뉴, 고골리, 세르반테스 이후의 서구 각국의 문학과 조선의 신문학을 마주세우고 있다.[57] 임화에게 신문학이란 '보편'적인 근대성의 문제였다. 이 점은 앞서 「제2장 신문학의 태반」에서 보편성이 문제된 것과 같은 맥락이다.

---

56 임화, 「개설 신문학사(4)」(『조선일보』, 1939.9.8), 『문학사』, 17면.
57 임화, 「개설 신문학사(3)」(『조선일보』, 1939.9.7), 『문학사』, 16면.

2

「개설 신문학사」 전반부에서 임화는 '아세아적 생산양식'에 대해 정체성(停滯性)이 아닌 보편성으로 대답하고자 했다. 그리고 그때 그가 사용한 학술적 방법은 이능화를 다시 읽는 방식이었다. 이제 「개설 신문학사」 후반부에서 임화는 신문학의 근대성을 통해서 보편성을 말해야한다. 그런데 앞서 보았듯 이 부분에서는 선행연구의 논지를 참조하지 않고 단지 자료만을 가져와서 임화 자신이 논리를 만들고 있다. 그렇다면 이때 임화는 어떠한 독자적이며 동시에 과학적인 연구방법론을 통해 자신의 논리를 만들고 있는가. 이때 과학적이고 보편적인 임화의 연구방법론이 바로 「신문학사의 방법」 이다.

이 글에서는 선행 연구와는 다른 방식으로 「신문학사의 방법」 에 접근할 것이다. 임화 문학사에 대한 선행 연구에서는 대개 「신문학사의 방법」을 독립적으로 주목했으며, 임화의 문학사적 방법론이 단지 '이식인지, 이식이 아닌지'의 문제에서 크게 벗어나지 않다. 그러나 「개설 신문학사」를 논할 때, 그 중심에 놓인 이인직 · 이해조론을 간과해서는 안 된다는 김윤식의 지적을 경청한다면,[58] 「신문학사」의 방법」 또한 기존과는 다른 접근 방식이 요구된다. 곧 「3. 환경」과 「4. 전통」의 문제에만 관심을 둘 것이 아니라 나머지 「1. 대상」, 「2.

58 김윤식, 『임화 연구』, 문학사상사, 1989, 519면.

토대」, 「5. 양식」, 「6. 정신」에도 주목하며,[59] 「신문학사의 방법」을 추상적이고 고립된 학문 방법론으로 접근할 것이 아니라 「개설 신문학사」 본편과의 내밀한 연락관계 속에서 살필 필요가 있다.

이를 염두에 두고 임화의 논지를 따라가도록 하겠다. 임화가 아무리 스피노자를 강조했더라도, 조선은 결국 근대화를 온전히 이루지 못했다. 임화는 동시대적인 자극이 조선에 주어졌음을 부단히 강조했으나 결국 조선은 근대화에 실패한 것은 부인할 수 없는 역사적인 사실이었다. 임화가 갑오개혁을 "근세 초기 모든 나라로 하여금 그 과정을 통과시키게 한 르네상스적 운동의 한 형태"로 그 의미를 강조하지만,[60] 조선에서의 개화 정신은 불철저했고 타협적이었기 때문에[61] 그 개혁은 역사적으로 실패하였고 서구문화의 이식·해체의 과정 또한 온전히 이루어지지 못해서, 결과적으로 조선에서

59 임화 또한 '양식'에 관하여 "문학사적 연구는 실상 이 연구가 결정적이다"라고 하면서 그 의미를 강조한 바 있다. 임화, 「신문학사의 방법」, 『문학의 논리』, 학예사, 1940, 837면.

60 임화, 「개설 신문학사(16)」(『조선일보』, 1939.10.7), 『문학사』, 55면.

61 "그러나 갑오 이후 근대에 우리 문화가 조선으로 회귀한 데에서보다 더 많이 세계를 향한 전개과정에 영향받고 전혀 모방문화, 이식문화를 만드는 데 그쳤음은 무슨 까닭인가? (…중략…) 도대체 자기에의 철저한 회귀, 심원한 반성, 깊은 침잠 없이, 바꿔 말하면 **자주정신의 진정한 실현을 보지 못하고** 개화의 마당으로 창황히 달려나간 데서 오는 결과라 할 수 있다. (…중략…) 이 불행은 어디서 왔느냐 하면 그것은 결코 우리 문화 전통이나 유산이 저질의 것이기 때문이 아니다. 단지 근대문화의 성립에 있어 그것으로 새 문화 형성에 도움이 되도록 개조하고 변혁해 놓지 못했기 때문이다. **그것은 우리의 자주정신이 미약하고 철저히 못했기 때문이다.** 그런 때문에 신문화의 형성자들은 구문화를 변혁하여 새 문화 형성에 사용하는 대신 왕왕 그것과 **타협함**에 이르렀던 것이다." 임화, 「개설 신문학사(17)」(「조선일보』 1939.10.10), 『문학사』, 56~58면.

는 신구가 절충적인 '과도기'의 문화가 발생하게 된다.[62] 이것이 「제2장 신문학의 태반」의 결론이었다. "구(舊) 용기에 신주(新酒)를 담는 성질의 문학"[63]인 신소설은 과도기 문학의 한 예이다.

그런데 「신문학사의 방법」을 염두에 둔다면, 과도기의 시대정신이 '타협적'이라고 하는 순간 문제가 발생한다. 그 까닭은, 「신문학사의 방법」의 내적 원리와 연관된다. 임화는 문학사의 과제를 '양식'의 해명이라고 천명하는데, 그 이유는 '양식'을 통하여 '시대정신'을 해명할 수 있기 때문이다.[64] 「신문학사의 방법」에 따르면, '양식의 탐구 → 시대정신의 해명'의 순서로 사유가 전개되고 심화된다. 그런데 이러한 틀로 과도기를 바라보면 문제가 생기게 된다. 본격적으로 과도기의 신소설 '양식'을 분석·해명하고 이를 통해 '시대정신'을 해명하기도 전에, 「제2장 신문학의 태반」의 「제1절 물질적 배경」과 「제2절 정신적 준비」의 결론을 통해 임화는 과도기의 시대정신이 '타협적'이라는 것을 알고 있는 것이다. 이미 시대정신을 알고 있는 상태에서 신소설의 '양식'을 해명하는 것은 반복적이며, 다시금

62 임화, 「신문학사(1)~(3)」(『조선일보』 1939.12.5~8), 『문학사』, 132~139면.

63 임화, 「신문학사(2)」(『조선일보』 1939.12.7), 『문학사』, 136면.

64 "정신은 비평에 있어서와 같이 문학사의 최후의 목적이고 도달점이다. 양식의 역사를 통하여 하나의 정신의 역사를 발견함으로써 문학사는 정신문화사의 한 분과로서 확고한 지위를 차지한다." 임화, 「조선문학연구의 일과제(6)」(『조선일보』, 1940.1.20). 임화에게 있어 '양식'에 관해서는 임규찬, 「임화 '신문학사'의 올바른 이해를 위하여」, 임규찬·한진일 편, 『임화 신문학사』, 한길사, 1993, 458~460면 참조.

같은 결론을 반복한다면 큰 의미가 없는 작업이 될 수 있는 것이다.

그러나 임화는 그러한 위험에도 불구하고 신소설의 양식 탐구로 나아간다. 임화의 이인직 작품 분석은 이러한 조건 속에서 시작되는 것이다. 주지하듯, 임화는 각 작품의 발표 시기를 오인하고 있었는데,[65] 사실 '오인'보다 더 중요한 것은 임화가, 자신이 '오인'하고 있는 순서에 따라 문학사를 서술하지 않았다는 것이다. 임화는 '『치악산』—『귀의성』—『은세계』—『혈의누』'의 순서로 이루어진다. 이 순서는 다름 아니라, 애초에 구소설로부터 완전히 해탈하지 못하고 타협했기 때문에 '구소설 양식의 유제'[66] 로부터 자유롭지 않은 신소설이 점차 그 유제를 하나씩 해소하고 근대소설로 나아가는 과정이기도 하다. 『치악산』이 단지 신·구소설의 절충적인 모습이었다면, 『귀의성』은 좀 더 근대소설에 가깝고, 나아가 '신소설의 최고봉' 『은세계』는 구소설의 유제 ①과 ②에서 해방된 "최초의 작품"이며 객관소설로서의 풍모를 완연히 드러낸다. 그렇다면 『치악산』에서 『은세계』에 이르는 도정은 절충적인 과도기의 양식인 신소설이 근대소설의 양식으로 나아가

65 김하명, 「新小說과 血의淚와 李人稙」, 『문학』 1950.4. 임화는 『치악산』—『은세계』—『혈의누』—『귀의성』 순으로 발표된 것으로 알고 있었다. 임화, 「속 신문학사」(1940.2.15), 『문학사』, 182면. 실제 발표시기는 『혈의누』(1906), 『귀의성』(1906~7), 『치악산』(1908), 『은세계』(1908)이다.

66 임화가 생각한 신소설 속 '구소설'의 유제(遺制)란 ① 선악인의 유형화, ② 권선징악의 구도, ③ 가정에서 모순이 격발하는 것 등 세 가지였다. 임화, 「속 신문학사」(『조선일보』, 1940.2.8), 『문학사』, 175~177면.

는 과정이며, 그에 따라 타협적인 시대 정신에서 출발한 조선의 신문학은, 타협적이라는 애초의 태생적인 한계에도 불구하고, 이 과정에 따라 점차 완연한 '근대정신'으로 나아가게 된다.[67]

그러나 『은세계』의 성취는 이후로 이어지지 못하며, 이후 "신소설은 결국 최초의 작가요 그 양식의 발명자인 이인직의 수준을 넘지 못한"다.[68] 이인직이 근대소설의 수준에 닿았지만 이해조는 시정소설을 창작하는 데 그치며 최찬식에 와서는 "흥미본위로 통속화"하여, 결국 '신소설'은 퇴조하게 되며, 육당과 춘원 시대의 '이식'을 거쳐서야 신문학의 단계로 나아가게 된다.

그러나 이러한 역사적인 사실에도 불구하고 임화의 시도는 나름 의미를 가진다. 그는 이미 토대와 정신 모두 '절충적'인 상황 속에서, 조선의 신문화가 근대문화를 향해 나아갈 수 있는가의 문제를 '신소설'을 통해 가늠한 것이다. 그리고 비록 후대로 이어지지 않았으나, 임화는 이인직의 『은세계』에서 그 가능성을 발견했다. 이처럼 역사적인 실패를 알면서도, 그 안에서 보편성에 대한 최대한의 가능성을 찾는 것이 임화의 작업이었다.

---

67 이인직 소설 분석의 서술 원리에 관한 자세한 접근으로는 졸고, 「전형기 임화와 '조선'의 발견」, 87~91면. 물론 신소설의 최고봉인 『은세계』조차 유제③은 해결하지 못한다. 그러나 임화가 보기에 유제③은 '개화소년의 실성(失成)'에 의해 해결되지 못한 것으로 모든 신소설의 근본적 한계에 해당된다. 임화, 「속 신문학사」(『조선일보』, 1940.2.8), 『문학사』, 176면. 이러한 한계를 인정한 상태에서 유제 ①, ②를 해소한 『은세계』에서 임화는 '신소설' 내부에서 발아한 근대정신의 최고치를 보고, 적극 긍정한다.

68 임화, 「속 신문학사(1)」(『조선일보』, 1940.2.2), 『문학사』, 166면.

3

마지막으로 김태준의 『조선소설사』와 임화의 「개설 신문학사」를 마주 세워보려고 한다. 임화의 「개설 신문학사」 자체가 김태준이 자신의 『조선 소설사』에서 제대로 논구하지 못한 부분을 다루고 있기 때문이다. 임화는 김태준이 스케치하는 정도에 그친 조선문학의 근대성 문제를 정면에서 살피고 있다. 이때 임화에게 서구적인(보편적인) 근대적 성격을 가진 신문학이라는 개념은 상당히 중요하며, 그의 신문학사 서술을 지탱하는 주요한 틀이다. 그런데 근대문학에 대한 이러한 생각이 사실은 김태준의 '근대문학'관과는 사뭇 다른 것을 볼 수 있다. 김태준은 『조선소설사』의 서두에서 다음과 같은 진술을 한다.

> 朝鮮에는 小說이 없었다고! 웨? 朝鮮에는 아무것도 人情世態를 描寫한 著作이 없었으므로! 나는 이에 對答코저 합니다. 정말 己未運動前後로 文學革命이 일기前까지는 롱-씨의定義한 ㉠ 노-벨은 한券도 없었으므로써 입니다. 그러나 많은 稗說 · 諧謔 · 野談 · 隨筆도있고 그所謂 로맨스와 스토리(Story)와 픽숀(Fiction)은 내가 이에 例證치아니하야도 많이存在하였고 또存在하는 것을 알으실것이다. 다시말하면 ㉡ 예전사람들의 意味하는小說은 헤일수없이 많다.[69]

69 金台俊, 「增補 朝鮮小說史」, 學藝社, 1939, 13면.

김태준은 20세기 이전 조선에서는 서구적인 근대 소설(novel)이 존재하지 않았다고 확증한다(㉠). 동시에 김태준은 서구적인 의미의 소설(novel)과 조선 전통의 소설(小說)을 구분하며(㉡), 소설(小說)의 개념을 통해 그 자신의 '조선소설사'를 집필한다.[70] 흥미로운 것은 그의 소설사에서 영정조 시대의 소설인 『춘향전』, 『장화홍련전』, 연암의 소설 등은 '근대소설'로 다루어진다는 점이다.

그러나 임화는 이 소설들을 "구소설"이라고 칭할 뿐이며,[71] '이조 언문문학'은 "새 정신을 담는 낡은 용기"는 될 수 있지만 그것이 "구소설"의 최대치였다. 근대문학이 되려면 조선의 '구소설'로부터 "탈출"해야한다는 것이 임화의 생각이다.[72] 조선의 고소설과 근대소설이 질적으로 다르다는 바로 이 지점에서 임화는 김태준과 갈라진다.

그런데 서구의 근대소설(novel)에 대한 임화의 확고한 관념과는 전혀 다른 결과가 그의 신문학사 서술에 나타나는 것을 확인할 수 있다. 즉 앞서 말했듯 임화는 이인직 신소설을 통해서 신소설이 근대소설로 전화할 가능성을 가다듬었다. 이때 「1. 대상」, 「5. 양식」, 「6. 정신」 등의 방법론과 서구 근대소설이라는 이념적인 전범이 그의 신문학사 서술을 굳게 지탱하고 있다. 그러나 실제 작품을 분석하는 임화의 시각을 따라가 보면 단지 서구 근대소설로는 환원되지

70 류준필, 「형성기 국문학연구의 전개양상과 특징」, 66~68면 참조.
71 임화, 「개설 신문학사(14)」(『조선일보』, 1939.10.5), 『문학사』, 49면.
72 임화, 「신문학사(3)」(『조선일보』, 1939.12.8), 『문학사』, 137~138면.

않는 다양한 양상에 대한 발견과 그에 대한 임화의 의미 부여가 두드러지고 있어, 오히려 주목을 요한다.

대표적인 예로서, 신소설 최고의 성취인 『은세계』를 보자. 임화가 그의 맥락에서 이 소설에 주목한 것은 앞서 보았듯 이 소설이 구소설 양식의 유제를 철폐하고 완연히 근대소설의 면모를 드러냈기 때문이다. 하지만 『은세계』의 근대성을 말하는 동시에 임화는 『은세계』에 관한 문학사 서술의 반 이상을 '민요'에 할애하고 있다.[73] 이미 적지 않은 논자들이 '리얼리즘적 성취'의 측면이나 '근대 이전 단계 문학 양식(판소리, 설화, 민요)'과의 연속성 문제에서 『은세계』의 '민요' 부분에 주목한 바 있다.[74] 임화 역시 상당한 관심을 가지고, 『은세계』에 삽입된 민요들에 주목하고 고평한다. 그런데 임화가 '민요'에 주목할 때, 그 판단 준거를 다름 아닌 『춘향전』에서 찾고 있다는 점에 주목할 필요가 있다.

> ㉠ 이 노래 속에는 최병도의 성격도 드러나고 감영의 치죄(致罪)가 허무함도 드러나며 그의 옥중 생활과 지방 장관의 학정에 대한 적개심

73 『은세계』에 대한 문학사 서술은 「속 신문학사」 17회(1940.2.27)부터 35회(1940.4.13)까지이며, 이중 민요에 관한 언급은 17회에서 26회(1940.3.27)까지 이어진다. 총 19회에 걸친 『은세계』에 대한 언급 중에서 민요의 인용과 이에 대한 해설에 10회 분량이 할애된 것이다.

74 최원식, 「은세계 연구」, 『민족문학의 논리』, 창작과비평사, 1982, 63~64면. 김종철, 「『은세계』의 성립과정」, 『한국학보』 14권2호, 1988, 115~146면 ; 이상경, 「『은세계』 재론」, 『민족문학사연구』 5, 1994, 68~89면 참조.

에 찬 풍자가 들어있는 것은 ⓛ 마치 『춘향전』에 "금 술동이 맞진 술은 일천 사람의 피요, 옥쟁반의 좋은 안주 일만 백성의 기름이라. 촛불의 눈물 떨어질 때 백성의 눈물 떨어지고, 즐거운 소리 드높은 곳에 원망의 소리 높도다"(金樽美酒千人血 玉般佳肴萬姓膏 燭淚落時民淚落 歌聲高處怨聲高)란 시나 방불하나 특히 흥미있는 것은 끝의 일절이다.[75]

임화는 '민요'에 나타난 현실 반영과 비판의식을 고평하는 데(㉠), 그것은 『춘향전』에서 삽입한시가 담당한 역할과 같은 양상을 가진 것으로 해석된다(ⓛ). 임화가 그 삽입 한시에 주목하는 것은 현실반영이라는 리얼리즘적 면모 때문이었다. 그런데도 그 외에도 그는 실제 『은세계』를 분석하면서 조선의 전통 시가양식인 '민요'에 적지 않은 분량을 부여하고 있고 그것을 고평한다. 그런데 임화가 '민요'에 주목을 하게 되자, 그는 서구의 근대소설을 전거로 그것을 평가할 수 없다는 사실을 알게 되었고, 결국 『춘향전』을 통해서 그것의 가치를 평가하는 것이다.[76] 이 지점에서 임화는 자신이 평소 '서구 근대문학'을 놓던 '전범(典範)'의 자리에, 『춘향전』을 놓게 된다. 이

75 임화, 「속 신문학사(22)」(『조선일보』, 1940.3.8), 『문학사』, 223면.

76 김태준은 『춘향전』이 산출되는 전제로서, 조선소설과 중국소설 뿐 아니라 정철의 권주가, 춘면곡, 상사별곡, 처사가, 황계타령등 조선의 12가사, 그리고 조선의 장단가를 집성한 『청구영언』, 『해동가요』 등 시가에 대한 섭렵 또한 강조한다. 天台山人, 「春香傳의 現代的解釋(完)」, 『동아일보』, 1935.1.10. 시가 섭렵에 대한 강조는 『춘향전』 곳곳에 인용되는 한시와 민요의 문제에 대한 김태준의 관심에 닿아 있다.

때 전범이 된 『춘향전』은 임화가 그토록 '해탈'하고자 했던 '구소설의 유제' 세 가지를 모두 갖춘 작품임에도 불구하고 말이다.

임화는 『은세계』에서 서구적인 근대소설(novel)의 면모를 발견하고자 했고, 실제로 발견했다. 그러나 그 와중에 그의 의도와는 달리, 그가 신소설의 "최고봉"이라 평가받은 '제3의 자'인 『은세계』는 '민요'의 삽입에서도 볼 수 있듯, 이 작품은 '서구리얼리즘'과 온갖 '조선적인 것'들이 '다성적으로' 공존하고 있다. 결국 '성격과 환경의 조화'라는 근대소설의 시각만으로는 온당한 가치평가가 불가능한 것이 『은세계』였고, 그렇기에 임화는 『은세계』의 '민요'부분을 해명할 때 서구소설이 아닌 『춘향전』을 통해서만 그 의미를 해석을 할 수 있게 된 것이다.

임화에게 「2 작가와 작품의 연구」는 선행연구를 인용하지 않아도 되는, 자신의 의견을 개진하는 자리였다. 앞장에서 살펴본 전반부인 「제2장 신문학의 태반」에서 그는 많은 선행연구들을 자신의 맥락으로 재배치하는 작업을 했자면, 후반부인 「2 작가와 작품의 연구」는 여러 가지 '자료'들을 자기 맥락에 맞추어 배치하고 논의함으로 선행연구와 차별화되는 자신의 논리를 전면화하는 지점이었다. 여기서 그는 앞부분에서 자신에게 큰 영향을 끼쳤던 김태준의 선행연구와 대척적인 입장을 취하고, 자신의 논의의 맥락을 만들어, 자기 나름으로 '신소설'을 연구했다. 그리고 이용된 연구방법론이 바로 「신문학사의 방법」이었다.

그러나 그 연구방법과 연구대상, 그리고 전체적인 연구의 진행이 정합적으로 맞아들어간 것은 아니었다. 임화는 '보편성'의 문제를 해명하는 의도에서 '신소설'을 해석하고 신문학사를 쓰려했지만, 그가 실제로 발견한 것은 '보편성'만으로 해석될 수 없는 다양한 '조선적인 것'들이었다. 그리고 임화가 자신이 수립한 「신문학사의 방법」만으로는 해석되지 않는 면모를 마주하게 된다. 임화가 제기했던 구도와 같이 '전통'과 '환경'이 만날 때 생성되는 '제3의 자'로서의 신소설은, '보편성'을 추구하는 임화 신문학사에, "작가의 의도를 반하야" 생긴 "신성한 잉여물"[77]을 남겼다.

5. 연재와 동시에 집필된 문학사 – '학술적 글쓰기'라는 새로운 글쓰기의 문제

1

임화의 글쓰기는 「제2절 정신적 준비」의 「3 신문화의 이식과 발전」에서부터 그 성격이 달라진다. 즉 선행연구논저의 참고빈도가 현저히 줄어들고 대신 자료의 인용이 주를 이룬다. 그나마 유학생

77 임화, 「의도와 작품의 낙차와 비평」, 『문학의 논리』, 학예사, 1940, 712면.

파견과 조선에서의 학교성립을 다룬 「A 신교육의 발흥과 그 공헌」 부분에서는 교육사에 관한 학술서의 인용이 보이지만, 이후로 선행 연구 인용은 거의 사라진다. 「B 저널리즘의 발생과 성장」과 「C 성서번역과 언문운동」에서부터는 임화의 목소리가 전면화된다. 이제 임화는 타 학인들이 이미 일가의 성취를 이루고 있던 영역이 아닌, 자신의 영역에서 자신의 논지를 통해 항목을 재구성하게 된다.

그런데 흥미로운 것은 각주가 줄어드는 것에 비례하여, 해당 부분의 분량이 증가한다는 사실이다. 처음으로 각주가 사라지기 시작한 「B 저널리즘의 발생과 성장」에서부터 서술의 절대량은 증가한다. 「C 성서번역과 언문운동」에 관한 다음 절 또한 마찬가지이다. 결과적으로, 수많은 선행연구들과의 관계 속에서 자신의 목소리를 만들어야했던 「제1절 물질적 배경」 비해서, 임화 자신의 목소리가 나타나기 시작하는 「제2절 정신적 준비」는 체제 상 동등한 위상을 가짐에도 불구하고, 그 분량이 3배를 웃돈다. 임화가 선행연구로부터 자유로우면 자유로울수록, 혹은 자신의 논리에 의해 '자료'를 재배치하고 해석할 수 있는 여지가 크면 클수록, 서술 분량은 비례하여 늘어나는 셈이다.

서술 분량이 늘어나는 경향은 실제 작품 분석에 들어가면서 더욱 가속화된다. 임화는 1939년 11월 25일 「제2절 정신적 준비」를 완성함으로 「제2장 신문학의 태반」을 완성하게 된다. 그 날 연재분 끝에 임화는 "序篇 終"이라고 적는다.[78] 그리고 서편(序篇)에 이어 본편인

'과도기의 문학'에 해당하는 작품분석에 들어가는데, 실제로 이인직과 이해조 부분만 작성되었음에도 불구하고 엄청난 분량이 남아 있다. 「제2장 신문학의 태반」만큼 여러 단계의 하위 항목을 거느리는 것도 아니면서, 「제3장 신문학의 태생」은 「제2장」에 비해 2배의 분량을 지니고 있다.

그러다보니 나타나는 것이 분량의 불균형이다. 「제2절 정신적 준비」의 하위 항목인 「1 금압 하의 실학」과 「2 자주의 정신과 개화사상」, 그리고 「3 신문화의 이식과 발전」 사이에는 심한 분량 차가 있다. 「3 신문화의 이식과 발전」이 앞의 두 항보다 7배 가까이 길어졌고, 그 아래에 다시 세 개의 하위 항목을 거느리는 것을 볼 수 있다. 「제3장 신문학의 태생」에 가서는 이런 불균형이 더욱 심해진다. 「제2절 정치소설과 번역 문학」과 「제3절 신시의 선구로서의 창가」는 각 작품의 제목과 내용에 대한 간단한 분석만으로 가볍게 넘어가는 데 반해, 「제4절 신소설의 출현과 유행」의 「2 작가와 작품의 연구」, 그 아래의 「A. 이인직과 그의 작품」과 「B. 이해조와 그의 작품」은 작품 하나 하나에 대한 상세한 분석이 이루어져서 방대한 분량을 지니고 있다.

또한 체제 역시 그다지 일관되지 않다. 하나의 장(章)에 몇 단계의 하위항목을 설정하는가의 문제도 역시 통일되어 있지 않다. 각주를

78 임화, 「개설 신문학사(43)」, 『조선일보』 1939.11.25.

많이 달면서 선행문헌의 논지를 인용한 부분의 체제는 상당히 단순한데, 선행문헌과 무관하게 임화가 자신의 힘으로 자료를 해석하는 부분에서 하위항목도 복잡다단하고 분량이 훨씬 길어지는 것을 볼 수 있다. 이것은 임화 신문학사와 마찬가지로 우선 신문에 연재되었다가 이후에 단행본으로 발간된 『조선소설사』의 경우와 비교해 보아도,[79] 그 불균형은 상당하다고 할 수 있다.

이러한 체제와 분량의 불균형은 미리 모든 내용을 계획하고 집필하지 않고, 연재를 이미 시작하고 동시에 자료를 찾아보면서 글을 썼기 때문에 생겨나는 불균형으로 볼 수 있다. 임화는 애초에 연재를 시작하면서 목차를 제공하지 않고 있다. 물론 어느 정도의 전체적인 구상은 있었겠지만, 구체적인 목차는 없다보니 체제의 불균형이 생기게 된 것으로 짐작할 수 있다. 이것은 사실 자료수득 문제와 관련된다. 실제로 신소설을 미처 갈무리하지 못하고 신문학사 연재가 중단될 즈음에 임화가 구하고 있던 자료는, 신소설의 시대 혹은 바로 그 다음 시대에 놓이는 자료들이었다.[80] 임화는 집필을 시작하기 전에 충분한 자료를 모두 구한 상태에서 글을 쓴 것이 아니라, 전

79 『증보 조선소설사』는 총7편으로 구성되며, 각 편은 그 아래 3~8개의 장을 거느리고 있고, 그 아래 다시 절을 거느린다. 그러나 각 장은 10~20면 정도의 분량으로 전체로 봐서 문고판으로 280면에 달한다. 『조선시가사강』을 생각해도 임화 정도의 불균형이 나타난다고 보기 어렵다.

80 임화가 원한 자료는 다음과 같다. 『학지광』, 『조선지광』, 『개벽』, 『청춘』, 『소년』, 『共濟』, 『신사회』, 『눈물』(상,하 초판), 『아이들보이』. 임화, 「新文學史 資料」, 『인문평론』, 1941.4, 42면.

체적인 상만 가진 상태에서 집필과 동시에 추가적으로 자료를 구하고 다시 해당 부분을 쓰면서 문학사를 진행시켰다. 이러한 급박함 속에서 씌여졌기에 나타나는 분량의 불균형인 것이다.

그리고 더 나아가 임화 신문학사는 두 가지 학술적 글쓰기 방식이 같이 나타난다. 다른 선행 연구를 주로 참고하면서 자신의 논지를 전개하는 전반부의 글쓰기와, 자신이 직접 1차 자료를 해석하고 배치하여 자신의 논지를 전개하는 후반부의 글쓰기가 그것이다. 물론 이 두 가지가 애초부터 엄밀히 구분되는 방식은 아닐 것이다. 그러나 임화는 이 두 가지의 중간형태의 글쓰기(선행연구 참고와 자료 해석이 두루 갖추어진 곧 적당한 길이의 글쓰기 형태)는 하지 않고 있다. 오히려 각각의 극단적인 형태만이 그의 문학사에 나타나고 있다. 이것은 임화가 학술적인 글쓰기에 익숙하지 않았기 때문에 그 두 가지 형태의 글쓰기가 성격이 다르다는 것을 섬세하게 고려하지 못했고, 따라서 각각의 자세함의 정도나 서술 분량의 차이를 예상하지 못했기 때문에 생기는 현상이다. 그렇기 때문에 하위항목 중에서도 가장 낮은 층위에 있는 「A. 이인직과 그의 작품」과 「B. 이해조와 그의 작품」이 가장 상위 항목인 「제1장 서론」의 10배 분량을 가지는 불균형이 나타난 것이다. 물론, 이는 임화가 '할 말'이 많았기 때문일 수도 있겠지만, 두 가지 글쓰기 방식의 차이에 익숙하지 않아서 하나의 방식이 압도적으로 나타나는 현상이라고 볼 수도 있다. 이 점에서 임화의 신문학사는 두 가지 형식의 학술적 글쓰기가 나타나며, 연재와 동시에 끊임없이 그 체제를 허물어 가며 완성을 향해 나아가고 있었다.

2

그렇다면 애초에 문학사를 쓰면서 연재하기 시작할 때에는 어느 정도 구상이 되어 있었을까? 이 문제에 대해 「신문학사의 방법」은 어느 정도 암시를 줄 수 있을 것이다. 분명 「신문학사의 방법」은 임화 문학사의 연구방법론으로 '총괄적인 지위'를 가진다.[81] 그러나 이 방법이 연재 시작 때에 고지된 것이 아니다. 1939년 11월 25일 임화는 신문학을 논하는 배경이 되는 '序篇'을 모두 연재하고 잠깐 연재를 멈추고, 이어서 정치소설과 창가에 관한 연재를 마친 뒤 약 두 달 간 휴재한다. 바로 이 두 번째 쉼의 기간에 「신문학사의 방법」은 「조선문학연구의 일과제」라는 이름으로 발표된다.[82] 그리고 이 글이 발표된 지 약 1달 후인 2월부터 본격적으로 신소설 부분에 대한 연재가 이어진다.

이러한 점에서 「신문학사의 방법」 역시 문학사 연재와 동시에 구상되고 완성된 것으로 볼 수 있다. 신승엽과 임규찬의 논고에 힘입

81 박진영, 「임화의 문학사론과 신문학사 서술」, 문학과사상연구회, 『임화문학의 재인식』, 소명출판, 2004, 112~127면.

82 임화, 「조선문학연구의 일과제」(『동아일보』, 1940.1.13~20), 『문학의 논리』 수록시에 「신문학사의 방법」으로 개제(改題)된다.

어, 우리는 이미 「복고현상의 재흥」(1937)에서부터 임화가 김태준과 거의 비슷한 목소리로, 투쟁으로서의 긍정적인 '이식' 곧 「3. 환경」 항목의 아이디어를 구상한 것을 알고 있다.[83] 이후 임화는 「본격소설론」에서 부정적인 의미의 '이식(성)'의 문제를 제기한다. 그러나 이것만으로 「신문학사의 방법」이 구성되는 것이 아니며, 나머지 항목도 상당히 중요하다. 물론 방법론이 어느 정도 구상으로는 존재했겠지만, 「개설 신문학사」의 본문 연재와 관련해서 나머지 항목의 성립과정을 살펴볼 수 있다. 임화는 신문학사 본문의 「제1장 서론」에서 문학사의 「1. 대상」을 정하고 「제2장 신문학의 태반」에서 신문학을 예비했던 「2. 토대」의 문제를 다룬다. 그리고 10월 10일 연재분에 와서 임화는 새 문화 건설에 도움이 되는 전통과 그렇지 못한 전통을 구별하기 시작한다.[84] 이 두 전통이 「신문학사의 방법」의 「4. 전통」 항목 하의 '전통'과 '유물'로 각각 연결될 수 있다.[85] 여

83 신승엽, 「김태준과 임화」, 『크리티카 2』, 사이언스21, 2005, 133~139면; 임규찬, 「임화 문학사를 둘러싼 몇 가지 쟁점」, 122~125면. 이러한 '외부'와 '내부'의 변증법적인 관계는 이후 1930년대 중후반부터 임화의 비평에 다양한 모습으로 변주되면서 등장한다.

84 "뿐만 아니라 우리가 가장 주목해 둘 점 하나는 이러한 일방적인 신문화의 이식과 모방에서도 고유문화는 전통이 되어 새 문화 형성에 무형(無形)으로 작용함은 사실인데, 우리에게 있어 전통은 새 문화의 순수한 수입과 건설을 저해하였으면 할지언정 그것을 배양하고 그것이 창조될 토양이 되지는 못했다는 점이다. / 이 불행이 어디서 왔느냐 하면 그것은 결코 우리 문화 전통이나 유산이 저질의 것이기 때문이 아니다. 단지 근대문화 성립에 있어 그것으로 새 문화 형성에 도움이 되도록 개조하고 변혁해 놓지 못했기 때문이다. 그것은 우리의 자주정신이 미약하고 철저히 못했기 때문이다." 임화, 「개설 신문학사(17)」(『조선일보』, 1939.10.10), 『문학사』, 57면.

85 다만 「개설 신문학사」 연재 당시에는 '전통'과 '유물'이라는 개념을 아직까지 구사하고

기에 「5. 양식」과 「6. 정신」의 문제를 덧붙일 경우 「신문학사의 방법」은 완성이 된다.[86]

임화는 아이디어 상태의 방법론을 염두에 두고, 바로 선행 연구 문헌 섭렵과 거의 동시적인 연재로 들어갔다고 볼 수 있다. 어차피 신문학사의 전반부는 신문학을 직접다루기보다는 그 배경을 서술하는 것이었고, 이것은 '아세아적 생산양식'의 문제였기 때문에 다른 선행문헌들의 도움을 받으면서 쓸 수 있는 부분이었다. 연재와 함께 선행문헌의 학습을 통해서 자신의 방법론을 역사적으로 검증해보며, 임화는 점차 자신의 방법론을 완성해갔다고 할 수 있다. 그렇게 해서 「신문학사의 방법」의 「1. 대상」, 「2. 토대」, 「3. 환경」, 「4. 전통」까지를 완성한 뒤, 그리고 본격적인 작품 분석을 앞두고 생긴 휴재 기간에 그는 「5. 양식」과 「6. 정신」을 덧붙여 자신의 방법론을 완성한다. 그리고 임화는 방법론을 발표하고, 「5. 양식」과

있지 못하고 둘 다 '전통'으로 통칭한다. 문학사를 연재하면서 임화는 '전통'을, 새 문화 건설에 도움이 되는 전통과 그렇지 못한 전통으로 보다 세밀하게 분류하게 되었고, 「신문학사의 방법」에서 그것을 개념화하였다고 할 수 있다.

86 이러한 생각은 신두원의 다음과 같은 언급에서 실마리를 발견한 것이다. "이식문학사론만 하더라도 일단 「신문학사의 방법」에 그 강령적인 내용이 수록되었으나, 「개설 신문학사」에서 풍부하게 구체화되고 있을 뿐 아니라, 적어도 1937년의 「복고현상의 재흥–휴머니즘 논의의 주목할 일 추향」(『동아일보』, 1937.7)에서부터 문학사나 문화사와 관련된 임화의 글에 지속적으로 개진되고 있다. 물론 시간이 지남에 따라 그 이론 · 내용도 조금씩 변화 · 발전해간다. 그런 만큼 이식문학사론의 전모를 파악하려면 이 무렵 임화 비평을 종합적으로 파악하는 눈을 가지지 않으면 안ㅍ 된다." 신두원, 「변증법적 사유와 실천의 한 절정」, 『민족문학사연구』 38, 2008, 24면.

〈표 2〉「신문학사의 방법」 완성 과정과 「개설 신문학사」의 연재

1937.		1939.「개설 신문학사」 연재			1940				
「복고현상의 재흥」	⇒	「제1장」	「제2장」~「제3장」의 「제3절」	⇒	휴재	⇒	「신문학사의 방법」	⇒	「제3장」의 「제4절」
「3. 환경」	「본격소설론」, 학예사 경영	「1. 대상」	「2. 토대」 +「4.전통」		「5. 양식」, 「6. 정신」		완성 및 연재		연재 및 중단

「6. 정신」을 기초로 해서 이번에는 신소설 연재로 들어간다. 이 과정을 정리하면 〈표 2〉와 같다.

〈표 2〉를 통해 「신문학사의 방법」 완성과정과 「개설 신문학사」의 연재 사이의 역동적이고 긴밀한 관계를 확인할 수 있다. 표에서 유의할 것은 「복고현상의 재흥」에서 투쟁으로서의 '이식'이라는 개념이 정식화되지만, 그렇다고 그것이 곧바로 「3. 환경」에 직접 연결되는 것은 아니라는 점이다. 표는 시각적인 편의 상 최초의 언급을 도시한 것이고, '이식' 개념은 「복고현상의 재흥」 이후 「본격소설론」의 단계와 「개설 신문학사」 연재 단계를 거치면서 보다 심화되고 풍성한 의미를 획득한 후에 「신문학사의 방법」으로 편입된다.

논의의 대전제로서, 이 시기 임화가 처한 집필환경이 대단히 열악했음을 특기하고자한다.[87] 그런 열악함 속에서 임화는 저널리즘의 영역에서 학술적인 글쓰기를 시도했는데, 신문연재라는 매체 자체가 이미 그의 문학사 서술에 상당히 관여하고 있는 것을 볼 수 있

87 위의 글, 23~24면.

다. 신문 연재였기 때문에 모든 자료를 갖추고 해석을 끝낸 뒤 발표한 것이 아니라, 그는 공부를 하면서 연재를 했다. 때로는 다소 급박하기도 했으며, 공부를 하면서 구상을 다소 수정하기도 했다. 그 과정에서 임화는 성격이 전혀 다른 두 가지 학술적 글쓰기 사이에서 진동하기도 했다. 신문학사의 전반부 글쓰기와 후반부 글쓰기가 그 성격에서 차이가 나는 것은 그 때문이다. 그러나 이러한 과정 속에서 임화는 점차로 자신의 학술적인 체계를 보완하고 완성해가며, 자신만의 독자적인 문학사 방법론을 제출하는 것에 이른다. 열악함과 급박함, 그리고 내적 논리의 긴장과 균열 사이에서 「신문학사의 방법」은 생성된 것이다.

6. 결론

이 글은 임화에게 아카데미즘이란 혹은 학술(적인 글쓰기)란 무엇일까에 대한 질문에서 시작되었다. 그것은 신문학사에서 보여주는 임화의 글쓰기가 그 이전 비평에서 그가 보여준 글쓰기의 성격과 상당히 달랐기 때문이었다. '고증'과 '참고문헌'이라는 아카데미즘을 바탕으로 한 '과학적인 방법론'은 임화를 압박했고, 그 결과 임화는 문학사를 쓰기 위해 임화는 한문을 독해해야했고 조선 후기를 다룬 수

많은 연구저작들을 섭렵해야했다. 이를 통해 그는 엄밀한 '학'을 추구했고, 그 자신이 말한 공식주의에 빠지지 않는 과학을 시도하려고 했다. 그의 문학사 역시, '과학적 열정'의 산물이었던 19세기에서 20세기의 (근대) 역사학과 그 성격이 유사하고 이것은 과학적 보편주의로 연결되는 것이었다.

임화는 신문학사를 통해서, '아세아적 생산양식'에 나한 나름의 해석을 시도하고, 역사적으로 이미 실패한 갑오개혁 이후 타협적인 과도기의 조선문화와 그럼에도 불구하고 있었던 근대를 향한 문학의 '도약'을 문제 삼고 있다. 이것은 '아세아적 생산양식'과 조선의 근대화 과정을 둘러싼 당대의 논쟁에 개입하는 것이었고, 「본격소설론」 이후 그를 그토록 고민하게 했던 조선신문학의 근대적 성격에 관한 자신 나름의 해답이었다. 이 과정에서 임화가 보여주는 글쓰기는 두 가지였다. 하나는 선행연구를 섭렵하면서 자신의 논지를 만드는 글쓰기였고(3장 ②), 또 하나는 선행연구가 없는 영역에서 자신이 직접 자료를 해석하여 논리화하는 글쓰기였다(4장 ②). 이때 그의 논리는 「신문학사의 방법」이었다.

이때 신문학사를 쓰는 임화에게는 두 층위의 '보편성'이 문제였다. 하나는 조선(사 혹은 문학)을 세계적인 보편과 동시대적인 혹은 같은 성격의 것으로 만드는 문제였으며, 또 하나는 그 학문적인 방법론에 있어서의 과학성과 보편성이었다. 때로는 전자의 보편성(조선이 세계와 동시대적인 자극을 받았다는 것)을 위해 논리적 비약이나 모순을 무릅쓰다보니 후자의 보편성과 충돌하는 경우가 있었고(3장 [3]), 때로는 온전히 서구적인 보편의 언어로 조선의 신문학을 논하는 것이 목표였으나, 과학적인 학문방법론에 의도치 않게 끼어들어 균열을 일으키는 봉건조선의 고소설을 목격하기도 했다(4장 [3]).

또한 연재라는 측면에서 신문학사 텍스트 자체를 살피다보면, 애초에 임화가 자신의 학적인 체계를 세우지 않고 학습과 연재를 동시에 하다보니 생기는 균열의 지점 또한 발견할 수 있었다. 우선 선행연구를 인용하는 글쓰기와 자신의 시각에서 자료를 다루는 글쓰기 사이에서 진동하는 임화의 모습을 볼 수 있었고, 그 결과 신문학사는 전반부와 후반부 사이에 다른 성격의 글쓰기가 나타나는 것을 알 수 있었다(5장 [1]). 또 하나는 연재와 동시에 점차 모습을 갖추어가는 방법론의 모습이었다(5장 [2]). "신문에 연재된 학술성과"라는 성격 자체가 신문학사 텍스트 자체에 드러나고 있는 셈이다.

중학 자퇴 이후로 아카데미즘 바깥에 있던 임화는 이처럼 문학사를 통해서 아카데미즘적인 글쓰기를 시도하는데, 그 결과물로 우리가 가지고 있는 신문학사는 어떤 영역에서 그 시도는 성공적이었고, 또한 동시에 적지 않은 균열을 내포한다. 그럼에도 그만큼 정직하게 학술의 영역으로 접근해가며 진동하는 임화의 모습을 여실히 보여주고 있다.

몇몇 연구자들이 지적한 바이지만, 식민지 시기 아카데미즘과 저널리즘의 문제는 때로는 겹치며, 때로는 갈라진다. 임화 역시 그의 학술적인 작업을 신문과 잡지라는 저널리즘의 미디어에서 시도하고 있는 것을 볼 수 있다. 이 글에서는 우선 과학적인 학문방법을 통해 아카데미즘으로 나아가려는 임화의 모습에만 치중했는데, 사실 그 반대의 경향도 존재했다. 임화가 경성제대 졸업생들에게 나아간 것뿐 아니라, 경성제대 졸업생들 역시 졸업을 한 후에는 저널리즘의 영역으로 나오기 시작했다. 한 연구자의 표현인 '식민지 미디어 아카데미즘'[88]이라는 문제틀이 성립 가능하다면, 그것의 역할은 아카데미아가 없는 상황에서 국가와 대학의 역할을 대리한 것에 머무르는 것이 아니라, 이후 대학이라는 제도가 생긴 이후에도 끊임없이 그 나름의 역할을 수행했다. 그렇다면 경성제대 출신의 근대적 연구자들과 부랑청년 임화가 만나는 그 어름에서, 임화의 「개설 신문학사」의 진면목에 대한 연구는 다시 시작되어야할 것이다.

88 황호덕, 「1940년 전후 경성제대출신 조선인 학자들의 국가론—'조선 / 학'이라는 이름, 아카데미즘의 제도성과 탈제도성」, 『동아시아 근대 아카데미즘의 형성과 국가권력』 성균관대 동아시아학술원 HK 사업단 국제심포지움 자료집 2010, 34~35면.

임화의 유물론적 사유에 나타나는 '윤리적 주체'의 문제

'대중화 논쟁'과 '물 논쟁'을 중심으로

최병구

1. 문제제기

임화 연구의 가장 큰 어려움은 끊임없이 자신의 담론을 비판하며 스스로를 갱신해나가는 임화의 모습으로부터 생겨난다. 안정된 지위나 결박된 담론에 머무르지 않고 활발하게 자신의 위치(position)를 바꾸어 나가는 임화의 모습은 일평생 그의 지적긴장감이 한 순간도 늦추어지지 않았음을 방증하는 것이기도 하다. 그렇지만 이로 인해 임화라는 인물의 전체적인 모습과 그 문학사적 의의를 논구하는 작업은 난감한 일이 되어버리고 만다. 여기에 영화배우, 비평가, 문학사가, 시인, 출판업자라는 다양한 이력까지 고려한다면 임화라는 대상을 하나로 규정하는 것은 불가능한 작업으로 보이기까지 한다.

이것은 지금까지 이루어진 임화 연구사의 대략적인 모습만 살펴보아도 단박에 알 수 있다. 임화의 대표적인 활동영역인 문학사, 비평, 시로 구분되어 진행되고 있는 연구의 모습이 그러하다.[1] 임화가 자신의 정체성을 어느 한 장르에 두기보다는, 장르 사이를 이동하며 고유의 사유궤적을 보여준다고 할 때, 연구 영역의 한정이 지니는 한계를 인정하지 않을 수 없다. 2000년대 이후 임화의 언어론, 매체론 등을 주목하는 연구들[2]이 새롭게 등장하며 연구사적 전환을 이루었지만, 지금까지 주목하지 못했던 임화의 면모들을 부각시켰다는 의의 이상의 성과를 내지는 못한 것으로 보인다. 그런데 이와 더불어 문제적인 사항은 임화 연구가 대부분 1935년 카프 해산이후 일제 말기의 임화만을 대상으로 하고 있다는 사실이다. 이는 전향문학에 대한 집중적인 조명에 비해 카프가 존재했던 시기의 프로문학에 대한 연구가 그다지 활발하지 못한 현상과도 직결된다. '문학'과 '정치'

---

1 대표적인 것으로 문학과사상연구회편, 『임화문학의 재인식』, 소명출판, 2003에 수록된 논문들을 들 수 있다.

2 김예림, 「초월과 중력, 한 근대주의자의 초상」, 『한국근대문학연구』 9, 2004; 와타나베 나오키, 「임화의 언어론」, 『국어국문학』 138, 2004; 배개화, 「1930년대 말 '조선' 문인이 '조선어'를 바라보는 두 가지 관점」, 『우리말글』 33, 2005; 권성우, 「임화의 문화 담론과 에세이 연구」, 『한민족어문연구』, 2006; 여태천, 「민족과 문학-임화의 경우 : 언어의 현실성과 민족어의 가능성」, 『민족연구』, 2007 등.

의 관계를 보다 다층적으로 고찰했던 카프 해산 이후 문학에 대한 풍부한 연구는 자연스럽고 환영할 현상임은 분명하다. 그러나 이 지점에서 고개를 드는 것은 이러한 연구풍토가 은연중 카프 활동기의 프로문학(임화 문학)을 이론에 경사되어 정치 환원주의에 빠진 시기로 규정하고 있는 것은 아닐까라는 의문이다.

결국 임화라는 인물이 가지고 있는 다양한 이력과 끊임없는 자기 갱신, 거기에 일제 말기에 집중된 임화 연구로 인해, 상대적으로 카프 맹원으로 활동하던 시기 임화문학에 대한 접근이 미미한 것이 현실이다. 때문에 일제 말기 임화의 이식문화론이 '서구적 보편'과 '조선적 특수' 사이의 균형을 잃지 않고 새로운 창조를 기획했다는 의미 있는 논의와 더불어, 임화의 사유체계 안에서 당대 조선의 구체적 현실에 대한 인식이 어느 시점에서 어떻게 발생했는가를 따져보는 작업은 함께 이루어져야 하는 논제인 것이다. 비록 카프 해산 이후 임화가 식민지 조선의 문화에 대한 의미 있는 성과들을 제출한 것이 사실일지라도, 카프 맹원시절부터 보여주었던 사유의 결과물이라는 점을 잊어버려서는 곤란하다.

이 글은 최근 들어 폭넓게 진행되고 있는 선행연구들의 문제의식과 성과들을 이어받으면서도, 카프가 존립하던 시기의 임화 비평과 시에 나타나는 일관된 문제의식에 주목했다. 즉 임화의 비평과 시가 보여주는 그때마다의 차이가 아니라 그 사이를 관통하는 임화의 문제의식을 부각시키고자 했다. 더불어 비평적 사유와 시 창작이 어떻게 연결되고 있는가를 규명하고자 했다. 무엇보다 카프의 존속시키부터 해산 이후까지 각 국면을 이어가는 임화의 사유궤적을 파악하는 것이 중요하다고 생각했기 때문이다.

필자는 다른 논문을 통해 임화 문학을 '문화론'의 관점에서 살펴 본 적이 있다.[3] 이것은 임화 '문학'을 그 자체로 특권화 시키는 것이 아니라 당대 사회현실을 인식하는 임화 고유의 사유체계 안에 위치시키려는 작업이었다. 이 글은 그것의 연장선상에서 임화에게 있어 문학을 문학이게끔 하는 조건(들)을 따져보는 작업이다. 임화에게 비평이 자신의 사유방식과 신념에 따라 작품을 해석하고 인도하는 행위라고 할 때, 비평적 발화의 과정에서 임화 고유의 사유체계가 나타날 것이라고 생각한다. 그리고 이 때 드러나는 임화의 사유체계나 신념이 단순히 작품 평가를 위한 기준이 아니라 당대의 정치적 논제와 밀접하게 관련되어 있음은 물론이다. 임화는 자신의 비평적 궤적을 회고하는 자리에서, 그가 벌였던 논쟁들이 조선 비평사의 특이성을 말하는 자료가 될 수 있다고 말한바 있다.[4] 자신의 비평적 글쓰기가 조선 비평사의 특이성이 될 수 있다고 하는 자신감은, 논쟁적 글쓰기를 즐겨왔던 임화의 비평이 당대의 민감한 의제들을 제출하고 있다는 자부심에서 기인한다. 그 중에서 이 논문이 주목하는 것은 '대중화 논쟁'과

3 졸고, 「임화 문화론 연구」, 성균관대 석사논문, 2007.
4 임화, 「나의 논쟁시대, 지난 날 논적들의 면영」, 『조선일보』, 1938.2.8.

'물 논쟁'이다. 시기와 맥락이 다소 다르지만 두 논쟁은 (비)합법성의 여부와 정치적 실천의 상관성을 논구한다는 점에서 공통적이다. 이 글이 두 논쟁에 주목하는 이유는 바로 이 (비)합법성의 여부, 달리 말하자면 가시적 영역에서의 식민지 사회주의 문예운동이 처할 수밖에 없는 국면을 상징적으로 보여주기 때문이다.[5] 임화의 유물론적 사유가 언제나 정론적 성격을 지향했다고 할 때, 그것은 필연적으로 (비)합법성의 여부로부터 자유로울 수 없다. 따라서 두 논쟁 사이의 저류를 흐르고 있는 임화의 문제의식을 살피는 작업은, 임화 고유의 사유체계를 해명하는 작업이면서 나아가 식민지기 카프의 존재방식의 일면을 확인하는 일이 될 수 있을 것이다.

2. 합법성 여부의 가치전도 – 비가시적인 것의 불온성

대중화 논쟁은 1차 방향전환 이후 '대중 속으로' 들어가기 위한 문예의 창작방법론을 둘러싼 논쟁으로 평가된다. '내용 – 형식' 논쟁부터 문예의 형식적 측면을 강조했던 김기진과 문학이 프롤레타리아

5 이미 이혜령은 식민지 조선에서 사회주의자의 재현이라는 문제를 논의하며 이에 대해 언급한 적이 있다. 이 글은 이혜령의 논의에서 시사 받은 바가 적지 않음을 밝혀둔다. 자세한 내용은 이혜령, 「감혹 혹은 부재의 시간들」, 『대동문화연구』 64, 2008 참조할 것.

전위의 관점에서 대중의 의식을 선동해야 한다는 임화의 논의가 충돌하며 어떻게 창작해야 하는가에 대한 논란을 일으켰다는 것이다. 그래서 보다 고차원적인 리얼리즘론으로 이어지지 못하고, "표현기법의 차원으로 축소"[6] 되었다는 한계를 지적받기도 한다. 그런데 이러한 표층의 아래에는 '재미없는 정세'를 뛰어 넘기 위한 임화의 사유방식이 드리워져 있다. 일단 문제는 익히 알려진 바처럼, 김기진이 "작금 1년 이래로 극도로 재미없는 정세에 있어서 우리들의 '연장으로서의 문학'은 그 정도를 수그려야 한다"[7]는 발언에서 시작되었다. 이에 대한 임화의 비판은 다음의 구절에 압축적으로 제시되어있다.

> 싸움에 임하는 우리들의 작품의 수준을 현행 검열제도 하로, 다시 말하면 합법성의 추수를 말한 것이다. 즉 중언을 요할 것이 없이 합법성의 ×[전]취가 아니고 …… 의식적인 퇴각을 말하는 것이다. (…중략…) 결코 동지 팔봉이 말한 바 재미없는 정세 즉 탄×[압]이란 예술운동에 있어 형식 문제를 문제삼는 데서 해결되는 것은 아니다. 오직 그것은 ××[계급]적 원칙에 의한 실천적인 세력과의 싸움에서만 해결할 수 있는 문제인 것이다.[8]

6 김재용 외, 『한국근대민족문학사』, 한길사, 1993, 603면.

7 김기진, 「변증적 사실주의」, 『동아일보』, 1929.2.25~3.7; 홍정선 편, 『김팔봉문학전집 I. 이론과 비평』, 문학과지성사, 1988, 62면. 이하 김기진 글의 인용은 원출처와 전집의 권수, 면수만을 밝히도록 하겠다.

8 임화, 「탁류에 향하여」, 『조선지광』, 1929.8 ; 신두원 편, 『임화 문학예술전집 4-평론 1』,

임화가 김기진의 글에서 문제 삼고 있는 것은 부록처럼 제시되어 있는 창작방법의 예시가 아니라, 합법적(가시적) 영역에서의 불리한 정세를 돌파하기 위해 표현의 정도를 낮추어야 한다는 대목이다. 임화가 보기에 검열을 통과하기 위해 문학의 형식적 측면을 논의하는 것은 결코 사태를 돌파하기 위한 자세가 될 수 없었다. 그런데 여기서 간파해야 하는 것은 김기진의 글에서 '합법성'은 논의의 전제로 작용하고 있다는 사실이다. 즉 김기진에게 있어서 중요한 것은 합법적(가시적) 영역에서 객관적 정세를 어떻게 돌파할 것인가이다. 이는 김기진이 임화의 공격을 받게 되자 "내가 지나간 날의 명제로 치웠던 것을 뉘우친다"[9]라고 하는 대목에서도 간접적으로 나타난다. 합법성의 여부를 문제 삼고 있는 임화를 보며, 그것을 전제로 했던 자신의 논의가 논란의 여지를 가지고 있음을 깨달은 것이다. 그럼에도 김기진은 "작품 행동은 인쇄·상연·상영을 얻고서야 성립되는 까닭이다. 가능한 범위 안에서의 최대의 노력과 취확(取穫)을 기대할 수밖에 없는 행동이다"[10]라며 자신을 비판하는 임화의 논법에 문제가 있음을 확신한다.

반면, 임화의 관심은 김기진이 전제로 삼고 있었던 제도적 절차,

소명출판, 2009, 140~141면. 이하 임화 글의 인용은 원출처와 전집의 권수, 면수만을 밝히도록 하겠다.

9 김기진, 「예술운동에 대하여」(『동아일보』, 1929.9.20~22), 『전집 I』, 344면.

10 위의 글, 348면.

즉 검열의 불합리성을 고발하는 것에 있었다. 즉 김기진에게 있어서는 부정할 수 없는 현실인 제도 권력을 시야에 넣으며 그것과의 투쟁을 촉구하고 있는 것이다. "과거에 가지고 있든 오견(誤見), 주로 부르 신문과 부르 잡지를 통하여서만 행하던 운동하던 경향, 즉 우리들 자신의 기관의 강대화보다도 다른 기관의 이용을 과중평가한 그것을 단연히 극복하여야 한다는 것이다"[11]라는 임화의 전언이 의미심장한 것은, 합법성의 승인 아래 움직이는 부르주아 매체의 존재방식을 정확하게 꿰뚫어보고 있기 때문이다. 주류 신문과는 다르게 계급 또는 당의 신문은 "세계의 개념은 작은 변화로 바꾸며, 철학적 체계를 일상의 슬로건으로 바꾸는 역할"[12]을 한다는 레지 드브레의 발언을 상기해 본다면, 임화가 겨냥하고 있는 곳이 단순히 문예의 창작방법에 국한된 것이 아님을 쉽게 알 수 있다. 임화의 발언의 핵심은 합법성의 승인 아래 움직이고 있는 부르주아 매체와 구분되는 프롤레타리아 매체의 위상을 확보하는 것에 있었다.

실제로 '대중화 논쟁'이 발발되기 직전인 1928년 7월부터 8월까지 전국적인 검거 끝에 약 175명이 체포되는 제4차 공산당 사건이 발생했다. 1928년 말로 공산주의운동은 사실상 마비가 되어버렸다.[13] 하지만 동시에 원산총파업(1929), 부산방직공장파업(1930) 등

11 임화, 「김기진 군에게 답함」(『조선지광』, 1929.11), 『전집 4』, 154면.
12 레지 드브레, 최정우 옮김, 「매체론을 본 사회주의의 역사」, 『뉴레프트리뷰』, 길, 393면.
13 스칼라피노 · 이정식, 한홍구 옮김, 『한국공산주의운동사 I』, 돌베개, 1986, 138~140면.

이 뒤따라 발생했다는 사실도 기억될 필요가 있다. 그리고 그 와중에 카프의 기관지 『무산자』가 발매금지를 당하게 된다.[14] 김기진이 제4차 공산당 사건을 목격하며 검열을 통과하기 위한 방법에 몰두했다면, 임화는 연이어 계속되는 노동자들의 파업에 주목하며 그로부터 희망을 보고자 했다. 비록 객관적 정세가 부정적이긴 했으나, 계속되는 노동자들의 움직임으로부터 프롤레타리아 전위의 모습을 겹쳐보려 한 것인지 모른다. 그렇다면 오히려 임화는 식민지 권력의 통제 아래 있는 '제도적 합법성'을 정면으로 보려보고 있었던 것이라 할 수 있다.

그런데 사실 임화의 이러한 문제의식이나 논법은 '아나 – 볼 논쟁' 시기부터 엿볼 수 있다. 당시 그는 자연발생기의 반항의식을 "개인이 그 국가의 법률이 허락하는 범위 내에 자유의 일체와 또는 정당히 소유할 권리가 있는 물질 혹은 특권의 침해를 인내키 불가능한 경지에까지 도달할 때에 필연적으로 심리 내부에 생기하는 감정 작용"[15]이라는 인식을 보인바 있다. 신경향파 시기 프로문학이 국가의 법률이 허락하는 아래서 반항의식을 소유한 것이라면, 이제는 국가의 법률 자체를 허물 수 있는 '프롤레타리아 정신'을 소유해야 한다

14 "『무산자』는 발행된 익일(翌日)에 곧 발매금지를 당하였고 편집겸 발행인은 29일 구류를 먹고 있다." 김두용, 「우리는 어떻게 싸울 것인가? — 아울러 『문예공론』, 『조선문예』의 반동성을 폭로함」, 『무산자』, 1929.7; 임규찬, 한기형 편, 『카프비평자료총서 III. 제1차 방향전환과 대중화 논쟁』, 태학사, 1989, 560면.

15 임화, 「분화와 전개」(『조선일보』, 1927.5.16~21), 『전집 4』,105면.

는 논리다. 이런 논법에서 아나키즘 논자들은 초기의 반항의식을 소유하고 개인의 해방을 주창한 인물로 규정된다. 물론 이러한 임화 논법의 정당성 여부는 다른 각도에서 살펴보아야 할 문제이다. 다만 여기서는 '아나 – 볼 논쟁' 시기부터 임화에게 있어서 합법성의 여부를 판단하는 국가의 법률에 대한 민감한 자의식이 비평적 발화의 근저에 자리 잡고 있었음을 강조해두고자 한다.

그러나 문제는 여전히 남는다. 공적인 정치 활동이 아지트나 하우스 같은 사적인 공간에서 간신히 이어질 수밖에 없는 현실이기 때문이다. 임화의 논평을 들은 김기진이 "예술 투쟁을 전혀 정치 투쟁과 동일한 물건으로 사료한다든지 혹은 무용한 물건으로 평가하는 사람은 한가지로 색맹"[16]이라고 재반박하는 것도 어떤 면에서는 너무나 당연하다. 인쇄되어 유통되지 못하는 문예는 처음부터 대중 속으로 들어갈 수 조차 없기 때문이다. 그렇다면 어떻게 투쟁을 할 수 있는 것일까. 여기서 임화는 감옥이라는 소재를 활용하여 프롤레타리아 전위의 심성을 전면에 내세우게 된다.

> 참자! 눈보라야 마음대로 미쳐라 나는 나내도 뻗대리라
> 기쁘다 ××도 ×××군도 아직 다 무사하다고?
> 그렇다 깊이 깊이 다—땅 속에 들어들 박혀라[17]

16 김기진, 「예술운동에 대하여」(『동아일보』, 1929.9.20~22), 『전집 I』, 349면.

「양말 속의 편지」 결구 직전의 구이다. 감옥에 들어와 있는 조직의 지도자가 현장에 있는 동지들에게 보내는 편지 형식으로 되어 있는 「양말 속의 편지」의 이 구절은, 당시 사회운동이 처한 현실을 시사하고 있다. 임화는 이 구절이 정노풍에게 비판을 받자 "스트라이크 지도의 아지트 조직, 그 지하조직을 이해치 않고는 아무도 이해하지 못할 것이다"[18]라고 말한다. 특히 임화는 이 시가 "부산방적의 파공을 서사적 사건"으로 한 것임을 언급하며, 자신의 시가 지하로 스며들어 투쟁에 대한 의식을 이어가고 있는 노동자 전위계급의 모습을 표현하고 있음을 강조한다. "피안(彼岸)에는 무기형과 교수대가 놓여 있는 '치유법'이 기다리고" 있는 현실에서, "아지트의 사업을 두더지같이 지하"에서 진행하고 있는 지도자의 목소리를 형상화했다는 것이다. 그런데 여기서 이러한 임화의 자기변론과 더불어 왜 임화는 정작 투쟁이 끝난 후 감옥에서 과거를 회상하는 시적 자아를 내세우며 시를 쓸 수밖에 없었는가? 라는 물음이 제기될 필요가 있다. 이것은 '감옥'이라는 비슷한 소재를 취하고 있는 「병감에서 죽은 녀석」(「무산자」, 1929.7)과 결정적으로 구분되는 지점이기 때문이다.

일본에서 발표된 「병감에서 죽은 녀석」은 병으로 감옥에서 죽은 동지를 추억하며 혁명을 열망하는 화자의 감정이 노골적으로 나타

17 임화, 「양말 속의 편지」(『조선지광』, 1930.3), 『전집 1』, 75면.
18 임화, 「노풍 시평에 항의 함」(『조선일보』, 1930.5.15), 『전집 4』, 162면.

나고 있는 작품이다. 이 과정에서 "수도 경성에서 대도상(大道上)에 귀여운 젊은 여자의 하얀 가슴에다 X을 박은 놈도!"[19]와 같은 구절이 단적으로 보여주듯 제국일본을 직접적으로 겨냥한 부분이 여러 곳에서 노출된다. 반면 「양말 속의 편지」는 혁명을 열망하는 화자의 파토스가 전면에 나타난다는 점에서는 동일하지만, 투옥된 화자가 과거를 추억하며 자신의 감정을 드러내는 방식을 취하면서 그 정도가 약해지고 있다. 결국 이러한 차이는 검열의 의식한 채 발언의 수위를 조절했던 임화의 전략에서 비롯된 것이다.

검열을 의식하며 현실에서 대중과의 연계성을 높이기 위해 임화가 택한 것은 보다 명확하게 프롤레타리아 전위의 파토스를 표현하는 것이었다.[20] 비록 조선에서는 검열을 의식하며 표현의 강도를 조절했지만, 검열을 피하고 대중 속으로 들어가기 위해 창작방법을 고민했던 김기진과는 처음부터 출발점이 달랐던 것이다. 그리고 논쟁의 과정을 통해 임화는 개인의 내면을 활용하는 방법에 집중하게

19 임화, 「병감에서 죽은 녀석」(『무산자』, 1929.7), 『전집 1』, 67면.

20 실제로 이러한 임화의 전략은 상당한 성공을 거둔 것으로 보인다. 가령 임화의 이 시에 대해 김남천은 "1930년 봄 평양에서 개최된 신간회 강연 막간에 내가 이 시를 낭독 하였을 때 신간회 중앙 간부들의 애매한 연설에 불만한 군중이 수차의 재청을 가지고 임화의 「양말 속의 편지」를 환영한 것은 나로서는 영원히 잊을 수 없는 감격의 장면이었다. (…중략…) 이 시가 노동조합 회의석상에서 그리고 고무쟁의의 집회석에서 평양의 노동자들에 의하여 여하(如何)히 사랑을 받았는가 하는 데 대하여는 수다한 증거를 여기에 나열할 수 있을 것이다." 김남천, 「임화에 관하여」, 『조선일보』, 1933.7.23; 정호웅, 손정수 편, 『김남천 전집 I』, 박이정, 39면(이하 김남천 글의 인용은 원출처와 전집의 권수, 면수만을 병기하도록 한다).

된다. 이 무렵 임화가 '시'라는 장르에 주목한 것은 이러한 이유 때문이다.

> 이 고는 시에 관한 단편적인 명제를 추출하여 전체의 도정을 과감히 타개할 한 개의 조력(助力)의 박차(拍車)의 역할을 함에 부족하다는 것이며, 동시에 그것을 수행하기에도 필자는 너무나 불비하다느니보다도 전무(全無)한 재료로 대담히도 이 고를 급히 초(草)해야 할 생활 속에 처했다는 것을 말하는 것이다. 그러나 언제나 진리는 구체적인 것이다. **이 원칙의 일반적인 제기로부터 그 부분적인 특수된 해결에서 전체적 해결로 통합하는 변증법의 논리로 우리는 무장하여야 할 것이다.** 우리는 이 길의 단초를 시작한다. 즉 프롤레타리아 시의 시야(視野)의 인식 활동의 범위의 확대 확보를 위하여, **나아가서는 예술운동을 일보 역사의 전면으로 진출하는 데 그 전(全) 의의를 갖는다.** 여기에서 우리는 전에 누구가 말하던 **어떠한 의미에서보다 별(別)의미의 시의 대중화를 부르짖으며 시의 프롤레타리아화를 제기한다.** 시는 절대 무조건적으로 대중화하여야 하며 또한 시로 엄청난 프롤레타리아화해야 한다.[21](강조는 인용자의 것)

긴 인용문에서 임화는 시인의 임무를 확고히 하는 것을 통해 프롤레타리아 예술운동 전체의 방향성을 보여줄 수 있을 것이라고 한

21 임화, 「시인이여! 일보 전진하자!」(『조선지광』, 1930. 6), 『전집 4』, 170면.

다. 즉 예술운동 일반이 아니라 '시'에 국한된 것이지만 "변증법의 논리"로 전체로 확장될 수 있다고 판단한다. 그리고 이것은 프롤레타리아 시인이 현실을 인식하는 시야의 범위를 확대하는 것에서 이룩될 수 있다. 볼 수 있는 것이 아니라 보아야만 하는 것, 달리 말해 비가시적 영역에서의 움직임까지도 고려할 때 예술운동은 역사의 전면에 나설 수 있다는 것이다. 다소 비유적인 표현이지만, 여기서 "시의 시야(視野)의 인식 활동의 범위의 확대 확보"라는 발언이 중요한 것은, 식민지 조선에서의 사회주의 문예활동을 지속하기 위한, 임화 사유의 핵심에 해당하기 때문이다. 가시적 영역에서의 움직임이 불가능해질 때, 임화가 택한 것은 비가시적 영역을 부각시킴으로써 가시적 영역을 논파하는 역의 전법이었던 것이다.

따라서 임화는 1929년 발표된 자신의 시 「네 거리의 순이」, 「우리 오빠와 화로」를 비판한다. 노동자 주체의 감정이 아니라 주변적 인물의 감정을 노래하였기 때문이다. 불과 1년 전 김기진에게 극찬을 받았던 작품을 스스로 비판하며, 임화는 현장에서 투쟁하는 노동자, 농민의 심층으로 파고들어가려 했다. 시는 그리고 예술은 바로 이 심층을 길어 올리는 것을 당면한 과제로 삼기를 요구하고 있었던 것이다. 임화는 합법적 영역에서의 투쟁이 부르주아 제도권에 투항하는 결과로 귀결될 것을 예감했다. 이것이 김기진의 전제를 겨냥하며 '비가시적 영역', 다시 말해 '불온한' 노동자 주체의 내면을 환기할 것을 요구했던 이유이기도 하다. 임화 문학의 정치성이란 비가시적인 것의 가시성을 전면에 내세우며 발화하기 시작했던 것이다. 그런데 아이러니 하게도 "시인이여! 일보 전진하자"라며 야심차게 나아간 평론을 마지막으로 임화는 한동안 시작 활동을 중단한다. 그 만큼 임화의 주변 상황이 긴박하게 돌아가고 있었던 것이다.

3. 현실 재현에 있어서 주체의 위치

1931년에 카프는 조선공산당재건 사건에 연루되었다는 명목으로 검거사건에 휘말린다. 게다가 〈군기〉사건과 해외문학파와의 논쟁[22]이 연이어 발생하며 조직 내 분열의 조짐도 보이기 시작한다. 당면한 위기를 극복하려는 서기장 임화는 「1931년간의 카프예술운동의 정황」(『중앙일보』, 1931.12.7~13), 「1932년을 당하여 조선문학운동의 신계단」(『중앙일보』, 1932.1.1~28), 「당면 정세의 특질과 예술운동의 일반적 방향」(『조선일보』, 1932.1.1~2.10)을 연속적으로 발표한다. 이 글들에서 임화는 과거 프로문학의 고정화된 정치주의를 비판하면서 당면한 위기를 정면 돌파할 것임을 시사한다. 그런데 익

22 이 시기 임화와 해외문학파의 논쟁이 갖는 의미에 대해서는 조윤정, 「번역가의 과제, 글쓰기의 윤리」, 『반교어문연구』 27, 2009를 참조할 수 있다.

히 알려진 이러한 내용보다 흥미로운 것은 "주관적 조건을 전부 무시하고 한숨에 문화연맹의 조직 방략을 운위하고, 당장이라도 십수개 가맹 기초조직을 가진 일본이나 독일의 문화운동을 그대로 세워보려는 기도는 더한층 중증의 환상이며, 변증법의 논리의 프롤레타리아 운동에 대하여 일편의 지식도 갖지 못한 자에게서만 가능한 해무병(海霧病)의 증후인 것이다"[23]라며 조선적 현실을 직시할 것을 요구한다는 사실이다. 두 가지를 생각할 수 있다. 첫째는 더 이상 일본, 나아가 전 세계적 관점에서 조선의 프롤레타리아 혁명을 상상한다는 것의 불가능성을 카프의 위기상황이 도래하자 직감적으로 깨닫게 된 것이다. 두 번째는 제국 주체의 통제 아래 놓일 수밖에 없는 식민지 조선의 특수성을 본격적으로 사고하기 시작했을 가능성이다. 사실 이 두 가지는 동시에 임화의 사유체계 안에 들어왔다고 할 수 있는데, 그러니까 이제 임화는 문학이 정치와 결박되었던 상황이 식민지 조선에서 필연적으로 귀결될 수밖에 없는 사태에 대해 인정하게 된 것이다. 그렇다고 이것이 김기진 노선으로의 후퇴를 말하는 것은 아니다. 명민한 임화는 비가시적인 것의 불온성을 조금 더 분명하게 표현하기 시작한다. 먼저 백철이 비판의 대상이 되었다.

23 임화, 「당면 정세의 특질과 예술운동의 일반적 방향」(『조선일보』, 1932.1.1~2.10), 『전집 4』, 232~233면.

> 이 시는 이만치 프롤레타리아 시로서 훌륭한 제재로써 형성되었음에도 불구하고 독자로 하여금 정말 중대한 사명을 띠고 ××을 넘는 ××을 생각게 하고 그의 복잡한 가슴 속의 감정을 감지케 하기에는 어디인지 공허한 틈이 남아 있었다. 즉 얼른 말하면 먼저도 말한 것과 같이 '이것이 진실이다!' 하고 읽는 사람의 가슴을 누르는 힘이 엷은 것이다.[24]

인용문에서 임화가 백철의 시를 비판하는 이유는 "이것이 진실이다" 하는 저자의 진정성이 느껴지지 않기 때문이다. 외부와 내면이라는 이분법적 구도에서 내면의 자아가 참이라는 전제가 작용하며, 작가 "심층의 '참된 자아'—'진짜 나'"[25]를 드러내지 못했기 때문에 프롤레타리아적 제재를 취했음에도 문제가 있다는 논리이다. 이는 다른 말로 하자면 프롤레타리아 시란 구체적 생활 속에서 작가의 심층이 드러나 독자의 공감을 얻는 것에 핵심이 있다는 것이다. 한편 이 글에서 임화는 작가 주체 내면의 진정성을 문제 삼으며 그것을 조직생활과 연결시킨다. "규율 있는 조직생활과 비록 조그만 규모에서나마도 실천적 ××에 열화(熱火)를 통하여 한 사람의 ××적 맑스주의자로서의 훈련"을 받지 못했기 때문에 백철의 시에 자아의 진정성을 느낄 수 없다는 판단이다. 그러니까 임화에게 '조직'과 '규율'은 주

24 임화, 「동지 백철군을 논함」(『조선일보』, 1933.6.14~17), 『전집 4』, 240면.
25 찰스 귀논, 강혜원 옮김, 『진정성에 대하여』, 동문선, 2005, 23면.

체가 자신의 진정성을 발견하고 발화하는 결정적 계기로서 의미를 갖는다. 다시 말해 마르크스주의자가 조직(당)의 일원으로 행동하는 것은, 그것이 자신의 양심을 따르는 윤리적 행동이기 때문이다.

1933년 김남천과의 '물 논쟁'은 이러한 맥락에서 이해될 필요가 있다. 당시 논쟁에서 문제의 발단은 김남천의 소설 「물」(『대중』, 1933.6)에 대한 임화의 다음과 같은 평에서 비롯되었다.

> 계급적 인간 대신에 '산 인간', '구체적 인간'—그실 조금도 구체적이 아닌—이 대치되어 있고, 옥내의 정치범들의 정치적 ××적 행동 대신에 '생생한' 물에 대한 '산 인간'의 열화와 같은 욕망이 약동하고 있다.[26]

간단히 말해 김남천의 소설은 육체적 본능을 가진 인간만이 존재할 뿐, 역사적—계급적 인간의 모습은 나타나지 않고 있다는 것이다. 그런데 이러한 문제는 김남천에만 국한된 것이 아니었다. 임화는 「6월 중의 창작」에서 언급하고 있는 나머지 작품들에서도 "인간을 단순한 감정적 지각 능력을 소유한 유기체로서 인식"(홍구, 「마차의 행렬」)하거나 "추상화된 인간으로서, 요컨대 예술적으로 형상화되지 않은 비현실적 관념적 인간"(이무영, 「어머니와 아들」)으로 그려진다고 비판했다. 즉 부르주아 계급의 문학에서나 등장할 법한 작가적

26 임화, 「6월 중의 창작」(『조선일보』, 1933.7.12~19), 『전집 4』, 263면.

태도가 카프의 맹원인 김남천에서도 비슷하게 발견된다는 것이 근본적인 문제였다.

한편 임화의 지적에 대해 김남천이 “이 작품을 『대중』에 꼭 발표되도록 썼다”[27]라고 강조하는 대목은 상당히 의미심장하다. 검열을 피하기 위해 작품을 의도적으로 비틀었다는 사실을 암시하기 때문이다. 김남천은 김기진의 “‘연장을 수그려라’류에 김남천이 합류되어 있음을 말하지 않으면 안 되는 것”으로 자기비판을 하지만, 「물」은 “생물학적 요구를 강조하기 위하여서가 아니라 「물」이라는 언구(言句)를 들을 때에 누구나 연상할 수 있는 한 폭의 일루션을 암시하기 위해서” 섰다고 한다. 검열을 피하면서 글을 쓸 수밖에 없는 작가의 현실, 그럼에도 불구하고 감옥이라는 공간을 재현해야 한다는 김남천의 목적의식이 결합되어 소설 「물」이 탄생한 것임을 강조하는 것이다. 그렇다면 임화는 김남천의 이러한 진의를 몰랐던 것일까? 여러 가지 정황상 임화는 김남천의 진의를 의도적으로 외면한 것으로 보인다. 앞서 정노풍의 비판을 받고 「양말 속의 편지」에서 비가시적인 것을 보아야 한다고 말한 사람은 임화 자신이었기 때문이다.

그렇다면 김남천의 소설에 대한 임화의 평은 어떻게 이해될 수 있을까. 일단 ‘매체’에 발표하기 위해 의도적으로 작품을 썼다는 김남천의 주장은 정치적인 것의 재현이 생물학적 본능과 같은 인간 내

27 김남천, 「임화적 창작평과 자기 비판」(『조선일보』, 1933.8.3), 『전집 I』, 46면.

면의 영역에 국한될 수밖에 없는 당시의 정치적 상황을 환기시킨다. 이 점에서 김남천의 진의는 인정될 수 있을 것이다. 그런데 김남천의 발언처럼 작품의 진짜 의도를 간파하더라도 문제는 김기진의 '연장을 수그리라'는 발언과 논리의 구도가 동일하다는 것에 있다. 더욱이 부르주아 작가들에게서 나타나는 공통된 현상으로서 '생물학적 인간'의 형상을 목격한 임화는 김남천의 작품에 대해서 의도적으로 강도 높은 비판을 수행했을지도 모른다. '대중화 논쟁' 당시와 마찬가지로 임화가 보기에 검열의 문제를 해결하는 방법은 합법적 노선을 따른다고 얻을 수 있는 것이 아니었다. 이러한 사태가 결국은 육체뿐인 인간, 생활을 상실한 관념적 인간만을 주조해 낼 수밖에 없음을 누구보다 빠르게 인식했기 때문이다. 임화가 보기에 이것은 비평의 정론적 성격을 포기하는 것과 다르지 않았다. 따라서 이를 돌파하기 위해 임화는 '도덕적 인간'을 강조하기에 이른다.

> 인간이 자유 없이는 얼마나 살기 어려운 것인가, 더구나 인류의 역사를 전방으로 이끌어 나가려는 이 사회의 '도덕적 인간'들—그 계급을 대표한—이 그들을 부자유하게 만든 현실 상태에 대하여 여하히 ×[제]항해 나간다는—물론 실패와 성공은 구체적 문제이나—다른 한쪽이 '인간'의 욕망은 조금도 나타나 있지 않다.[28]

28 임화, 「6월 중의 창작」(『조선일보』, 1933.7.12~19), 『전집 4』, 263면.

김남천 식 '산 인간'에 대해 임화의 '도덕적 인간'이 의미를 갖는 것은 법제도의 견고함에 저항할 수 있는 인간의 자유의지를 강조한다는 것에 있다. 임화가 김남천과의 '물 논쟁' 즈음하여 비평의 임무와 문학의 형상 문제에 대한 일련의 글들을 발표하는 것은 우연이 아니다. '문학'이 담당해야 할 시대적 과제를 환기하기 위한 비평적 모색의 과정에서 임화는 '당파성'과 비평주체의 '인식 주관'을 강조하게 된다. 그런데 여기서 주목해야 하는 것은 이 두 가지 개념을 연결하는 방식이다.

> 부르주아문학에 있어서는 당파성은 문학적 진실과 양립하였을 뿐만 아니라 부르주아적 당파성은 문학으로 하여금 진실을 표현하고 묘사할 것을 방해하였다. 그러므로 적든지 많든지 문학적 양심을 상실치 않은 모든 작가들은 자기의 견해의 당파적 제한을 받으면서도 그것과의 모순의 고열을 통하여 얼마만큼씩 그것으로부터 괴리되어 문학적 진실을 양심을 가지고 포촉하는 것으로써 객관적 당파의 견지로 접근하고 있는 것이다. (…중략…) 예술의 양심은 형상을 떠난 문학, 진실성 없는 형상이란 불가능한 것을 가장 잘 감지하는 것이다. 그러므로 창작에 있어 비평에 있어 이것이 문학에 대한 나의 확고불발의 태도인 것이다.[29]

29 임화, 「진실과 당파성—나의 문학에 대한 태도」(『동아일보』, 1933.10.13), 『전집 4』, 290면.

인용문에서 임화는 부르주아적 당파성이 문학의 진실성을 방해한다고 한다. 여기서 '부르주아적 당파성'은 합법적 영역을 유지할 것을 요구하는 태도를 말하는데, 사실상 대중에게 발표하기 위해 소설을 썼다는 김남천을 직접적으로 겨냥한 것이다. 그가 의도하지 않았더라도 임화가 보기에 그러한 태도는 부르주아적 당파성을 유지하는 것과 크게 다르지 않았다. 그러나 "양심을 상실치 않은 작가"라면 이러한 당파적 제한을 극복하고 자신의 양심에 따라 객관적 당파성의 견지에 접근해야 한다고 강조한다. 비평의 절대적 객관성이란 존재할 수 없으며 "비평적 인식의 주관에 의존"[30]한다고 할 때, 작가 주체의 주관이란 곧 작가적 양심을 의미하는 것이다. 가라타니 고진은 마르크스와 칸트를 교차하며 "사회주의는 근본적으로 윤리적인 것이지 역사적 법칙(자연과정)의 필연은 아닌 것"[31]이라고 한다. 고진의 논의에서 윤리란 사회나 공동체의 도덕과 구분되는 세계시민으로서의 도덕[32]을 의미한다고 할 때, 사회주의의 근본이 되는 윤리란 외부로부터 부과되는 도덕을 거스르는 주체의 의지를 의미한다고 할 수 있다. 이러한 고진의 발언을 상기할 때, 임화는 '윤리적 주체'에 뿌리를 두고 있는 자신의 현실 인식의 태도를 강조하

30 임화, 「비평의 객관성의 문제」(『동아일보』, 1933.11.9~10), 『전집 4』, 296면.

31 가라타니 고진, 송태욱 옮김, 『윤리21』, 사회평론, 2001, 120면.

32 "도덕, 윤리, 종교 등의 말들이 무엇을 의미하는지는 정해져 있지 않다. 이 책에서 나는 사회나 공동체의 도덕을 '도덕', 세계시민으로서의 도덕을 '윤리'라고 부른다." 위의 책, 97면.

는 것이다. 그리고 '문학'은 이러한 윤리적 주체의 의지를 형상화하는 것이 되어야만 하는 것이다.

따라서 임화는 정치적 실천만을 강조하는 태도는 문제의 사태를 너무 단순화시키는 것이라며 김남천을 재반박한다. 그런데 여기서 임화가 비판하는 김남천의 정치적 실천이 익히 알려진 바처럼 단순히 그의 감옥체험만을 의미하는 것이 아니라 검열을 통과하려는 주체의 정신적 의지까지 포함한다는 사실이 강조될 필요가 있다. 즉 임화와 김남천 모두에게 있어 검열이라는 법적 제도는 문제의 핵심에 있는 것이다. 정당성을 지닌 것처럼 보이는 제도가 사실 '악'이라는 인식. 또한 제도적 합법성과 윤리적 정당성을 분리하여 사고할 수밖에 없는 현실을 대중들과 공유하며 '문예의 대중화'를 진행해야 한다는 문제의식을 김남천과 임화는 가지고 있었다. 그러나 임화와 김남천은 이러한 현실을 재현하는 방식에 있어서 결정적으로 구분된다.

> 예술적 창조과정 가운데에서 작용하는 모든 특수적인 복잡성을 일률적인 것으로 단순화하고 훌륭한 정치적 실천만이 의례히 훌륭한 예술을 생산한다고 생각하는 것은, 창작적 방법을 일정불변의 법식과 같이 이해하고 예술이 다른 이데올로기와 맺는 '복잡한 의존관계'를 정규화(定規化)하는, 이미 격파된 묵은 견지의 지지자 이외의 아무것도 아니다.[33]

33 임화, 「비평에 있어 작가와 그 실천의 문제」(『동아일보』, 1933.12.19~21), 『전집 4』,

임화에게 예술적 실천이란 사회가 형성되는 복잡한 이데올로기적 과정 속에서 이루어지는 것이다. 여기서 임화의 시선은 사회가 구성되는 이데올로기의 "복잡한 의존관계" 밖에서 안을 들여다보고 있는 형태이다. 그의 사유체계는 프롤레타리아 당파성을 원심력 삼아 '생활' 개념을 향해 달려간다. 그러나 외부의 시선에서 안을 살피는 임화의 사유방식의 구심력은 앞서 언급한 '윤리적 주체'에 근간하고 있다. 그렇기 때문에, '정치적 실천'을 강조했던 김남천의 주장이 사태를 단순화시킨다고 비판하는 것이다. 그것으로는 결코 사태를 해결할 수 없음이 너무나 명백했기 때문이다.

여기서 임화의 논법과 김남천의 논법 사이의 가치판단을 내리는 것은 큰 의미가 없다. 오히려 기억해야 할 지점은 1933년에 벌어진 '물 논쟁'은 식민지 조선에서 사회주의 문예운동이 처할 수밖에 없는 국면을 상징적으로 보여준다는 것에 있다. 합법적 조직인 카프의 맹원으로서 1930년부터 조직의 주도권을 잡은 것이 바로 임화와 김남천이었다. 그러나 제국의 사법권력 앞에서 이들이 취할 수 있는 '운동'이란 진정성이 보이지 않게 사태의 본질을 감추거나, 진정성 자체를 드러내는 것만으로 만족할 수밖에 없었던 것이다. 어쩌면 이것이 식민지 조선의 사회주의 문예운동이 보여줄 수 있는 최대치의 정치성이었는지도 모른다.

326~327면.

4. 줄이며

지금까지 '대중화 논쟁'과 '물 논쟁'을 살펴보았다. 이를 통해 카프의 맹원으로서 활동하던 당시 임화 사유체계의 중심에는 식민권력의 법제도에 대한 자의식이 자리 잡고 있음을 확인할 수 있었다. 검열을 의식하고 작품을 발표하기 위해 연장을 수그려야 한다는 김기진의 논의나 인간 육체의 본능을 직접적으로 노출시켰던 김남천은 이 점에서 동일선상에 놓였다. 그런데 이러한 사실보다 더욱 문제적인 것은 식민지 제도적 조건이 임화의 사유체계 안에서 '윤리적 주체'의 문제를 도드라지게 만드는 국면을 취한다는 사실이다. 근대적 과학과 이성의 결과물이라 할 수 있는 법제도의 영역에서 혁명이 불가능할 때, 이것을 피하지 않으며 혁명의 파토스를 유지할 수 있는 방법으로 임화가 선택한 것이 '윤리적 주체'의 노선이지 않았을까.[34] 그렇지만 임화 역시도 객관적인 정세로부터 결코 자유로울 수 없는 것이 현실이다. 1930년으로 들어서며 임화가 '조선적 특수'를 인식하게 된 결정적 이유는 여기에 기인하고 있다. '제국 일본'과 '식

34 최근 구재진은 이 문제에 대해 "정치투쟁을 추동하는 것이 계급성에 기초한 도덕적 우월성이고 이것이 정치투쟁과 혁명투쟁을 추동하는 심리적 근원이었다고 할 때, 카프 문학의 지향점은 정치투쟁에 있었을지라도 그것을 바라보는 카프 문학의 관점은 도덕적인 것이었다는 판단도 가능할 것이다"라고 이야기한 바 있다. 이 글과 조금 초점은 다르지만 프로문학에 있어서 윤리·도덕의 문제를 거론하는 중요한 지점이라고 생각한다. 구재진, 「카프문학과 윤리적 주체—'물' 논쟁을 중심으로」, 『프로문학의 재검토』, 민족문학사연구소 창립 20주년 기념 대구경북지역 심포지엄 자료집, 2010.10.9를 참조.

민지 조선'이라는 구도는 법제도의 이중성을 임화의 사유체계에 가져다 준 것으로 보인다.

임화의 이러한 논법은 크게 두 가지를 생각하게 한다. 첫 번째는 임화 문화론에 있어서 '윤리적 주체'의 문제가 특수한 국면에 한정되는 것이 아니라 사유의 구심력으로 일관되게 작용하고 있을 가능성이다. 가령 1926년 임화가 "프로문학은 전 프롤레타리아가 '부르조아'의 억압을 못 견디어 쏟아진 정의(情意)의 누설인 동시에 전 프로계급의 생존권을 요구하는 어떤 종류의 물건도 될 수 있는 것이다"[35]라며 프로문학을 부르주아 계급에 저항하는 프롤레타리아 계급의 심성에서 찾고 있는 국면과 1936년 "理想에의 적합을 향하여, 현실을 개조하는 행위, 즉 이미 존재할 것을 가지고 존재하지 않은, 그러나 존재할 수 있고, 또 반드시 존재할 세계를 창조하는 그것이 문학의 기본성질"[36]이라며 문학의 존재근거를 낭만적 주체에서 찾고 있는 국면이 보여주는 구조적 유사성. 즉 억압받는 자아의 생존권을 주장하며 현실제도를 초월하여 미래를 예견하는 태도를 추동하는 것은 바로 이 글에서 살펴 본 '윤리적 주체'로부터 나오는 것이다. 비록 국면마다 이것을 표현하는 임화의 구체적인 언어는 변했지만, 변하지 않았던 것은 '윤리적 주체'에 근간한 현실인식이었다. 두 번째는 가시적 영역에 결박된

35 임화, 「정신분석학을 기초로 한 계급문학이 비판」, 『조선일보』, 1926.11.22~24.

36 임화, 「위대한 낭만적 정신」(『동아일보』, 1936.1.1~4), 『문학의 논리』, 서음출판사, 1989, 27면.

프로문학의 존재방식이다. 합법적 단체로서 카프의 문학이란 처음부터 비가시적인 인간의 내면도덕을 물질화하는 형태로 전개될 수밖에 없었다. 프로문학에서의 내면이 단순히 '자아'나 '개인'의 문제로 한정될 수 없는 이유는 바로 이러한 카프의 존립방식에서 비롯되는 것이다. 즉 프로문학에 나타나는 '감각의 문제'는 이의 연장선상에서 제국 권력에 대한 저항성을 함의한다. 특히 식민 권력의 검열제도는 이러한 형태의 발화방식을 만들어 낸 근본적 요소이다. 이 점이 임화 문화론의 정치성, 나아가 프로문학의 정치성 논의의 핵심에 해당하는 것이다. 차후 이러한 두 가지 문제에 대해 보다 진전된 논증의 과정을 통해 논의를 이어갈 것임을 밝혀둔다.

작가에서 비평가로

일제 말기 임화의 시와 비평에 대한 한 고찰

허 정

1. 작가와 비평가 사이의 거리

1938년 4월 임화는 『비판』에 「의도와 작품의 낙차(落差)와 비평」(이하 '「의도」')이라는 비평문을 발표한다. 임화는 이 비평에서 엥겔스가 발자크론에서 논의한 '리얼리즘의 승리'를 '잉여물'이라는 용어로 전유하여, 이를 역사의 방향성을 찾기 어려웠던 당대 상황에 대한 타개책으로 적극적으로 사유한다. 최근 몇몇 논자들은 이 비평에서 임화가 중요하게 언급하고 있는 잉여물에 깊은 관심을 보이고 있다. 그들은 임화가 '신성한 것'이라는 의미까지 부여하고 있는 이 '잉여물'을 마슈레의 문학

생산이론, 바르트의 텍스트론, 지젝의 시차적 관점까지 동원하여 다양한 관점에서 논의하고 있다.[1]

그런데 「의도」에서 임화는 '작가 중심의 예술적 실천'을 강조했던 기존의 입장에서 '새 시대의 징후를 포착하는 비평가의 역할'을 중시하는 쪽으로 입장을 변모시키고 있다. 여기서 임화는 비평가가 새로운 세계와의 공감력을 바탕으로 잉여물을 적극적으로 찾아내고, 이를 통해 자신을 개변하려는 작가의 노력을 도와야 한다고 말한다. 그런데 임화가 비평가의 역할을 중시하는 이면에는 비평가와 작가와의 거리두기, 나아가 비평가와 작가의 대립까지 표면화되고 있다. 물론 「의도」에서 임화가 일차적인 타깃으로 삼은 것은 당대 상황에 무력

1 최근 「의도」를 적극적으로 해석한 논자에는 김동식, 김수이, 권성우가 있다. 김동식은 이 비평을 「위대한 낭만정신」, 「사실주의의 재인식」, 「주체의 재건과 문학의 세계」와의 비교하에 치밀하게 분석하고 있다. 이러한 분석을 통해 김동식은 리얼리즘의 승리에 대한 임화의 해체론적인 읽기가 이 비평에 제시되어 있다고 보고 있으며, 이 비평에서 임화가 신성한 잉여를 통해 비평과 작품의 경계가 허물어지고 텍스트의 무의식을 발견하는 지점에 도달한다고 보고 있다(김동식, 「'리얼리즘의 승리'와 텍스트의 무의식 – 임화의 「의도와 작품의 낙차와 비평」에 대한 몇 개의 주석」, 『민족문학사연구』 38, 민족문학사연구소, 2008, 94~130면). 그리고 김수이는 '지젝의 시차(視差)와 시차적 관점'을 방법론 삼아 이 비평에 나타난 잉여를 분석한다. 김수이는 특히 유물변증법과 사회주의적 사실주의에 입각한 과학적 비평의 한계를 극복하기 위한 비평적 고뇌의 산물, 현실의 의미체계의 내재적 외부로서 위대한 예술작품의 아이러니컬한 원천, 비평가의 창조적 역할과 독자적 영역의 토대라는 세 가지 측면에서 이 잉여의 의미를 살피고 있다(김수이, 「임화의 '신성한 잉여'의 세 가지 의미 – 임화의 비평에 나타난 시차(視差, parallax) 1」, 『우리문학연구』 29, 우리문학회, 2010, 213~239면). 한편 권성우는 이 비평이 그전의 마르크스주의 비평이나 반영론적 사유에서는 찾아볼 수 없는 비평에 대한 새로운 인식 및 관점의 변화를 보여주고 있으며, 임화의 비평이 단지 정론적인 세계나 사상적 진술이 아니라 하나의 독자적이며 창조적인 예술이라는 사실을 드러내고 있다고 본다(권성우, 「임화의 메타비평 연구」, 『상허학보』 19, 상허학회, 2007, 424~425면).

하게 굴복하고 있는 작품들이었을 것이다. 그러나 임화가 비평가인 동시에 시인이었다는 점, 그리고 그의 시와 비평이 밀접한 상관관계를 맺고 전개되었다는 점을 고려한다면, 「의도」 역시 임화의 시작행위와 긴밀하게 연결되어 있을 것(그 타깃에는 그동안 시작에 열정적으로 매진해왔던 임화 자신의 시 역시 포함되어 있을 것)이라는 가정을 해볼 수 있다.

임화는 「의도」를 쓰기 두 달 전에 시집 『현해탄』(동광당, 1938년 2월)을 상자한 바 있다. 그러나 그 뒤로는 시작행위가 뜸했으며, 얼마 지나지 않아 시를 절필하게 된다. 그래서 「의도」에 나타난 임화의 입장변모가 예사롭지 않게 읽힌다. 즉 작품과 거리를 두고 비평의 기능을 강조하는 쪽으로 변모한 데에서 당시 임화가 자신의 시작행위에 있어서 해결하기 힘들었던 난제로 인해 심각하게 고민했을 것이며, 이로 인해 시가 아니라 비평을 통해 당대 상황에 맞선 문학적 대응을 지속해 나가려는 창작상의 방향전환을 시도하고 있는 것은 아닌가 하는 추측을 해볼 수 있다.

한편 임화는 「의도」 발표 이후에 쓴 「세태소설론」(1938.4)과 「통속소설론」(1938.11)에서 시의 핵심인자를 시인의 주관성에 두고 이를 시대상황과 결부시켜 이해하는 입장을 분명히 한다. 거기서 임화는 당대 상황을 미증유의 폭압적인 시대로 규정짓고 여기에 대하여 '시의 대응불가론'을 내놓는다. 대신 그는 당대 문학의 존재의의를 작가의 주관을 은폐하고 상황에 융통성 있게 대응할 수 있는 장르 쪽에서 찾는다. 이 역시 임화가 작가에서 비평가로 무게 중심을 옮기게 된 이유를 짐작해볼 수 있는 중요한 단서에 해당한다.

그래서 「의도」를 카프 해산 이후 임화의 시, 시에 대한 임화의 발언 등과 연결 지어 읽어 나가면, 임화가 당시 자신의 시를 어떻게 평가하고 있었는지, 자신의 시에서 의식적이든 무의식적이든 드러낼 수밖에 없었던 주관의 과잉 문제[2]를 당대 상황 속에서 어떻게 이해하고 있었는지, 1939년부터 해방 이전까지 왜 시적 대응을 포기하게 되는지, 그리고 왜 비평의 역할을 강조하게 되는지를 추론할 수 있을 것으로 보인다. 이러한 작업은 1930년대 후반 이후 당대 상황에 맞선 임화 문학의 대응양상을 살펴보는 의의가 있을 것이다.

이러한 점들을 해명하기 위해 이 글은 다음과 같은 순서로 전개할 것이다. 우선 「의도」의 구체적인 분석을 통해, 최근 다양하게 해석되고 있는 잉여물의 정체가 무엇인지, 임화가 잉여물을 강조한 목적이 어디에 있는지를 살필 것이다. 그 뒤 임화의 시와 비평이 밀접히 연관되었다는 전제 아래, 카프 해산 이후의 임화의 시(특히, 현해탄 연작)를 「의도」와의 연관성 아래 살필 것이다. 그리고 당시 임화가 고민하고 있었던 시인의 주관성 문제를 당대 상황과의 관련 속에서 살펴볼 것이다. 이를 통해 시와 비평 창작을 병행해왔던 임화가 1939

2 임화는 낭만정신론(1934~1936)을 외칠 무렵의 시에서 침체된 당대 상황을 돌파해나가기 위해 의도적으로 자신의 신념을 강조하였고, 주체재건론(1937)을 외칠 무렵의 시에서는 이전 시에 드러난 주관 편향에 대한 반성에도 불구하고 그 신념을 과잉되게 드러낼 수밖에 없었다.

년 이후 어떤 양상으로 문학 활동을 전개해나가는 지를 살필 것이다.

2. '새로운 세계의 징후'로서의 잉여

1) 잉여물의 원천과 논의 목적

「의도」에서 임화는 작품 속에 작가의 의도에 반하여 의도하지 않았던 결과가 나타난다고 말한다. 임화는 이를 잉여물이라고 부른다. 임화는 이 잉여물이 "작품에서 의도를 감(減)하고 도" 남는 것이며 "작품과 작가와의 사이를 갈라놓는 것"[3]이라고 말한다. 그 뒤 임화는 작가의 의도를 지성에, 잉여물을 감성에 대입시켜 논의를 구체화한다. 의도는 작가가 "어떤 관념이나 사상을 가지고" "대상을" "예술적으로 조직하는" "작품의 제작 과정"이라고 할 수 있다. 가령 "인물을 선정하고 시추에이션을 배치하고 플롯을 만들어 작품의 구성을 디자인하는 것이 모두 이 의도의 작용"이라고 할 수 있는데, 임화는 이 의도를 "작가의 지성"이라고도 부른다.

3 임화, 「의도와 작품의 낙차(落差)와 비평」, 『임화문학예술전집 3－문학의 논리』, 소명출판, 2009, 560면. 이하 이 비평의 인용은 이 책의 560~571면의 내용을 인용할 것이며, 일일이 출처를 명기하지는 않을 것이다.

그런데 "작가의 지성적 한계 내의 것"이라는 대목에 나타나듯이, 임화는 이를 한계가 있는 것으로 보고 있다. 그리고 지성 너머에 "감성계"("직관의 세계")를 상정한다. "마치 실생활"이 개인의 "윤리나 신념"을 "변화"시켜 나가듯이, 감성계(직관세계) 역시 "작가의 지성 자체 가운데 스며들어 그것을 내적으로 변화시"킨다. 잉여물은 이러한 감성계의 작용으로 발생한다.

여기서 잉여물의 정체에 대해서 좀 더 살펴보자. 임화는 "잉여의 세계의 원천인 현실"이라는 표현을 쓴다. 그런데 "잉여의 세계란 (…중략…) 새 세계의 현실적 힘" "새 세계의 선명한 자태"라는 대목에 나타나듯이, 잉여물의 원천을 좀 더 엄밀하게 지칭한다면 그것은 바로 새로운 세계다. 이 세계가 작가의 감성에 우연히 포착되어 작품 속에 잉여물로 나타나는 것이다. 그렇다면 '새 세계'란 무엇을 지칭하는 것인가?

이 점을 살피기 위해 「의도」 한 달 전에 발표된 「현대문학의 정신적 기축(基軸)」이라는 비평으로 잠시 우회하기로 하자. 여기서 임화는 "중세로부터 탄생해 나와 장성한 시민사회를 정복한 것은 무엇이었던가?"라고 물은 뒤, 이 질문에 대해 "중세기를 때려 엎고 새 세계를 건립하려는 근대인의 의지 그것의 일반화된 체계"[4]에 해당하는 지성에 의해 그것이 가능했다고 말한다.

4 임화, 「현대문학의 정신적 기축(基軸)」(1938.3), 『임화문학예술전집 3－문학의 논리』, 소명출판, 2009, 96면.

그러나 임화는 현 시기에는 이 지성이 패배했다고 본다. 그것은 중세를 타파하고 시민사회를 건설할 수 있었지만, "19세기적 세계가 의지한 바를 지식화한 것에 불과"[5]하기 때문에, 자유주의 이념을 넘어 계급해방의 사회를 향해 나아가야 하는 20세기에는 이 지성이 유효하지 않다는 것이다. "지성의 문명이 낳은 비극 속에서 작가들이 지성의 패배를 의식"하였고 "이 속에서 세기말의 페시미즘이나 데카당스 예술이 생겨났다"[6]는 대목에 잘 나타나듯이, 임화는 이 지성이 20세기의 현실에 제대로 대응하지 못하고 있으며, 오히려 병폐를 남기고 있다고 본다. 나아가 "어버이들의 도덕률이 젊은 자녀들의 자유연애를 제어할 수 없는 것처럼 시민사회의 세계관은 그 자녀인 연소한 사람들의 행위를 통어(統禦)할 수 없"[7]다고 본다. 그래서 임화는 "새 세계를 파악키 위하여는 새 지성이 필요"[8]하다고 말한다. 그렇다면 새 지성의 정체는 무엇인가?

> 그러면 새 지성의 체계는 어디에 있는가? 우리는 일부러 탐색의 모험을 하지 않고라도 새 세계의 젊은 의지가 만들어 낸 지성의 체계를 찾아낼 수가 있었다. (…중략…)

5 위의 글, 91면.
6 위의 글, 88면.
7 위의 글, 91면.
8 위의 글, 97면.

그러나 이곳에도 통절(痛切)한 비극의 오열이 울렸다. 그들은 정당하게 새 지성의 힘으로 새 세계를 파악하려 하였음에 불구하고 불의의 패배에 떨었다.[9]

인용문에서 임화는 새 지성이 이미 있었다고 말한다. 다만 이를 바탕으로 새 세계를 파악하려 했던 시도가 불의의 패배로 인해 좌절되었다고 보고 있다. 이때의 "불의의 패배"란 일제의 사상탄압으로 인한 카프의 해산을 의미한다. 그렇다면 "새 지성의 힘으로 새 세계를 파악하려 하였음"은 '맑스주의에 바탕을 둔 계급적 실천을 통해 계급해방의 사회를 도모하고자 하였다'는 의미로 해석할 수 있다. 즉 카프 해산 이전에 사회주의자들이 계급해방이라는 새로운 세계를 향해 나아가기 위해 이념적 지주로 삼았던 맑스주의가 바로 새 지성에 해당한다. 그러나 카프의 해산이라는 외적 요인으로 인해 거기에 대한 접근은 강제로 차단되었다. 그리고 "새 지성의 체계 가운데로 제 의지를 충분히 일반화시키지 못한 것"[10]이라는 대목처럼, 맑스주의를 공식주의로 받아들임으로 인해 이를 자신의 것으로 체질화(혈육화)하지 못한 것 역시 그 패배의 내적 요인으로 자리한다.

그래서 새 세계는 맑스주의를 통해 지향해나가야 할 계급해방의

---

9 위의 글, 97면.
10 위의 글, 98면.

사회를, 잉여물은 시대 상황으로 인해 당대 상황에서 전망해내기 어려웠던 새 세계의 징후로 볼 수 있다. 즉 새 세계와 잉여물은 흔히 오해하듯이 임화가 지향해왔던 세계와 상이한 것을 뜻하는 것이 아니라, 그것과 동일한 것을 일컫는 것이다. 역사의 방향성을 찾기 힘들었던 당시 잉여물은 징후의 차원에서 흐릿하게 감지될 뿐이지만, 임화는 이것을 계급해방사회(맑스주의에서 제시된 역사발전단계론의 종점)를 향한 진보적 도정을 향해 자신을 이끌어줄 단초로 파악하였다. 그래서 임화는 이 잉여물을 "작가의 의도와 대등(對等)하는 하나의 독자(獨自)한 사상"이라고 했다가, 여기서 한 단계 더 나아가 "의도보다도 가치 있는 것", "새 세계가 탄생할 입증자(立證者)", "'신성한 잉여물'" 등과 같이 표현을 바꾸어 가며 거기에 긍정적인 의의를 부여한다. 그리고 다음과 같이 이를 적극적으로 포착하여 자신의 것으로 체화하려고 했다.

> 의식된다는 한 개의 사실만을 통과하면 벌써 잉여의 세계는 잉여의 세계임을 지양하고 그 자신 수미일관한 사상이 되는 것이다.
>
> 다시 말하면 작가의 의도에 반하여 작품 위에 우발하는 것이 아니라, 작가에 의하여 의도되고 작품의 합리적 구조의 필연한 결말로 나타나는 것이다.

인용문에는 임화가 이 잉여물을 논하는 목적이 무엇인지 분명하게 드러난다. 그 목적은 잉여물을 작가가 새롭게 만들어갈 지성이나 사상의 체계로 끌어올리는 데에 있었다. 지금 잉여물은 작가의 의도를 넘어 작품 속에 우연히 발생되고 있을 뿐이다. 그러나 시간적인 차이가 있지만, 작가가 의식화하게 되면, 잉여물은 작가가 의도할 수 있는 작가의 사상체계로 흡수된다. 즉 임화는 잉여물을 작가의 지성(의도)에 반하는 어쩔 수 없는 것으로 방기하는 것이 아니라, 이를 의식화하여 작가가 만들어 가야할 새로운 지성의 체계로 고양시키고자 하였다.[11]

여기에 나타난 임화의 사유구조는 이전의 지성(正)과 대립하는 잉여물(反)을 자신의 새 지성으로 지향한다(合)는 점에서 변증법의 원리를 따르고 있다. 즉 여기서 임화는 잉여물을 작가의 사상을 살찌우고 변증법적인 지양이 가능한 것으로 환원하고 있다. 잉여물로 인해 작가는 주체의 와해에 이르지만, 그것은 주체의 해체에서 끝나지 않는다. 임화는 이를 의식화하고 자기 지성으로 삼음으로 인해 주체를 재건하려고 하고 있다. 여기에는 시대 상황으로 인해 징후의 차원에서 포착할 수박에 없는 이 잉여물을 자기화하는 방법을 통

11 이는 잉여물이 감성계의 것이지만, 시간적인 차이에 의해 지성계의 것으로 흡수된다고 본 점에서도 확인 가능하다. 임화는 감성이 새로운 대상과 직관적으로 맞붙어 있기 때문에 감성을 "새롭고 신선(新鮮)"한 것으로 보는 반면, 지성이 이 감성을 통하여 대상과 간접적으로 관계한다는 측면에서 지성을 낡은 것으로 본다. 이런 측면에서 임화는 지성을 낡은 세계로, 감성계를 신세계로 보며 이 둘을 신구의 대립과 충돌로 본다. 그런데 임화는 감성계가 "오래지 않아 새 지성의 모태"가 되며 "새 지성 가운데 조직화"된다고 보고 있다.

해서 맑스주의를 체화하고, 자신을 비롯한 많은 이들이 당했던 불의의 패배에 맞서고자 했던, 나아가 역사발전의 도정을 향해 지속적으로 오르고자 했던 임화의 고투가 내재되어 있다. 임화는 이러한 측면에서 잉여물을 논의하고 있다.

그래서 이를 알튀세르의 중층결정이나, 이를 문학에 적용한 마슈레의 문학생산이론으로 읽어내기는 어렵다.[12] 잉여물 발견에 적극

12 중층결정은 한 관계가 전체 구조 속의 다양한 층위에 의해 결정된다는 의미를 지닌 용어로, 이는 서로에게 환원될 수 없는 각 층위들의 상대적 자율성을 중시한다(루이 알튀세르, 이종영 역, 『맑스를 위하여』, 백의, 1997, 116~117면). 이는 사회모순을 설명하기 위해 알튀세르가 프로이트에게 빌려온 용어다. 알튀세르가 정신분석학의 용어까지 차용하면서 이 용어를 사용한 이유는 헤겔적인 모순의 단순성을 비판하기 위해서였다. 중층결정 하의 모순은 단지 하나의 모순의 축만을 인정하고 실재적 복합성을 하나로 환원시키는 헤겔적 모순과는 전혀 다르다(위의 책, 117~120면). 모순을 자기 운동의 원리에 따라 궁극적으로 해소될 수밖에 없는 내적 구조를 지닌 것으로 설정하는 헤겔(모순을 대립물의 상호침투 혹은 대립물의 통일로 보는 엥겔스나 레닌의 규정 역시 마찬가지)과는 달리, 대립물들의 통일성을 상정하지 않는 알튀세르에게서 모순은 자립적인 사물 사이의 외적인 관계로 드러난다. 이 외적 관계 하에 대립물들은 불균등하게 변화하는데, 이를 규정하는 것은 지양(아름다운 고양과 화해)이 아니라 중층결정이다. 마오쩌뚱의 「모순론」을 전거로 드는 알튀세르에게 있어 모순은 존립하고 존속하는 데 아무런 문제가 없는 실제적 대립이라고 할 만한 것이다(문성원, 『철학의 시추』, 백의, 1999, 116~118면). 즉 내적 구조를 지닌 헤겔의 모순관 하에서 모든 모순은 단일한 층위로 지양되어 환원되지만, 중층결정 하의 모순은 대립물이 하나의 층위로 환원되거나 통일되지 않고 끝까지 남아있게 된다. 이러한 중층결정 하에서 "'최종층위'에서의 고독한 시간은 결코 오지 않는다"(알튀세르, 앞의 책, 132면). 거기에는 "갈등적 기능들의 통일성" 외에 다른 어떤 통일성은 나타나지 않는다(알튀세르, 윤소영 역, 『마르크스주의의 역사』, 민맥, 1991, 120~121면). 마슈레는 『문학생산이론을 위하여』에서 알튀세르의 이러한 모순관을 계승하여 자신의 문예론을 전개한다. 이 책에서 마슈레 역시 헤겔식의 모순관을 강하게 비판하며, 이데올로기로 환원되지 않는 작품의 특수성에 논의의 초점을 맞춘다. 여기서 마슈레는 톨스토이, 쥘 베른느, 발자크의 작품을 대상으로 작품 속에 형상화되는 작가의 이데올로기적 모순(계획의 재현과 형상화 사이의 불일치)에 대해서 논의한다. 이를 통해 마슈레는 작품은 그것이 되고자 원했던 것의 이면에 존재하고, 작가의 의도에 의해 창조되는 것이 아니라 주어진 조건으로부터 생산되는 것이라고 말한다. 마슈레는 통

적인 의미를 부여하여 당시 임화가 '이질적인 흐름들이 공존하고 다각적인 독해 가능성이 개진되는 텍스트를 발견'했고, '작가의 주체를 와해의 지점까지 밀어붙이면서 잉여를 승인하는 지점에까지 이른다'고 보는 해석[13]이나, 그 잉여를 '변증법의 정-반-합의 삼각체제의 일부가 아닌, 말 그대로 잉여이자 외부로서 자율적으로 움직이는 새로운 세계의 질서'라고 보는 해석[14]은 임화가 단행하고 있는 이러한 환원적 해석 이전에서만 적용 가능한 것으로 보인다.

2) 비평의 기능

그런데 「의도」에서 눈여겨 볼 점은 임화가 잉여물을 작가보다는 비평가와 긴밀하게 연관시키고 있다는 점이다. 임화는 이러한 잉여

일성과 전체성의 가정 아래 모든 표현 형식을 하나의 언어에 귀결시키는 헤겔미학의 환원적 해석에 반대한다. 환원적 해석은 헤겔식의 사변적 논리에 따라 작품의 복합성을 하나의 유일한 의미의 표현으로 환원시켜 버린다. 그래서 마슈레는 작품의 중심에서 벗어나 작품을 실제로 무정형으로 만드는 불완전함에 역점을 두어야 하고, 진정한 설명은 환원적 해석에서 비껴나 여러 결점들이 필연적으로 만나는 복잡한 현실에 항상 근거를 두는 것이어야 함을 강조한다. 즉 마슈레는 진정한 설명은 애초의 이데올로기적 계획이 스스로의 한계를 드러내는 모순을 찾아냄으로써 침묵의 형태로 존재하고 있는 텍스트의 무의식을 밝혀내는 것이어야 한다고 주장한다(피에르 마슈레, 배영달 역, 『문학생산이론을 위하여』, 백의, 1994, 31~122면). 반면 잉여물을 작가의 지성으로 환원시키는 임화의 견해는 여기에 벗어나 있다. 그는 중층결정이나 문학생산이론이 비판의 표적으로 삼고 있는 헤겔적인 모순관과 변증법의 지양의 논리를 따르고 있다.

13 김동식, 앞의 글, 126~128면.

14 김수이, 앞의 글, 234면.

물을 작가가 발견하기는 어렵다고 본다. 이는 임화가 잉여물을 "작가에 의하여 의식되지 않고 작품 가운데 은폐된" 것이라고 본 대목이나 작가의 "무의식성"과 연관시킨 대목, 그리고 "작가의 의도에 반하여" "우발하는 것"이라고 본 대목에서 잘 나타난다. 그렇다면 이를 발견하고 의식화하는 것은 누구의 몫인가? 임화는 이를 비평가의 역할로 돌린다.

임화는 작품을 읽을 때에는 작가의 "의도를 따라 작품을 해석하고 향수하는 것"뿐만 아니라, "외부에 결과된 또 하나의 핵심(잉여물－인용자)을 파악"하는 독법이 필요하다고 주장한다. 임화는 이 둘 중 잉여물이 작품의 핵심이고,[15] 이를 읽어내는 것이 작품 읽기의 핵심이라고 말한다. 그리고 "이런 발견은 극히 소수의 우수한 감수력(感受力)과 투철한 지성을 가진 독자만이 가능한 것"인데, 임화는 "여기서부터 비평의 영역이 시작되고 비평의 기능이 작용하게 된다"고 말한다. 즉 임화는 비평의 기능이 "작가의 의도나 독자의 향수(享受)가 채 알아내지 못하고 방기해둔 미경(未耕)의 옥토(잉여물－인용자)를 발견하여 새 가치를 부여하는 데 있"고, 이러한 잉여물을 적극적으로

15 "잉여의 세계를 가진 작품은 벨라스케스(D.R.Velazquez)의 화면(畵面)과 같이 작품의 중핵(中核)이 작품 가운데 있는 것이 아니라 작품 밖에 있게 되는 것이다." 여기에 언급된 "벨라스케스(D.R.Velazquez)의 화면(畵面)"은 〈시녀들〉로 보인다. 이는 〈시녀들〉 그림 속의 인물들(공주와 시녀들)이 거울 속에 어렴풋하게 존재를 드러내고 있는 왕과 왕비라는 권력의 시선에 예속되어 있는 점을 진술한 발언으로 보인다. 미술에 조예가 깊었던 임화의 이력이 엿보이는 대목이다.

찾아내어 "낡은 지성의 무가치를 선언하고 그 와해를 촉진시킴으로써 새 현실에 적합한 가치 있는 지성의 체계의 형성"을 돕는 데에 있다고 본다. 작품 속에서 어렴풋하게나마 직관될 수밖에 없었던 잉여세계를 "의식화 하고" "지성 가운데 정착"하는 것, "잉여세계의 의식화를 통하여 자기 자신을 개변하려는 작가의 노력을 돕는" 것이 그 기능이자 임무에 해당한다는 것이다. 그리고 이를 위해서 비평가는 잉여의 원천에 해당하는 "새로운 세계와의 공감력"을 가져야 한다고 말한다.

임화는 이러한 맥락에서 비평의 창조성을 강조한다. "비평은 대상이 문학 작품이라는 한계 내에 국한되어 있다." 그러나 이러한 종속성에도 불구하고 비평은 작품 속에서 작가의 의도를 넘어 형상화되는 잉여의 세계를 발견하고 거기에 새로운 가치를 부여할 수 있다. 임화는 비평의 이러한 측면을 주목함으로써 작품에 대한 비평의 종속성을 거부하고 비평의 독자성을 강조한다. "이 발견과 새 가치의 창조 때문에 비평은 단순한 작품의 향수나 해석의 한계를 넘어서 제 독자의 세계를 건립하는 것이다." 여기서 한 단계 더 나아가, 그는 작품을 "비평적 창조의 소재에 불과"하다고까지 말한다. 즉 비평의 창조성, 독자성, 자율성은 이러한 잉여물의 발견에서부터 가능해진다. 잉여물이 새 세계(맑스주의 역사발전단계론의 종점)와 관련된 것이라는 점을 염두에 둔다면, 창조성 · 독자성 · 자율성에 대한 강조는 그 어휘 자체가 흔히 연상시키는 '현실과의 거리두기'나 '미적 자율성에 대한 강조'를 뜻하는 것이 아니라는 점을 알 수 있다. 그것은 당대에 무력하게 굴복했던 작품으로부터의 거리두기이자 문학의 대사회적 실천에 대한 회복의 염원을 담고 있는 어휘들에 해당한다.

그런데 여기서 주목할 점은 임화의 입장이 변모하고 있다는 점이다. 1937년 「사실주의의 재인식」과 「주체의 재건과 문학의 세계」에서 임화는 당시 붕괴되었던 주체를 재건하기 위해 작가 중심의 예술적 실천을 강조했지만, 1938년에 이르러서는 여기서 벗어나고 있다. 김동식이 치밀한 논증을 바탕으로 지적한 바와 같이 임화는 여기서 "작가 중심의 주체 재건을 철회하고" "리얼리즘의 승리는 작가에 의해서 주어지는 것이 아니라 비평가가 읽어내는 것"으로 보고 있다.[16] 위의 비평들은 모두 당대의 상황과 침체된 문단에 대한 타개책으로 엥겔스의 발자크론을 수용하고 있다는 점은 공통된 것이지만, 그 강조점이 어느덧 작가에게서 비평가 쪽으로 옮겨가 있다.

「의도」에서 임화가 비평의 기능을 중시하는 이면에는 작가와의 거리두기(읽기에 따라서는 작가에 대한 폄하)의 자세가 드러난다. 작가의 사상(의도, 지성)은 한계가 있는 것이고, 잉여물은 작가의 무의식에 국한되고, 기껏해야 예기치 않은 부분에서 우연히 드러날 뿐이다. 경우에 따라서는 "잉여의 세계를 앙양함은 작가와 정면에서 대립하는 것이며 사상적으로 갈등하게 되는 것이다"는 말처럼, 그는 비평가와 작

16 김동식, 앞의 글, 122면, 126면.

가의 대립과 갈등을 표면화하기까지 한다. 그렇다면 임화는 왜 작가와 거리를 두고 비평의 기능을 중시하는 쪽으로 변모하게 된 것일까?

이는 임화 그 자신이 시인으로서 문학 활동을 시작했으며 시 창작에 열정적으로 임해왔던 면모나, 불과 2개월 전에 시집 『현해탄』을 상자했던 면모와는 사뭇 대조적이다. 물론 「의도」에서 임화가 불만스러워 하며 일차적인 타깃으로 삼은 대상은 당대 상황에 무력하게 굴복하고 있는 작품과 거기에 기생하면서 해석비평에 머무르고 있는 당대의 비평이었을 것이다. 그러나 임화의 비평이 시와 밀접한 연관관계를 맺고 전개되어온 점을 염두에 둔다면, 그 대상에는 그동안 시작에 열정적으로 매진해왔던 자신의 작품 역시 포함되어 있고, 이 변모 역시 자신의 시에 대한 반응으로도 읽을 수 있을 것이다.

3. 현해탄 연작과 시인의 주관성

1) 현해탄 연작과 주체재건의 기획

1937년 임화는 작가중심의 예술적 실천을 통해 붕괴된 주체를 재건하자고 주장했다. 이 과정은 김동식이 다음과 같이 잘 정리해놓았다. ① 현실의 억압적 상황 아래에서 주체는 와해되거나 미완의 상태에 있다. ② 예술적 실천을 집중해서 작품을 만든다. ③ 작품의 리얼리즘을 통해서 현실의 역사적 법칙을 포착한다. ④ 리얼리즘을 통해서 포착된 현실은 과학적 세계관이다. ⑤ 리얼리즘을 통해서 포착된 현실의 역사적 법칙=과학적 세계관은, 와해된 주체의 그릇된 세계관에 충격을 주어서 교정하게 된다. ⑥ 그 결과 과학적 세계관이 내면화되고 생활 실천에 근본적인 변화가 일어나면서 주체가 재건된다.[17] 이러한 주체재건은 일제의 사상 탄압과 카프의 해체, 폐결핵의 악화 등으로 인해 주체가 와해된 상태에 처했으며, 그 자신이 시를 창작하는 작가였던 임화 자신에게도 해당되는 과제였다. 1937~1938년 사이에 집중적으로 창작된 현해탄 연작[18]은 임화 자신에게 있어 주체재건의 기획에 해당하는 것이었다.

현해탄 연작을 왜 주체재건의 기획으로 볼 수 있는가? 그 이유는

17 위의 글, 118면.

18 임화 자신의 도일과 귀국 체험(1929~1931)을 '사후성의 원리'에 따라 현재의 이해관계 속에서 재구성하고 있는 다음 16편이 여기에 해당한다. ① 부산－하관(관부연락선 이용) : 「해협의 로맨티시즘」(1936.3), 「현해탄」(1938), 「눈물의 해협」(1938), 「어린 태양이 말하되」(1937.6.23), 「바다의 찬가」(1937.6.23), 「다시 인제 천공(天空)에 성좌(星座)가 있을 필요가 없다」(1938), 「지도」(1937.11.3), 「해상에서」(1938), 「월하의 대화」(1938) ② 동경 체제 : 「내 청춘에 바치노라」(1937.10.22), 「수향」(1938), 「행복은 어디 있었느냐?」(1938) ③ 하관－부산(관부연락선 이용) : 「밤 갑판 위」(1938) ④ 부산 상륙 : 「상륙」(1938), 「홍수 뒤」(1937.6.24) ⑤ 부산－서울(경부선 이용) : 「황무지」(1938), 「고향을 지내며」(1938). 이 중에서 「해협의 로맨티시즘」만 임화가 낭만정신론을 주장했던 1936년에 씌어진다. 즉 현해탄 연작의 시작은 낭만정신론의 영향 아래 있었지만, 이후의 시들은 주체재건론의 영향 아래 창작되었으며, 본문에서 진술하는 바와 같이 주체재건론에 상응하는 문제의식을 드러낸다.

이 연작이 주체재건론이 외쳐지는 시기에 집중적으로 창작되고 있으며, 임화 스스로 자기비판했던 앞선 시기의 시(1934~1936)와는 달리 주관의 과잉됨을 자제하려는 시도가 드러나고 있으며, 현실의 객관적인 전개 양상을 담아내려는 다양한 노력들이 나타나는 등, 다음과 같이 주체재건론에 나타난 '주체재건에 상응하는 과정'들이 드러나기 때문이다.

우선 임화는 현해탄 연작에서 앞 시기에 노출했던 주관편향의 자세를 극복하려고 한다. 낭만정신을 외칠 무렵(1934~1936), 임화는 자신의 시(「강가로 가자」, 「세월」, 「암흑의 정신」, 「주리라 네 탐내는 모든 것을」, 「가을 바람」, 「나는 못 믿겠노라」 등)에서 신념의 근거를 객관적 현실이 아니라 자연의 순환 원리에 기대어 찾았고, 신념을 떠받치기 위해 낯선 형식을 남발했다. 그러다 보니 주관이 앞서는 편향된 자세를 노출했다. 현해탄 연작은 이를 다음과 같은 노력을 통해 교정하려 한다. 먼저 임화는 자신의 관념 속에 각인된 '자연의 순환원리' 대신 '조선→일본→조선'으로 이어지는 구체적인 배경을 채택한다. 현해탄 연작의 주체인 청년은 이러한 현실 속에 자리하고 있다. 그리고 임화는 도일을 감행한 자신을 '그' · '너' · '청년'으로 객관화하여 성찰의 거리를 확보하려 한다. 어조 역시 단정적인 어조보다도 '-했으면'과 같이 조심스러운 모색을 추구하는 목소리를 드러낸다. 그리고 그동안 임화가 채택한 긴 시행 속에서 격정적으로 발화되었던 주관적 요소를 억제하기 위해 '한 행의 길이'가 짧아진 시행형태를 선보인다.

그리고 임화는 당대 조선의 역사적 도정이 근대성 실현에 있다고 판단하고 그 열망을 시 속에서 담아내려고 한다. 즉 당시 식민지 조선이 프롤레타리아혁명의 전단계로서 봉건적 유제부터 일소하고 근대적 과제를 이루어야 하는 단계라고 생각한다.[19] 이런 판단 하에 임화

19 임화가 이런 인식을 갖게 된 계기로는 ① 주체재건론, ② 볼셰비키화론의 문제점 반성, ③ 아시아적 생산양식론의 영향 등을 들 수 있다. ① 임화는 주관 편향을 반성했던 주체재건론에서 "와해된 주체를 객관적 현실의 양양(羊羊)한 파악으로 끌어가고"(임화, 「주체의 재건과 문학의 세계」(1937.11), 『임화문학예술전집 3-문학의 논리』, 소명출판, 2009, 56면). 거기서 "현상의 본질에 투철하고" "현실이 발전해 가는 역사적 대도(大途)를 조명"(임화, 「사실주의의 재인식」(1937.10), 『임화문학예술전집 3-문학의 논리』, 소명출판, 2009, 71면)하려는 과정을 통해 이전에 자신이 간과했던 현실의 구체적인 실상을 대면하고 당대 조선에 근대적 과제가 절실함을 깨닫게 된 것으로 보인다. 근대 실현의 과제를 구체적으로 시화하고 있는 현해탄 연작이 이에 대한 근거가 될 것이다. ② 한편 하정일은 임화가 카프 해체를 전후하여 볼셰비키화론의 문제점(계급중심주의, 식민지적 특수성에 대한 인식의 결여)에 대한 반성을 통하여 민족과 근대의 문제를 새롭게 바라보기 시작한다고 본다. 이는 부르주아 민주주의의 핵심 가치인 민족과 근대라는 문제를 해결하지 않고는 근대 이후로 이행할 수 없다는 판단과 연관되어 있는데, 임화가 당시 부르주아 민주주의 변혁론을 수용한 것은 그런 연유 때문이라고 하정일은 보고 있다(하정일, 「일제 말기 임화의 문학비평과 이중과제론」, 『한국근대문학연구』 20, 한국근대문학회, 2009, 306~315면). ③ 반면 김재용은 중일전쟁 이후 자본주의가 붕괴되지 않고 일본이 승승장구하는 상황에서, 임화가 당시 역사학계에서 논의되었던 아시아적 생산양식론의 영향 아래, 조선적 특수성을 완강하게 부인하던 이전의 자세를 바꾸어 조선적 특수성을 고려하는 면으로 변모했다고 본다. 나아가 김재용은 이러한 조선의 특수성에 대한 인식을 바탕으로 임화가 12월 테제의 좌적 해석에서 벗어나, 조선 사회가 프롤레타리아혁명으로 전환할 단계가 아니라 봉건적 유제부터 척결해야 한다는 입장으로 돌아선다고 본다. 더불어 문학에서도 이전까지 지속적으로 주장했던 프로문학(사회주의적 내용에 민족적 형식의 경향문학)이 현실적 지층을 가진 것이 아니라 이식된 것에 불과한 모험이었다고 부정하게 된다고 본다(김재용, 『민족문학운동의 역사와 이론』 2, 한길사, 1996, 38~39면; 김재용, 「임화의 이식문학론과 조선적 특수성 인식의 명암」, 『임화문학의 재인식』(문학과사상연구회 편), 소명출판, 2004, 90~105면). 임화가 이러한 인식에 이르게 된 데에는 이상의 영향력들을 함께 고려할 필요가 있다. 넓게 잡아도 1934~1938년 사이에 임화는 이러한 인식에 이르게 된다.

는 계급해방사회에 대한 열망을 드러내었던 이전의 시들과는 대조적으로, 현해탄 연작에서 현해탄을 경유해 들어오는 근대세계 수용에 대한 열망을 적극적으로 드러낸다(「상륙」, 「바다의 찬가」, 「황무지」, 「해협의 로맨티시즘」, 「홍수 뒤」, 「지도」). 그리고 다른 한 편에서는 조선의 현실과 다시 한 번 구체적으로 교섭하는 과정 속에서 근대성의 추구가 식민지성의 강화로 이어지는 현실을 묘사한다(「눈물의 해협」, 「황무지」, 「홍수 뒤」, 「현해탄」). 현해탄을 통해 수용된 근대는 제국주의의 식민지 수탈과 분리될 수 없는 것이기 때문이다. 이렇게 현해탄 연작이 담아내고 있는 근대성과 식민지성은 임화가 앞서가는 주관을 제어하고 현실의 역사적 법칙을 포착하려고 했기 때문에 담아낼 수 있었던 부분이다.

여기서 임화는 근대성과 식민지성 사이에서 치열하게 갈등한다. 그러나 현해탄 연작은 갈등의 제시에서만 끝나지 않는다. 임화는 어떤 식으로든 갈등을 해소하려고 했다. 그런 갈등에도 불구하고 임화는 "그러나 우리는 아직도/ 이 바다 높은 물결 위에 있다"[20]고 말한다. 이런 점에 초점을 맞추어 다소 모험적이지만 다음과 같은 해석을 해볼 수 있다.

당대 상황에서 해소하기 어려운 모순을 미적 형식을 통해 상상적으로 해소하는 행위는 임화의 전체시력에서 반복적으로 나타나곤 했는데,[21] 임화는 현해탄 연작에서도 그 갈등을 '민족을 위해 도일

20 임화, 「현해탄」, 『임화문학예술전집 1 — 시』, 소명출판, 2009, 192면.

하는 청년의 사명감' 형상화를 통해 해결하려 한다. 이를 통해 임화는 갈등을 일시적으로 해결한 뒤, 현해탄을 지향한 높은 파고 위에 다시 나설 수 있었다.[22] 이러한 예술적 실천을 통해서라도 임화는

---

21 당대 상황에서 해소하기 어려운 모순을 시라는 미적 형식을 통해 상상적으로 해소하는 행위는 임화의 전체시력에서 반복적으로 나타난다. 가령, 단편서사시를 쓸 무렵 임화는 계급의식을 본격화하기 위해 연애감정을 억압해야 했지만, 모던보이의 면모를 떨쳐내지 못했던 자신에게는 연애감정이 잔존해 있었다. 임화는 이 감정을 전위와 응축을 통해 만들어진 붉은 연애의 이미지를 통해 해결한다. 그리고 1934년 '계급적 신념에 투철해야 한다'는 점과 '시의 정서를 배제한 뼈다귀시로 전락해서는 안 된다'는 점 사이의 갈등을, 미래를 향해 전진해가는 낭만정신을 시화한 감정시를 통해 해결한다. 1947년 박헌영의 월북으로 인해 남로당 조직의 구심점이 사라지고 합법적인 투쟁이 불가능해진 상황에서, 임화는 당원들을 결집시키고 미군정과 우익에 맞서 싸우기 위해, 박헌영을 시공간적인 제약을 뛰어넘어 위대한 영도력을 발휘하는 '신비스러운 존재로 미화한 시'를 쓰게 된다(허정, 「임화 시 연구」, 동아대 박사논문, 2007, 12면 참조). 즉 이러한 점은 현해탄 연작에 일회적으로 드러난 것이 아니라 임화의 시력 전체에서 반복되고 있다. 이 점이 임화가 '현해탄 연작에서의 갈등을 해소하고자 하였다'에 대한 하나의 근거로 볼 수 있다. 또 다른 근거로는 갈등의 제시만으로는 주체가 재건되지 않았기에 당시 임화가 어떤 식으로든 이를 봉합할 필요가 있었다는 점, 그리고 현해탄 연작 속의 '민족을 위해 도일하는 청년의 이미지'가 그러한 갈등을 응축시켜낸 이미지에 해당한다는 점을 들 수 있다.

22 근대에 대한 진보의 신념을 포기하는 것은, 프롤레타리아혁명을 이루기 위한 단계로서 당시 임화가 과제로 삼았던 근대 실현을 포기하는 것이었고, 결국에 그것은 사회주의자 임화가 필생의 과제로 삼았던 프롤레타리아혁명의 포기와 직결되는 것이었다. 근대는 반드시 거쳐나가야 하는 것이다. 그리해야만 역사의 진보 입장에 계속 설 수 있다. 하지만 식민지 수탈을 가중시키는 이러한 양상으로 근대수용을 외칠 수도 없는 노릇이었다. 그러나 임화는 근대성과 식민지성 사이의 갈등만으로 현해탄 연작을 끝낼 수 없었다. 이를 통해서는 생활 실천에 근본적인 변화를 이끌 수 없었고 주체가 재건될 수도 없었다. 그래서 그는 '민족을 위해 도일하는 청년'의 이미지를 통해 이러한 갈등을 해소하고자 했다. 임화는 「해상에서」에서 연락선을 타고 일본으로 들어가는 뱃전에서 도일에서의 경험을 바탕으로 귀국 후 무엇이 될 것인지, 일본에서 고향 조선에 무엇을 가지고 갈 것인지를 끊임없이 자문하는 청년상을, 「해협의 로맨티시즘」에서 고생 끝에 일본에서 모든 것을 배워 귀국한 후 민족현실을 타개하는 별이 되고자 다짐하는 청년상을 형상화한다. 이런 식의 해소를 통해 그는 "그러나 우리는 아직도 / 이 바다 높은 물결 위에 있다"(임화, 「현해탄」)라고 말할 수 있었다. 현해탄 연작의 시부분에 대한 보다 자세한 내용은 허정, 위의 글, 84~108면 참조.

사회적 실천이 막힌 상황에서 붕괴될 위기에 있었던 주체를 재건하고자 했다. 그리하여 문학을 사회적 실천으로 이끌려 했고, 지속적으로 역사 발전의 전망을 획득하려고 했다.

2) 작가의 의도와 한계

「의도」에서 임화는 "인물을 선정하고 시추에이션을 배치하고 플롯을 만들어 작품의 구성을 디자인하는 것이 모두 이 의도의 작용"이라고 했다. 전술한 바와 같이 임화는 현해탄 연작에서 청년을 주인물로 선정하고 '근대성과 식민지성 사이에 가로놓인 식민지 조선'이라는 상황을 설정하고, 그 사이의 갈등을 '민족을 위해 도일하는 청년의 이미지'를 통해 해소하고 역사발전에 대한 진보의 신념을 관철시킨다는 식의 플롯을 짜고 있다. 이것이 바로 현해탄 연작에 나타난 작가의 의도에 해당한다.

그러나 그 의도에는 한계가 있었다. 임화는 이 도일을 제국주의 아래 신음하는 식민지 민족현실을 타개하기 위한 것이라고 말하고 있다. 그러나 그것은 그 도일이 훗날 민족을 이롭게 할 것이라는 점을 강조함으로 인해, 현재 그것이 갖는 위협의 실상을 간과하는 타협이었다. 즉 이것은 근대성의 추구 과정에서 반드시 동반될 수밖에 없는 식민주의의 위협을 자신의 의식 속에서 의도적으로 괄호 친 사유였다.[23] 그래서 이는 당대 현실 속에서는 유효성을 발휘하기 어려웠고 임화의 자기의식을 추동하는 데에 의미가 있었을 따름이다.

이러한 점은 임화가 주관적 의도를 앞세우기 전에 당대 현실에 좀 더 엄밀하게 천착했어야 했을 것이라는 점을 부각시킨다. 그렇게 했으면 임화는 반봉건의 과제뿐만 아니라 반제의 과제까지 끌어안을 수 있었을 것이다. 프롤레타리아 혁명을 이루기 위한 단계로 근대로의 지향이 아무리 불가피하다고 하더라도, 그 추구가 식민지성의 강화 쪽으로 이어지지 않도록 하기 위해서는 그것을 반제의 과제와 연결시키고 노동자 농민이 주축이 된 민주주의적 집권과 연결시켜 사유할 필요가 있었다. 임화가 접했을 12월 테제의 경우만 하더라도, 부르주아민주주의혁명을 두고 반제 · 반봉건의 과제를 노동자 농민이 주축이 된 민주주의적 집권(노 · 농 소비에트)을 통해 해결한 뒤, 프롤레타리아혁명으로 성장 · 전화할 것을 천명하고 있었지 않는가?[24] 맑스의 경우에도 처음에는 아시아가 사회변혁의 메커니

---

23 이 청년의 형상은 도일의 의미를 위험하지 않는 것으로 변형시킨 타협형성으로, 근대성과 식민지성 사이의 해소되지 않는 갈등을 상상적으로 해결하고 있는 이미지에 해당한다. 이 이미지는 대립하는 상이한 것들을 하나의 심상 속에 결합시키는 응축(condensation)의 방법에 의해 만들어진 것이다. 프로이트의 심리학에서 타협은 완전한 해결이 아니다. 그것은 대립하는 것들이 자신의 요구를 부분적으로 단념하여 이루어진 일시적인 균형 상태이다(막스 밀네르, 이규현 역, 『프로이트와 문학의 이해』, 문학과지성사, 1997, 88면). 임화는 이러한 타협을 통해 안전장치를 마련한 뒤, 식민지성을 괄호에 넣고 다시 근대 추구의 과제를 내세운다. 이것은 진보성을 가장한 식민주의의 위협을 의도적으로 망각한 것이라는 점에서 문제가 있다.

24 「조선문제에 대한 코민테른 집행위원회의 결의」, 『식민지시대 한국사회와 운동』(임영태 편), 사계절, 1985, 359~360면.

즘을 결여하고 있다고 보고 서구의 식민주의가 아시아 사회에 자본주의적 진보를 가져올 수 있을 것으로 믿었다.[25] 그러나 1867년 이후 맑스는 식민주의가 식민지에 진보를 가져오기는커녕 값싼 노동력을 종주국에 제공하는 농업국으로 전락시킨다는 점, 종주국 부르주아지가 노동계급을 억누르는 데 식민지의 빈곤을 이용한다는 점, 그리고 이것은 프롤레타리아트의 국제적인 연대를 파괴한다는 점을 깨닫게 된다. 그래서 1867년 이후 맑스는 식민지와 종주국의 분리를 선언하지 않았던가?[26] 그러나 현해탄 연작은 노동자 농민을 주체로 내세워야 하는 지점에서 그들을 "외방 말"에 움츠러드는 연민의 존재로 대상화[27]하고 근대를 향한 청년 지식인의 신념을 내세우는 데에서 끝나고 말았다.

그렇다면 그 원인은 어디에 있는가? 그것은 다름 아니라 현실을 좀 더 구체적으로 탐구해야 하는 지점에서 자신의 주관을 앞세운 데에 있었다. "제 주관에 구애되지 않고 현실을 탐구하여"[28]야 한다고 했고, 낭만정신을 외칠 무렵의 자신의 시를 두고 "주관주의적 일탈"

25 칼 맑스 · 프리드리히 엥겔스, 김세균 감수, 『칼 맑스 프리드리히 엥겔스 저작 선집』 2, 박종철 출판사, 1992, 402~407면.

26 칼 맑스 외, 『마르크스―레닌주의 민족이론』, 나라사랑, 1989, 109~117면; 임지현, 『민족주의는 반역이다』, 소나무, 1999, 110~111면.

27 임화, 「현해탄」, 『임화문학예술전집 1―시』, 소명출판, 2009, 191면.

28 임화, 「현대문학의 정신적 기축(基軸)」, 『임화문학예술전집 3―문학의 논리』, 소명출판, 2009, 102면.

이라고 자기비판을 했음에도 불구하고 임화는 다시 진보에 대한 신념을 앞세우고 말았다. 특히 『현해탄』을 묶으면서 「현해탄」(1936.3)을 「해협의 로맨티시즘」(1938)으로 제목을 바꾸어 개작할 때는 원 발표문인 「현해탄」에 없었던 구절인 "오오! 해협의 낭만주의여!"[29] 라는 구절까지 삽입해가며, 근대세계에 박차를 가하는 주체를 열정적으로 형상화했다. 이것은 현실과 상호교섭하며 변화 발전해가는 인물을 그린 것이 아니라, 현실의 복잡성을 자신의 의도 하에 봉합시킨 것이었다. 임화는 『현해탄』을 상자하고 나서 「의도」를 쓸 무렵에 이 점을 깨달은 것으로 보인다.

그 자신의 반동적 사상에도 불구하고 구세력이 몰락하고 시민들이 승리하는 역사의 진보적 흐름을 담아낸 발자크의 작품처럼, 임화는 현해탄 연작 역시 프롤레타리아 혁명의 전단계로서 근대적 과제를 실현해나가는 역사의 진보적 도정을 제시할 수 있을 것이라고 생각했다. 그러나 그러한 예술적 실천에는 한계가 있었다. 이 점을 깨달은 임화에게는 이러한 한계를 조망하며 나아갈 방향을 제시해줄 만한 시각이 필요했다. 즉 발자크 식의 창작이 아니라 엥겔스 식의 안목이 필요했던 것이다.

29 임화, 「해협의 로맨티시즘」, 『임화문학예술전집 1 ― 시』, 소명출판, 2009, 154면.

4. 시인의 성정, 비평가의 투철한 지성

「의도」 발표 이후 임화는 '시 장르의 속성을 당시 상황과의 연관 관계' 속에서 사유하는 비평문을 쓰게 된다. 거기서 임화는 "시는 성정(性情)의 명확성을 은폐할 수가 없음이 제 타고난 운명이라 할 수 있다"[30]는 발언을 공공연하게 하게 된다. 이 말은 시가 시인이 발 딛은 환경에서 갖게 된 개인의 정서를 직설적으로 토로할 수밖에 없는 고백적인 장르라는 의미를 담고 있다.

이 성정은 행동이라는 실천력으로 이어지는 것인 동시에 능동적인 '감정'으로 발현될 수 있지만, 행동을 유발하지 못하는 정관적인 '감상'으로도 발현될 수도 있다.[31] 즉 역사의 방향성을 찾을 수 있을 때 그것은 감정으로 발현된다. 그러나 "미래를 폐쇄당한 인간이 불가피적으로 당도하는 감상주의"[32]라는 말처럼, 역사의 방향성을 찾을 수 없을 때 그것은 감상으로 드러나게 된다. 시인을 "역사적 전진을 위하여 체현한 바 시대적 정신의 가장 솔직 대담한 대변자"[33]로 보고, 식민지 조선의 "전진하고 있는 객관적 과정을" 제대로 평가하

---

30 임화, 「통속소설론」(1938.11), 『임화문학예술전집 3－문학의 논리』, 소명출판, 2009, 308면.

31 임화, 「담천하(曇天下)의 시단 1년」(1935.12), 『임화문학예술전집 3－문학의 논리』, 소명출판, 2009, 496면, 504~505면.

32 임화, 「진보적 시가의 작금」(1937.1), 『임화문학예술전집 4－평론 1』, 소명출판, 2009, 741면.

33 임화, 「담천하(曇天下)의 시단 1년」(1935.12), 『임화문학예술전집 3－문학의 논리』, 소명출판, 2009, 483면.

고 "개성을 사회적 전체 위에서 노래"[34]할 것을 주문했던 임화는 이중에서 감정을 시 속에 드러내려고 했다. 즉 임화는 역사의 방향성을 확인 가능한 현실에서 현실의 모순에 맞서가는 진보의 신념을 시 속에서 드러내고자 했다.

여기서 눈여겨 볼 점은 임화가 낭만정신론을 주창할 무렵 자신의 시가 드러낸 오류에 대해 자기비판을 하던 모습이 여기서는 사라지고 없다는 점이다. 카프 해산 이후 임화는 낭만정신(미래를 향해 전진해 나가는 의식)이야말로 침체된 당대 상황을 타개할 수 있는 방법이라는 판단 하에 이를 의도적으로 강력히 드러내려 하였고, 낭만정신을 창작방법론으로 삼은 감정시를 썼다. 그러나 「사실주의의 재인식」에 이르러 그 시들이 "정신을 가지고 현실을 규정하려는 역도(逆倒)된 방법"을 보였고, "나의 로맨티시즘이 의도 여하를 물론하고 신리얼리즘으로부터의 주관주의적 일탈의 출발점이었다"고 자기비판을 감행했다.[35] 즉 주객변증법의 주도적 계기를 주관에 둠으로 인해 객관현실을 간과하는 주관편향의 위험을 드러내었다는 사실을 인정하였다. 그리고 비록 실패로 끝났지만 현해탄 연작에서는 주관을 자제하기 위해서 많은 노력을 했다. 그런데 1938년에 이르러서는 주관편향에 대한 극복이라든지, 주관을 어떻게 현실과 변증법적으로 교섭

34 위의 글, 508면.

35 임화, 「사실주의의 재인식」, 『임화문학예술전집 3—문학의 논리』, 소명출판, 2009, 78면.

해나갈 수 있도록 할 것인지에 대한 고려를 하지 않고 있으며, 시인의 주관에 해당하는 '성정'만을 돋우어 강조하고 있다. 이렇게 이 시기 임화는 시에 대한 입장을 수정하여 시를 주관을 거스를 수 없는 장르로 명확히 규정짓는다.

『현해탄』 이후에도 임화는 시를 간간히 써나가지만, 여기서 그는 현해탄 연작에서와 같은 '주관의 제어'에 대한 노력을 기울이지는 않는다. 대신 낭만정신론을 외칠 무렵처럼 주관적 의지를 고조시키는 방법을 통해 상황을 극복하려는 고투를 벌인다. 그리고 그러한 고투가 힘겨워졌을 때는 절망, 비탄, 좌절과 같은 감상을 시 속에 드러내다가 절필하게 된다.[36]

36 박정선은 '찬가 연작'이 관념의 세계를 끝까지 추구하였고, 이 시들에 나타난 주관적 의지에 의거한 관념적 투쟁이 실제 현실의 모순을 극복하지 못하고 강고한 현실의 벽에 부딪혀 패배할 수밖에 없었다고 본다(박정선, 「일제 말기 전시체제와 임화의 「찬가」 연작」, 『한국시학연구』 22, 한국시학회, 2008, 203면). 『현해탄』 발간 이후 임화는 현해탄 연작에서와 같이 근대에 대한 시적 모색 대신, 박정선의 말처럼 '찬가'류의 시에서 희망과 의지를 만들어내는 토양에 해당하는 고통의 순간에 대한 찬가를 부르기도 했고(위의 글, 191~193면), 악화된 상황 속에서도 다시 한 번 계급해방을 향한 진보적 도정에 대한 신념을 드러내려고 했다(「별들이 合唱하는 밤」, 「한잔 포도주를」). 그러나 거기서 진보의 도정에 매진할 수 있는 현실이 아니라 생활의 자리로 떨어졌음을 인정하고 역사의 진보적 도정에 오르려 했던 과거를 그리워한다(「자고 새면」). 그러다가 주체에 적대적인 당대와의 마찰에서 유발된 절망감을 제어하지 못하고 울다가(「통곡」 「밤의 찬가」), 「한 여름 밤」(1939.3)에서 역사의 진보를 추동했던 시적 주체인 청년의 죽음을 비장한 어조로 선고한다(허정, 앞의 글, 112~115면). 「한여름 밤」 이후 「9월 12일」(1945) 이전까지 임화의 시는 아직 발굴되지 않고 있으므로 이 시를 마지막으로 임화는 해방 이전까지 시를 절필한 것으로 추측된다. 이후 임화는 역사의 진보적 도정이 다시 가능했던 해방기에 이르러 다시 시를 쓰게 된다.

시는 성정(性情)의 명확성을 은폐할 수가 없음이 제 타고난 운명이라 할 수 있다. 시가 현대문학 가운데서 조우(遭遇)하는 비극은 실로 이 속에 배태되어 있다고 할 수 있다.

(…중략…)

문제는 현대와 같은 때 의의를 갖는 것으로, 우리가 환경과의 사이에 조화를 발견치 못할뿐더러 부조화를 예술적으로 표현하는 데도 또한 우리가 자유를 향유하지 못했을 때, 소설이 시보다는 융통성 있는 기능을 발휘할 수가 있다.

마치 풍자가 서정시(광의의)의 직절성(直截性)을 간접화하는 것과 같이 소설적 픽션의 간접성이 작자와 환경과의 날카로운 마찰을 어느 정도까지 은폐하는 것과 같은 기능을 수행한다. 그러므로 시가 전혀 발언치 못할 때라도 소설은 아직 생존할 수가 있다.[37]

더욱이 소설은 묘사의 예술, 산문의 문학이다.

소설은 시가 할 수 없는 것을 해낼 수 있는 특이한 예술이다.

시는 지저분한 현실에 대한 악의를 이렇게까지 교묘, 섬세하게 표현할 수 없다.

그러므로 소설은 시가 절망하는 곳에서 교묘하게 활동할 수 있는 것이다.

37 임화, 「통속소설론」, 『임화문학예술전집 3－문학의 논리』, 소명출판, 2009, 308~309면.

> 이래서 세태 묘사 소설은 풍자시와 같이 작자 자신의 자태를 그렇게 똑똑히 내놓지 않고 단지 묘사되는 현실 그것을 통하여 독자에게 현실의 지저분함을 능히 전달할 수 있는 것이다.[38]

'시의 존재양상을 시대상황과 결부'시켜 논의한 인용문들의 내용은 다음과 같다. 성정의 명확성을 드러낼 수밖에 없는 시는 시인의 정서가 직설적으로 노출될 수밖에 없는 고백적인 장르다. (역사의 전진 방향이 보일 때 시는 감정을 드러낼 수 있지만,) 역사의 전진 방향을 찾을 수 없는 현대와 같은 난폭한 시대에 이르러 시는 생존할 수 없다. 생존한다 하더라도 당대와의 날카로운 마찰에서 유발된 절망감(감상)을 드러낼 수밖에 없다. 그것은 시가 당대의 상황에서 직면하게 되는 비극에 해당한다. 반면 소설에서는 허구가 부조화 상태에 있는 작가와 환경 사이를 간접화하기 때문에, 작가는 자신의 성정을 어느 정도 숨길 수 있다. 그래서 시가 전혀 발언하지 못할 때라도 소설은 생존하며 그 기능을 융통성 있고 교묘하게 발휘할 수 있다. 임화는 「세태소설론」에서 이를 두고 "지저분한 현실에 대한 악의를" "교묘, 섬세하게 표현"한다 혹은 "작자 자신의 자태를 그렇게 똑똑히 내놓지 않고 단지 묘사되는 현실 그것을 통하여 독자에게 현실의 지저분함을 능히 전달"한다고 말한다.

---

38 임화, 「세태소설론」(1938.4), 『임화문학예술전집 3 — 문학의 논리』, 소명출판, 2009, 280면.

여기서 초점이 되는 것은 '시대에 절망하는 작가 자신의 주관을 숨기고 당대의 상황에 융통성 있게 대응할 수 있는가', '현실의 타락상을 어떻게 교묘하게 독자들에게 전달할 수 있는가' 하는 점에서 임화가 문학의 존재의의를 찾고 있다는 점이다. 이는 문학의 대 사회적 실천에 있어 정공법을 고집해온 이전의 입장에 비추어볼 때 상당히 이례적인 발언에 해당한다. 여기서 임화는 당대 상황에 대한 '시적 대응의 불가'라는 입장을 내놓는다. 전술한 바처럼 『현해탄』 이후 임화의 시는 역사의 방향성을 찾기 어려운 상황 속에서 감정이 아니라 감상의 양상으로 자신의 성정을 자꾸 드러내곤 했다. 그러한 감상은 계급해방사회에 대한 주체의 진보적 신념을 드러내고자 했던 임화의 시가 정초할 지반이 아니었다. 그래서 위의 발언들은 임화 시의 절필에 대한 강한 암시가 부여된 대목으로 읽힌다. 대신 위의 글들에서 임화는 작가의 주관을 숨기면서 활동할 수 있는 영역으로 소설을 주목했다.

그렇다면 임화 자신에게 있어 그러한 역할을 수행할 수 있는 장르가 무엇이었을까? 위의 인용문들에서 표명하지 않았지만, 그것은 '시에 비해' 자신의 주관을 비교적 냉정하게 억제할 수 있는 비평의 길이 아니었을까 싶다. 임화는 「의도」에서 비평이 잉여물과 같은 징후를 찾는 작업에 집착할 수밖에 없는 점을 두고 이러한 "비평의 직능도 실상은 이 현실 가운데 연원한다"는 상황논리를 펴고 있다. 그리고 비평적 자질로 "우수한 감수력과 투철한 지성"을 들었다.

"작가의 의도나 독자의 향수"가 갖는 한계를 넘어, 역사의 전진 방향을 찾기 어려운 "현대와 같이 착잡(錯雜)한 시대"에 징후의 양상으로 어렴풋하게나마 직관될 수밖에 없었던 잉여물(새 시대의 징후)을 탐구하기 위해서는, "우수한 감수력과 투철한 지성"을 바탕으로 글쓴이의 앞서가는 주관을 가급적 억제하고 현실을 더욱 깊이 탐구할 필요가 있었기 때문이다.

더군다나 당대의 상황은 임화가 그렇게 거부했던 생활인으로의 전락을 인정해야 하는 상황으로 점점 치닫고 있었다. "밥먹고, 결혼하고, 일하고, 자식 기르고 하는 생활의 세계", "생활의 잡다한 탁류"[39]에 해당하는 생활의 자리에서 본질을 적출하고 역사의 진보를 향해 매진할 수 있는 현실의 자리로 다시 오르기 위해서는 당대 상황에 대한 더욱 깊이 있는 탐구가 필요했다. 임화에게 있어 그것은 주관이 앞설 수밖에 없었던, 그래서 당대와의 대면에 있어 융통성을 발휘할 수 없었던 시가 아니라 비평이 담당해야 할 과제였다.

「의도」 이후 임화의 비평은 당대 상황에 보다 신중하게 반응하는 양상으로 전개된다. 거기서 임화는 맑시즘뿐만 아니라 자유주의마저도 격퇴시키고 자신을 생활인으로 밀어 넣은 파시즘의 지배 상황을 자신의 주관적 의지를 앞세워 관념적으로 부정하거나 거기에 절망하는 것이 아니라, 일단 그것을 인정하고 그 속에서 어떤 식의 출

39 임화, 「생활의 발견」(1940.1), 『임화문학예술전집 3－문학의 논리』, 소명출판, 2009, 265면.

구가 가능할 것인지를 끈질기게 모색한다. 가령, 「사실의 재인식」(1938.8)에서는 사실(파시즘)을 관념적으로 부정할 것이 아니라 일단 그것을 인정하자고 제언한 뒤, 역사의 진보적 도정에 오를 방법을 찾기 위해 사실과의 길항을 통하여 현실적 노선을 발견하자고 말한다.[40] 그리고 「생활의 발견」(1940.1)에서는 본질을 적출하고 역사의 진보를 향해 매진할 수 있는 현실에서 생활인으로 내몰렸다는 점을 인정한 뒤, 그동안 비본질적이고 부박한 표면현상이라고 폄하해왔던 생활인의 자리에서 과연 어떠한 새로운 의미가 가능할 지를 깊이 고민한다. 또한 「농민과 문학」(1939.10)과 「생산소설론」(1940.4)은 국책 차원에서 권장된 농민문학이나 생산문학을 논의하면서도 그것들의 나약한 측면에 주목함으로써 식민주의를 내부적으로 비판하며, 내적 저항의 좋은 사례를 보여준다.[41] 나아가 「문단적인 문학의 시대」(1938.7), 「시단(詩壇)은 이동한다」(1940.12), 「창조적 비평」(1940.10), 「전체주의의 문학론」(1939.2~3) 등에서 역사의식을 상실하고 문학 내부에 갇힌 문단에 대한 비판, 퇴폐에 대한 옹호, 완미한 예술정신과 장인정신의 강조를 통하여 모든 것이 체제와 파시즘의 이데올로기로 수렴되는 당대의 문학적 정황에 거리를 두는 방식으

40 「사실의 재인식」 해석은 하정일의 「'사실' 논쟁과 1930년대 후반 문학의 성격」(『분단 자본주의 시대의 민족문학사론』, 소명출판, 2002, 53~56면) 참조.

41 하정일, 「일제 말기 임화의 생산문학론과 근대극복론」, 『민족문학사연구』 31, 민족문학사학회, 2006.8, 293~305면.

로 소극적인 차원에서나마 저항을 전개해나간다.[42]

이렇게 임화의 비평은 당대 상황에 신중하게 대응하며, 그 속에서 어떤 식으로든 출구를 모색하기 위한 작업을 전개해나간다. 당대 상황 속에서 절망감을 드러내지 않고, 우수한 감수력과 투철한 지성을 바탕으로 주도면밀하게 상황을 탐구해나가는 방법을 통해, 파시즘 지배논리의 나약한 측면을 찾아내고, 나아가 이를 내파해 나가는 융통성 있는 방법을 통해 소극적인 차원에서나마 저항을 전개해나갔던 것이다. 이러한 방식을 통해 그는 당시 예감하기 어려웠던 새 시대의 징후(잉여물)를 지속적으로 찾아내고자 노력하였다. 즉 비평에서는 「의도」에서 말했던 잉여의 세계를 포착하려는 노력들을 지속하고 있었다. 그리고 이를 통해 주체를 재건하려고 하였고, 그것이 힘들 때에는 진보에 대한 열정을 간직한 자신만큼이라도 지켜내려고 하였다. 일제말기의 임화에게 있어 비평은 이러한 방식의 문학적 대응이나마 가능하게 해주었던 장르였다.

42 권성우, 「임화, 혹은 세 가지 저항의 방식」, 『현대문학의 연구』 33, 한국문학연구회, 2007, 41~55면.

5. 시인의 맨얼굴이 드러나는 장르

이 글은 「의도」를 쓸 무렵 임화가 '작가 중심의 예술적 실천'을 강조했던 입장에서 '새 시대의 징후를 포착하는 비평가의 역할'을 중시하는 쪽으로 입장을 왜 변모시켰는가 하는 의문에서 출발했다. 임화의 시와 비평은 밀접한 상관관계를 맺고 전개되었는데, 「의도」 역시 임화 자신의 시작행위와 긴밀하게 연결되어 있을 것이라는 가정 하에 이 글을 분석했고, 이를 카프해산 이후의 임화 시(특히 시인의 주관성 문제)와 연결 지어 분석해보았다. 그 결과는 다음과 같다.

예술적 실천을 통한 주체재건은 시인이었던 임화 자신에게도 해당되는 과제였다. 임화는 현해탄 연작에서 이러한 주체재건의 기획을 도모한다. 그러나 거기서 현실의 복잡성을 담아내지 못하고 자신의 의도를 앞세우게 된다. 이러한 주체는 현실과 변증법적으로 교섭하여 만들어진 주체가 아닐 뿐만 아니라, 이러한 한계가 있는 주체로는 당대 상황에 맞서가기 어려웠다. 더군다나 갈수록 역사의 진보적 방향을 찾기 어려워지는 당대 상황 속에서 시인의 주관을 은폐할 수 없었던 임화의 시는 절망, 비탄, 좌절과 같은 감상의 양상으로 그 성정을 드러내었다. 임화가 「의도」에서 예술적 실천을 강조하던 입장에서 물러서, 작가의 의도가 가진 한계를 명확히 하고 작가와 거리를 두게 된 데에는 자신의 창작경험에 비롯된 이상의 점들이 중요한 이유로 작용했을 것으로 보인다. 반면에 임화는 작가의 한계를 조망하는 동시에 잉여물을 밝혀낼 수 있는 위치에 비평가를 위치시키고, 비평의 기능을 중시하는 쪽으로 그 입장을 변모시킨다. 비유하자면 발자크라는 작가에서 엥겔스라는 비평가로 그 입장을 변모시킨 것이다.

임화는 '시에 비해' 자신의 주관을 비교적 냉정하게 억제할 수 있는 비평을 통하여 당대 상황을 깊이 있게 탐구하며 거기에 맞선 문학적 대응을 지속적으로 전개해 나간다. 임화는 여기서 파시즘의 지배 상황을 자신의 의지를 앞세워 관념적으로 부정하거나 거기에 절망하지 않고, 일단 그것을 인정하고 그 상황 속에서 어떤 식의 출구가 가능할 것인지를 끈질기게 모색한다. 이러한 신중한 대응양상을 통해 그는 당시 예감하기 어려웠던 잉여물을 지속적으로 찾고자 노력하였다. 그리고 이를 통해 주체를 재건하려고 하였고, 그것이 힘들 때에는 진보에 대한 열정을 간직한 자신만큼이라도 지켜내려고 하였다.

임화는 시를 극도로 난폭한 시대에 맞서 대응해나가야 할 장르로 보지는 않았다. 물론 임화는 「세태소설론」에서 풍자시가 '지저분한 현실을 교묘하게 독자에게 능히 전달'하는 세태소설의 기능을 수행할 수 있다고 보고 있다. 하지만 "현실에 대하여 정면으로 격투자세를 회피"[43]하는 풍자시를 임화는 자신이 규정한 시 장르에서 가차

43 임화, 「진보적 시가의 작금」, 『임화문학예술전집 4—평론 1』, 소명출판, 2009, 738면.

없이 제외시켜버린다. 성정의 명확성을 은폐할 수 없는 시는 극도로 난폭한 시대에 이르러 침묵할 수밖에 없다. 그러나 시는 현실과의 정면대결(정공법)을 전제로 하는 장르였다. 임화에게 있어 시는 미세한 출구라도 찾기 위해 시인의 주관을 억누른 채 상황에 맞게 자신을 은폐시키는 융통성을 발휘할 수는 없는 장르였다. 그러기에는 시인의 맨얼굴이 너무나 투명하게 드러날 수밖에 없는 장르였다. 그렇다면 이러한 임화의 시를 어떻게 평가할 수 있을까? 이는 좀 더 신중하게 고민해봐야 할 문제이다. 필자는 '임화의 시에는 시인 임화의 정직성이 투명하게 드러난다', '주관을 앞세워서라도 직면한 모순을 해결하고 역사의 진보적 도정에 서고자 하는 열망을 여과없이 드러내는 장르였다'는 말 외에는 다른 평가를 내릴 준비가 아직 되어 있지 않다.